KB151285

정서중심적 치료

Emotion-Centered Therapy

이지영 지음

변화를 위한 체험적 심리치료

Experiential Psychotherapy for Change

박영story

이 책은 2021년도 서울디지털대학교 학술연구지원비에 의해 연구되었음

머리말

올해는 내가 정서에 관심을 갖고 본격적으로 연구를 시작한 지 25년쯤이 되는 해이다. 정서에 관심을 갖게 된 것은 인간의 고통에 대해 끈질기게 들여다보면서, 그 고통에서 벗어나는 열쇠가 바로 정서라는 것을 깨닫게 되면서부터였다.

난 어렸을 때부터 사는 게 힘들었고 고통스러웠다. 초등학교에 들어가는 즈음부터 삶과 죽음에 대해 의문을 가졌고, 10살이 되던 해부터 죽음에 대해 줄기차게 생각하였다. 결국 삶을 살 수밖에 없음을 인정하면서, 살면서 겪는 고통을 어떻게 하면 덜 수 있을지에 대해 궁리하기 시작하였다. 지금도 인간이 겪는 심리적 고통을 더는 방법을 고민하고 있고, 그러한 고민은 죽는 순간까지 이어지지 않을까 생각된다.

대학에 들어와서 심리학을 만나게 되었고, 그 안에서 정서가 바로 고통이라는 것을 깨닫게 되었다. 힘들다는 것, 즉 고통은 정서이고, 그 정서적 고통을 완화하거나 벗어나는 방법이 정서를 다루는 정서조절에 있다는 것을 알게 되었다. 석사 과정에서 정서심리학을 들으며 정서에 대한 관심을 발전시켰고, 박사 과정에서 정서지능과 정서조절방법에 대한 연구로 이어졌다. 그리고 박사논문을 쓰는 과정에서 정서조절코칭 프로그램을 개발하고, 심리치료 기법으로서의 체험적 정서조절방법을 구분 및 체계화하고 그 치료적 효과를 검증하였다.

현 대학교에서 교수로 재직하고 있었던 2012년에 모 대학원에서 '체험적 심리치료'라는 과목을 개설하려 하는데 적합한 강사를 찾는다며 제의를 받았다. 강의를 하면서 국내에 체험적 심리치료 이론서가 필요함을 느꼈고, 직접 집필할 마음을 갖게 되었다. 지금도 체험적 심리치료에 대한 책들이 많지 않지만, 당시만

해도 번역서가 거의 없어서 원서를 통해 공부해야만 했다. 기존의 심리치료 이론들이 강조하지 않았던, 그러나 상담 및 심리치료의 핵심적 요소인 정서와 체험을 강조한 체험적 심리치료에 대해 소개하는 책이 별로 없었다. 이후 체험적 심리치료에 대한 원서나 번역서가 꾸준히 소개되고 있어 반갑기는 하지만, 대부분의 치료 이론서들이 체험적 심리치료 이론을 이해하고 임상 장면에 실제로 적용하기에는 다소 모호하고 추상적으로 기술되어 있어 어려운 면이 있었다. 정서나 체험 그리고 프로세스의 모호함과 복잡함, 그것에 접근하는 체험적 심리치료 이론의 모호함, 그 이론을 담고 있는 이론서의 난해함 등으로 인해 체험적 심리치료가 널리 확산되기에 어려운 아쉬움이 크게 느껴졌다. 그래서 보다 쉽게 체험적 심리치료를 이해하고 전달할 수 있는 이론서를 써보자는 생각을 하게 되었다.

나는 그동안 정서와 체험적 과정을 강조하는 체험적 접근을 보다 이해하기 쉽게 전달하고자 꾸준히 노력해 왔다. 2015년에 내가 근무하는 서울디지털대학교 상담심리학과에 '체험적 심리치료' 과목을 개설하면서 책을 구성하는 내용의 틀을 마련하였다. 그렇게 시작된 체험적 심리치료 이론서는 준비한 지 10년 만에 드디어 정서적 변화 과정에 중점을 두는 심리치료인 '정서중심적 치료(Emotion-Centered Therapy): 변화를 위한 체험적 심리치료'라는 이름으로 세상에 내놓을 수 있게 되었다. 그야말로 그토록 이루고 싶었던 오랫동안의 숙원이었다.

이 과정에서 나는 정서의 변화 과정을 중심에 두는 심리치료 이론을 완성할 수 있었다. 정서를 다루는 방법에 대해 연구하면서, 정서의 속성과 그 정서의 변화 과정을 보다 분명하게 이해할 수 있었다. 상담 및 심리치료란 결국 우울, 불안, 분노, 수치심 등의 정서적 고통으로 힘들어하는 내담자들의 정서를 변화시키는 접근이다. 그렇다면 내담자가 변화한다는 것은 내담자가 겪는 정서가 변화한다는 것이고, 그 정서적 변화가 심리치료의 핵심이라는 생각에 이르렀다.

그러나 기존의 심리치료 이론 대부분이 정서적 경험의 이해를 치료적 핵심 원리로 두고 있을 뿐, 정작 정서적 변화 과정에 관심을 두고 접근하는 심리치료 이론은 없었다. 그래서 정서의 속성을 이해하고 정서를 변화시키는 프로세스를 중심에 두는 심리치료 이론을 개발할 필요가 있었다. 2011년에 '정서조절코칭북: 내 감정의 주인이 되어라'를 출간한 이후 전국의 다양한 국가기관, 공공기관, 대학, 심리상담센터, 기업 등에서 의뢰받은 강의와 워크숍 등을 실시하면서 나의 생각은 정교화 되어갔다. 그리고 정서중심적 심리치료, 즉 Emotion-Centered Therapy라는 치료 이론을 완성하여 강의하게 되었고, 이 또한 강의를 통해 치료 이론을 계속 발전시켜 나갈 수 있었다. 2007년부터 꾸준히 실시해왔던 정서조절코칭 프로그램(집단상담)과 개인상담을 통해 많은 사람들의 정서적 변화를 도왔다. 이러한 경험은 나의 심리치료 이론을 확립하고 정교화하는 데 많은 도움을 주었다.

　10년 넘게 준비한 심리치료 이론서를 완성하는 것은 생각보다 여간 어려운 일이 아니었다. 새로운 심리치료 이론을 세상에 내어 놓는다는 것 자체가 매우 조심스러웠고 두려웠다. 하지만 어느 순간 더 이상 주저하고 망설여서는 안 되겠다는 결심을 하게 되었다. 현장에서 정서중심적 치료 이론의 내용에 공감하여 여러 임상 장면에서 활용하고 있는 전문가들이, 다른 사람들에게 근거로 제시할 문서화된 자료가 있었으면 한다는 건의를 계속 해왔기 때문이었다. 그렇게 집필에 박차를 가하게 되었고, 드디어 2024년 봄에 집필을 마무리할 수 있었다.

　본 책은 총 세 가지 부분으로 크게 나누어 구성하였다. 먼저 체험적 심리치료가 무엇인지 종합적으로 소개하고, 대표적인 체험적 심리치료 이론 세 가지를 알기 쉽게 전달한다. 마지막으로 저자가 새롭게 제안하는 정서중심적 치료 이론을 소개한다. 제1부에서는 체험적 심리치료를 개관하였다. 체험적 심리치료란 무엇이고 어떻게 탄생하였는지 소개하고, 여러 체험적 심리치료 이론들의 공통된 특징이 무엇인지 정리하였다. 제2부에서는 대표적인 체험적 심리치료 이론인 게슈탈트 심리치료(Gestalt Psychotherapy), 포커싱 지향 심리치료(Focusing-oriented Psychotherapy), 정서초점치료(Emotion-Focused Therapy) 세 가지 이론을 알기 쉽게 정리하였다. 각 이론의 발달배경, 주요 핵심 개념, 치료 목표와 접근 원리를 소개하고, 각 치료 이론을 임상 장면에서 실제로 적용하는 사례를 포함하여 이해를 도왔다. 제3부에서는 정서의 변화 과정에 중점을 두는 정서중심적 치료(Emotion-Centered Therapy) 이론을 자세히 소개하였다. 치료적 목표가 무엇이고, 그 목표를 달성하기 위해 정서중심적 치료(ECT)에서 제안하는 치료적 원리와 접근법이 무엇인지 설명하였다. 또한 정서중심적 치료 이론의 핵심 원리와 치료 절차를 알기 쉽게 소개하고, 상담 및 심리치료 현장에서 어떻게 구현할 수 있는지 다양한 사례를 통해 이해하기 쉽게 전달하고자 하였다. 이를 위해 오랫동안 임상 현장에서 정서중심적 치료(ECT) 원리를 직접 적용해 오며 축적된 상담 경험을 바탕으로, 보편적인 감정의 변화 과정에 극적인 내용을 가미하여 정서중심적 치료 사례를 구현하였다.

여전히 정서의 변화 과정과 그 치료적 접근 방식에 대해 고민하고 있고, 앞으로 계속될 임상 경험과 연구를 통해 정서중심적 치료 이론은 계속 정교화될 것이다. 이 책을 통해 현장에서 정서에 접근하고자 하는 상담 및 임상 전문가들에게 정서를 보다 이해하기 쉽게 전달하고, 정서의 속성과 그 변화 과정을 보다 잘 이해할 수 있도록 돕고자 한다. 본 책을 통해 정서중심적 치료(ECT) 원리를 보다 쉽게 이해하고, ECT 치료 절차와 치료 기법을 임상 장면에서 활발하게 사용하게 되기를 바란다. 그 결과 지금 이순간의 정서적 체험이 이끄는 놀랍고 신비로운 변화 과정을 경험할 수 있게 되길 기대한다. 언제나 해답은 지금 이순간의 체험에 있다. 이를 방해하는 수많은 생각들과 상처들, 선입견들을 한쪽에 치우고, 지금 이순간에 일어나는 체험을 믿고 그 과정을 그대로 따라가다 보면 내담자에게서 그토록 바라던 변화가 일어날 것이다. 이러한 체험적 과정이 내담자로 하여금 깊이 있는 앎과 통찰로 이끈다는 것을 보다 많은 사람들이 직접 경험하고 알게 되기를 진심으로 바란다.

2024년 5월
이지영

차 례

|제1부| 체험적 심리치료의 개관

제1부

체험적 심리치료의 개관

변화를 위한 체험적 심리치료
: 정서중심적 치료(ECT)를 제안하며

　상담 및 심리치료를 받는 대부분의 사람들이 상담실을 찾는 이유는 정서적 고통, 즉 힘들어서이다. 그 고통에서 벗어나기 위해 다양한 방법을 동원해 보았지만, 여전히 정서적으로 고통스럽고 힘들기 때문에 전문가의 도움을 찾아 상담실을 방문하는 것이다. 즉 내담자[1]들이 원하는 주된 상담의 목적은 정서적 고통의 감소일 것이다.

　따라서 상담자[2]가 해야 할 일은 힘들어 하는 내담자들의 정서적 고통을 경감시키는 것이다. 그렇다면 힘들다는 것은 무엇일까? 고통의 정체는 무엇인가? 바로 정서이다. 정서 자체가 에너지를 동반하기 때문에 힘들고, 신체 감각이 수반되면서 통증과 고통을 느끼게 되는 것이다. 화가 날 때 에너지가 올라오고, 충동과 공격성이 수반되는데 그 화를 주체하기 어려워 힘들다. 불안할 때 긴장되고 초조하며 안절부절못하겠어서 힘들다. 수치스러울 때 가슴을 후벼 파는 고통을 느껴 힘들고, 허무하고 공허할 때 가슴이 뻥 뚫린 것 같은 허함에 힘들다. 즉 '힘들다'는 것, '고통스럽다'는 것의 핵심은 정서이다.

---

1) 상담을 받는 사람을 내담자라 한다.
2) 상담 및 심리치료를 실시하는 사람을 말한다. 여기에서는 상담자 또는 치료자 두 가지 용어를 상황에 따라 혼용해서 사용하겠다.

결국 상담 및 심리치료의 목표는 정서적 고통을 감소시키는 것이고, 이를 위해서는 정서 자체를 변화시켜야 한다. 정서를 변화시키는 데에는 여러 방법이 있다. 그 가운데에는 주의를 일시적으로 불쾌한 정서를 유발하는 원인이 되는 자극이나 상황이 아닌 다른 곳으로 돌려서 정서를 변화시키는 방법이 있다. 이러한 주의분산적 접근방법은 어디까지나 일시적인 효과를 주는 방법이다. 주의는 불쾌한 자극이나 상황, 부정적인 사고 등으로 얼마든지 다시 돌아갈 것이고, 내담자는 그에 반응해서 다시 불안하고 우울하고 분노하고 수치스럽고 절망할 것이기 때문이다. 따라서 정서적 상태를 궁극적으로 변화시키기 위해서는 정서 경험에 다가가 그 경험을 다루는 작업이 필요하다. 정서 자체가 변화해 가는 과정을 이해하고 따라야 한다. 주의를 인위적이고 일시적으로 돌림으로써 정서 상태를 변화시키는 것이 아니라, 정서 자체가 자연스럽게 변화하는 속성을 이해하고 그 과정을 따라야 내담자로 하여금 안정적인 정서 상태의 변화를 이끌 수 있다.

　　이에 정서 자체의 변화 과정을 치료의 중심에 두는 심리치료 이론을 개발하고 제안하고자 한다. 정서를 치료적 변화 과정의 중심에 둔다는 의미에서 정서중심적 치료(Emotion-Centered Therapy; ECT)라고 명명하였다. ECT는 정서적 변화 원리를 이해하고 그 변화 과정을 따라가며 궁극적인 정서적 상태의 변화를 유도하는 심리치료 접근이다.

　　정서는 심리적 부적응의 원인을 찾는 정신병리 연구 영역뿐 아니라, 심리적 부적응을 긍정적인 방향으로 변화시키고자 하는 상담 및 심리치료 영역 모두에서 중요한 요인으로 주목받아 왔다. 특히, 대부분의 심리치료 이론들이 정서에 대한 관점을 제안하는 등 심리상담 및 심리치료 영역(Atkinson, 1998; Whelton, 2004)에서 관심의 중심에 있었다.

　　정서에 대한 오랜 관심이 있어 왔음에도 불구하고, 20세기 초중반에 행동과학과 인지과학의 바탕 위에서 행동치료, 인지치료와 정신분석이 심리치료의 주류를 이루는 동안 정서가 무시되는 경향을 보였다(Scarantino & De Sousa, 2018; Whelton, 2004). 관찰가능하고 측정가능한 행동과 인지에 보다 초점을 두었고, 그렇지 못한 정서는 주된 관심에서 밀려났다. 그러나 심리적 부적응 및 정신병리 연구 영역에서 점차 정서와 그 정서를 다루는 정서조절이 중요한 역할을 한다는 경험적 연구 결과들이 증가하면서, 임상심리학 영역에서는 '정서 혁명(emotion revolution)'이라고 일컬을 만큼 정서에 대한 관심이 증폭되었다(Ehrenreich et al., 2007).

21세기에 들어서며 정서조절, 정서이해와 같은 정서 관련 요소들이 아동 및 청소년, 그리고 성인의 정신병리의 발달과 유지에 중요하다는 증거들이 쏟아졌다. 그러나 심리적 부적응과 정신병리를 변화시키는 상담 및 심리치료적 개입은 여전히 전통적으로 이루어져 왔던 인지적 측면과 행동적 측면에 초점이 맞추어졌다는 비판이 일었다(Suveg et al., 2007). 상담 및 심리치료가 우울, 불안 등의 정서적 문제를 다루기 위한 접근임에도 불구하고, 상담 회기 내에서 정서 자체에 대한 개입에는 별로 관심을 두지 않았다는 것이다(Samoilov & Goldfried, 2000).

이에 인지행동치료에서는 '뜨거운 인지(hot cognition)'의 개념을 제안하며, 정서적 각성과 정서적 체험 등의 정서적 과정이 인지와 행동의 변화에 중요하다고 인식하기 시작하였다. 즉 내담자에게서 치료적 변화가 일어나는 순간의 내담자의 감정 상태는 뜨거운 상태, 정서적으로 고양되어 있을 때라는 짐을 발견하였던 것이다. 눈시울이 붉어지거나 울컥하는 등의 정서적으로 동요가 있을 때 이루어지는 인지적 개입이 효과를 발휘하며, 내담자에게서 치료적 변화를 이끌어낸다는 점을 강조하였다.

최근에 심리적 장애와 심리치료 과정을 이해하는 데 있어서 정서의 역할에 대한 관심이 급증하면서, 상담 및 심리치료 이론들은 기존의 인지적 요소와 행동적 요소에 정서 이론과 정서적 각성을 촉진하는 체험적 기법 등의 연구를 통합하는 방향으로 발전해 가고 있다(Mennin, 2006; Suveg et al., 2007). 정서심리학을 필두로 정서에 대한 연구들이 증가하면서, 심리적 개입을 할 때 정서와 정서조절의 요소를 고려해야 한다는 것이다. 대부분의 정신장애를 지닌 사람들이 정서적 반응성과 정서조절 측면에서 문제를 두드러지게 드러냈고, 따라서 정서조절전략 상에서 치료적 개입이 이루어져야 한다고 보았다.

특히, 인지행동치료에서 정보처리 과정을 인지적 차원과 정서적 차원으로 구분하여, '정서적 처리과정(emotional processing)'을 치료 회기에 포함시켜야 한다는 주장이 제기되었다(Samoilov & Goldfried, 2000). 이처럼 최근에 인지행동치료는 정서적 각성과 체험적 기법을 통합하는 심리도식치료, 수용전념치료, 심상재구성법, 변증법적 행동치료, 체험적 인지치료 등이 인지행동치료의 제3동향을 이루고 있다(문현미, 2005; 이지영, 2018). 그러나 여전히 정서 자체에 초점을 두기보다, 인지의 변화를 유도하기 위해 정서적 각성을 촉진하기 위한 도구로서 심상과 역할 연기 등의 체험적 기법을 활용하는 데 그치고 있다.

상담 및 심리치료 영역에서 인지적 접근과 행동적 접근에 대한 대안 모델로서 체험적 접근이 기존의 치료적 접근들이 강조하지 않았던 정서(emotion)와 체험(experience)을 전면에 내세워 강조하며 북미와 유럽을 중심으로 1960년대에 탄생하였다. 체험적 심리치료는 정서의 역할을 강조하는 심리치료 이론으로서, 심리치료의 '제3세력'을 이루며 꾸준히 성장하고 있다(Greenberg et al., 1993; Pos et al., 2008). 객관주의적인 행동주의와 추동 중심의 정신분석에 대한 대안으로 나타난 인본주의적 움직임에서, 내담자 중심 치료, 게슈탈트 치료, 실존 치료 등 세 가지 인본주의 치료 이론에 심리극을 통합하여 새로운 체험적 치료 이론들이 나타났다(이지영, 2018; Pos et al., 2008). 가장 초기에 제안된 게슈탈트 치료 이론과 새롭게 제안된 포커싱 지향 심리치료와 정서초점치료 및 과정체험적 치료 등이 대표적인 체험적 심리치료 이론이다.

체험적 심리치료의 목적은 내담자로 하여금 매 순간의 알아차림을 사용하여, 자신의 내적 체험에 접근하여 이해하도록 돕고 체험적 과정을 통해 체험의 변화 즉 적응적인 새로운 체험을 촉진시키는 것이다(이지영, 2018; Watson et al., 1998). 이때 알아차림은 도구가 되고, 체험의 변화가 치료의 목표 즉 결과가 된다.

정서초점적 치료(Emotion-Focused Therapy)를 개발한 Greenberg(2002)는 정서 이론 가운데 정서의 적응적 역할과 정서지능 및 정서조절의 중요성을 강조하였다. 즉, 정서는 인간 삶의 필수적인 부분으로 상황적 정보를 빠르게 제공하여, 상황에 적절히 대처하고 처리할 수 있도록 돕는 적응적인 것이다. 또한 정서는 자기조직화의 핵심적인 결정인자로서, 치료자는 내담자가 정서적 경험을 알아차리고 수용하고 이해하도록 돕는 정서초점적 대처를 증진시키는 작업을 해야 한다고 제안하였다(Elliott & Greenberg, 2007). 포커싱 심리치료(Focusing-oriented Psychotherapy)의 핵심 기법인 포커싱 기법은 신체 감각에 주의를 기울이는 특별한 방식으로, 내담자가 자신의 정서적 체험을 알아차리고 명확히 하도록 돕는다(Cornell, 1996). 가장 오래된 체험적 심리치료인 게슈탈트 심리치료에서는 정서를 게슈탈트를 형성하는 주요 원천으로 간주하며, 알아차림과 접촉의 중요한 대상으로 다루었다(김정규, 2015).

최근 들어 많은 심리치료 연구자들이 정서 역할의 중요성을 강조하며, 정서에 초점을 둔 치료적 개입의 필요성을 제안하였다(Ehrenreich et al., 2007; Mennin, 2006; Suveg et al., 2007). 다양한 치료적 접근들에 정서 과학에서 발견된 연구 결과들을 통합하는 정서초점적 치료 이론들이 계속해서 제안되고 있다(Beutel et al., 2019). 치료적 과정에서 정서의 역할과 정서적 개입을 공통적으로 강조하는 체험적 심리치료는 내담자의 정서적 체험에 초점을 두는 치료적 접근으로서 (Paivio & Nieuwenhuis, 2001), 여기에 속하는 게슈탈트 심리치료, 포커싱 지향 심리치료를 비롯해서 정서초점치료 및 과정체험적 치료는 정서에 주의를 기울이는 대표적인 정서초점적 치료라 할 수 있다.

그러나 이들 체험적 심리치료 대부분이 정서 사체의 변화 과성에 초섬을 두기보다, 인지적 이해와 인지적 변화 등 다른 치료적 개입을 위한 도구로서 정서조절기법이나 체험적 기법을 활용하는 수준에 머무르고 있다. 정서에 초점을 두는 것은 이러한 다른 치료적 접근을 위한 수단일 뿐이며, 정서적 접근 또한 정서를 각성시키는 정서 활성화 및 정서 명명 정도에 머무르고 있다.

제1부에서는 먼저 체험적 심리치료가 무엇인지 그 발달배경과 특징을 종합적으로 다룬다. 제2부에서는 대표적인 체험적 심리치료인 게슈탈트 심리치료, 포커싱 지향 심리치료, 정서초점치료 등 세 가지 체험적 치료 이론을 핵심적인 내용 중심으로 정리한다. 이 과정에서 각 치료 이론에서 정서가 차지하는 위치를 확인하고 치료적 변화를 위해 정서적 측면을 어떻게 연결시키고 있는지 살펴본다.

정서적 고통을 경험하는 내담자의 안정된 정서적 변화를 위해, 관련된 정서 이론과 정서 관련 연구결과들을 바탕으로 정서의 변화 원리와 그 과정을 중심에 두는 정서중심적 치료(Emotion-Centered Therapy) 이론을 소개하고자 한다. 제

3부에서는 정서중심적 치료(ECT)의 치료적 목표와 그 목표를 달성하기 위한 정서적 처리과정과 그 치료 원리를 제시한다. 정서적 상태를 변화시키는 정서를 조절하는 방법의 분류 체계와 각 정서조절방법의 사용 원리를 제시한다. 또한 정서적 상태를 변화시키는 방법과 과정을 제시하고, 이를 바탕으로 치료적 개입 절차를 소개한다. 이러한 정서중심적 치료 기법들을 어떻게 사용하여 치료적 변화를 가져올 수 있는지 다양한 사례를 통해 그 실제를 알아본다. 마지막으로 정서중심적 치료 작업을 마무리하고 정서적 고통을 덜 경험할 수 있도록 하기 위한 예방 작업으로 내담자 스스로에 대한 태도를 점검하고 변화시키고, 주의 조절 기술을 안내한다.

제1장

체험적 심리치료의 탄생

 체험적 심리치료의 발달 배경

체험적 심리치료는 인지에 초점을 맞춘 인지적 접근과 행동에 초점을 맞춘 행동적 접근에 대한 대안으로서 탄생하였다. 기존에 주류를 이루었던 치료적 접근들이 강조하지 않았던 정서(emotion)와 체험(experience)을 전면에 내세워 강조한 체험적 접근이 북미와 유럽을 중심으로 1960년대에 탄생하였다. 체험적 심리치료는 무엇보다 정서의 역할을 강조하는 치료 이론이라고 볼 수 있다.

객관주의적인 행동주의와 추동 중심의 정신분석에 대한 대안으로 나타난 인본주의적 움직임에서, 내담자 중심 치료, 게슈탈트 치료, 실존 심리치료 등 세 가지 인본주의 치료이론에 심리극을 통합하여 새로운 체험적 치료 이론들이 제안된 것이다. 체험적 심리치료에 속하는 치료 이론으로는 게슈탈트 심리치료, 포커싱 지향 심리치료, 정서초점적 치료 등이 대표적이다.

1) 기존 심리치료의 한계

(1) 행동적 접근

행동적 접근은 관찰하고 측정 가능한 행동의 변화에 근거한다. 행동치료는 1950년대에서 1970년대까지 심리치료 분야에서 주류를 이루며 발달하였다. 행동치료 이론은 학습 이론을 임상적 문제에 적용함으로써 탄생하였다. 대표적인 학습 이론으로는 Pavlov의 고전적 조건형성과 Skinner의 조작적 조건형성이 있다.

Pavlov의 고전적 조건형성을 통해 새로운 행동이 학습되는 과정은 다음의 대표적인 예를 통해 이해할 수 있다. 개에게 먹이라고 하는 자극을 주었을 때 침을 흘리는 행동 반응을 보인다. 이때 먹이는 침을 흘리는 반응을 자동적으로 유발하는 무조건 자극(US)이고 침은 무조건 반응(UR)이다. 그런데 개에게 침을 흘리는 것과 전혀 상관없는 자극인 빛을 제시한 후 먹이를 제시하는 것을 반복하면, 개는 어느 순간 빛을 제시했을 때 먹이가 없음에도 불구하고 침을 흘리게 된다. 이때 빛은 조건 자극(CS)이 되고 침은 조건에 대해 형성된 반응으로 조건 반응(CR)이 된다. 이처럼 전혀 상관없는 자극을 반복적인 짝짓기를 통해 새로운 반응이 나타나도록 학습시킬 수 있다.

Skinner의 조작적 조건형성은 특정 행동 후에 제시하는 결과에 따라 특정 행동의 발생 빈도를 증가시키거나 감소시키는 학습 원리이다. 행동 후에 제시하는 자극에 따라 특정 행동이 증가하는 변화를 보였을 때 강화라고 하고, 특정 행동이 감소하였을 때 처벌이라고 한다. 예를 들어, 숙제를 약속한 시간 전까지 했을 때 칭찬을 함으로써, 숙제를 제때에 하는 행동을 증가시켜 학습시킬 수 있다. 반면, 숙제를 제 시간이 하지 않았을 때 야단을 치는 자극을 줌으로써 숙제를 하지 않는 행동을 감소시킬 수 있다.

행동치료는 이러한 대표적인 학습 원리를 여러 가지 임상적 문제에 적용하여 문제행동의 변화를 유도하는 것이다. 행동적 접근은 인간의 행동을 단순한 원리를 통해 효과적으로 변화시키는 장점을 보였지만, 인간의 사고 즉 인지의 영역을 적절하게 설명할 수는 없다는 한계가 있었다(문현미, 2005). 우리 인간이 그리

단순하지는 않기 때문이다. 단순하게 자극을 주면 특정 행동 반응이 나오는 기계나 컴퓨터와 같은 시스템이 아니고, 인간 안에서 독특한 요소들이 작용하여 예상하지 못한 반응이 나타나기도 한다. 즉, 초기 행동치료 이론은 인간이 가지고 있는 특별한 능력인 생각, 사고 등 인지적인 요소를 고려하지 않았다.

이에 연구자들은 기존의 행동치료 기법에 인지적 요소를 포함시켜서 치료 이론을 확장시켜 나가게 된다. Bandura의 사회인지 이론이라는 학습 원리가 대표적이다. 사회인지 이론에 의하면, 인간의 행동은 환경에 대한 지각과 해석 방식 즉 인지적 과정에 의해 결정된다는 것이다. 사회인지 이론을 임상적 문제에 포괄적으로 적용하여 치료 이론을 확장해가면서 인지행동수정, 적절한 행동을 연습하는 자기지시기법, 관찰과 모델링 등을 통한 사회학습기법 등을 발달시켰다.

그러나 행동적 접근은 여전히 인간의 사고하는 측면과 지적인 측면을 간과했다는 점에서 한계가 있었다. "시험을 잘 못 봐서 걱정이에요."라고 말하는 사람에게 "이렇게 공부해봐"라고 학습방법을 가르쳐주어 행동에 개입한다고 하더라도 행동을 실행하고 변화시키기는 쉽지 않기 때문이다.

(2) 인지를 강조한 접근

생각의 변화를 통해 감정과 행동을 변화시킬 수 있다는 인지매개모델을 기반으로 한 인지적 접근과 함께 오랫동안 대표적 주류로 인정받아 온 정신역동적 접근은 모두 지적인 통찰 즉 인지를 강조한다. 정신역동적 접근에서는 치료적 장면에서 나타나는 저항, 치료자에게 보이는 전이, 치료자에게서 나타나는 역전이에 대한 해석을 임상적 문제를 해결하는 중요한 치료적 작업으로 본다. 이 또한 사고의 영역 즉 인지를 강조하는 것이다.

인지적 접근이 인지매개가설을 기반으로 하는데, 인지매개가설은 자극이나 상황에 대한 생각 즉 인지에 따라 그 결과인 감정이나 행동이 달라질 수 있다는 이론이다. 생각의 변화를 통해 감정과 행동을 변화시킬 수 있다는 접근인 인지적 접근은 오랫동안 심리치료의 대표적인 주류를 이루어 왔다.

인지적 접근 또한 생각을 변화시키기 위한 개입을 하더라도 감정과 행동에서 변화가 이루어지는 것은 그리 간단하지가 않다. 전문가들은 생각과 행동에 대해 변화하도록 접근하는 것이 감정이나 행동을 변화시키는 데 한계가 있다는 것에 주목하였다.

그렇다면 무엇을 놓치고 있었는가? 상담 및 심리치료 연구자들은 기존에 놓치고 있었던 부분이 무엇이고, 충분히 다루지 못했던 부분이 무엇이었는지를 살펴보았다.

2) 한계 보완을 위한 통합의 동향

수많은 상담 및 심리치료 이론들이 각기 다른 측면에서 내담자의 정서적 변화를 가져오기 위해 다양한 접근법들을 제안한다. 또한 다른 영역의 도움이 될 만한 관점들이나 개입들을 가져와 좀 더 나은 결과를 유도하기 위한 통합의 움직임이 심리치료 영역에서 꾸준히 있어 왔다. 특히, 인지치료자들은 다양한 영역의 이론들과 기법들을 개방적으로 받아들여 인지치료에 통합하고자 하는 움직임을 활발하게 보여주었다.

1960년대 초반에 인지치료 이론을 발전시키다가 노출치료와 긴장이완훈련 등 효과적인 행동치료 기법을 흡수하여 통합하면서 1980년대에는 인지행동치료 모델을 제안하였다. 그리고 우울증에 대한 인지행동치료, 불안장애에 대한 인지행동치료, 섭식장애에 대한 인지행동치료 등 특정 장애에 대한 인지행동치료 이론들을 발달시켰고, 다양한 경험적 연구들을 통해 그 효과를 검증하였다. 즉 우울이나 불안을 감소시키기 위해서 생각에 대한 접근뿐 아니라 행동에 대한 접근을 함께 통합적으로 하는 것이 좀 더 효과적인 결과를 낳을 수 있다고 본 것이다.

그러나 이마저도 한계에 부딪혔다. 생각이나 행동에 접근하는 것이 효과적이지 않는 경우들이 나타났기 때문이다. 내담자들은 말한다. "제 생각이 무엇이 도움이 되지 않고 어떻게 생각하는 것이 좋을지 알겠는데, 저는 여전히 너무 화가 나요.", "달리 이렇게 생각하면 좋다는 것을 알겠는데, 별로 그렇게 생각하고 싶지가 않아요.", "대안적인 생각을 떠올려 보지만, 잘 떠오르지 않아요. 저는 이렇게밖에 생각할 수 없어요.", "공부하면 된다는 것 아는데, 잘 안되어요."

많은 이들이 공감할 것이다. 생각을 바꾼다는 것이, 그리고 행동을 바꾼다는 것이 그리 쉽게 이루어지지 않는다는 것을 말이다. 그래서 연구자들은 상담 회기 동안 어떤 순간에 변화가 발생하고, 어떤 순간에 변화가 발생하지 않는지 관찰하고 살펴보았다. 그 결과, 마음이 차분하거나 별다른 감정의 동요가 없을 때 생각이나 행동의 변화가 잘 발생하지 않는다는 것을 발견하였다. 반면, 눈시울이 붉어져 있거나 감정에 동요가 있을 때, 생각에 접근하는 개입이 효과를 발휘할 가능성이 높다는 것을 알게 되었다. 가슴이 뜨거울 때 즉 감정이 올라와 있을 때 생각에 대한 접근이 변화를 가져오는 효과가 있다. 그 순간의 생각을 "뜨거운 인지(hot cognition)"라고 명명하였다. '뜨거운 인지'라는 용어의 표현은 생각 즉 인지이지만, 상담 및 심리치료 작업에서 정서의 중요성을 강조한 것이다.

인지행동치료는 계속해서 다양한 영역의 치료적 개입을 수용하고 통합하면서 제3동향을 맞이하게 된다. 기존의 인지적 기법과 행동적 기법에 새롭게 체험적 기법을 통합해 가기 시작하였다. 1990년대부터 새로운 이론들이 제안되었는데, 모두 기존의 인지행동치료적 접근의 한계를 보완하기 위한 노력들이라고 볼 수 있다.

Young, Klosko와 Weishaar(2003)는 심리도식 치료를 제안하면서 다양한 치료기법을 인지적 기법과 행동적 기법으로 분류하던 기존의 이분법적 구분방식에 체험적 기법을 추가하여 분류함으로써 체험적 기법을 강조하였다. Young은 내담자에게서 변화를 유도하기 위해 동원하는 수많은 심리치료 기법들을 기존의 인지적 방법과 행동적 방법의 구분에 체험적 방법을 추가하여 세 가지 범주로 나누고 체계적으로 구분하였다. 특히, 심상이나 역할연기와 같은 체험적 기법을 강조하였다. 또한 욕구를 강조하였는데 건강한 어른 모드를 키움으로써, 내면 아이의 결핍된 욕구를 충족시키는 것이 치료적 장면에서 중요하다고 제안하였다.

Hayes의 수용전념치료(ACT; Hayes, Strosahl, & Wilson, 1999)는 체험적 측면을 강조한 대표적인 인지행동치료 접근이라고 할 수 있다. 우리가 불안하고 우울하고 화가 나는 감정을 느끼는 이유는 여러 가지 측면에서 설명할 수 있겠지만, 한마디로 자극이나 상황에 대해 평가를 하기 때문이다. '이러면 안 되는데', '이렇게 해야 하는데 그렇게 했다', '나를 무시하는 거다', '뭔가 잘못될 것 같아'와 같이 판단과 평가가 불안, 우울, 분노를 유발하는 것이다.

그런데 전통적인 인지행동치료 이론들의 치료 원리를 들여다보면 약간의 모순이 발견된다. 즉, 불안, 우울, 분노를 유발하는 부정적인 자동적 사고를 찾아서 그것의 현실성, 합리성, 적응성, 유용성 등을 평가하고, 보다 적응적이고 도움이 되는 생각으로 바꾸도록 한다. 즉 판단과 평가가 고통스러운 감정을 유발하는데, 치료적 작업에서 그 고통스러운 감정을 유발한 생각을 다시 판단하도록 개입하는 것이다.

Hayes를 비롯한 몇몇 심리치료자들은 여기에 주목하였다. 판단과 평가가 불쾌한 감정을 만든다면, 그 평가를 하지 않을 때 불안, 우울, 분노로부터 벗어날 수 있다는 통찰을 얻게 된 것이다. 그래서 수용전념치료의 핵심 치료적 개입은 떠오르는 생각을 판단이나 평가하지 않고 그대로 두도록 안내한다. 그저 '아, 그런 생각이 떠오르는구나', '이런 생각이 드는 구나'라고 그대로 받아들이라는 것이다.

사실 우리가 불안, 우울, 분노 등의 고통스러운 감정을 경험하는 이유는 받아들이지 못해서이다. '왜 나에게 이런 일이', '그런 생각을 하면 안 되는데', '나는 아무 쓸모없어'와 같이 받아들이지 못할 때 여러 불쾌한 감정을 경험하게 된다. 그러나 '그럴 수도 있지', '그런 일이 일어날 수도 있지'와 같이 받아들이게 되면, 마음은 한결 편안해진다. 내게 일어나고 있는 사적인 체험을 받아들이는 것이 궁극적으로 우울, 불안을 효과적으로 감소시키는 방법이다. 수용전념치료는 내담자로 하여금 판단하지 않고 사적인 체험을 받아들이는 것이 우리를 편안하게 만든다는 것을 깨닫도록 안내한다.

마음챙김 기반 인지치료(MBCT; Teasdale, 1999)를 중심으로 한 인지행동치료의 제3동향이 인지행동치료 영역에서 가장 뜨거운 관심을 받았다(문현미, 2005). MBCT는 마음챙김(mindfulness)을 인지치료에 통합한 치료 이론으로서, 판단을 하지 않는 주의(attention)를 핵심적인 치료적 요소로 제안하고 알아차림을 강조한다.

변증법적 행동치료(Dialectic Behavior Therapy; DBT)는 마음챙김과 수용 등을 포함하고 정서조절기법들을 인지치료 이론에 통합하였다. 최근에는 대표적인 체험적 기법인 심상(imagery)을 활용해 체험적 변화를 유도하는 심상재구성법(권정혜, 2017)도 제안되었다. 심상재구성법은 빈의자 기법과 역할 연기 등의 체험적 기법을 활용하여 인지적 변화를 유도한다.

가상현실 기법을 행동치료 기법인 실제 노출과 결합한 체험적 인지치료(Choi et al., 2005; Vincelli et al., 2003)는 실제로 경험하는 것과 같은 상황을 가상현실 기법을 활용하여 유도함으로써, 쉽게 실행하기 어려운 노출치료를 치료 장면에 안전하게 적용함으로써 치료적 효과를 얻는다.

전통적인 인지행동치료를 그대로 시행하는 치료자는 거의 없다고 해도 과언이 아니다. 대부분 인지행동치료의 제3동향 이론에 따라 실제 상담 장면에 적용하고 있다. 그만큼 상담 및 심리치료 장면에서 치료적 변화를 효과적으로 얻을 수 있기 위해, 정서와 체험을 기반으로 하는 치료적 기법과 원리를 강조하고 있다는 것이다.

3) 체험적 심리치료의 대두

인지적 접근과 행동적 접근에 대한 대안 모델로서, 체험적 접근이 '제3세력'으로 부상하였다. 북미와 유럽을 중심으로 대두된 체험적 심리치료는 기존의 인지적 접근과 행동적 접근의 한계들에 대한 보완으로서 기존에 충분히 다루지 못했던 부분인 두 가지에 관심을 갖고 강조하였다. 이것이 바로 정서(emotion)이고 체험(experience)이었다.

그러나 정서와 체험은 인지와 행동에 비해 관심을 덜 받았고, 이론적 연구와 발전이 늦었다. 정서와 체험을 강조한 체험적 접근 또한 몇 가지 이론들이 개발되었지만 많은 상담 및 심리치료자들에게 전달되고 받아들여지는 속도는 느린 편이었다. 이는 인지와 행동이 의식에 비교적 쉽게 접근 가능하고, 과학적으로도 연구하기 용이한 데 반해, 정서와 체험은 그것이 무엇인지 규명하거나 설명하기가 쉽지 않을 뿐 아니라, 정서와 체험을 다루는 일은 비교적 모호하고 추상적이기 때문이다. 따라서 정서와 체험을 과학적으로 증명하기 쉽지 않고, 연구하기에도 많은 어려움이 따른다.

정서나 감정[1]에 대해서 모른다고 할 사람은 없을 것이다. 그러나 "지금 느끼는 감정이 무엇이냐?"라고 물었을 때, 분명하게 "이 감정이에요."라고 답할 수 있는 사람은 그리 많지 않다. 자신이 어떤 감정을 느끼고 있는지도 애매하고, 그 감정이 맞는지를 확인하는 것 또한 매우 어려운 일이다. 감정이 삶에서 중요하고 많은 영향을 미친다는 것은 의심할 여지가 없지만, 그 감정을 밝히고 다루는 것은 쉽지가 않다. 즉, 규명하고 설명하기가 쉽지 않고, 과학적으로 연구하고 검증하기가 어렵다. 체험도 마찬가지이다. 지금 현상학적으로 일어나고 있는 나의 체험을 정확히 알아차리고 표현하고 다루는 것 또한 모호한 일이다. 이러한 측면에서 정서와 체험 두 가지를 강조한 체험적 심리치료 이론들은 상담 및 심리치료자들에게 그리 쉽게 이해되고 실행 가능한 치료 이론들은 아니었다.

체험적 심리치료(experiential psychotherapy)란 내담자의 체험적 과정에 초점을 두는 심리치료적 접근법을 말한다. 대표적인 체험적 심리치료로는 게슈탈트 심리치료가 있다. 게슈탈트 심리치료는 '체험적(experiential)'이라는 용어가 나오기 전부터 존재하던 체험적 심리치료로서, Perls(1951)와 Yontef(1998)가 대표적인 연구자이다. 게슈탈트 치료는 지금 이 순간에 일어나고 있는 체험적 현상에 대한 알아차림과 환경과의 접촉을 강조한다. 아직 해결되지 않은 미해결과제들을 알아차림과 환경과의 접촉을 통해 완결하도록 하는 접근이다. Gendlin(1978)이 개발한 포커싱 지향 심리치료는 우리 삶의 다양한 미해결과제가 몸의 여러 신체적 감각들로 나타난다는 점에 주목하였다. 포커싱(Focusing) 기법을 통해 느껴지는 감각들에 주목함으로써 미해결과제에 접근하고 이를 해결하기 위한 개입들을 찾아간다.

대표적인 체험적 심리치료 이론으로서, Greenberg(2002)가 제안한 정서초점치료(Emotion-Focused Therapy) 및 과정체험적 치료(Process-Experiential Therapy)가 있다. Emotion-Focused Therapy를 한국어로 처음 번역할 때 정서중심치

---

1) 정서와 유사하게 사용되는 단어들에는 감정, 기분, 느낌 등이 있다. 학술적으로는 용어마다 의미가 조금씩 다르고 그 차이에 대해서도 학자마다 견해가 조금씩 다르다. 그러나 일상생활에서는 대체로 특별한 구분 없이 사용된다. 본 책은 느끼는 것을 다루는 데 목적이 있으므로, 정서, 감정, 기분, 느낌 등을 구체적으로 구분하지 않고 사용할 것이다.

료라고 번역되어 지금까지 사용되고 있지만, 이는 적절하지 않은 번역이다. 심리학 연구 분야에서 'Focused'는 오랫동안 '초점'으로 번역되어 왔을 뿐 아니라, 치료 이론의 내용을 들여다보면 정서를 중심에 둔 것이 아니라, 치료적 변화를 유도하기 위한 방법으로서 정서에 주의를 기울여 초점을 맞추는 데서 시작한다. 즉 정서초점적 접근을 포함하고 이를 강조한 것이다.

Greenberg의 정서초점치료는 '정서도식(Emotion Scheme)'이라는 개념을 제안하면서 삶에 도움이 되지 않는 반응에 영향을 미치는 부적응적 정서도식을 도움이 되는 적응적 정서도식으로 재구조화하는 것을 심리치료적 목표로 삼는다. 이를 위해 정서에 주의를 기울여 부적응적 정서를 활성화하고, 관련한 역기능적 인지를 탐색하여 인지적 변화를 유도한다. 즉 부적응적 핵심 신념을 변화시키는 전략으로 정서적 각성 및 활성화를 이용하는 것이다. 이를 통해 결과적으로 정서도식의 재구조화를 유도한다.

치료적 과정에서 정서에 초점을 두어 정서적 활성화를 강조하였지만, 이는 그 이면에 영향을 미치고 있는 인지적 측면에 접근하기 위한 수단이고 과정으로서의 접근이다. 또한 치료 이론을 발전시켜 가면서, 초반에 비해서 정서적 측면을 덜 강조하는 방향으로 발선시켜 나갔고, 후반에는 성서 표현 등 정서적 과정에 그다지 관심을 두지 않았다.

 ## 2 체험적 심리치료의 유래

체험적 심리치료는 객관주의적인 행동주의와 추동 중심의 정신분석에 대한 대안으로서 나타난 "인본주의적 움직임"에서 탄생하였다. 객관주의를 따르는 행동적 접근이 자극을 주면 그에 따른 반응이 나오는 자극과 반응의 연쇄 관계에 초점을 두고 인간을 이해하는 것은 인간의 내면에 가지고 있는 수많은 것들의 존재를 간과하는 거라는 비판이 일었다. 정신분석 또한 추동 중심의 생물학적 욕구에 지나치게 초점을 두면서, 인간이 가지고 있는 성찰하고 숙고하는 고차원적인 측면들을 무시하였다는 비판을 받았다. 이러한 비판에 대한 대안으로 인간이 가지고 있는 속성들로 돌아가자는 "인본주의적 움직임"이 탄생하였다. 인본주의를 따르는 대표적인 심리치료가 내담자 중심치료(Client-centered psychotherapy), 실존치료(Existential psychotherapy), 게슈탈트 치료(Gestalt psychotherapy) 이론이다.

인본주의적 접근은 다른 기존의 접근들과 무엇이 달랐을까? 인간이 중심이 되는 세상을 꿈꾸었다는 점이다. 인간은 단순히 자극에 반응하는 기계적이고 동물적인 존재가 아니라, 인간 자체가 스스로 자각하고 판단하는 주체적인 존재라는 것이다. 인간은 각자의 입장에서 사물을 바라보고 상황을 이해하는 주관적인 존재이며 스스로 자신을 들여다보고 생각하며 반성하는 존재이다. 인본주의적 접근들이 공통적으로 강조하는 점은 인간 즉 내담자가 스스로 알아차리고 자각하는 존재, 각자의 입장에서 세상을 바라보는 주관적인 존재, 자신을 성찰하는 자기반성적 존재라는 것이다. 인간은 수동적인 존재가 아니라, 스스로 자각하고 의식할 수 있는 능력 등 수많은 능력을 갖춘 잠재력과 창의성을 가진 존재임을 강조하였다.

내담자 중심 치료, 실존 치료, 게슈탈트 치료 등 세 가지 인본주의적 접근들의 기본적 측면들을 선택하고 결합하였고, 여기에 심리극의 기법적인 측면들을 "체험적 심리치료"라는 이름 아래에서 통합하였다. 심리극은 체험적 측면을 강조하는데, 대표적인 심리극 기법으로 빈 의자 기법, 두 의자 기법, 역할 연기 등이 있다. 이러한 기법들은 상담 및 심리치료 장면에서 내담자의 지금 이순간에 경험하는 체험을 촉진하기 위한 기법들로 활용되었다. 심리극의 체험적 기법들은 개인상담과 집단상담 뿐 아니라, 놀이치료, 음악치료, 미술치료 등 다양한 상담 장면에서 생생한 체험을 촉진하기 위해 사용되고 있다.

체험적 접근은 내담자의 정서적 체험과 표현을 촉진하기 위해 알아차림, 공감, 탐색, 실험, 빈의자 기법 등의 다양한 요소들을 도입하여 심리치료 장면에서 새로운 정서적 체험과 정서적 통합을 유도한다.

1) 내담자 중심 치료(Client-Centered Therapy)

내담자 중심 치료는 Carl Rogers가 제안한 심리치료 이론으로 인간 중심 치료라고도 일컫는데, 체험적 심리치료의 기본적인 이론적 틀을 잡는 데 많은 영향을 미쳤다. 그중에서도 가장 중요한 영향을 미친 것은 치료적 관계에 대한 입장이었다.

행동적 접근과 정신분석 모두 치료자가 지시적인 태도를 취하는 데 반해, 내담자 중심 치료의 치료자는 내담자에게 비지시적인 태도를 가져야 한다고 주장하였다. 상담자가 내담자에게 조언이나 해석을 해주는 것을 피하고, 그 내담자의 감정과 체험을 인식하고 수용해 줌으로써 내담자에게서 변화를 촉진시킬 수 있다고 가정하였다.

심리치료적 기법 측면에서 보면, 초기에는 "반성(reflection)"과 같은 특정 기법을 강조하였다. 치료적 장면에서 치료자가 느끼는 느낌에 대해서 무엇이 일어나고 있는지 들여다보고, 이를 통해 내담자의 현재 느낌에 대한 치료자의 이해를 내담자와 소통하도록 하였다. 이러한 방법을 통해 내담자의 성장과 발달을 촉진시킬 수 있을 것이라고 생각하였다.

그러나 이후 반성과 같은 기법이 너무 기계적이어서 오히려 내담자와의 진실하고 온전한 관계를 방해한다는 판단이 부각되었다. 이러한 생각이 퍼지면서 기법에 대한 기존의 입장과 반대되는 입장이 제안되었다. 즉, 내담자에 대한 공감, 무조건적 긍정적 존중, 일치성과 같은 치료자와 내담자 간의 치료적 관계 조건을 강조하기 시작하였다.

내담자 중심 치료는 심리치료 기법 자체가 없다고 말한다. 기법 자체를 사용하지 말고, 내담자를 대하는 치료자의 태도를 통해서 내담자에게서 변화를 가져올 수 있다는 것이다. 즉 치료자가 내담자를 충분히 공감하고, 무조건적으로 존중하고 솔직하게 대한다면, 내담자에게서 변화와 성장을 가져올 것이라고 보았다.

기법을 잊어버리고 내담자만을 바라보라는 것이다. 내담자가 어떤 세계에 있는지, 그 내담자의 세계에 대한 민감한 몰입이 내담자에게서 변화를 안내한다. 내담자의 감정을 알아차리고, 내담자에게서 일어나는 변화 과정을 이해하는 것이 중요하다. 내담자의 세계가 무엇인지, 그 세계에서 내담자가 무엇을 느끼고 경험하며 어떻게 변화 과정을 겪고 있는지 이해하는 것이 내담자에게서 변화와 성장을 가져온다고 주장하며 기법 대신 관계를 강조하였다.

상담 장면에서 치료자는 내담자의 지금 이 순간의 체험을 조사하는 것에서 치료적 작업을 시작한다. 공감적 이해, 무조건적 긍정적 존중, 일치성 등 세 가지 관계 조건에 입각한 치료적 관계를 취할 때, 내담자의 체험적 과정이 촉진되고 성장해갈 수 있다. 이 세 가지 태도의 조건 가운데 특히 진실한 관계를 강조하였다. 일상의 삶에서 진실하게 있기가 쉽지는 않다. 우리는 관계에서 요구되는 역할과 사회에서 요구하는 모습을 보이는 데 집중하게 되기 때문이다. 그런데 상담 장면 안에서는 수용하고 존중하는 안전한 환경을 조성함으로써, 내담자가 있는 그대로의 모습으로 있을 수 있고, 자신의 진실한 모습을 만나는 기회를 갖고 그 모습을 들여다봄으로써 변화와 성장이 가능하다.

체험적 심리치료는 내담자 중심 치료의 치료적 관계에 대한 이러한 관점을 가져왔다. 치료자와 내담자의 진실한 관계를 통해서 체험적 치료의 핵심인 내담자의 체험을 촉진하고, 치료자가 내담자와 함께 체험적 작업을 할 수 있는 치료적 개입의 선행 조건이자 근간으로 치료적 관계를 강조하였다.

2) 게슈탈트 심리치료(Gestalt psychotherapy)

Perls에 의해 창안된 게슈탈트 심리치료는 '체험적'이라는 용어가 심리치료 영역에 등장하기 전부터 존재해 온 가장 초기의 대표적인 체험적 치료 이론이다. 게슈탈트 심리치료는 지각심리학인 게슈탈트 심리학의 기본 가정들을 치료적 원리에 도입하고, 유기체 이론, 현상학적 철학, 실존적 치료, 현대 정신분석 등의 다양한 접근들을 통합하였다. 특히, 심리극, 연극, 예술철학 등의 영향을 받아 빈 의자 기법 등을 개발하였는데, 빈 의자 기법은 다양한 상담 장면에서 사용되고 있고, 다른 심리치료 이론들에서도 활용되고 있다.

게슈탈트 심리치료는 다른 심리치료 이론들과 달리 극적인 요소들에 관심을 가졌다는 점이 특징적이다. 게슈탈트 치료의 이론적 토대이자 세 가지 치료 원리는 현상학, 장이론, 대화적 접근이고, 세 가지 이론적 원리는 제4의 이론적 토대인 실험적 접근을 통해 구현된다.

이러한 게슈탈트 심리치료의 이론적 원리는 체험적 접근에 그대로 영향을 미첬다. 첫째, 이론적 토대인 현상학적 접근은 주관적인 경험과 그 경험으로부터 새로운 의미를 창출하는 것을 강조한다. 게슈탈트 치료는 지금-여기에서 일어나고 있는 것들을 토대로 감각적인 알아차림을 사용하여 생생한 체험을 지향한다. 또한 내담자가 이야기하는 내용 보다 지금 여기에서 보여지는 비언어적인 행동 즉 얼굴 표정, 시선, 자세, 말하는 방식 등에 주목한다. 체험적 접근은 이처럼 지금 이 순간 일어나고 있는 것들을 알아차림을 통해서 생생한 체험에 접근해 간다. 기존의 정신분석 치료와 비교한다면, 정신분석은 내담자가 하는 말의 내용에 관심을 두는 데 반해, 게슈탈트 치료는 말의 내용보다 일어나고 있는 과정에 주목하였다.

둘째, 장이론은 모든 물리적 현상이 맥락 의존적이고 다른 것들로부터 고립된 채로 단독적으로 존재할 수 없으며, 장 속에서 서로 영향을 주고받으면서 변화한다고 보았다. 어떤 현상이든 그것만 독립적으로 보아서는 안 되고, 처한 상황 등을 종합적으로 보아야 제대로 이해할 수 있다는 것이다. 따라서 내담자의 행동은 그 행동이 이루어진 상황 안에서 이해되어야 한다. 아무리 중요한 과거 경험이라도 문제가 발생한 배경을 이해하는 데 도움이 될 뿐이며, 현재의 장에 영향을 미칠 때 지금도 영향을 미치는 살아있는 과거로서 지금 여기의 현재 장에서 다루어진다.

셋째, 대화는 치료자와 내담자가 서로 영향을 주고받을 수 있는 열린 과정이다. 게슈탈트 치료는 매 순간 이루어지는 치료자와 내담자의 진솔한 만남과 대화를 토대로 진행된다. 지금 여기에서 이루어지는 대화적 과정을 통해 알아차림과 접촉 등이 가능하다고 보았다. 특히, 후기에 게슈탈트 치료는 대화를 보다 강조하였다.

넷째, 현상학, 장이론, 대화 등 세 가지 원리는 실험적 접근을 통해서 실현되는데, 실험이란 새로이 시도하는 모든 것을 총칭한다(김정규, 2015). 실험을 통해 지금 이 순간에서의 체험이 발생하고, 내면의 감정, 생각뿐 아니라 내적인 갈등 등의 알아차림과 접촉을 효과적으로 증진시킨다.

체험적 치료는 게슈탈트 치료의 "실험" 개념을 그대로 가져왔다. 체험적 접근은 다양한 실험을 통해 내담자의 체험을 촉진하고, 내담자가 자신의 체험을 이해할 수 있도록 안내하며 실제로 일어난 체험을 처리하고 소화시킬 수 있도록 돕는다(Pos et al., 2008).

게슈탈트 심리치료 기법 가운데 특히 빈 의자 기법, 두 의자 기법, 유도된 심상, 실험 등은 내담자의 체험을 촉진하고 강화하는 기법들로, 체험적 심리치료뿐 아니라 다양한 상담 및 심리치료 장면에서 현재까지 활발하게 사용되고 있다. 이러한 점에서 게슈탈트 치료는 체험적 접근의 핵심적 특징인 내담자의 체험을 촉진하는 다양한 기법들에 주된 영향을 준 것으로 보인다.

3) 실존 치료(existential psychotherapy)

실존 치료는 내담자를 보다 잘 이해하고 효과적인 치료적 접근을 하기 위해 개발된 일종의 태도적 접근이라 할 수 있다. 다양한 실존 철학자들의 생각 즉 기본 가정을 현상학적 방법과 결합시켰다. 실존 철학자들은 모든 인간은 자기 나름의 잠재력을 가지고 있다고 가정하였다. 심리치료는 내담자로 하여금 자신의 독특성과 잠재력을 자각하고 의미 있는 발달을 하도록 도와야 한다. 내담자가 자신의 내면세계를 알아차리고 이해하며, 자신을 있는 그대로 보도록 도움으로써 자신의 잠재력을 깨닫도록 할 수 있다. 체험적 치료는 잠재력에 대한 실존 치료의 관점을 받아들였다.

실존 치료는 기존의 정신역동적 접근과 행동적 접근에서 인간을 추동, 원형, 조건화 등으로 나누어 본 것에 대해 비판적인 태도를 취하며, 하나의 전체적 인간(whole person)에 초점을 맞춰 작업해야 한다고 강조하였다. 또한 치료자와 내담자 간의 진실한 치료적 관계를 강조하였는데, 이러한 진실성은 체험적 접근의 치료적 작업을 가능하게 하는 근간을 제공하였다. 즉 진실한 관계일 때 치료자와 내담자 간의 체험적 작업이 촉진되고 가능하다고 본 것이다.

실존 치료의 주된 목적은 내담자가 주어진 실존을 마주하고 그에 따른 불안에 직면하여, 매 순간 보다 진실 되고 책임감 있게 사는 방식을 배우도록 하는 것이다. 그러한 과정을 통해 결국에는 자신의 체험에 확신을 갖도록 하는 것이 중요한 목적이다. 즉, 자신이 경험하는 현실을 있는 그대로 바라보고, 이를 받아들일 수 있는 힘을 내담자 스스로가 자각하도록 돕는다. 자신 내면의 힘, 그 잠재력을 알아차려 치료적 힘으로 사용할 수 있게 한다.

실존 치료는 이러한 실존적 사고로서 체험적 심리치료의 탄생에 기여하였다. 대표적인 실존적 사고로는 자유와 선택에 대한 현상학적 탐색, 실존의 한계, 근본적으로 다른 사람들과 함께 살아가는 인간 존재에 대한 이해, 의미를 추구하는 창조물로서의 인간 존재에 대한 이해 등의 측면에 영향을 미쳤다. 또한 실존적 사고는 체험적 세계 안에서 균형을 잡을 수 있도록 돕고, 체험적 치료자들이 내담자에 대해 보다 깊은 공감과 수용을 할 수 있도록 도왔다.

제2장

체험적 심리치료의 특징

내담자 중심 치료, 게슈탈트 심리치료, 실존 심리치료 등 세 가지 심리치료 이론을 근간으로 하고 심리극을 통합하여 "체험적 심리치료"라는 새로운 치료적 접근법이 탄생하였다(Elliott et al., 2004a; Klontz, 2004; Watson et al., 1998).

체험적 심리치료는 크게 두 가지 심리치료 이론이 주류를 이루있는데, 하나는 Gendlin(1978)의 포커싱 지향 심리치료와 Greenberg(2002)의 정서초점치료 및 과정체험적 치료이다. 포커싱 지향 심리치료는 내담자가 자신의 신체 감각에 주의를 기울이는 "포커싱(focusing)"이라는 기법을 통해 자신의 내적 체험에 접근하도록 돕는 것을 강조한다. 내담자의 체험에 접근하기 위한 방법으로 포커싱 기법을 개발하였다.

정서초점치료 및 과정체험적 심리치료는 내담자가 자신의 내적 체험을 자각하고, 특히 정서적 체험이 주는 의미를 이해하고 환경에 보다 적응할 수 있게 이를 통합하도록 돕는다. 이 과정에서 부적응적인 정서 반응을 적응적인 정서 반응으로 대체할 수 있도록 돕는 것이 주된 치료 목표이다.

여기에서는 체험적 심리치료 접근이 취하고 있는 공통적인 입장과 특징을 정리하여 살펴보고자 한다.

체험적 심리치료의 주요 목적

체험적 심리치료의 주된 목적은 내담자로 하여금 매 순간의 알아차림을 사용하여, 자신의 내적 체험에 접근하여 이해하도록 돕고, 체험적 과정을 통해 체험의 변화 즉 적응적인 새로운 체험을 촉진시키는 것이라 할 수 있다(이지영, 2014; Watson et al., 1998). 내담자의 주관적 체험에 초점을 맞추는 포커싱을 사용하거나, 내담자의 반성능력 등을 사용하게 함으로써 이를 촉진한다.

이러한 치료 목적은 각 체험적 치료 이론들에서 각기 다른 방식으로 구현된다. 포커싱 지향 심리치료는 상담 및 심리치료 장면 안에서 특정 신체 감각에 초점을 맞추는 포커싱 기법과 포커싱적 태도를 사용하여, 내담자의 느낌과 지각은 물론 목표, 가치를 포함한 내적인 주관적 세계에 접근하고 살펴보는 과정을 통해 체험의 변화를 촉진한다(Gendlin, 1964). 신체 감각에 초점을 두는 이유는 내적 체험은 신체 감각 등을 통해서 드러나기 때문이다. 내 안에서 일어나고 있는 체험을 바로 알아차리기는 쉽지 않지만, 내적 체험에 동반하는 신체 감각 등을 알아차려서 접근해갈 수 있다. 이러한 접근 과정을 통한 목적은 체험의 변화이다.

정서초점치료 및 과정체험적 치료에서는 부적응적 정서적 체험을 유발하고 정서적 체험 과정을 통해서 적응적인 정서적 반응으로 변화하도록 돕는다(Greenberg, 2004, 2017). 체험에 반복적으로 영향을 미치는 정서도식을 활성화해서, 삶에 도움이 되지 않는 부적응적인 정서적 반응을 유발시켜 체험의 변화를 돕는다. 그 결과 도움이 되는 적응적인 방향의 정서적 반응과 체험을 경험할 수 있도록 한다.

게슈탈트 치료에서도 내담자로 하여금 지금 이순간의 체험을 알아차리고 자신과 환경과의 접촉을 통해 새로운 체험을 촉진한다(Yontef, 1998). 지금 이 순간의 체험을 인지하면서, 자신의 미해결과제가 무엇인지 알아차리도록 한다. 무엇이 해결되지 않아서 미해결과제가 현재 삶에 자꾸 맴돌며 영향을 미치고 있는지 파악하는 것이다. 그리고 접촉을 통해 미해결과제의 완결 및 해결을 돕는다. 나 자신과 만나지 못했다면 나와 만나도록 돕고, 환경과 만나지 못했다면 환경과 만나서 새로운 접촉을 촉진한다. 게슈탈트 치료 또한 이러한 과정을 통해 궁극적인 목적인 역시 새로운 체험을 촉진시키는 것이다.

체험적 심리치료의 목적인 체험의 변화 즉 새로운 체험의 촉진을 구현하기 위해 여러 가지 치료적 요소들을 포함한다. 다음에서는 각 치료적 요소들에 대해서 살펴보도록 하겠다.

 ## 내담자에 대한 가정

체험적 치료에서 지금 여기에서의 체험을 알아차리고, 그 체험을 변화시키는 치료적 과정을 하는 주체는 결국 내담자 자신이다. 체험적 치료에서는 내담자를 능동적이고 주관적인 행위자로 가정하였다(Greenberg & van Balen, 1998; Watson et al., 1998). 정신분석이나 행동치료에서와 같이 내담자를 비교적 수동적인 존재로 보고, 치료자가 많은 개입과 역할을 하는 것과는 다르다.

체험적 치료가 인본주의적 접근의 기조 아래 탄생하였기 때문이다. 체험적 치료에 많은 영향을 미친 인본주의적 접근은 내담자에 대해 주관적인 현상 경험을 하는 존재로서 스스로 알아차리는 유기체이며 자기 반성적인 존재라고 공통적으로 가정하였다(이지영, 2014; Pos et al., 2008). 인간은 자신의 경험을 능동적으로 구성하고 조직화하는 정보처리자이다. 자신에게 일어난 일에 대해서 어디에 주의를 줄 것인지, 무엇을 할 것인지를 스스로 선택하고 통제한다. 매 순간 일어나고 있는 여러 가지 현상들 가운데 무엇을 경험할지는 개인이 주의를 어디에 주느냐의 결과물이다. 그것을 선택하고 통제할 수 있는 것 또한 인간 자신이다.

체험적 치료는 첫째, 내담자를 능동적인 존재로 가정한다. 치료적 장면 안에서 내담자는 결코 따라가는 존재가 아니라, 치료의 방향과 과정을 스스로 결정하고 그에 따른 결과에 책임을 지는 능동적인 존재이다.

둘째, 내담자는 주관적인 행위자이다. 매 순간 알아차리고 체험하는 유기체로서, 자신의 세계를 어떻게 구성할 것인지 선택하고 결정한다. 이때 자기 경험을 자기 개념과의 일치성을 향해 조직화한다. 내담자가 하는 경험이 자기 경험이고, 자신에 대해 스스로 생각하는 자기 개념과 일치하는 방향으로 경험을 조직화한다. '나는 발표를 잘한다'는 자기 개념을 가지고 있는 사람은 발표를 한 후 발표에 대해서 불편한 반응을 보이는 사람의 행동에 대해 자기 개념과 불일치하는 것이므로, 이를 무시하거나 '저 사람은 표정이 원래 그래. 내 발표에 대해 반응을 보이는 것은 아니야'라고 해석할 수 있다. 그렇게 자기 개념과 일치하는 방향으로 자기 경험을 처리한다.

이 과정에서 주관적인 알아차림과 주관적인 체험이 일어난다. 유기체적 욕구는 인간의 행동에 대한 중요한 결정인자이지만, 자기 개념과 일치하는 행동의 선택에 의해서만 충족될 수 있다고 보았다.

 치료적 관계

체험적 심리치료는 그 시대에 따라 강조되는 점은 다르지만, 치료자와 내담자 간의 치료적 관계와 내담자의 체험을 일관되게 강조하였다. 이 두 가지에 대한 강조는 체험적 접근의 중요한 초석으로 확인되었다(Watson et al., 1998). 치료적 관계는 내담자에게서 치료적 변화를 촉진하기 위해 반드시 필요한 선행 조건으로 간주되고, 그 무엇보다 치료적 관계의 역할과 중요성이 강조되었다(Lietaer, 1992; Paivio & Nieuwenhuis, 2001).

체험적 치료 또한 처음부터 본격적으로 체험적 기법을 사용하는 것은 아니다. 모든 심리치료가 그러하듯 초기에 치료자와 내담자의 치료적 관계에 초점을 두어 신뢰로운 관계를 형성할 수 있도록 한다. 치료자와 내담자 간의 신뢰로운 관계 형성을 통해 내담자가 상담 장면을 안전하게 느끼게 된다. 내담자가 치료자를 신뢰하는 안전한 작업 환경이 조성되어야, 내담자는 치료자가 개입할 때 협동적으로 반응하게 된다(Brodley, 1990). 치료자는 체험적 기법을 사용하여 상담 장면 안에서 체험적 과정을 촉진해야 하는데, 내담자가 치료자를 믿어야 이러한 작업에 기꺼이 임하고 따라올 수 있다. 예를 들어, 치료자의 포커싱 기법과 포커싱적 태도에 협동적으로 반응하고, 빈 의자 기법이나 실험 등 과제에 기꺼이 참여함으로써 치료적 작업을 해나갈 수 있다.

치료적 관계를 형성하기 위한 방법으로 크게 공감(empathy)과 반성(reflection) 두 가지를 강조하였다. 공감은 신뢰로운 치료적 관계를 형성하는 게 가장 도움이 되는 치료자의 태도와 개입 형태로, 체험적 치료에서 치료적 변화 과정을 이끄는 핵심적 요인으로 오랫동안 인정받아 왔다(Barrett—Lennard, 1981; Elliott et al., 2004a). 두 번째 요소는 반성이다. 공감만이 아니라 치료자는 내담자의 체험, 특히 기분이나 감정에 섬세하고 정확하게 공감하면서 무엇이 일어난 것이고 무엇을 의미하는지 이를 이해하고 반성해야 한다(Elliott & Greenberg, 2007). 반성은 지금 이순간의 내담자의 체험을 깊이 있게 해주고, 다른 치료적 작업을 하는 데 촉진적 역할을 한다.

체험적 치료에서의 치료적 관계는 치료자의 반응성(responsiveness)과 방향성(directiveness) 두 가지가 조화를 이루는 것이 특징적이다(Elliott & Greenberg, 2007; Elliott & Wexler, 1994; Greenberg & van Balen, 1998; Honos—Webb, Stiles, Greenberg, & Goldman, 1998). 반응성이란 내담자의 매 순간의 내적 체험을 공감적으로 조율해가면서 조심스럽게 따라가는 것을 말한다. 이를 공감적 수행(empathic following) 또는 반응적 조율(responsive attunement)이라고 한다(Brodley, 1990; Watson et al., 1998).

반응성과 함께 방향성이 있어야 한다. 치료자는 내담자의 내적 체험에 공감적으로 반응해가면서, 동시에 내담자의 체험적 과정을 촉진하기 위해 빈 의자 기법, 두 의자 기법, 포커싱, 실험 등의 특정 개입을 사용하여 안내한다. 이를 방향적 반응(directive responding)이라고 한다.

치료자는 내담자가 자신의 체험을 제대로 보도록 안내하는 안내자이자, 자신을 이해할 수 있는 잠정적 가설이나 틀을 제시하고 다양한 과제들을 제안하는 촉진자의 역할도 해야 한다. 즉 치료자는 내담자가 시도하길 원하거나 또는 원치 않지만 필요한 과제를 제안하기도 해야 하는 것이다. 이때 치료자가 너무 지시적이라면 내담자의 탐색에 대한 초점을 잃을 수 있고 관계가 깨질 수 있다. 따라서 내담자의 체험을 공감적으로 잘 따라가면서 안내해야 한다.

이때 내담자는 치료자가 제안하는 과정들에 스스로 원하는 만큼 참여할 것을 결정한다. 내담자가 참여하길 원하지 않는다면, 치료자는 다시 공감적 반성의 태도로 돌아가야 한다(Rice & Greenberg, 1990). 원치 않는 마음을 존중해야 한다. 치료자는 끌고 가는 것이 아니라, 곁에서 도와주며 같이 가는 존재이다. 이처럼 치료자는 공감적인 태도를 취하면서 동시에 체험적 과정에 참여할 수 있도록 방향을 안내하는 역할 또한 한다. 이는 내담자 중심 치료가 비지시적(nondirective)인 치료적 관계를 강조한 점과는 대비된다. 체험적 치료는 내담자 중심 치료의 다양한 측면을 받아들였지만, 치료적 관계에 있어서는 공감적으로 따라가는 반응성을 받아들이고, 여기에 안내하는 방향성을 추가하여 관점을 정리하였다.

4 역기능

인간의 역기능에 대한 관점을 알아야 치료적 개입의 방향을 정할 수 있다. 인간의 역기능(dysfunction)에 대한 관점은 내담자 중심 치료의 가정을 그대로 받아들였다. 즉, 자기 개념과 자기경험 간에 불일치가 일어날 때 역기능이 발생한다(Greenberg & van Balen, 1998). 자기 개념과 자기경험이 일치하면 그 경험[1]은 정확히 지각되고 상징되지만, 불일치할 때 경험이 부정되거나 왜곡될 수 있다. '나는 발표를 잘해'라고 생각하는 사람이 주변에서 발표를 잘했다고 하는 피드백을 들으면 그대로 받아들인다. 그러나 발표를 잘하지 못했다고 하면 평소에 갖고 있던 자기 개념과 불일치하므로 당황스럽다. 그래서 이 경험을 일어나지 않은 것처럼 부정하고 잊어버리며 처리하거나, '그때 발표상황은 준비한 다른 사람들이 제대로 하지 않아서 그런 거야', '사람들이 내가 잘한 것을 질투해서 깎아

---

1) experience는 경험과 체험 두 가지로 번역된다. 이 책에서는 경험과 체험 두 가지 용어가 모두 혼용되는데, 경험은 이미 일어나버린 것에 비중을 두는 반면, 체험은 지금 이 순간에 일어나는 과정을 보다 강조한 용어라고 이해하면 좋을 듯하다.

내리려고 그렇게 얘기한 거야와 같이 왜곡할 수 있다.

그렇게 자신의 체험으로부터 멀어지고, 자신의 부분들을 소외시키면서 통합된 인간으로 살 수 없게 된다. 또한 상징화하는 과정에서 왜곡이 일어나는데 상징화된 체험이 자기 개념과 불일치할 때, 이를 위협적으로 지각하여 불안감을 느낄 수 있다. 내담자가 자신의 내적 체험에 정확히 접근하는 것이 방해되고 처리하는 데 어려움이 있다면, 인간의 성장과 기능은 그만큼 차단된다(Rice & Greenberg, 1990). 불일치하는 경험으로 인해 불편하고 불안감을 느끼면서 성장이 차단될 수 있다.

이처럼 체험적 치료에서는 경험이 처리되지 못할 때 역기능이 발생한다고 보았다. 인간은 살아가면서 끊임없이 경험을 하고 그것을 처리하며 살아가는데, 처리하지 못할 때 그 경험의 영향을 받게 된다. 따라서 치료적 변화 과정의 열쇠는 바로 처리되지 못한 체험을 치료적 장면에서 처리하도록 돕는 것이라 하겠다. 따라서 체험적 심리치료는 불완전하게 처리되거나 왜곡된 경험의 재처리를 하도록 촉진하는 것을 목표로 삼아야 한다(Rice & Greenberg, 1990).

체험적 치료의 개입은 제대로 소화시키지 못하여 자신의 것으로 소유하지 못한 경험을 재소유(reowning)하도록 촉진하는 것이다. 이때 모든 경험을 소유해야 한다고 말하는 것이 아니다. 소유하지 못한 것 자체가 병리적인 것이 아니라, 소유하지 못함으로써 건강한 성장에 도움이 되는 자원과 욕구들 또한 단절시키는 것이 문제가 되는 것이다(Greenberg & van Balen, 1998).

이에 치료자는 내담자로 하여금 심리적 건강에 기여하는 경험을 확인하고, 소외된 과정을 알아차리고, 그 경험을 소유할지를 결정하고 그 시기를 선택할 수 있는 기회를 제공하는 역할을 해야 한다. 즉 일차적으로 먼저 자신의 경험에 진실하게 접근하는 것이 방해받고 있음을 알아차리는 데 초점을 두어야 한다. 처리하지 못하고 있는 경험이 내 삶에 부정적인 영향을 미치고 있을 때, 그 경험을 들여다보고 소화시키도록 도와야 한다.

체험적 치료의 주요 대상은 내담자의 체험이다. 치료자는 치료 장면에서 내담자의 체험을 작업한다. 치료적 장면에서의 중요한 변화는 내담자가 기존에 해왔던 경직된 체험의 방식에서 매 순간의 체험에 보다 유동적으로 접촉하는 과정을 통해서 이루어진다. 억압해왔던 감정을 만나고 알아차리고 수용하며 체험할 때, 감정의 변화와 체험의 변화가 일어나며 그에 수반되는 생리적인 변화 또한 일어난다. 그리고 새로운 통찰이 이루어지며 대안적인 생각이 떠오르고 태도에서의 변화 또한 일어난다.

이렇듯 체험적 치료에서 변화가 이루어지는 핵심적인 순간은 내담자의 체험에 보다 명확하고 정교하게 주의를 기울이며 맞추어 갈 때이다. 내담자의 처리되지 못한 경험을 다루어야 하고, 처리하지 못한 경험을 재처리할 수 있도록 돕는다. 그렇기에 치료적 접근의 주요한 재료이자 과제는 내담자의 체험이다. 내담자가 매 순간의 자신의 내적 체험에 접촉하고 그것을 알아차리고 이해할 때 치료적 변화가 일어난다. 지금 여기에서 일어나는 프로세스 즉, 과정이 중요한 것이다. 체험적 치료는 지금 여기(here and now)에 초점을 맞추고, 내용(content)보다 과정(process)을 따라간다.

Rogers(1975)는 억압된 감정이 치료적 관계 안에서 완전히 수용적으로 체험될 때 심리적인 변화와 새로운 통찰이 나타난다고 주장했다. 치료적 장면에서 "정말 힘들었겠다.", "많이 슬펐겠다." 등의 수용과 공감을 통해서 새로운 변화와 통찰이 일어난다. 누군가를 변화시키는 가장 강력한 무기는 체험의 수용이다. 우리 모두는 있는 그대로의 모습으로 수용되기를 원한다. 내 있는 그대로의 모습, 있는 그대로의 체험을 그대로 누군가 받아준다는 생각이 들 때 감동이 있고 변화가 있다. 치료자가 내담자를 무조건적으로 수용해줄 때, 내담자는 자기 자신에 대해 비로소 온전히 수용해 가면서 상담 장면 안에서 자기 자신과 만나고 펼쳐 보임으로써 작업을 통해 성장의 과정을 밟아나간다.

Gendlin(1974)은 내담자가 자신의 내적 감각을 그대로 느끼도록 허락하여 머무르는 체험적 과정을 통해 변화가 일어난다고 보았다. 특히, 내담자가 자신의 느낌과 감정을 인식하고 명확하게 자각하도록 돕기 위한 기법으로서 포커싱 기법을 개발하였고, 심리내적 변화 과정을 강조하였다. 체험적 심리치료자인 Mahrer(2004)는 치료 관계적 요소 보다는 내담자가 순수하게 심리내적으로 체험하도록 하는 게 중요하다고 보았다.

따라서 체험적 치료는 치료적 장면에서 내담자의 체험이 잘 나타나도록 촉진하는 것이 중요한 과제가 된다. 체험적 치료의 가장 특징적인 것 중 하나가 치료의 주요 대상인 내담자 체험을 촉진하기 위해 다양한 기법들을 사용한다는 점이다.

포커싱 지향 심리치료에서는 내담자가 자신의 느낌과 감정을 인식하고 명확하게 자각하도록 돕기 위한 기법으로 포커싱 기법을 개발하였고, 심리내적 변화 과정(intrapsychic change process)을 강조하였다. 정서초점적 치료와 게슈탈트 치료에서는 빈 의자 기법, 두 의자 기법, 실험, 심상, 핵심 질문 등의 다양한 기법들을 제안하였다.

몇 가지 특징적인 체험적 기법을 간단히 소개하겠다. 연상시키는 전개(evocative unfolding)는 체험에 대해 정확히 설명할 수 있도록 하기 위해 사건을 다시 불러일으키는 기법이다(Rice, 1974; Rice & Greenberg, 1990; Watson et al., 1998). 그 사건을 언어적 표현으로 생생하게 기술하도록 하는 것이다. 예를 들면, "그것은 마치 장애물 넘기와 같았어요.", "그건 마치 한증막 같았어요." 등과 같이 생생한 언어와 은유 등을 사용하여 내담자로 하여금 체험에 접근하도록 돕는 방법이다.

둘째, 빈 의자(empty chair) 기법은 게슈탈트 치료의 대표적인 기법으로 빈 의자에 특정 대상이 있다고 가정하고 그 대상에게 말을 하도록 하는 방법이다(Elliott et al., 2004a; Honos-Webb et al., 1998). 과거 대인관계 문제에 대한 미해결과제를 해결할 때, 치료 장면에서 미해결된 정서를 보다 생생하게 재체험하도록 돕는데 효과적이다. 예를 들어, 룸메이트가 허락 없이 자신의 옷을 입고 나갔는데 그것에 대해 불편한 마음을 표현하지 못했다면, 앞에 룸메이트가 있다고 가정하고 그 당시에 하지 못했던 말을 해볼 수 있다. 또는 대학 입시 때 아버지의 반대로 원하는 전공을 선택하지 못해서 원망스러운 감정을 가지고 있다면, 앞에 아버지가 있다고 가정하고 그때의 상황을 떠올리면서 원망스러운 감정을 생생하게 느끼며 표현할 수 있다.

셋째, 두 의자(two chair) 기법은 게슈탈트 치료에서 유래한 기법으로 내담자의 두 가지 다른 측면 사이의 대화를 촉진하는 개입이다. 이러한 대화는 내담자가 내적 갈등을 경험하고 있을 때 특히 효과적이다(Elliott & Wexler, 1994; Rice & Greenberg, 1990). 두 의자에 내담자의 대립하는 목소리를 분리한 후, 각 의자에 앉아 해당하는 목소리를 냄으로써 갈등을 보다 명료하게 알아차릴 수 있다. 또한 교대로 의자에 앉아 목소리를 냄으로써 내적 갈등 간의 대화를 통한 접촉을 돕는다(Elliott et al., 2004a; Elliott et al., 2009; Honos-Webb et al., 1998). 이는 상반된 견해 사이의 통합의 가능성을 증가시켜 변화를 촉진시킨다.

빈 의자 기법과 두 의자 기법 등 이러한 기법들은 대부분 심리극에서 유래하였다. 정서초점치료 및 과정체험적 치료의 Greenberg는 특히 두 의자 기법을 강조하였는데, 부적응적 정서 반응을 적응적 정서 반응으로 대체하는 데 효과적으로 사용하였다(Greenberg, 2002a, 2004). 예를 들어, 우울하고 무력한 내담자와 치료적 작업을 하다보면 건강한 감정인 분노와 접촉할 수 있다. 이때 두 의자를 두고 한쪽에는 우울하고 무력한 감정을, 다른 의자에는 분노의 감정을 두고서 내담자로 하여금 각각의 의자에 번갈아 앉아서 각각의 감정을 표현하도록 하였다.

 정보처리적 관점

두 가지 가정을 추가적으로 살펴볼 것이다. 첫 번째는 정보처리적 관점이다. 체험(experiencing)이란 세계를 이해하기 위해, 내적 및 외적 자원으로부터 오는 정보를 조직화하고 주의를 기울이는 과정이라고 정의된다(Watson et al., 1998). 강의실에 앉아 있어도 주의가 다른 곳에 가 있다면 강의를 체험하고 있다고 볼 수 없다. 강의 내용에 주의를 주었을 때, 강의를 체험한다고 할 수 있다.

정보처리적 관점의 유래는 내담자 중심 치료의 관점에서 시작된다. 내담자 중심 치료에서 인간은 정보를 능동적으로 처리하는 사람으로서, 자신의 체험을 적극적으로 구성하고 조직화한다고 보았다. 이렇게 체험으로부터 구조를 발견하고 정보를 조직화하는 과정에서 정서가 발생한다. 이러한 정보처리적 관점은 특히 Greenberg 등(1993)에 의해 발전하였다.

자신과 세상에 대해 구성한 구조, 즉 세상을 이해하는 틀을 도식 또는 스키마라고 하는데, Greenberg(2002)는 정서를 근간으로 하는 정서 도식(emotion scheme)이라는 개념을 제안하여 정서적 정보처리 과정을 강조하였다. 예를 들어, 권위자 앞에 가면 공포 반응이 반복적으로 나타난다든지, 사람들 앞에서 자신의 이야기를 할 때마다 수치심을 느끼는 것과 같은 특정 정서를 근간으로 하는 정서 도식이 있다는 것이다. 정서 도식은 고유한 정서적 기억, 신념, 이미지, 감각, 생리, 행동경향성을 포함하는데, 사람들마다 중요한 타인과 맺는 관계에서 각기 독특한 정서 도식을 갖는다. 이러한 정서 도식이 체험에 중요한 영향을 미치므로, 정서 도식을 이해하고 적응적으로 변화시키는 것이 중요하다고 보았다.

 ## 7 변증법적 구성주의 모델

체험적 치료는 변증법적 구성주의를 따른다. 체험적 치료의 일차적 목표는 정서(emotion)와 이성(reason)과 같이 서로 다른 처리 과정의 변증법적 통합을 추구한다. 한마디로 정반합의 변증법이다. 변증법이란 전체를 서로 상반된 성질을 갖는 구성요소로 구분하고, 그들 간의 상호관련성에 기반한 통합을 통해 새로운 구조와 체험의 틀을 만들어 내는 것이다.

대표적으로, 체험적 체계와 이성적 체계 두 가지를 가정한다. 체험적 체계는 주관적인 내적 체험을 상징화하는 것이고, 이성적 체계는 그 체험을 반성적으로 조사하는 것이다. 치료자는 내담자로 하여금 정서를 단순히 체험하는 것이 아니라, 그 정서가 주는 정보를 숙고하고 상징화하여 이해하는 통합을 돕는다.

이와 같이 체험적 치료 이론 곳곳에 서로 다른 처리 과정의 변증법적 통합이 자리한다. 예를 들어, 인간은 생물학적 존재이면서, 복잡한 사회적 존재로서 기능한다고 가정한다. 또한 소외된 자기 부분들을 탐색하고 자기 것과 아닌 것으로 구분하고 통합한다. 치료적 관계 면에서 치료자는 반응성과 방향성 서로 다른 두 가지 역할을 조화롭게 해야 한다. 체험적 기법 가운데 두 의자 기법은 상반된 자기 부분을 통합하기 위한 기법으로, 변증법적 통합을 향한 접근을 잘 보여준다.

이처럼 인간은 계속적인 통합과 새로운 재구성을 통해 성장하고 발달한다고 보았다. 우리 모두 경험을 통해 기존의 나와 거부하고 싶은 나를 경험하고, 이를 소화시키는 과정에서 또 다른 나를 발견하고 새로운 나로 통합해간다. 성장 자체가 변증법적 과정인 것이다.

제2부

대표적 체험적 심리치료

제3장

게슈탈트 심리치료
(Gestalt Psychotherapy)[1]

 게슈탈트 치료의 탄생

1) 게슈탈트 치료 이론의 확립

'체험적(experiential)'이라는 용어가 명시되기 전부터 존재했던 대표적인 체험적 심리치료인 게슈탈트 치료는 수많은 사상에 영향을 받아 탄생하였다. 1893년 독일 베를린에서 출생한 Fritz Perls는 유대계 정신과 의사였다. 1951년 Perls가 창안한 게슈탈트 심리치료는 정신분석 치료 이론을 비롯해서 유기체 이론, 신체 이론, 장 이론, 게슈탈트 심리학, 사이코드라마, 연극과 예술철학, 실존철학 그리고 도가와 선사상과 같은 동양 사상 등의 광범위한 영향을 받으며 탄생하였다. Perls는 1925년부터 7년간 정신분석 수련을 받다가 점차 자신의 아이디어와 이

---

1) 게슈탈트 치료의 내용은 주로 김정규가 1995년과 2015년에 쓴 「게슈탈트 심리치료 1판, 2판」의 내용을 참고하여 정리하였다. 또한 이지영이 2004년에 「학생연구(서울대학교)」의 38(1)권에 발표한 논문 '게슈탈트 심리치료와 위빠사나 명상의 통합적 접근', 이지영이 2018년에 「한국심리학회지: 상담 및 심리치료」의 30(3)권에 발표한 논문 '체험적 심리치료에 대한 체계적 고찰: 효과 연구를 중심으로'의 내용을 일부 수정 및 보완하였다.

론이 받아들여지지 않는 정신분석으로부터 멀어졌고, Freud를 비판하며 결별하게 되었다.

Perls는 1950년에 '알아차림(awareness)'에 관한 이론을 정립하였고, 1951년 Heffeline과 Goodman 등과 함께 '게슈탈트 치료(Gestalt Therapy)'라는 책을 세상에 내놓았다. 이후 1960년대부터 정신분석이 퇴조하기 시작하였고, 유럽으로부터 실존주의 정신의학 사조가 들어왔다. 기존의 정신분석은 생물학적 요소를 지나치게 강조한 점, 유아기의 성적 욕구를 강조한 점, 과거 경험이 모든 것을 결정한다는 식의 입장이 비판을 받으면서 퇴조하였다.

그러면서 나타난 입장이 '사람이 근본이다'라는 관점의 인본주의적 입장이다. 그중 하나는 실존주의였는데, 실존주의 정신의학이 이해하기 어려운 모호하고 복잡한 개념들로 인해 부정적인 평가를 받으면서, 비교적 분명한 이론인 게슈탈트 치료가 점차 인정을 받기 시작하였다. 즉, 실존치료의 모호한 개념에 비해 분명하고 명쾌한 게슈탈트 치료의 개념이 사람들에게 호감을 불러일으킨 것이다. 게슈탈트 치료의 개념은 많은 이들에게 공감을 유발하였다. 급기야 제3세력 운동이라고 불리는 인본주의 심리학의 흐름을 이끌게 되면서 게슈탈트 치료의 인기가 증가하였다.

게슈탈트 치료는 수많은 치료 기법과 사상의 영향을 받으며, 이를 독자적인 관점에서 통합함으로써 하나의 새로운 치료적 정체성을 확립하였다. 게슈탈트 치료에 영향을 준 사상에는 Karen Horney의 정신분석치료 이론, Goldstein의 유기체 이론, Wilhelm Reich의 신체 이론, Kurt Lewin의 장이론, Wertheimer의 게슈탈트 심리학, Moreno의 사이코드라마, Reinhardt의 연극과 예술철학, Heidegger, Martin Buber, Paul Tilich 등의 실존철학, 동양의 도가와 선 사상 등이 있다. 이러한 다양한 철학과 종교 사상을 독특한 관점에서 통합하여 새로운 치료 이론으로 탄생시켰다.

그렇게 탄생한 게슈탈트 치료는 정신분석 등의 요소주의 심리학에 반대하고, 게슈탈트 심리학의 영향을 받아 과정적이고 종합적으로 현상을 이해하려 하였다. 즉 개체를 여러 개의 심리적 요소로 쪼개어 분석하기 보다는, 개체가 속해 있는 전체 장(field)의 관점에서 통합적으로 이해하려 시도하였다.

이러한 배경에서 생겨난 게슈탈트 심리치료는 다양한 삶의 문제를 각각 하나씩 따로 분리된 것으로 보지 않고, 서로 전체적이고 유기적으로 관련되어 있다고 본다. 예를 들어, 내담자가 호소하는 삶의 문제 가운데 학업의 문제는 그것만의 문제가 아니라 가족 문제, 정서 문제, 대인관계 문제 등이 영향을 미치는 것이다. 또한 신체와 정신, 그리고 환경을 서로 불가분의 관계에 있는 통합적이고 유기적인 존재로 이해하는 인간관과 세계관을 갖는다. 따라서 심리적인 문제를 치료한다는 것은 개인으로 하여금 자신이 환경과 어떠한 관계에 있는 지 자신과 환경을 좀 더 선명하게 알아차림으로써, 이러한 유기적인 관계를 이해하고 점차 자신의 시야를 확장함으로써 새롭고 창의적인 삶을 살도록 돕는 것이다.

2) 게슈탈트 심리학에서 도입된 관점

인간이 어떻게 지각하느냐에 대한 지각 이론 가운데 게슈탈트 심리학의 이론을 Perls는 치료에 적용하였다. 게슈탈트 치료는 지각연구에 국한되었던 게슈탈트 심리학의 몇 가지 가정을 치료이론에 도입하였다. 첫째, 인간은 장을 전경과 배경으로 구조화하여 지각한다. 관심을 끄는 부분이 전경이 되고 나머지는 배경으로 지각된다. 관심을 갖는 것이 눈에 들어오는 것이다. 좋아하는 사람이 있다면 수많은 사람들 사이에 있어도 좋아하는 사람이 눈에 먼저 확 들어오고, 다른 사람들과 그 밖의 거리와 건물들의 나머지 부분은 배경이 될 것이다.

둘째, 인간은 장을 능동적으로 조직하여 의미 있는 전체로 지각하는 경향이 있는데, 이렇게 형성되어 지각된 것이 게슈탈트이다. 예를 들어 그 멋진 남자와 함께 차를 마시고 거리를 걷는 등 여러 가지 일을 함께 했다면, 이를 '나는 그 남자와 즐겁고 행복한 데이트를 했어'라고 일관되고 의미 있는 전체로 지각할 것이다. 인간은 자신의 경험에 대해 의미 있는 전체로 능동적으로 지각하려고 하는데, 그렇게 지각된 것을 게슈탈트라고 한다.

셋째, 인간은 자신의 현재 욕구를 바탕으로 게슈탈트를 형성하고 지각한다. 게슈탈트를 형성하는 데 현재 자신이 갖고 있는 욕구가 영향을 미친다는 것이다. 만일 쉬고 싶은 사람에게 직사각형을 그려준다면 욕조나 베개를 떠올릴 수 있고, 영화나 드라마가 보고 싶은 사람에게는 텔레비전을 연상시킬 수 있다.

넷째, 인간은 미해결된 상황을 완결 지으려 하는 경향을 지닌다. 전체를 형성하여 지각하려고 하는데, 이것이 제대로 이루어지지 않았을 때는 계속해서 마저 완결 지으려 한다. 예를 들어, 친구에게 무슨 말을 하려 하다가 누군가 말을 끼어들어서 하지 못했다면, 계속해서 이를 완결 짓기 위해 그 이야기가 입가에 맴돌 것이다.

마지막으로, 인간의 행동은 처한 상황의 전체 맥락을 통해서 이해된다는 것이다. 우리 인간이 하는 행동은 뜬금없이 나타나는 것이 아니라, 그 사람이 처해 있는 상황이나 맥락에서 나타난다. 평소 자기주장을 잘하지 못하는 수현 씨가 점원에게 불만을 얘기하는 행동은 그 곁에 자신을 든든하게 지지해주는 남편이 있는 상황이라는 것을 알 때 보다 잘 이해될 수 있다.

3) 게슈탈트 치료의 형성에 미친 영향

게슈탈트 치료가 형성되는 데 주요한 영향을 미친 대표적인 이론은 다음과 같다. 첫째, 게슈탈트 심리학은 위와 같이 치료 이론의 관점을 형성하는 데 영향을 주었다. 둘째, 유기체가 장을 전경과 배경으로 나누어 지각한다는 점은 Goldstein의 유기체 이론의 영향을 받았다. 셋째, 처한 장 안에서 개체의 행동을 이해해야 한다는 관점은 Lewin의 장이론으로부터 가져왔다. 넷째, Horney의 정신분석이론을 들 수 있다. 특히 당위(should) 개념에 영향을 주었는데, 내면의 상전과 하인으로의 양극의 분열현상 개념을 잡는 데 영향을 미쳤다. 인간 내면에 '해야 해'라고 말하는 상전이 있고, 그것을 따라야 하는 하인이 있다고 본 것이다. 다섯째, Reich의 신체이론은 감각운동과 신체활동이 심리작용과 밀접하게 관련된다는 점과 신체언어의 중요성을 불러일으켰다.

이러한 사상들을 종합해서 게슈탈트 치료는 다음과 같이 가정하였다. 신체, 감각, 감정, 욕구, 사고, 행동 등은 서로 연결된 하나의 의미 있는 전체로 보아야 한다. 또한 인간은 환경과 분리된 존재가 아니라, 인간과 환경을 포함하는 전체 장의 부분이다. 따라서 인간의 행동은 전체 장의 맥락 속에서 이해해야 한다.

이 이외에도 게슈탈트 치료에 독특하게 영향을 미친 것으로 Moreno의 사이코드라마와 연극, 그리고 예술철학 등이 있다. 이들의 영향을 받아 게슈탈트 치료의 가장 특징적인 기법인 빈 의자 기법 등이 개발되었다.

 ## 게슈탈트 치료의 주요 개념

1) 게슈탈트(Gestalt)

게슈탈트란 모양, 형태, 전체, 구조를 가진 개체 등의 뜻을 가진 독일어이다. 게슈탈트 심리학자들에 의하면, 개체는 어떤 자극에 노출되면 그것들을 개별적인 부분으로 보지 않고 1) 완결의 원리 2) 근접성의 원리 3) 유사성의 원리에 입각하여 하나의 의미 있는 전체 혹은 형태를 만들어 지각하는 경향이 있다. 그 의미 있는 전체 또는 형태가 바로 게슈탈트이다.

인간도 마찬가지이다. 우리는 은연중에 완결하고자 하는 경향이 있다. 무엇인가를 보고 지각하는 데에 있어서도 완결하여 지각하고자 한다. 가까이 있는 것들을 연결 지어 하나로 지각하려 하고, 서로 유사한 것들을 묶어서 지각하려 한다. 즉, 외부 자극에 단순하게 반응해 수동적으로 받아들이는 것이 아니라, 각 개인의 관심이나 욕구 등에 따라 외부 자극을 능동적으로 조직화하여 지각한다. 예를 들어, 먼지를 털고 청소기를 돌리고 걸레질을 하고 있는 행동에 대해 "청소하고 있어"라고 하나로 조직하여 말한다. 이때 '청소'는 게슈탈트, 즉 의미 있는 전체가 된다.

하나의 의미 있는 전체 혹은 형태(Gestalt)를 만들어 지각하는 경향은 일상 삶에서 다양하게 나타난다. 아이가 그림을 그리는 행위를 하다가 인형을 만지는 행위를 한다. 그러다 색종이를 가위로 오리는 것을 보고 엄마는 "잘 놀고 있구나."와 같이 말한다. 이때 여러 각기 다른 행위들은 '노는 행위'라는 하나의 의미 있는 전체로 연결되어 지각된다. 엄마가 그릇에 남은 음식 찌꺼기를 버리고, 세제를 사용해 그릇을 닦고 물로 헹구는 등의 행동을 보던 아이가 "지금 뭐해?"라고 묻는다면, 엄마는 "지금 설거지하고 있어."라고 대답할 것이다. 여기서 '설거지'가 게슈탈트, 즉 의미 있는 전체가 된다.

게슈탈트 치료에서 '게슈탈트'란 '개체에 의해 지각된 자신의 행동 동기'를 말한다. 개체가 자신의 유기체적 욕구를 하나의 의미 있는 행동동기로 조직화하여 지각한 것을 말한다. 예를 들어, 음악을 들으며 커피를 마시고 싶은 것, 오랜 친구를 다시 만나보고 싶은 것, 잠을 자고 싶은 것, 반신욕을 하고 싶은 것, 딸을 안아주고 싶은 것 등과 같이 각자의 욕구가 실현되는 행동동기로 지각한다.

그렇다면 왜 게슈탈트를 형성하는 걸까? 바로 욕구를 충족시키기 위해서이다. 자신의 욕구를 하나의 유의미한 행동으로 만들어서 실행하고 완결 짓기 위함이다. 환경과의 접촉을 통해 욕구를 해소 즉 완결하기 위해서이다. 커피를 마시고 싶은 것, 음식을 먹고 싶은 것, 집에 가고 싶은 것 등의 게슈탈트 형성을 통해 커피를 마시고, 음식을 먹고, 집에 가는 등의 행위를 해서 욕구를 충족시키기 위함이다.

이때 개체가 가지고 있는 욕구 자체가 게슈탈트는 아니다. 그러한 욕구를 자신이 처한 상황과 환경을 고려해서 실현가능한 방식의 행동동기로 지각한 것을 게슈탈트라고 한다. 그런데 게슈탈트를 설명할 때 욕구와 함께 감정이 자주 언급되는 이유는 무엇일까? 발생한 감정의 접촉을 통한 완결은 느끼고 표현되는 것이다. 그런데 사는 동안 발생은 했지만 느끼고 표현되지 못한 감정들이 계속 남아 축적된다. 그러한 감정은 완결을 요구하며 계속 게슈탈트로 형성되려고 한다. 따라서 게슈탈트 형성에 영향을 미치는 중요한 것이 지금 이 순간의 욕구와 과거 발생은 했지만 표현되지 못하고 남아 있는 감정이라 하겠다. 그러나 감정 또한 해소되고자 하는 욕구를 갖는다고 볼 수 있으므로, 욕구 하나로 통일해서 게슈탈트를 이해해도 무방할 것이다. 즉 욕구를 하나의 의미 있는 행동 동기로 조직화하여 지각한 것이 게슈탈트이다.

게슈탈트는 환경과 분리되어 존재하지 않고, 환경과의 관계 속에서 형성되고 완결한다. 개체의 욕구와 처한 상황의 상호작용을 통해 특정 순간에 게슈탈트가 형성되는 것이다. 배가 고파서 밥을 먹고 싶지만, 처한 상황이 수업 중이라면 밥을 먹고 싶은 게슈탈트는 완결되기 어렵다. 맛있는 중국 음식을 먹고 싶은 마음이 들지만, 함께 있는 일행이 짜장면과 짬뽕 두 가지 중에 고르는 상황이라면 둘 가운데 짜장면을 먹고 싶은 것으로 게슈탈트는 조정되어 형성될 것이다.

인간의 모든 활동들을 들여다보면 이처럼 매 순간 욕구와 처한 상황이나 환경 간의 상호작용을 통해서 게슈탈트를 형성함으로써 조정하고 해결해간다. 그런데 게슈탈트 형성에 실패할 때, 욕구가 충족되지 못하면서 심리적인 어려움과 신체적인 곤란이 초래된다. 인간은 욕구를 게슈탈트로 형성하여 충족시키며 살아가는 것이 건강한 상태이다. 즉 건강한 유기체는 매 순간 본능적으로 자신에게 가장 필요한 것을 알아차리고 해결해 나갈 수 있다. 또한 여러 게슈탈트가 동시에 형성되면 '자기조절능력'을 사용하여 그 상황에서 가장 필요한 행동을 우선적으로 선택한다. 이러한 자연스러운 유기체 활동을 인위적으로 차단하고 방해하는 현상을 접촉경계혼란이라 한다.

2) 전경과 배경

인간은 모든 것을 똑같은 중요도로 지각하지 않는다. 개체의 지각 과정은 관심의 초점이 되는 부분과 그렇지 않은 부분으로 나누어진다. 이때 어느 한 순간에 관심의 초점이 되는 부분을 '전경(figure)'이라 하고, 관심 밖으로 물러나는 부분을 '배경(ground)'이라고 한다. 거실에서 텔레비전을 보고 있다면, 텔레비전 화면은 전경이 되고 나머지 거실의 벽면과 다른 물건들은 모두 배경으로 들어간다. 게슈탈트를 형성한다는 것은 개체가 그 순간 가장 중요한 욕구를 전경으로 떠올린다는 것을 의미한다. 텔레비전을 보다가 갑자기 목이 말라 주스를 마시고 싶은 욕구가 들었다면, 주스를 마시는 것이 게슈탈트가 되어 전경으로 떠오를 것이다. 이때 주스를 마시고 싶은 것에 주된 관심이 가고, 보던 텔레비전의 내용은 배경으로 물러난다. 그래서 부엌으로 걸어가 냉장고 문을 열고 주스를 마시는 행위를 통해 게슈탈트를 완결했다면, 더 이상 주스를 마시고 싶다는 생각은 떠오르지 않게 되어 전경에서 배경으로 물러나게 된다.

이처럼 인간의 삶은 매 순간 게슈탈트의 형성과 해소로 이루어지며, 지각에서의 전경과 배경의 교체로 반복된다. 예를 들어, 직장 상사로 인해 화났던 감정을 친구로부터 이해받고 싶은 것을 게슈탈트로 형성했을 때, 친구에게 이야기하고 화났던 마음을 공감 받는다면 게슈탈트는 완결되고 화난 감정은 배경으로 물러난다. 이후 배경 속에서 새로운 게슈탈트 즉 친구들과 즐겁게 노는 것을 형성할 수 있게 된다. 하지만, 친구가 이해해주지 않고 오히려 타박한다면, 게슈탈트는 배경으로 물러나지 못하고 전경에서 계속 맴돌게 된다.

3) 미해결과제

게슈탈트의 형성은 완결이 목적이다. 형성은 하였으나 완결되지 않은, 해소되지 않은 게슈탈트를 미해결과제라고 한다. 미해결과제는 배경으로 물러나지 못한 채 전경으로 계속 떠오르려 하면서, 다른 게슈탈트가 형성되는 것을 방해한다. 위의 예처럼 친구에게 속상한 마음을 얘기했는데 잘 들어주지 않고 오히려 직장 상사의 편을 들었다면, 이해받고 싶은 마음이 미해결과제로 남아서 해결될 때까지 다른 게슈탈트를 떠올리지 못하게 계속 방해한다. 결국 처리할 다른 일에 집중하지 못하고, 친구들과 함께 있어도 친구의 이야기가 잘 들리지 않고 즐겁지가 않다.

이처럼 전경과 배경의 자연스러운 교체가 방해되었을 때 심리적인 어려움이 발생한다. 그러나 우리 대부분은 많은 미해결과제를 가지고 있고 어느 정도는 그것을 갖고서 충분히 살아갈 수 있다. 다만 너무나 많은 미해결과제를 갖게 된다면, 축적된 미해결과제가 인간이 담아두고 감당할 범위를 벗어나면서 일상적인 욕구마저도 효과적으로 해결하지 못하게 만든다. 결국 심한 경우에는 적응 장애, 심리적 및 신체적 장애에 이르게 된다.

이렇듯 심리적 장애를 유발하는 중요한 미해결과제로는 핵심 감정이 있다. 핵심 감정이란 그 개인에게 반복적으로 경험되면서 중요한 영향을 미치는 주된 감정을 말한다. 모두 과거에 게슈탈트로 형성되었으나 해소되지 못하여 미해결과제로 남아서 계속 해소되기를 요구하는 감정들이다. 대표적인 감정으로는 수치심, 죄책감, 소외감, 분노, 불안 등이 있다. 이들 감정은 해소될 때까지 계속 맴돌며 인간의 지각, 사고, 판단, 행동 등에 많은 영향을 미친다. 어떤 사람들은 수치심을 자꾸만 느끼기도 하고, 어떤 사람들은 자신이 무언가 잘못한 듯한 죄책감에 자주 빠져들기도 한다. 별것도 아닌 일에 심하게 불안을 느끼는 사람도 있고, 자꾸만 마주치는 다른 사람들이 자신을 무시한다며 분노를 느끼는 사람도 있다.

예를 들어, 어릴 때 엄마에게 힘든 감정을 표현할 때마다 "그건 화날 일이 아니야.", "그게 불안할 일이야?"라고 타박을 받고 그럴 때마다 수치심을 느꼈다면, 이것이 만성적인 미해결과제로 남아서 감정을 느끼거나 표현하려 할 때마다 수치심을 느낄 수 있다. 또한 스스로 고립되고 자신의 감정이나 마음을 솔직하게 표현하지 못하는 부적응적인 행동을 초래할 수 있다.

아동기에 양육자로부터 반복적으로 거부당하는 경험이 만성적인 미해결과제로 남는다. '엄마에게 이야기해봐야 소용없어. 엄마는 나를 이해하지 못해'라는 생각을 갖는다. 이런 사람은 학교폭력을 겪었을 때, 굉장히 큰 상처가 되는 사건들임에도 불구하고 자신에게 일어난 중요한 사건과 아픔을 더 이상 이야기하지 않음으로써 침묵하게 된다. 그러면 상처로 인한 정서적 고통이 그대로 남아서 삶의 어려움 및 부적응이 초래된다. 또한 타인에게 '다가가지 않고 고립되는 행동'을 반복할 수 있다. 과거 엄마에게 다가가서 마음을 열고 표현했는데도 상처가 되는 반응을 겪었기 때문에, 다른 누군가가 자신을 이해해줄 거라는 기대를 갖지 않고 엄마 등 타인에게 다가가는 행동을 하지 않음으로써 스스로를 고립시킨다. 이는 과거 비난하고 거부하는 행동을 반복하는 엄마에게는 상처를 덜 받게 되는 적응적인 효과가 있을 수 있다. 그러나 그럴 필요가 없는 좋은 친구나 좋은 사람들, 엄마와 달리 욕구를 충족시키는 반응을 해줄 수 있는 사람조차도 '모두 똑같아. 이야기해봤자 이해해주지 못할 거야'라는 생각으로 필요로 했던 기회를 놓치고 스스로의 고립을 선택한다. 이러한 부적응적 행동은 이후 더욱더 많은 미해결과제를 양산하게 된다.

인간은 수많은 욕구들을 가지고 태어나고, 그 욕구를 충족하고자 한다. 인정받고자 하는 욕구, 사랑받고자 하는 욕구, 안전하고자 하는 욕구, 이상화하고자 하는 욕구, 독립하고자 하는 욕구, 성취하고자 하는 욕구 등 다양한 욕구들 가운

데 어린 시절 충족하고자 형성한 게슈탈트가 적절히 충족되지 못하고 미해결과
제로 남게 되면, 이후 삶에서도 배경으로 물러나지 않고 전경 근처에 맴돌며 우
선적으로 욕구를 충족시키려 한다. 예를 들어, 엄마에게서 칭찬 한마디 제대로
듣지 못한 채 인정받고자 했던 욕구가 적절히 채워지지 않으면, 칭찬받고 싶다
는 게슈탈트는 미해결과제로 남아서 이후 삶 속에서도 계속해서 엄마에게 인정
받고자 하는 욕구를 채우기 위해 영향을 미치고 움직인다.

선희 씨는 오십이 넘은 나이에도 자신의 불편을 감수하며 어머니를 모시고 살
았다. 선희 씨의 어머니는 성격이 불같고 선희 씨에게 온갖 핀잔과 비난을 계속
함에도 불구하고, 선희 씨는 인내하며 어머니의 곁에서 어머니가 원하는 것을
해드리려 애썼다. 그저 혹시나 칭찬 한마디 들을 수 있을까 싶어서였다. 이 과정
에서 삶을 살아가는 데 필요한 친구, 연애나 결혼 등 삶의 다른 부분들은 선희
씨의 관심에서 밀려났다. 어머니를 우선적으로 바라보고 그저 칭찬받고 인정받
기 위한 행동들을 반복적으로 선택하였다. 그러나 어머니에게서 돌아오는 것은
여전히 핀잔과 비난일 뿐이었다. 미해결과제는 이처럼 삶의 많은 부분에 영향을
미치고 반복적으로 전경에 떠오르게 되는데, 이 반복되는 게슈탈트를 반복회귀
게슈탈트(recurrent gestalt)라고 한다(김정규, 2015).

그렇다면, 미해결과제를 해결하려면 어떻게 해야 할까? 미해결과제는 항상 지
금 여기에 있다. 따라서 지금 여기를 알아차리는 것이 중요하다. 미해결과제는
해결되기 전까지는 결코 완전히 사라지지 않고 해결을 계속 요구한다. 배경으로
물러나지 않고 전경 근처에 계속 머물기 때문에, 미해결과제는 항상 지금 여기
에 있다. 미해결과제의 개념은 우리의 한과 비슷하다. 미해결과제는 충족시키고
싶었는데 충족하지 못한 한을 품고 계속해서 완결 지으려 하는 것이라 할 수 있
기 때문이다. 감정은 발생하였으나 느끼고 표현되지 못한 한을 풀기 위해 게슈
탈트로 떠오르려 맴돈다. 따라서 상담자는 지금 여기에 있는 미해결과제가 무엇
인지 찾아내어, 그 채우지 못한 욕구를 충족시키고 완결하도록 도와주는 것이
중요한 치료적 역할일 것이다. 이처럼 게슈탈트 치료의 중요한 목표는 미해결과
제의 완결인 것이다.

4) 알아차림

알아차림(awareness)은 인간이 자신의 욕구를 지각한 다음, 게슈탈트를 형성하여 전경으로 떠올리는 행위를 말한다. 다른 사람들과 이야기를 하던 중 갈증을 느끼고 '물을 마시고 싶은 것'이라는 게슈탈트를 형성하기도 하고, 배가 고픈 사람이 자신의 욕구를 알아차려 '김치찌개를 먹고 싶은 것'이라는 게슈탈트를 형성하기도 한다. 이처럼 알아차림은 인간이라면 누구에게나 자연적으로 갖추어져 있는 능력이다.

모든 사람들은 알아차릴 수 있는 능력을 가지고 태어나지만, 살다 보면 여러 가지 힘든 경험을 하며 상처를 겪으면서 각기 알아차릴 수 있는 능력이 달라진다. 치료자는 내담자의 손상된 알아차림의 능력을 다시 회복할 수 있도록 도와야 한다.

5) 접촉

접촉(contact)은 선성으로 떠오른 게슈날트를 해소하기 위해 환경과 상호작용을 하는 행위를 말한다. 물을 마시고 싶은 사람은 사람들과 이야기하던 것을 멈추고, 일어나서 정수기로 가서 컵에 물을 따르고 컵을 목에 가져가 마신다. 즉 에너지를 동원하여 행동으로 옮겨서 환경 속에 있는 물과 접촉을 통해 갈증을 해소하게 된다. 김치찌개를 먹고 싶은 사람은 함께 식사하는 동료들에게 김치찌개를 먹자고 제안하고, 식당에 가서 김치찌개를 먹음으로써 욕구를 해소한다. 이도 마찬가지로 에너지를 들여 말을 하고 식당으로 옮기는 행동 등을 통해서 자신의 욕구를 해소하는 것이다.

③ 게슈탈트 치료의 이론적 토대[2)]

수많은 이론이 게슈탈트 치료에 영향을 미쳤지만 게슈탈트 치료 이론의 기반이 되는 대표적인 것은 현상학적 접근, 장이론적 접근, 대화적 접근이다. 이 세가지를 실험적 접근을 통해 구현해내었다. 현상학적 접근이란 지금 여기의 현상 중심으로 다루는 것을 말하고, 장이론적 접근이란 전체를 통해서 이해하는 것을 말한다. 현상학적 접근과 장이론적 접근은 대화적 접근의 토대 위에 있으며, 이세 가지는 실험적 접근을 통해 가장 잘 구현된다는 점에서 모두 서로 긴밀한 관계에 있다.

1) 현상학적 접근

현상(phenomenon)이란 개체에 의해 지각된 모든 경험의 대상을 말한다. 지각은 주의를 통해 이루어지므로, 현상은 매 순간 변화하는 주의 즉 에너지들이 옮겨 다니는 과정(process)이라 볼 수 있다. 예를 들어, 감정이나 욕구, 생각, 신체상태, 행동, 사물, 자연, 타인, 타인들과의 상호작용 등 이 수많은 것들이 주의가 머물면서 현상이 된다. 현상은 매 순간 지금 여기에서 실제로 일어나고 변화해가는 모든 것을 말한다. 일어나고 있는 그 모든 것들이 현상인 것이다. 그리고현상학적 접근은 그 일어나는 것들을 알아차리는 것 중심으로 접근해 가는 것을말한다.

게슈탈트 치료는 눈앞에 '보여지는' 것들을 감각적인 알아차림을 사용하면서생생하게 발견하고 체험하는 것을 지향한다. 이것을 현상학적 접근이라 한다. 이미 가지고 있는 생각이나 상상, 또는 선입견, 모호한 개념이나 이론, 상상을 배제하고, 감각을 통해 관찰된 행동이나 경험들을 있는 그대로 '기술(description)'한다. 모호하고 추상적인 개념이나 사유, 추론 등을 통한 사고의 작업은 지금 여

---

2) 이 내용은 김정규가 2015년에 쓴 「게슈탈트 심리치료 2판」의 내용을 바탕으로 정리하였다.

기의 현실로부터 쉽게 이탈하게 만들기 때문이다.

게슈탈트 치료는 감각을 통해 알아차리고 분별할 수 있는 지금 여기의 명백히 주어진 것들을 토대로 치료적 작업을 진행한다. 지금 여기에서 무엇이 일어나고 있는지, 어떻게 일어나고 있는지 탐색하고 깨닫도록 돕고, 필요하면 실험을 통해 내담자가 호소하는 문제에 대한 해결책을 찾도록 안내한다. 즉, 생각, 설명과 분석, 모호하고 추상적인 관념들을 지양하고, 치료 장면에서 느끼는 신체 감각, 감정, 욕구 또는 지금 현재 떠오르는 생각을 물음으로써 내담자로 하여금 지금 여기의 현상에 초점을 두어 치료적 작업을 해나갈 수 있도록 안내한다.

그렇기 때문에 게슈탈트 치료자는 내담자가 하는 이야기의 내용보다 그 이야기를 하면서 보이는 비언어적 행동들에 주목한다. 비언어적 행동들로는 얼굴 표정, 시선, 제스처, 신체 자세, 동작, 웃음, 눈물, 하품, 말 돌리기, 말의 속도 변화, 말하는 방식 등 다양한 현상이 포함된다. 예를 들어, "저는 그 일에 대해 별로 개의치 않아요. 괜찮아요."라고 말하지만, 목소리가 떨리고 눈에 눈물이 고인다면, "괜찮다고 말씀하시지만 그 말씀을 하시는 동안 목소리가 떨리고 감정이 올라오는 것 같네요."라고 피드백 할 수 있다. "당신은 방금 상사에 대해 좋은 사람이라고 말하면서 어금니를 꽉 깨물고 있네요. 이번에는 의식을 하면서 어금니를 꽉 물어 보시겠어요?" 그리고 "그 감정이 무엇인지 알아차려 보세요."라고 안내할 수 있다. Perls는 이처럼 관념의 세계를 떠나 감각의 세계로 돌아올 것을 촉구하였다. 그래야 지금 여기에 집중하면서 깨어 있을 수 있다고 보았다.

현상학적 초점화(phenomenological focusing)는 지금 여기에 존재하는 것에 대해 좀 더 명료하고 상세하게 알아차리고 기술하도록 하는 것이다. 현상을 보다 잘 드러내고 알아차리도록 하는 방법으로, 치료자의 관찰뿐 아니라 치료자와의 대화와 실험 등을 활용한다. 지금 여기에서 경험하는 것을 기술하면서, 치료자와 내담자 서로의 내면에서 일어나는 현상을 지각하고, 은연중에 가지고 있던 해석이나 추측 등 가정들을 지각하여 이를 대화 속에 꺼내어 탐색하면서 현상을 찾아가는 과정이다. 과거나 미래는 관념의 세계에서 존재하며, 실존적 삶은 현재에 있어서만 가능하다.

2) 장이론적 접근

모든 물리적 현상은 다른 것들로부터 고립된 채로 존재할 수 없고, 현상이 이루어지고 있는 장 속에서 서로 연결된 에너지들의 관계망 안에서 서로 영향을 주고받으며 존재하고 변화한다는 것이 장이론이다. 모든 현상은 시간과 공간에 따라서도 변화하고, 관찰자의 시각과 상태에 따라 다르게 지각되는 그야말로 상대적이고 가변적이라고 보았다. 게슈탈트 치료는 이러한 장이론을 인간행동이나 심리현상에 적용하였다. 모든 개체는 유기체와 환경 장의 관계 안에서 존재하는데 우리는 세상이라는 관계망 즉, 장 없이는 존재할 수 없다.

따라서 인간의 행동은 그 인간이 속한 장의 전체적 관점에서 이해되어야 한다. 내담자의 행동 또한 장을 구성하는 모든 요소들, 즉 내담자의 신체상태, 감정, 욕구, 생각, 상상, 처한 상황, 장을 지각하는 방식, 흥미, 과거경험 등의 다양한 요인들에 영향을 받으므로, 이를 고려하여 이해해야 한다.

이러한 장이론적 관점에서 보면, 과거 경험이 내담자에게서 중요한 사건이더라도, 지금 여기의 치료적 장면이라는 장에 현재 영향을 미치고 있지 않다면 다루지 않는다. 이는 정신분석을 포함한 다른 치료 이론들과는 사뭇 다른 입장이다. 만일 현재 치료적 장면에서의 작업에 영향을 미치는 과거 사건이 있다면, 과거에 있는 것이 아니라 지금 여기의 장에 와 있다고 간주하고 치료 장면에서 다룰 필요가 있다. 예를 들어, 남자친구가 약속을 지키지 않은 것에 대한 분노를 표현하는데, 작업을 해보니 과거 어릴 때 계속해서 약속을 지키지 않은 아버지가 연관되어 떠올랐다. 아버지가 약속을 지키지 않은 과거 경험은 지금 여기에 와 있는 것이다. 내담자는 약속을 지키지 않은 남자친구 사건을 통해 과거 아버지와의 사건을 떠올렸고, 그 과거사건은 현재에 영향을 미치고 있으므로 상담 장면에서 다루어야 한다.

게슈탈트 치료에서는 다룰 필요가 있는 모든 문제는 지금 현재에 와 있다고 전제한다. 이러한 전제에 입각해서, 내담자가 하는 이야기 내용에 집중하기보다 현재 치료적 장면인 장에서 나타내는 내담자의 감정, 태도, 동작, 행동, 생각, 지각, 상상 등에 주목해야 한다고 말한다. 이것들이 현재 어떻게 나타나고 있는지를 알아차린다. 예를 들어, 애정결핍과 관련한 자신의 의존성 문제를 이야기할 때, 내담자가 보고하는 의존성이 지금 여기 장에서 나타나는지 그리고 어떤 방식으로 나타나는지에 초점을 맞춘다. 예를 들어, 권위자에 대한 불편감을 표현한다면, 그러한 불편감이 지금 여기의 상담 장면에서 어떻게 나타나는지에 관심을 가져야 한다.

게슈탈트 치료는 과거 중심의 치료 전략이 아니라, 현재 중심의 치료 전략을 취한다. 모든 중요한 것은 현재에 다 와 있으므로, 굳이 과거로 갈 필요가 없다는 것이다. 과거 경험은 행동을 일으킨 배경이 될 수 있지만, 원인이 될 수는 없다. 과거 경험에 대한 탐색은 내담자 행동 배경을 이해하는 데 도움이 될 뿐이다. 예를 들어, 권위자에 대한 불편감의 원인이 과거 권위적인 아버지와의 관계에서 어떻게 형성되었는지를 이해하기 위해 관련된 과거 경험을 탐색할 수 있지만, 실제로 현재의 불편감의 원인은 내담자가 관련해서 가지고 있는 신념, 자기 이미지, 현재 생각, 상상, 기대, 신체과정 및 행동패턴들이다. 게슈탈트 치료자는 내담자 문제에 대한 설명이나 해석보다 지금 여기에서의 알아차림, 실험, 대화 과정을 통해 내담자 스스로 자신의 지각 및 행동방식, 환경적 및 상황적 요소를 알아차리고 통찰하거나, 행동 및 상황 변화를 체험하도록 한다.

내담자의 변화는 지금 여기에 초점을 두었을 때 일어난다고 가정한다. 특히 인지의 변화는 통찰에 의해 일어난다고 보았다. 통찰 또한 알아차림의 한 형태로서, 개체가 자신의 지각과 행동방식이 장 속의 다른 요소들과 어떻게 영향을 주고받으며 연관되는지, 그 연관성을 알아차리고 깨닫는 것이다. 즉 통찰은 현상이 속해 있는 장의 구조와 조직을 이해하는 것이다.

치료적 변화는 인간의 여러 가지 요소들이 변화하면서 일어난다. 그중 인지의 변화는 내담자 자신이 어떻게 하고 있는지, 그리고 처해 있는 주변 환경과 상황이 어떻게 반응하고 있는지 알아차림으로써 일어난다. 정서의 변화와 행동의 변화도 지금 여기의 행위에 초점을 맞추고, 대화와 빈 의자 기법 등의 실험을 통해 지금 여기에서 새로운 경험을 촉진시킴으로써 유도한다.

이처럼 게슈탈트 치료는 현재 즉 지금 여기를 중심으로 하는 치료적 접근이다. 내담자의 문제 또한 지금 여기에서 발견하고 다룬다. 현재에 일어나는 사건만이 올바른 알아차림은 물론, 올바른 판단과 적절한 행동을 가져오고 체험의 변화 즉 새로운 체험을 촉진할 수 있기 때문이다.

3) 대화적 접근

게슈탈트 치료는 북미에서 두 가지 흐름으로 나뉘어졌다. 첫 번째 흐름은 강한 감정 경험에 초점을 두는 입장이다. 상담 장면에서 강한 감정 경험을 촉진하기 위해 주로 빈 의자 기법과 같은 능동적인 실험을 강조하여 사용하였다. 상담자는 내담자로 하여금 어떤 관심사에 대해서 말하도록 하는 것보다, 빈 의자 기법을 통해 상담 장면에서 직접 체험하도록 도움으로써 관계적이라기보다는 실험을 안내하는 역할을 했다. 이러한 접근 방식은 주로 집단 심리치료에서 한 개인에 대한 작업을 실시하는 형태로 이루어졌는데, 집단 안에서 한 명의 개인 작업을 하면서 빈 의자 기법 등을 사용하는 형식이었다.

두 번째 흐름은 내담자가 환경과 체험적으로 접촉해 가는 매 순간의 과정에 대한 알아차림 즉 자각을 강조하였다. 접촉을 형성하는 순간에 대한 자각을 건강한 기능을 회복하는 데 필요한 필수적인 요인으로 보았다. 치료자는 내담자가 그 단계들과 접촉을 형성하는 과정을 알아차리도록 돕는 데 집중하였다. 또한 접촉을 방해하는 것을 알아차리고 접촉을 재형성하는 것을 보다 치료적이라고 간주하였다(Watson et al., 1998). 특히 내담자와 치료자 사이의 현재 이루어지는 접촉에 초점을 두었다. 내담자와 치료자 간의 관계적 접촉에서 일어나고 있는 방해에 주의를 기울이고 이를 새로운 경험의 발견과 기회를 제공하는 재료로 사용하였다.

이처럼 초기에는 개인주의적 형태를 강조하였으나, 후기에는 치료자와 내담자의 대화를 중심으로 한 관계적 관점을 강조하였다. 최근에는 Yontef(1998)를 중심으로 한 대화적인 게슈탈트 치료가 체험적 치료의 한 종류로서 보다 주된 흐름이 되었다.

게슈탈트 치료는 치료자와 내담자 간의 동등하면서 진솔한 만남과 대화를 토대로 이루어진다. 매 순간 치료자와 내담자가 주고받는 대화로 진행되는 것을 강조한다. 여기에서 말하는 대화는 목표를 미리 정하고 이에 도달하기 위해 진행되는 것이 아니다. 어떤 이야기를 할지 무엇에 도달할지 미리 정해놓지 않고 온전히 열린 마음으로 지금 여기에서 이루어지는 만남과 교류를 통해 진행된다. 결과나 내용을 미리 정해 놓지 않는다. 매 순간 치료자와 내담자는 각자 서로의 상황에 따라 반응하고, 일어나는 것을 주고받으며 유기체적으로 연결된다. 온전히 지금 여기에서 이루어지는 만남과 교류인 것이다. 지금 이 순간에 일어나는 생각, 감정, 지각, 행동, 감각에 따라 반응한다. 게슈탈트 치료의 대화적 접근은 '지금－여기(here and now)'와 '과정(process)'에 대한 믿음을 전제로 한다. 즉, 다루어야 하는 문제와 치료적 변화는 현재 지금 이 순간에 있으며, 그 자연스러운 변화 과정을 알아차림으로써 치료적 변화가 일어난다는 것이다.

대화적 관계란 수직적 관계가 아니라 수평적 관계이다. 두 사람 간의 실존적 만남이 가능하고, 가장 순수한 관계 형태인 나와 너의 관계이다. 대화는 치료자와 내담자가 서로 영향을 주고받을 수 있는 열린 과정이다. 상대는 목적이고 인격이지, 수단이나 대상이 아니다. 서로 긴밀하고 친밀한 관계를 취하지만 융합되어 있지는 않는다. 대화적 관계란 연결성은 지향하되 언제든지 분리가 가능한 관계이다.

이때 대화란 자기를 열어서 타인의 세계에 참여하는 것을 말한다. 즉 다음 순간에 무엇이 일어날지 미리 정하지 않고, 장에서 '나타남'을 신뢰하면서 함께 춤을 추는 것과 같다. 무슨 말을 할지 미리 정하지 않고, 장에서 일어나는 것에 반응하며 참여하는 것이다. 이러한 대화는 게슈탈트 치료에서의 목표인 접촉의 가장 완성된 형태라고 보았다. 대화는 애착을 토대로 개인과 개인 간의 관계를 형성하고 발전해가면서, 관계적 존재로서의 인간본성을 실현한다. 이처럼 대화는 만남을 가능하게 하고, 만남을 통해 치유가 일어난다.

만남이란 한 사람의 존재와 다른 사람의 존재가 접촉하는 것을 말한다. 누군가와 만났을 때 내면의 해결할 수 없는 갈등에 치유적 변화가 일어난다. Daniel Stern이 '만남의 순간(monent of meeting)'을 강조하였다. 실존적 만남의 순간에 치유가 일어나는데, 치유란 모든 개인이 갖고 있는 '암묵적 관계 지식(implicit relational knowing)'이 변화하는 것이라고 볼 수 있다.

게슈탈트 치료는 대화를 통한 만남과 그에 기초한 '관계 맺기'를 지향한다. 그렇게 만났을 때, 치유적 변화가 일어난다. 게슈탈트 치료의 가장 중요한 치료적 요소인 '알아차림'과 '접촉'은 관계 맺기라는 큰 전체의 부분들이다. 사람과 사람이 만나서 관계를 맺는 것은 인간 실존에 빼놓을 수 없는 구성요소이고, 관계 맺기가 결여되었을 때 나타나는 현상들로 반전과 융합 등을 들 수 있다.

대화적 만남은 두 가지 요소로 구성된다. 첫째, 포함(inclusion)은 대화 속으로 들어가는 것을 말한다. 치료자가 자신의 선입견이나 가치판단을 옆에 제쳐 두고 내담자의 현상학적인 세계로 조심스럽게 들어가면서 그의 경험을 존중하며 그 자체로 경험하고 수용하는 것이 포함이다. 둘째, 현전(presence)은 내담자의 세계로 들어가되 치료자가 자기 자신을 버리지 않고 나로 존재하는 것이다. 치료자가 온전한 자신으로 치료에 임하고, 진정한 자기 자신으로서 내담자를 만나는 것이다. 이때 치료자 자신의 감정에 대해 수용하면서 솔직히 표현할 수 있어야 한다. 내담자에 대해서 명료하고 정확한 판단을 하여 그가 모르고 있는 잠재력이나 소외된 실존적인 면들까지 수용한다.

게슈탈트 치료의 대화 방식은 정신분석과 차이가 있다. 게슈탈트 치료에서 내담자는 전이분석의 대상이 아니라 대화적 관계의 파트너이다. 치료 장면에서 나타나는 치료자에 대한 전이는 일차적 목표가 아니라 치료적 작업이 방해될 때만 다루어진다. 또한 내담자의 욕구와 역동에 대한 이해는 현상학적 초점화와 실험을 사용할 수 있는 바탕이 되고, 대화적 관계 속에서의 알아차림을 향상시키도록 돕는다.

대화적 만남을 촉진하고 대화적 관계를 강화하기 위해 실험 기법을 사용할 수 있다. 예를 들어, "자꾸 다른 곳을 보면서 이야기하시는데, 저를 보면서 이야기해 보세요.", "계속 정리해온 이야기를 하시니까 제가 벽이 된 느낌이에요. 혹시 방금 제가 한 말에 대해 어떻게 느끼시나요?"와 같이 치료자가 물음으로써 내담자와의 접촉과 만남을 촉진할 수 있다.

4) 실험적 접근

게슈탈트 치료의 현상학적 접근, 장이론적 접근, 대화적 접근은 바로 실험적 접근을 통해서 가장 잘 구현될 수 있다. 실험은 전통적으로 이루어진 '말하기 치료'를 넘어 심리치료에 새로운 장을 마련하였다. 치료자는 내담자에게 다양한 실험을 제안하는데, 이 과정에서 내담자의 과거 이야기는 지금 여기에서의 현재 사건이 된다. 실험은 내담자가 단순히 뭔가 말하는 것을 넘어서 내담자를 성장시키는 데 필요한 뭔가를 발견하고 지금 여기에서 체험하도록 하기 위해 어떤 행동을 하도록 안내하는 것을 말한다. 실험을 통해 지금 여기에서 일어나는 사건처럼 경험하고, 자신의 신체 감각, 감정, 생각 등을 생생하게 만나고 체험한다. 내담자는 더 이상 기억을 더듬어 지나간 사건에 대해 보고하는 방식이 아니라, 지금-여기에서 일어나는 사건 속으로 들어와 자신의 감각과 정서, 상상력을 사용하면서 지금-여기의 생생한 만남으로 체험한다. 실험은 내담자의 이야기를 지금 여기에서 살아 숨 쉬게 하고 생명을 부여한다. 그리고 예기치 않은 통찰과 발견이 일어난다.

실험은 게슈탈트 치료에서 다양한 역할을 한다. 첫째, 내담자 내면의 갈등을 탐색하도록 돕는다. 예를 들어, 의미 있는 신체 동작을 과장되게 하도록 하거나, 자신이 무심코 내뱉은 말을 반복해서 해보도록 함으로써 내면에 어떠한 갈등이 있는지 그리고 무엇이 일어나고 있는지 탐색하도록 한다. 둘째, 타인과의 접촉을 통해 미해결과제를 완결하도록 돕는다. 빈 의자에 갈등의 대상이 있다고 가정하고, 당시에 표현하지 못했던 감정이나 이야기를 함으로써 미처 하지 못 했던 것을 완결할 수 있다. 셋째, 새로운 창의적 행동을 통해 내면의 잠재력을 개발할수 있다. 자기주장을 못한다고 생각하는 내담자가 상담 장면에서 상대에게 직접자신의 생각을 주장해 보는 실험을 통해 자신 안에 이야기를 조리 있게 전달할수 있는 능력이 있음을 깨닫는다. 타인에게 불편한 얘기를 할 수 없다고만 믿어온 내담자가 실험을 통해 상담 장면에서 자신에게 함부로 대하는 타인에게 그로인한 불편감과 더 이상 하지 말라는 주장을 해보임으로써, 자신 안에 불편한 얘기를 할 수 있는 힘과 에너지가 있음을 깨닫게 된다. 때로는 그것도 남들보다 조리 있게 잘 전달할 수 있는 탁월한 능력이 있음을 알게 되기도 한다. 넷째, 환경과의 접촉을 증진시킨다. 돌아가신 할머니가 빈 의자에 있다고 가정하고, 할머니에게 못 다한 말을 할 수 있는 기회를 가짐으로써 남아 있는 미해결과제를 완결할 수 있다. 이 과정에서 억눌러 놓았던 슬픔, 미안함, 고마움 등의 감정을 지금 여기에서 느끼며 정서적 접촉이 가능하다. 평소에 고통스러운 감정을 회피하기 위해 억누름으로써 가슴이 답답하고 호흡이 막혀 있는 신체적 요소와의 접촉 또한 이루어진다. 늘 상대방의 눈빛을 외면해 왔던 내담자에게 치료자의 눈을 마주하는 실험을 통해, 타인의 눈빛을 만나고 체험하는 접촉을 돕고 자신이 처해 있는 주변 상황이나 환경을 둘러볼 수 있는 기회를 제공하기도 한다.

실험은 지금 여기에서 일어나는 '현상'과 만나도록 하는 효과적인 방법이다. 다양한 실험을 통해 자신에게 일어나는 감각과 감정, 떠오르는 생각들을 알아차리도록 돕는 등 지금 여기에서 일어나는 현상을 깨닫도록 할 수 있다. 예를 들어, 내담자가 하는 특징적인 신체동작을 과장되게 함으로써 그것이 무엇을 의미하는지 알아차리게 할 수 있다. 싫다는 말을 하지 못하는 내담자가 무심코 싫다는 말을 했을 때, 상담자는 내담자에게 자신이 한 말 즉 '싫어'를 반복해 해보게 함으로써 내면의 관련한 감정이나 욕구와 만나도록 돕는다. 또는 빈 의자를 향해 미해결과제를 직접 말하게 한다. 이러한 다양한 방식을 통해 일어나고 있는 현상을 체험할 수 있다.

실험은 게슈탈트 치료의 일차적 목적인 알아차림 증진에 효과적이다. 비언어적 메시지와 특징적인 대인관계 행동패턴 등을 알아차리도록 돕는다. 또한 실험은 내면의 탐색과 경험, 발견, 행동을 통해 지적, 정서적, 신체적, 행동적 차원을 통합함으로써 유기체적 변화를 유도한다.

현상학, 장이론의 용어로 설명하자면 실험은 처해 있는 장의 구조를 탐색하고, 그 장에서 무엇이 가능한지 알아보기 위해 사용된다. 내담자 자신 앞에 어떤 현상이 펼쳐지는지 그리고 어떤 장의 구조가 있는지 알아차리도록 돕는다. 예를 들어, 집단에서 외로운 감정을 표현하지 못하는 집단원이 "아무도 내 감정을 이해하지 못할 거야."라고 생각하고 있었다고 가정하자. 집단 안에서 이를 표현하는 실험을 해보게 하였고, 그 결과 자신의 예상과 달리 다른 집단원들의 공감을 받게 되었다. 이 과정을 통해 다른 사람들이 자신을 차단시키는 것이 아니라, 내담자 스스로가 자신을 차단시키고 있었음을 깨닫는다. 타인들과의 접촉을 차단한 사람은 자신이었고, 앞으로 어떤 대안적 행동방식이 가능한지 알아차리게 된다. 이처럼 실험은 현상학적, 장이론적, 대화적 접근을 치료 현장에서 구현하는 도구이자 과정이다.

실험은 접촉을 증진시키는 데도 효과적이다. 예를 들어, 대부분의 사람들이 가지고 있는 무엇에 대해서 이야기하는 습관을 실험을 통해 그 대상에게 직접 얘기하도록 한다. 소위 'talking about'에서 'talking to'로 바꿔 말하게 하여 상대방과의 접촉을 증진시킨다. 또한 자기 자신 내면과의 접촉 또한 높인다.

예를 들어, 어머니에 대해 가지고 있던 양가감정에 대해 상담자에게 말하던 것을, 빈 의자에 어머니가 있다고 가정하고 상반된 여러 감정을 직접 어머니에게 말하도록 하는 실험을 할 수 있다. 내담자가 실험을 통해 어머니에 대한 양가 감정을 정서적, 신체적, 인지적 차원에서 모두 체험할 수 있다.

부인과 이혼하는 과정에 있는 남성 내담자를 가정해 보자. 이 남성은 이혼하는 과정에서 여러 가지 감정을 느낀다. 이를 빈 의자에 부인이 있다고 가정하고 작별인사를 하는 실험을 해봄으로써, 가슴에 억눌러 놓았던 슬픔과 분노 등의 여러 가지 감정을 정서적으로 접촉할 수 있다. 그동안 복잡한 자신의 감정을 억압함으로써 스스로를 무감각하게 만들었던 것을 깨달음 그리고 여러 통찰 등의 인지적 요소와의 접촉 또한 일어난나. 고동스런 감정을 회피하기 위해 호흡을 멈추는 패턴을 알아차리면서, 신체적 요소와의 접촉 또한 일어난다.

이때 모든 실험은 갑작스럽게 이루어지는 것이 아니라, 치료자와 내담자 사이에 오가는 대화적 맥락에서 그럴만한 근거를 갖고 제안되어야 하고, 실험을 한 후에는 다시 대화적 맥락으로 자연스럽게 돌아가야 한다.

 알아차림-접촉 주기

우리가 가지고 있는 욕구는 게슈탈트를 통해 형성되어 전경으로 떠오르고, 환경과의 접촉을 통해 게슈탈트가 해소되어 배경으로 사라진다. 인간은 배경으로부터 분명한 게슈탈트를 형성하여 전경으로 떠올리고, 환경과의 상호작용을 통해 완결하여 배경으로 사라지게 한다. 인간은 끊임없이 게슈탈트를 형성하고 해소하는 반복되는 순환의 삶을 사는데, 이 과정은 알아차림과 접촉을 통해 이루어진다. 즉 알아차림을 통해 게슈탈트를 형성하고, 환경과의 접촉을 통해 게슈탈트를 해소함으로써 배경으로 사라지게 한다.

알아차림과 접촉 중에서 하나라도 제대로 이루어지지 않으면, 게슈탈트의 형성과 해소가 어려워지고 전경과 배경의 원활한 교체가 불가능하다. 예를 들어, 정말 갖고 싶었던 제품이 출시가 된 것을 알아차리지만, 구입하는 데 필요한 돈이 없어 제품을 손에 넣지 못한다면 당장 접촉이 어려울 것이다. 형성된 게슈탈트를 해소하지 못하고, 전경과 배경 교체가 원활하지 않으면서 실패한다. 전세금을 올려달라는 집주인의 요구를 들은 후, 요구한 금액을 마련하기 어려운 상황에 처해 있다고 가정해 보자. 전세금 마련이라는 문제가 알아차려져 게슈탈트로 떠올랐지만, 돈을 마련하기 힘든 상황에서 당장 접촉을 통해 해결하기 어려운 상태라면 게슈탈트를 해소하지 못하고 전경과 배경의 교체도 실패하게 된다. 이처럼 게슈탈트가 생성되고 해소되는 과정이 반복되는데, 이를 알아차림 – 접촉 주기라고 한다.

Zinker(1977)는 알아차림 – 접촉 주기를 다음의 여섯 가지 단계로 나누어 설명하였다. 먼저 1) 배경에서 2) 어떤 욕구가 신체 감각의 형태로 나타나고 3) 이를 알아차려 게슈탈트로 형성하여 전경으로 떠올리고 4) 이를 해소하기 위해 에너지를 동원하고 5) 행동으로 옮기고 6) 환경과 접촉을 통해 게슈탈트를 해소한다. 이렇게 되면 게슈탈트는 배경으로 사라지고 개체는 휴식한다.

예를 들어, 1) 배경인 서울디지털대학교 강의 촬영실에서 2) 신체 감각으로 목이 마르고 갈증이 느껴지고, 3) 이를 알아차려 '물을 마시고 싶은 것'을 전경으로 떠올리게 된다. 4) 이를 해소하기 위해 팔에 힘 즉 에너지를 동원하여 5) 옆에 있는 물 컵을 집어 입으로 가져와 마시는 행동을 하고 6) 물과의 접촉을 통해 갈증을 해소한다. 그러면 물을 마시고 싶다는 생각은 사라지고, 몸이 편해져서 다시 수업 내용에 집중할 수 있게 된다.

그림 3-1. 알아차림-접촉 주기

환경과 접촉하는 경계가 혼란이 되면, 알아차림 – 접촉 주기의 단절이 발생할 것이다. 알아차림과 접촉이 제대로 이루어지지 않아 미해결과제가 쌓이고 심리적 어려움이 발생할 것이다. 심리적 부적응은 급기야 심리 장애로 발전할 수 있다.

알아차림 – 접촉 주기의 각 단계에서 단절이 발생할 때 어떠한 현상이 나타나는지 살펴보면 다음과 같다.

1) 배경으로부터 감각이 나타나는 과정의 장애

알아차림과 접촉의 첫 단계인 배경으로부터 인간의 욕구가 신체 감각의 형태로 느껴지는 것이다. 이 과정이 차단되어 신체 감각 자체가 느껴지지 않는 경우를 생각해 보자. 예를 들어, 신체적 고통이나 불편한 몸 상태 등이 무시되어 느껴지지 않을 수 있다. 또는 외부 환경에서 일어나는 사건들이 지각되지 않는 현상이 발생할 수 있다.

깊은 수면 상태나 약물복용 상태, 또는 정신의 해리상태에서 신체 감각을 잘 알아차리지 못하는 것이 관찰된다. 이들은 신체 감각이나 환경 자극에 대해 둔감하게 반응하거나 왜곡하여 잘 지각하지 못한다. 성격장애 가운데 분열성 성격장애 환자들은 무덤덤한 것이 특징이다. 이들은 신체 감각이나 환경 자극을 최소화하여 지각하거나, 왜곡하여 잘 느끼지 못한다. 어떤 사람은 힘든 노동을 하는 데도 몸이 괜찮다고 생각하여 무리해서 계속 노동을 하다가 급기야 쓰러지기도 한다. 추위를 잘 느끼지 못하는 사람이 추운 날씨에 얇게 옷을 입고 바깥에서 계속 활동을 하다가 감기몸살을 앓기도 한다.

2) 감각과 알아차림 사이의 장애

신체 감각을 지각하지만, 환경과의 유기적 관계 속에서 의미 있는 욕구로 알아차리지 못하거나 잘못 해석하는 현상을 말한다. 무릎이 계속 찌릿찌릿 아픈데도 "별일 아니야."라고 무시하다가, 결국 무릎에 큰 문제가 생겨서 수술을 해야 하는 경우가 있다. 계속 설사를 하고 혈변을 보는 데도 "변비일거야. 변비약 먹으면 괜찮겠지."라고 잘못 해석하여 대장암 말기로 진행되는 것을 막지 못하는 사람도 있다.

불안 상황에서 거칠어진 호흡과 빨리 뛰는 심장을 심장마비나 심장병으로 과장되게 지각하거나, 머리가 지끈거리는 두통을 머릿속에 종양이 있다고 믿는 경우도 여기에 해당한다. 공황장애가 있는 사람은 단순히 긴장되고 불안하여 숨이 가쁘고 손이나 다리가 저리는 것을 "갑작스런 발작이 오려는 징조야."라고 오해석하여 심한 불안에 휩싸이기도 한다. 고속도로 한 가운데에서 운전을 하다가 갑작스럽게 발작과 유사한 경험을 한 사람이 이후 운전을 하다가 다리가 찌릿하는 느낌이 들 때마다, 예민하게 지각하고 곧 발작이 일어날 거라고 과장되게 지각하여 운전대를 잡지 못하기도 한다. 이처럼 우리 주변에는 신체 감각을 알아차리는 단계에서 어려움이 나타나는 경우들이 많다.

알아차림이 차단되는 원인에는 여러 가지가 있다. 첫째, 평소에 욕구나 감정을 오랫동안 억압해 온 경우이다. 어릴 때 자신의 욕구나 감정이 수용되지 못하는 환경에서는 욕구나 감정을 알아차려 보았자 충족되기도 어렵고 거부될 것이므로 아예 욕구나 감정을 알아차리지 않는 태도를 선택하기도 한다. 욕구를 표현할 때마다 "안 돼!"라는 말을 반복적으로 들었거나, 감정을 표현할 때마다 "뭐가 그렇게 화날 일이라고 그래? 조용히 있어.", "사내자식이 겁이 많으면 어떡하니? 이 정도는 겁먹고 무서워할 일이 아니야."와 같이 부정되면 감정 자체를 알아차리려 하지 않는다.

둘째, 개체가 감당하기 어려운 감정들이 자주 발생하는 가혹한 환경에서 성장한 경우이다. 부모님 간의 갈등이 심해서 서로 자주 심하게 싸우거나, 부모님이 자녀에게 심하게 개입하고 간섭하여 도무지 자녀 자신의 기본적인 욕구조차도 좌절되고 무기력해 하는 경우를 생각해 보자. 심한 폭력을 보면서 심한 공포를 느끼고 맞을 때마다 신체적 고통과 분노 등의 정서적 고통을 느끼게 되는데, 그 정도가 너무나 클 때 감당하기 어려워 아예 알아차리는 것을 차단하기로 선택하기도 한다. 그 상황들에서 느끼는 불안감과 공포감이 지나치게 크고, 과도한 개입 및 간섭으로 자신의 경계가 허락 없이 반복적으로 침범당할 때 느끼는 분노감이 너무나 크다. 그래서 그 고통을 도저히 감당하기 어려울 때 살아남기 위해 감정 자체를 느끼지 않도록 차단시킨다. 무섭고 감당하기 어려운 공포에 대해 알아차리는 것 자체를 차단시키는 것을 선택하고, 화날 법한 상황에서 화가 느껴지지 않는 등 제반 감정에 대해 차단한다. 또한 부모가 입을 옷과 같이 사소한 것에서부터 시작해서 해야 하는 것을 일일이 간섭하고 통제할 때, '친구와 놀고 싶다', '오늘은 이 옷을 입고 싶다', '이 문제는 이렇게 처리하고 싶다'는 자신의 욕구를 알아차려 보았자, 늘 충족되지 못하고 좌절될 것이므로 아예 욕구 자체를 알아차리지 않게 된다.

이들은 이후 성인이 되어 상황이 달라졌음에도 불구하고, 어릴 때부터 생존과 적응을 위해 취했던 대처 방식을 계속 유지한다. 부모님이 더 이상 싸우지 않음에도 불구하고, 더 이상 부모가 자신의 곁에서 개입하고 통제하지 않음에도 불구하고, 자신의 욕구와 감정을 알아차리는 것을 차단시킨 채 살아간다. 결과적으로 필요한 욕구를 알아차리고 적절히 충족시키는 것이 어려워지고, 감정의 처리와 소통이 결여되면서 삶에 어려움을 경험할 수 있다.

치료자는 알아차림을 차단시킨 내담자들에게 신체 감각을 제대로 알아차리도록 안내하는 개입을 해야 한다. 신체 감각에 주의를 집중하도록 안내함으로써, 올바른 알아차림을 유도하는 것이 필요하다. 예를 들어, 내담자가 쿠션을 손에 힘을 잔뜩 주어 안고 있을 때, "지금 손에 힘을 잔뜩 주고 있네요. 무엇을 느끼시나요?"라고 안내하거나, "손에 힘을 잔뜩 주고 있는데, 힘을 주어 쿠션을 때려 보세요."라고 접근할 수 있다. 이 과정을 통해 "뭔가 때리고 싶어요. 화가 나는 것 같아요."라고 신체 감각에 대한 적절한 알아차림을 유도할 수 있다. 알아차림에 대해 둔감할 때, 신체 감각에서 시작하여 알아차리고, 그 감각이 무엇을 의미하는 것인지 올바른 알아차림으로 갈 수 있도록 접근하는 것이 도움이 된다.

3) 알아차림과 에너지 동원 사이의 장애

욕구를 게슈탈트로 형성하지만, 이를 해소하기 위해 필요한 에너지 동원에는 실패하는 경우이다. 거절하고자 하는 욕구를 알아차리고, "싫어요."라고 말하고 싶지만, 에너지 동원이 잘되지 않아 거절하지 못하는 예를 들 수 있다. 알아차림에서 에너지 동원으로 가는 단계가 단절된 대표적인 경우는 지식인이나 강박장애 환자들에게서 자주 관찰된다. 소위 머리로는 이해하지만, 알고 있는 바를 해결하기 위해 실행에 옮기지는 못한다. 자신의 문제를 지적으로 분석하고 이론화하지만, 정작 그 문제를 해결하기 위한 행동을 취하지는 못한다. 마음은 있으나 행동이 잘되지 않는다.

정혜 씨는 최고가 되고 싶고 인정받고 싶은 욕구가 강하지만, 자신의 문제를 "나는 최고가 되고 싶지만 노력을 하지 않는다는 게 문제다."라고 인식할 뿐 아무런 행동도 취하지 않는다. 20대 유성 씨는 검사 및 판사와 같이 다른 사람들에게 보여줄 만한 최고의 위치에 가고 싶은 명예욕이 매우 크다는 것을 알지만, 그 욕구를 실현할 수 있는 사법고시에 합격하기 위한 노력 즉 에너지를 들이지는 않았다.

이들의 에너지는 왜 차단되었을까? 한 마디로 두렵기 때문이다. 이러한 에너지 차단의 원인으로는 에너지와 접촉하는 것에 대한 두려움과 밀접한 관련이 있다. 예를 들어, '싫다고 거절했을 때 상대방이 화를 내고 비난할지 몰라. 그 상황을 내가 대처하기 어려울지 몰라', '내가 내 의견을 이야기한다면, 비난받거나 조롱당할지 몰라'와 같은 두려움이 있다. '감정을 표현하면 미치게 되거나 큰 일이 일어날지 몰라', '감정에 압도되거나 휩쓸릴지 몰라', '내가 감정을 느낀다면 통제하지 못하는 일이 일어날지 몰라'와 같은 믿음이 에너지 동원을 차단한다.

유성 씨의 깊은 내면에는 '정말 내가 노력했는데 고시에 실패하게 되면 어떡하지?', '고시를 패스할 만한 능력이 진짜로는 내게 없다는 것이 드러나면 어떡하지?'와 같은 두려움이 있을지 모른다. 에너지를 쓰지 않는 상태에서 지금의 결과에 대해 '에너지를 쓰지 않았기 때문이야'라고 치부할 수 있지만, 에너지를 쓰게 되면 두려워한 일을 마주하게 될 수 있기 때문이다. 유성 씨는 결국 끝까지 에너지를 쓰지 않았다.

수업이나 강의를 듣는 중에 궁금한 것이 생겨서 묻고 싶은 게슈탈트가 형성되지만, 손을 들고 목소리를 내어 질문하지 못하는 이유는 '내가 하는 질문이 다 아는데 하는 질문이어서 우습게 되면 어떡하지?'라는 두려움이 있기 때문이다. 그래서 질문하지 않고 조용히 넘어가는 경우가 종종 있다.

이러한 불합리한 두려움의 원인 중 하나로는 성장 과정에서 부모로부터 부여받은 여러 가지 믿음들 즉 내사(introjection)를 들 수 있다. 부모가 시키는 대로만 해 와서 스스로 자신의 욕구를 위해 에너지를 동원하여 실현하는 데 두려움을 가지고 있는 것이다. 에너지 접촉을 할 때 어떻게 해야 할지 몰라 당황스러워서 외면하게 된다.

치료자는 알아차림과 에너지 동원 사이의 단계에서 어려움이 있는 내담자로 하여금 에너지를 동원할 수 있도록 도와주는 개입을 해야 한다. 알아차린 것을 환경과의 접촉을 통해 완결하기 위해서는 반드시 에너지를 동원해야 한다. 내담자들에게서 억압되어 있는 에너지를 끌어올려 주는 개입이 필요하다.

에너지가 들어가는 다양한 현상들은 서로 연결되어 있다. 따라서 에너지를 활성화하기 위해서는 산소 공급이 활성화되어야 하므로 호흡 훈련에서 시작하는 것이 효과적이다. 자신의 욕구를 억눌러 답답함을 느끼는 이러한 내담자에게서 숨을 크게 들이 마시고 입으로 서서히 내쉬는 심호흡 훈련을 통해 흥분 에너지를 활성화하도록 도울 수 있다. 신체적 활동이나 감정 표현을 통해 에너지를 사용하는 연습을 할 수 있다.

자신의 주장을 잘하지 못하는 서현 씨는 목소리가 너무나 작아서 말하는 소리가 잘 들리지 않을 정도였다. 소리를 크게 밖으로 내는 것 자체를 해본 적이 없었고, 자신의 감정에 대해서도 늘 밖으로 드러내지 못하였다. 친구들과 식사하러 갈 때도 자신이 먹고 싶은 것을 얘기하지 못하였다. 즉 에너지를 써야 말을 하는

데, 에너지를 동원할 수 없었던 것이다. 이러한 서현 씨에게 에너지를 동원하는 연습을 시키기 위해서 소리를 지르는 훈련을 시작했다. 처음에는 목소리가 잘 나지 않았지만, 반복하면서 점차 에너지를 동원하여 소리를 밖으로 내기 시작하였고 점차 목소리는 커져갔다. 이러한 소리를 내는 훈련은 상담시간 밖에서도 이어졌다.

치료 장면에서 빈 의자 기법을 통해 과거 감정을 표현하지 못했던 대상에게 자신의 감정을 표현하는 작업을 할 때, 화가 나지만 이러한 화를 누르고 표현하지 못하는 내담자들을 자주 만나곤 한다. 이런 경우 쿠션을 잡고 방석에 다섯 번 내리쳐 보도록 하는 실험을 요구하기도 한다. 처음에는 힘이 거의 들어가지 않다가 쿠션을 한 번씩 내리치면서 손에 힘이 들어가고 점차 힘껏 방석을 내리치게 된다. 에너지가 동원되고 밖으로 표출되는 것이다.

춤을 추어 흥분에너지를 발산하도록 하는 것도 도움이 된다. 표현예술치료에서 사용되는 춤은 에너지를 끌어올려서 몸 밖으로 나가게끔 도와준다. 이러한 작업은 내담자로 하여금 에너지를 끌어올려 밖으로 내 보내는 경험을 하게 만들어, 게슈탈트를 해결하기 위해 필요한 에너지를 동원하도록 도울 수 있다.

4) 에너지 동원과 행동 사이의 장애

에너지를 동원하는 데는 성공하지만, 이를 게슈탈트를 완결시키는 방향으로 효율적으로 사용하지 못함으로써 어려움이 발생하기도 한다. 흥분에너지만 끌어올려진 상태로 머물기도 하고, 에너지를 행동으로 옮기지만 게슈탈트를 완결하는데 필요한 행동이 아닌 엉뚱한 행동으로 옮기기도 한다. 또는 동원한 에너지를 환경과의 접촉이 아니라 자신에게로 보내기도 한다.

소위 얼굴이 뻘겋게 열이 올라 화는 나지만, 아무런 행동도 취하지 못한 채 씩씩거리는 상태를 예로 들 수 있다. 분노감을 자각하고 흥분하지만, 차마 엄마와 같은 대상에게 표출하지 못한다. 그러다 결국 흥분한 분노 에너지를 자신에게 돌려서 스스로를 비난하고 질책하는 행동으로 바꾸어 버리기도 한다. 시험 때문에 긴장되고 불안하지만, 긴장만 잔뜩 할 뿐 공부는 하지 못하고 얼어 있는 경우도 여기에 해당된다.

이는 신체 방어 상태라고 볼 수 있다. 흥분에너지를 신체긴장으로 눌러버리는 것이다. 브레이크를 밟은 채 운전하는 것과 같다. 이처럼 에너지가 동원되어 흥분되어 있지만, 에너지를 행동으로 연결 지어 밖으로 내보내지 못하면 몸에 과도하게 흥분에너지가 몰려서 심한 경우에는 만성긴장, 고혈압, 동맥경화, 당뇨, 암 등의 질병이 발생할 수 있다. 이런 에너지는 밖으로 빠져야 하는데, 에너지가 밖으로 나가지 못하면서 에너지의 순환이 어렵게 된다. 결과적으로 온갖 신체장애가 나타날 수 있기 때문이다.

신경증 환자들을 보면 이해하기 쉽다. 긴장하고 불안하지만, 행동을 하지 않는다. 행동으로 옮겨야 할 순간에 TV를 보거나, 공상을 하거나, 엉뚱한 말을 한다. 서준 씨는 어려서부터 부모의 기대가 많아서 부담을 많이 느껴왔다. 그 부담과 긴장이 너무 심해서 시험지를 받았을 때 에너지를 몸 밖으로 써서 처리하는 행동을 해야 하는데 긴장이 너무 심해서 시험지의 내용이 처리되지 않아 자꾸만 실수를 반복하게 되었다. 특히 부담이 많이 가는 수능과 같은 시험 때 더욱 그러했다. 너무 긴장된 나머지, 시험지를 받고서 노래가사가 생각이 나고 엉뚱한 공상을 하게 되어 시험문제를 처리하는 데 에너지를 쓰지 못한 것이다.

이렇듯 에너지 동원이 적절한 행동으로 이어지지 못하는 이유는 무엇일까? 이 또한 두렵기 때문이다. 외부 현실과 접촉하여 처리하는 것이 두려워 공상과 같이 게슈탈트를 완결하는 것과 관련 없는 엉뚱한 것에 에너지를 쓰게 된다. 생각이나 관념, 공상에 잠기고, 자기합리화 뒤에 숨어 버리는 것이다.

직장 상사에게 화가 났으면서 집에 와서 괜히 아이들이나 남편에게 짜증이나 화를 내는 경우도 여기에 해당한다. 시험 때문에 긴장되고 불안한 에너지를 괜히 책상을 정리하고 자료들을 정리하는 데 쓰기도 한다. 엄마에게 화난 감정을 엄마에게 표현하지 못하고, 자신에게 돌려서 자신을 비난하며 자책하기도 한다.

이때 치료자의 개입은 내담자마다 여러 개인적인 배경이 있으므로, 에너지 표출을 강제로 요구해선 안 된다. 신뢰롭고 안전한 치료적 관계를 형성하고, 언어적 차원에서 해당하는 외부 대상에게 에너지를 단계적으로 조금씩 표현도록 시도한다. 엄마에게 화가 나 있다면, 빈 의자에 엄마가 있다고 가정하고 눌러 놓았던 화를 표현할 수 있도록 돕는다.

지나치게 심한 에너지가 동원되면서 행동으로 옮겨지는 것이 차단되기도 한다. 예를 들어, 불안장애를 지닌 경우 지나치게 흥분된 상태이지만 무엇을 해야 할지 목표대상이나 목표행동이 불분명하여 안절부절한 상태로 볼 수 있다. 이는 성장 과정에서 부모들의 부정적인 평가가 내사되어 발생한다. "네가 해봤자 얼마나 하겠어.", "네가 할 수 있는 게 뭐야. 아무것도 혼자서는 할 수 없잖아."와 같은 자신에 대한 부정적인 평가에 시달린다. 그러다보면 자신의 고통을 합리화하기 위해 부정적인 평가는 옳아야 하고 이를 입증하기 위해서 자기패배적이고 파괴적인 행동을 무의식적으로 하여, 대인관계나 괴로운 상황을 만든다. 친구들에게 의도적으로 불친절하게 행동하기도 하고, 지루하고 싫증나는 방식으로 대하기도 한다.

5) 행동과 접촉 사이의 장애

에너지를 동원하여 행동으로 옮기지만, 환경과의 접촉에 실패하여 게슈탈트를 완결하지 못한다. 어떤 사람은 배가 고파서 음식을 먹고 있지만, 음식의 맛을 제대로 느끼지도 음미하지도 못한다. 그저 먹는 행위를 할 뿐이다. 친구들을 만나 함께 이야기를 나누고 있지만, 그저 그 자리에 있을 뿐 친구와 만나는 느낌을 갖지 못한 채 돌아서고 공허하다.

이러한 경우가 발생하는 이유는 무엇인가? 하고 있는 행동이 게슈탈트를 완결하기 위해 필요한 대상을 잘 겨냥하지 못하고 산만하게 일어나기 때문이다. 행동을 하면서 에너지를 효과적으로 쓰지 못하고 흩뿌림으로써 원하는 접촉과 그에 따른 완결의 결과를 얻지 못한다. 배가 고파 음식을 먹고 있다면, 음식을 먹는 행위에 에너지를 모으면서 음식과 접촉을 통해 맛을 느껴야 하는데 행동만 할 뿐 집중하지 못한다. 외로워 친구를 만나고 싶지만, 함께 하고 있는 동안에도 친구에게 에너지를 집중하지 못하고 다른 잡생각을 하거나 다른 데 신경을 쓰면서 친구와 만나는 느낌을 갖지 못한다. 결국 서로 교감하고 연결되어 있다는 느낌을 갖지 못하고 헤어지면서, 그 만남 자체가 공허하게 느껴지고 여전히 외롭다.

상담 장면에서도 이러한 내담자는 자신에게 문제가 있다고 호소하기 위해 이야기를 계속 하지만, 치료자는 내담자가 정작 무엇을 말하고자 하는지 잘 알지 못한다. 정말 힘든 것인지 그리고 어떠한 감정이나 마음 상태인지 알기 어려운 경우이다. 히스테리가 심한 사람들이 여기에 해당된다. 이들은 말이 많고 분주하게 행동하지만, 자신의 체험을 통합하지 못한다. 많은 일들에 관여하지만, 행동이 산만하여 제대로 뭔가를 해결하거나 이룬 느낌이 없다.

이러니 공허감이 들 수밖에 없다. 외적으로 환경과 제대로 접촉하지 못하고, 내적으로는 자신에 대한 존재감이나 실체감을 잘 느끼지 못한다. 내적 공허감을 메우기 위해서 약물에 손을 대기도 하고 음식에 집착하기도 한다. 계속 사람들을 만나거나 성적 행동에 집착하기도 한다. 그 순간에는 일시적으로 자신과 환경이 접촉하는 느낌이 들기 때문이다. 사람을 만나 어울리는 동안, 음식을 먹고 있는 동안, 상대와 성적 행동을 하고 있는 동안에는 자극을 받으며 감각을 느끼고 자신과 만나는 것 같고, 타인과 만나는 것 같은 접촉의 느낌이 들 수 있다.

치료자는 내담자로 하여금 제대로 접촉할 수 있도록 도와야 한다. 접촉하는 체험은 주의가 있는 곳에 있다. 접촉하는 대상과 환경에 주의를 집중하게 함으로써 만나는 접촉의 느낌을 깃도록 도와야 한다.

이를 위한 개입의 방법으로, 접촉하는 목표 행동을 여러 단계로 나누어 자각하도록 하고, 그 결과에 대해 천천히 음미하도록 한다. 예를 들어, 말을 빨리 하는 내담자를 생각해 보자. 정작 하는 말이 많지만 무엇을 말하고자 하는지 모르겠는 경우가 많다. 흥분된 에너지를 말을 통해 밖으로 내뿜는 행동으로 발산하지만, 정작 자신이 원하는 게슈탈트를 환경과의 접촉을 통해 완결하는 노력을 하지는 않는 것이다. 이러한 내담자들에게는 말하는 행동을 천천히 하도록 하고, 이를 자각하고 음미하도록 안내하는 것이 필요하다. 불편한 이야기를 빨리 쏟아내는 내담자에게 잠시 멈추고 말을 천천히 하도록 안내함으로써, 자신이 무엇을 말하고 있는지를 깨닫게 한다. 말을 하면서 자신이 무엇을 느끼고 있는지 마음 상태 또한 자각이 되고, 왜 그러한 말을 하는지 알아차리도록 돕는다.

자기 말만 하는 내담자에게는 '상대가 내 얘기를 싫어하면 어떡하지?', '나를 싫어하면 어떡하지?'라는 두려움이 있을 수 있다. 이때 천천히 얘기하면서 상대방의 이야기도 들어보도록 안내한다. 천천히 하다보면 '내가 이런 얘기를 하고 싶구나'를 알게 되는 접촉이 이루어진다. 나아가 치료자가 "제가 뭐라고 하는지 들어보시겠어요?"라고 요청함으로써, 내담자가 상대방 즉 상담자의 반응을 기다려 접촉하도록 도울 수 있다. 즉 말하고 나서, 치료자의 반응을 기다리도록 요구하는 것이다.

이때 어떤 행동이 자신에게 만족을 주는지 관찰하도록 하고, 그 과정을 통해 깨달은 바를 언어적으로 묘사해 보도록 요구한다. 음식을 먹을 때에도 천천히 먹도록 하면서, 자신이 먹고 있는 음식의 질감과 맛 등을 알아차리도록 돕는다. 그래서 그 음식이 자신을 어떻게 변화시키고 있는지, 몸에서 어떠한 반응이 일어나고 있는지 자각하도록 안내한다. 이렇게 행동을 여러 단계로 나누어 천천히 그 결과를 알아차리고 음미해 보라고 하면, 많은 경우 당황스러워 한다. 그 순간 그렇게 당황하고 접촉을 회피하고자 하는 자신의 상태가 어떠한지 알아차리도록 돕는다. 무엇을 느끼고 어떠한 생각이 드는지 자신의 반응을 알아차리도록 한다. 이러한 개입을 통해 행동이 환경에 어떠한 영향을 미치고, 환경으로부터 무엇을 접촉하는지 알아차림으로써 접촉을 통한 게슈탈트의 완결을 도울 수 있다.

6) 접촉과 물러남 사이의 장애

마지막은 접촉해서 게슈탈트를 완결 지었는데도 배경으로 물러나지 못한다. 일을 완결했는데도 쉬지 못하는 경우가 대표적이다. 쉬지 못하고 그 다음 일, 그 다음의 것을 찾아 바로 에너지 동원과 행동으로 들어간다. 끊임없이 쉬지 않고 게슈탈트의 형성과 해소를 반복하다 보면 인간은 지쳐서 아픈 상태가 되고 만다. 건강한 인간은 환경과의 접촉과 완결을 통한 물러남 사이의 반복되는 리듬으로 살아가기 때문이다. 우리의 삶은 긴장과 이완이 연속되고, 일과 휴식이 반복된다.

게슈탈트를 형성해 환경과 접촉해서 완결을 했다면 쉬어야 하는데, 접촉이 끝났음에도 불구하고 만족을 모르고 쉬지 못하는 삶을 산다면 리듬 장애에 해당된다. 접촉이 끝났음에도 불구하고, 항상 긴장하여 만족을 모르고 물러나 쉴 줄 모른다. 이처럼 리듬이 차단된 사람은 접촉을 통해 완결의 체험을 하더라도, 만족하고 놓아버리지 못하고 계속 붙잡는다. 체험의 정점에서 자신을 놓지 못하고 집착한다. 피곤함에도 이를 부인하고 욕구를 충족하기 위한 일에 매달리고, 욕구를 충족했음에도 불구하고 그 상태를 알아차리지 못해 물러나지 못한다.

소위 일 중독자가 여기에 해당된다. 타인을 지치고 싫증나게 만든다. 이들은 게슈탈트의 완결을 통한 성취감을 맛보기 위해 계속해서 게슈탈트를 형성하고 완결하는 일에만 매달린다. 몸은 쉼이 필요한데도 불구하고 피로함을 무시하고 일에 매달린다. 성취 이외에 다양한 욕구가 자신 안에 있음에도 불구하고, 이를 알아차리지 못한다. 모 개그맨은 굉장한 에너지로 사람들을 웃기는 말과 행동을 자주 한다. 오랜만에 그의 개그를 접하면, 사람들은 재미를 느끼고 웃는다. 그러나 그의 개그는 끊임없이 계속 된다. 사람들도 쉼이 필요하지만, 쉼 없는 그의 개그에 어느 순간 지쳐 버린다.

접촉을 통해 게슈탈트를 완결했음에도 물러나지 못하는 이유는 무엇일까? 이들 또한 두렵기 때문이다. 바로 침묵과 공백이 두려울 수 있다. 물러나 쉬고 있는 동안에 과거 자신이 마주하기 불편하고 두려워서 외면했던 상처와 아픔이 떠오를지 모른다는 막연한 공포감이 늘기 때문이다. 예를 들어, 시련을 당한 사람이 계속 일만 하는 경우, 어떤 계기로 일을 놓게 되었을 때 갑작스럽게 시련의 아픔이 떠오를 수 있다. 그럴까봐 두려워 그 아픔을 피하고 싶어 쉬지 못하는 것일 수 있다.

치료자는 이들에게 필요한 개입으로, 공백에 몸을 맡기고 그 상태에 머물러 보게 한다. 쉬면서 접촉을 통해서 만족감을 느끼도록 하거나, 만족감을 즐기도록 안내할 수 있다. 물러나 쉬는 그 상태에 머물러 보게 하는 개입이 필요한 것이다. 물론 그러한 개입은 계속 떠오르려는 과거 미해결과제를 직면하고 완결시키는 작업으로 이어질 수 있다. 그러한 작업과 과정을 통해 미해결과제를 완결함으로써, 더 이상 두려워하지 않고 편안한 마음으로 물러나 쉬면서 접촉을 통해 얻은 만족감을 즐길 수 있게 된다.

많은 분들이 강의를 들을 때는 이해가 가는데, 끝나고 나면 기억나지 않는다고 하소연하는데, 필자 또한 그러하다. 접촉된 내용은 자각되지 않더라도 우리의 한 부분이 된다. 강의가 끝난 후 기억이 나지 않는 것은 당연한 일이다. 접촉 후에 기억이 나지 않더라도 우리의 한 부분에 자리하고 있을 것이다. 그 전의 자신의 상태를 변화시켰을 것이고, 어떤 단서가 제시될 때 기억날 수 있다. 예를 들면 시험 문제에서 단서가 제공될 때 다시 기억으로 떠오를 수 있다. 이렇듯 그것이 무엇이든 완결을 지었다면 물러나서 쉼을 겪는 것이 필요하다.

게슈탈트 치료는 내담자가 접촉에서 얻은 만족감을 충분히 체험함으로써 게슈탈트를 완결시키는 것이 중요하다. 이때 주의할 점은 완벽주의에 빠지지 말아야 한다. 완벽하게 끝나지 않아도 이를 받아들이고 만족할 수 있어야 한다. 완벽을 고집하면 물러나 쉴 수 없다. 완벽주의는 실재하지 않는 이상화된 개념이니, 완벽은 결코 충족될 수 없기 때문이다. 노력한 성과가 불완전하더라도 그대로 받아들이고 만족하고 기뻐할 수 있어야 한다. 그래야 편히 물러나 쉬고 다시 다음 게슈탈트를 선명하게 전경으로 떠올릴 수 있다.

5 접촉경계혼란

접촉경계란 개체와 환경 간의 경계를 말한다. 건강한 인간은 접촉경계에서 환경과 교류하며 자신에게 필요한 것을 받아들여 성장하고, 해로운 것은 경계를 닫아 자신을 보호한다. 그런데 경계에 문제가 발생하면 교류와 접촉이 차단되거나 해로운 것이 유입되면서 심리적 혼란이 발생한다. 이를 접촉경계혼란(contact boundary disturbance)이라고 한다.

경계가 지나치게 단단하면 환경으로부터 필요한 것을 원활하게 받아들이지 못하게 되고, 경계가 불분명할 경우에는 경계로부터 들어오는 해로운 것을 막아내지 못하거나 자기 것을 명확히 취하지 못하게 된다. 경계를 상실하면, 자신이 어떤 사람인지에 대한 정체감이 없어진다. 결국 게슈탈트의 형성과 완결 자체가 불가능하기 때문에, 심한 심리적 부적응 상태에 놓이게 된다.

이처럼 인간과 환경의 접촉이 방해되어 미해결과제가 쌓이면, 환경에 적응하는데 실패하게 된다. 인간은 끊임없이 욕구가 발생하고 그 욕구를 환경과의 접촉을 통해 충족시켜 성장해 가는데, 그것이 어려워지면서 문제가 발생하게 되는 것이다. 따라서 모든 정신병리 현상은 사실 접촉경계혼란으로 인해 발생한다고 볼 수 있다. 인간의 삶이 자연스런 게슈탈트의 형성과 해소 과정으로 이루어지는데 이를 방해하는 접촉경계혼란이 결국 정신병리 현상을 유발하는 것이다.

Perls는 접촉경계혼란에 대해 인간과 환경 사이에 무엇인가가 끼어 있는 현상이라고 보았다. 인간과 환경 사이에 안개와 같이 끼어 있는 소위 중간층 같은 것을 Perls는 마야(maja)라고 불렀다. 마야는 인간과 환경이 직접 만나는 것을 방해하는 환상일 수 있고, 편견과 선입견과 같은 것일 수도 있다. 인간으로 하여금 환경, 상황, 현실을 있는 그대로 보지 못하게 만듦으로써 직접적인 접촉을 방해한다. 상대방의 말을 왜곡하여 듣기도 하고, 행동을 제대로 보지 못하고 '이러겠지', '이렇게 행동했겠지'라고 자기의 환상대로 단정지어 버린다.

Perls는 중간층 마야를 거두어야 실제로 놓여 있는 현실과 환경, 세계를 만날 수 있다고 보았다. 과거에 형성된 선입견을 버림으로써 과거 경험으로부터 벗어날 때, 자기 자신과 타인, 그리고 눈앞에 있는 세계와 제대로 접촉하게 된다. 접촉경계혼란이란 마치 의식에 안개가 낀 것과 같으므로, 치료는 안개를 거두어내는 것이다. 접촉경계혼란이 일어나는 형태로는 크게 내사, 투사, 융합, 반전, 자의식, 편향 등 여섯 가지가 있다.

1) 내사(introjection)

치아공격성(dental aggression)이란 개체가 외부로부터 자극을 그냥 받아들이지 않고 공격성을 사용하여 외부에서 들어온 것의 구조를 파괴시켜 자신이 흡수할 수 있는 형태로 바꾸는 것을 말한다. 우리 인간은 모두 치아공격성을 갖고 환경과 상호작용하면서, 자신의 것으로 소화시켜 받아들인다.

그런데 이러한 치아공격성을 사용하는 것이 제지당하면, 받아들이기는 하되 자신의 것으로 제대로 소화하지 못한 채 이질적인 것으로 남기게 된다. 예를 들어, 끊임없이 영향을 미치며 들어오려 하는 부모와 같은 권위자의 말이나 가치관, 행동이 무비판적으로 받아들여지게 되면, 자기 것으로 제대로 동화되지 못한 채 이물질처럼 남아서 개인의 행동이나 사고방식에 영향을 미치게 된다. 타인의 생각이나 가치관, 행동방식이 무비판적으로 개인에게 들어와 영향을 미칠 때 이를 내사라고 한다.

들어왔으나 제대로 씹지 못하고 삼킨 것들이라 할 수 있다. 판단력을 잃어버린 상태로 흡수가 되었으니까, '거짓말을 하면 안 돼!'라는 내사에 거짓말을 할 필요도 있는 상황에서도 하지 못함으로써 문제가 생길 수 있다. 이처럼 내사로 인해 고정된 부적응적인 행동패턴을 갖게 되고, 이러한 행동패턴이 습관적이고 자동적으로 반복된다.

내사의 대표적인 문제점은 개인으로 하여금 매 순간 처한 상황에서 발생하는 자신의 다양한 욕구에 반응하지 못하게 한 채, 일방적으로 따르게 만든다는 것이다. 그럼에도 불구하고, 내사된 것들이 타인의 것이라는 걸 인지하지 못한 채 자신의 거라고 착각하며 살게 된다. 즉 내사된 것들의 명령에 따르면서 자신의 것으로 여기며 산다.

대표적인 내사로는 부모의 가치관이나 사회에서 부여된 도덕적 규범들을 들 수 있다. 우리는 어릴 적부터 흔히 다음과 같은 사고와 가치관들을 따르라고 강요받곤 하였다. '착해야 한다', '어른에게 순종해야 한다', '성공해야 한다', '성실해야 한다', '튀지 마라', '남을 믿지 마라', '세상은 위험하다', '사람들은 믿을만하지 못하다', '완벽해야 한다', '최고가 되어야 한다', '정직해야 한다', '최선을 다해야 한다', '규칙을 지켜야 한다' 등이 대표적이다.

이러한 내사는 소화되지 않은 음식을 다시 잘근잘근 씹어서 소화할 수 있는 형태로 변형하듯이, 밖으로부터 들여온 정보를 다시 꺼내어 자신의 것으로 동화시킬 수 있는 형태로 바꾸거나, 소화시킬 수 없으면 밖으로 뱉어내는 작업이 필요하다.

성현 씨는 자살을 한 차례 시도하고 대학 상담소를 찾았다. 성현 씨는 어릴 때부터 부모가 원하는 것을 한 번도 거역한 적이 없었다고 한다. 부모가 원하는 대로 공부를 했고, 성적이 좋아서 일류대학에 들어갈 수 있었다. 성현 씨는 부모가 원하는 대학에 들어오면, 부모의 요구가 멈출 줄 알았다. 그러나 거기서 멈추지 않고, 부모는 다시 유학을 가라고 요구했다. 성현 씨는 20년 가까이 끊임없이 자신에게 기대를 하고 그 부모의 기대를 충족시켜야 하는 상황에 큰 답답함을 느꼈다. 지금껏 자신의 욕구를 누르며 참고 버티었지만, 유학이 요구되자 자신이 할 수 있는 것은 아무것도 없다는 무력감과 절망감이 너무나 고통스럽게 느껴져 자살을 시도하게 되었다.

상담을 진행하며 성현 씨는 자신에게 내사되었던 생각들을 알게 되었다. 자신에게 강요하고 요구했던 목소리들이 부모와 사회로부터 내사된 것들이었고, 그 중에서 특히 유학에 대한 생각을 꺼내 주목하고 검토하기 시작하였다. 그러던 중 성현 씨는 자신 또한 유학을 원한다는 것을 깨닫게 되었다. 부모의 강요라고 생각하고 괴로워하며 토해내려 몸부림쳤는데, 자신 또한 같은 생각을 하고 있었음을 깨닫고 자신의 것으로 동화시켜 받아들이게 된 것이다. 성현 씨는 순간 마음이 편안해졌다. 그리고 유학에 매진하기로 결정하며 상담을 종결할 수 있었다. 상담의 시작 전과 후, 모두 유학을 준비하는 상황인 것은 동일하지만, 상담 전에는 내사된 생각에 의해 자신을 몰아붙여서 고통스러웠다면 상담 후에는 이를 자신의 것으로 소화시켜 선택하였다는 점에서 달랐다.

태형 씨는 어릴 때부터 의사가 되어야 한다는 생각에 고등학교 내내 공부를 열심히 하였고 높은 성적을 유지할 수 있었다. 그러나 대학 입시에 실패하면서 재수를 반복하게 되었고, 네 번째 도전 끝에 드디어 의대에 들어갈 수 있었다. 그러나 힘들게 의대에 들어간 태형 씨는 본과 1학년에 들어가서야 의대 공부가 자신과 맞지 않다는 것을 깨닫게 되었다. 10년 가까이 자신은 의사가 적성에 맞고 반드시 의대에 가야 한다고 생각해 왔지만, 이는 자신의 적성과 자질, 취향 등을 진지하게 살펴보지 않은 채 내사된 부모의 기대였던 것이다. 태형 씨는 부모의 기대를 충족시켜 드리고 싶었던 마음에, 자신의 것인지 확인하지도 않은 채 무분별하게 자신의 것인양 받아들인 것이다. 결국 고민 끝에 자퇴를 하게 되었다.

내사의 영향은 첫째, 우선 자신의 진정한 욕구가 무엇인지 잘 모른 채 타인의 기대에 따라 살게 만든다. 둘째, 내사에 따라 생각하고 행동하느라 정작 자신이 무엇을 원하는지 그 욕구와 의지를 생각해 볼 겨를이 없다. 셋째, 부모나 사회가 부여한 내사된 생각과 가치관, 기대대로 사느라 피상적이고 판에 박힌 행동을 하며 깊은 대인관계를 맺지 못하는 경향을 보인다. 자기 자신으로 있지 않으니, 타인을 만나도 친밀하거나 진정으로 만난다는 느낌을 갖지를 못하기 때문이다. 넷째, 자신이 원하는 것에 따라 행동하기보다는 타인이 자신의 행동을 어떻게 보고 평가할지를 더 의식하면서 행동한다. 다섯째, 그렇게 타인에게 인정받을 수 있지만, 결국은 자신의 욕구는 좌절되면서 축적된 미해결과제로 인해 내적인 분열이 일어나게 된다.

내사는 신경증의 원인이 되기도 한다. 신경증은 자신과 자신이 아닌 것을 구분하지 못하는 것으로 경계 장애라 볼 수 있다. 부모가 보이는 태도의 나쁜 측면을 자신의 것으로 동일시하면서 내적인 갈등이 발생한다. 이때 좋은 부모의 측면이란 개인이 환경에 적응하는 과정에서 자신의 욕구를 만족스럽게 충족하면서 자신을 실현시켜 나가도록 촉진시켜 주는 측면을 말한다. 반면, 나쁜 부모의 측면은 자신과 환경에 대해 도움이 되지 않고 파괴적으로 행동하도록 만드는 측면을 말한다. 예를 들어, 부모의 태도 가운데 '다른 사람에게 솔직해서는 안 된다'라는 메시지를 자신의 것으로 받아들일 때를 생각해 보자. 솔직할 수 있고, 솔직할 필요가 있을 때조차도 솔직하지 않게 만듦으로써 개인으로 하여금 답답함을 유발할 수 있다. 또한 자신에게 다가오는 친구들에게 솔직하게 대함으로써 자신에게 좋은 친구를 남도록 할 수도 있을 텐데, 솔직하지 않음으로써 좋은 관계로 발전시키지 못하고 외롭게 된다.

치료적 개입은 내사된 사고나 태도를 알아차리고 의식하여 재검토한 후, 어느 것이 자신의 것이고 어느 것이 자신의 것이 아닌지를 명확히 구분하도록 돕는다. 개인이 자기 자신이 되는 것을 방해하는 요소들을 제거함으로써 개인으로 하여금 다시 진정한 자기 자신이 되도록 도와주는 것이다.

이를 위한 방법으로 자신이 생각하는 것이 무엇인지 그 목록을 모두 나열하도록 한다. 그 가운데 자신이 진정으로 생각하는 것이 무엇이고, 왜 그렇게 생각하는지, 그럴만한 것인지 찾아보도록 한다. 만약 진심으로 그렇게 생각하지 않는다면, 그것에 대해 어떻게 받아들일 것인지 스스로 판단하는 과정이 필요하다.

상담 및 심리치료 장면에서는 내담자에게서 수많은 내사된 메시지들을 접할 수 있다. 그 가운데 엄마로부터 온 내사가 가장 많았다. 성장하는 동안 가장 가까운 곁에서 양육하는 사람이 엄마이기 때문일 것이다. 하윤 씨는 어렸을 때부터 힘들다는 하소연을 하면 엄마는 늘 얘기했다. "뭐가 힘들다는 거야. 그까짓 것 가지고. 그게 힘든 거야? 힘들다고 하지 마!"라고 타박했다. 반복되어온 엄마의 목소리는 하윤 씨 자신의 것인냥 자리 잡았다. 이후 하윤 씨가 부당한 일을 겪거나 충분히 힘들만한 일을 겪었을 때도 스스로에게 '이건 힘들만한 일이 아니야'라고 하며 잠시라도 힘든 감정에 머물러 있지 못하였다. 상담 과정에서 상담자는 하윤 씨에게 그 목소리가 누구의 것인지 물었다. 하윤 씨는 엄마의 목소리임을 자각하였고, 스스로에게 하고 싶은 목소리를 찾아보았다. 그것은 "그래. 힘들만 해."라고 공감해주고 위로해주는 목소리였다. 이후 하윤 씨는 자신의 목소리로 "지금 힘들구나. 힘들만 해."라고 스스로에게 말해 보는 태도를 가질 수 있었다.

내사의 목소리에 대한 작업을 통해 내담자로 하여금 궁극적으로 진정한 자기 자신이 되도록 도와야 한다. 이때 내사된 목소리를 다 적어보고, 각각의 목소리가 어디에서 왔는지 확인한다. 도덕적인 목소리, 종교적인 목소리 또는 부모의 목소리임을 밝히고, 각각에 대해 정말로 자신이 하고 싶은 말을 찾아서 소리 내어 말해보는 실습이 필요하다.

예를 들어, 상사나 부모의 무리한 요구에 대해 자신의 욕구를 표현하지 못하는 내담자라면, 치료 장면에서 빈 의자 기법을 통해 상사나 부모를 향해 목소리를 내어 보는 작업을 할 수 있다. 앞에 있다고 가정되는 상사나 부모를 향해 "싫어요."라고 말해 본다. 그렇게 말하는 과정에서 어떤 신체 감각이 느껴지는지 관찰하고, 그 때의 기분이나 감정을 느끼고 알아차려 본다. 자신의 것이 무엇인지 구분하고 파악하도록 한다.

이때 내사에 판단 없이 반응하는 가장 큰 이유는 두려운 것이 있기 때문이다. 부모님의 기대를 충족시키지 않았을 때 자신에게 실망할 것이 두려울 수도 있고, 자신을 냉정하게 내치는 것이 두려울 수도 있다. 진정으로 두려워하는 것이 무엇인지 깨닫고, 그 두려움을 마주하고 이와 관련한 자신의 감정과 생각을 찾아보고 정리하는 시간이 필요하다. 예은 씨는 어릴 때 부모님이 무리한 요구를 할 때마다, 혹시 "내 말을 듣지 않으면 쫓아낼 거야."라고 말할까 정말 무섭고 두려웠다고 한다. 작업을 통해 그 두려움에 대해 다음과 같이 다독일 수 있었다. "그래. 부모님이 나에게 그런 말을 한 것은 말을 듣게 하려고 엄포를 놓았던 거였지, 정말 나를 그렇게 하려 했던 것은 아니야."라고 깨닫게 되면서, 그 내사로부터 벗어날 수 있었다.

실험을 통해 억압된 욕구를 자각하도록 도울 수 있다. 상담자가 내사된 목소리를 반복적으로 말하거나, 두 의자 기법을 통해 한쪽 의자에 내사된 목소리 역할을 두고 내담자로 하여금 내사된 목소리를 반복적으로 말하도록 요구한다. 이 과정에서 내담자는 내사된 목소리를 계속해서 들으면서, 그 목소리에 대해 반감을 느끼고 표현하게 되고, 자신이 정말 원하는 것을 소리 내어 말할 수 있는 기회를 갖게 된다. 예를 들어, "더 이상 완벽하라고 말하지 마세요. 숨 막혀요. 저는 할 만큼 했어요. 결코 완벽할 수 없다고요.", "싫어요. 이제는 제가 알아서 할게요. 제발 이래라저래라 하지 마세요." 등의 욕구를 표현할 수 있다.

수영 씨는 지나치게 간섭하고 개입해 온 엄마에게 섭섭했던 것을 적어보는 작업을 하였다. 빈 의자에 앉아 있다고 가정 한 엄마에게 그동안 섭섭했던 것을 직접 말로 표현하는 작업을 하는 동안, 수영 씨의 목소리는 점차 높아졌다. "더 이상 간섭하고 통제하지 마. 앞으로는 그렇게 하도록 가만있지 않을 거야."라고 말했다. 이러한 작업을 통해 수영 씨는 처음으로 자신이 엄마로부터 독립된 인격이라고 느끼게 되었다. 그리고 그동안 늘 의존하고 함께였던 엄마로부터 분리되는 것에 대한 슬픔과 두려움을 표현하는 작업을 하였다. 수영 씨에게는 독립하고 싶은 마음도 있지만, 그동안 엄마에게 의존해오며 살아왔던 시간을 떠나보내는 슬픔과 홀로 맞이하게 될 시간에 대한 두려움도 있었다. 이러한 마음을 충분히 표현하고 나눔으로써, 수영 씨는 진정으로 독립할 수 있게 되었다.

내사에 대한 치료적 개입을 할 때, 주의할 점이 있다. 너무 빨리 이 과정을 진행하면 위험하다. 전적으로 의지해 온 부모의 이미지와 메시지에 대해 성급하게 부정적인 태도를 갖도록 하는 것은 오히려 두려움과 거부감으로 치료적 관계를 손상시킬 수 있다. 또한 부모의 내사에 성급하게 결별하도록 하는 것은 고립되고 버림받은 기분이 들 수도 있어서, 자칫 고독감과 절망감에 심한 경우 자살충동을 불러일으킬 수 있기 때문이다. 따라서 이런 경우 내사와의 결별에 따른 애도 작업을 충분히 하는 것이 필요하다.

내사가 항상 부정적인 것만 있는 것은 아니다. 우리는 정말 많은 이야기를 듣는다. 그 안에 적응에 필요하고 도움이 되는 좋은 내사와 그렇지 않은 나쁜 내사를 구분해야 한다. 좋은 내사의 경우로는 성숙한 상담자의 가치관이나 조언이 될 수 있다. 이때 상담자로부터 온 내사는 내담자가 스스로 자립할 능력이 생길 때까지 나쁜 내사를 일시적으로 대체하는 역할을 한다. "괜찮지 않아."와 같이 늘 불안한 분위기를 조성해 온 부모의 아래에서 내담자는 "완벽하지 않으면 무언가 잘못될 거야." 등의 내사를 갖게 되었다. 이런 내담자에게 상담자는 "괜찮아.", "완벽하지 않아도 괜찮아.", "실수해도 괜찮아.", "힘든 일은 다 지나갈 거야."와 같은 삶에 도움이 되는 좋은 내사를 통해 나쁜 내사를 일시적으로 대체하도록 돕는다. 상담자가 내담자에게 필요한 내사의 내용을 반복적으로 되뇌게 함으로써 나쁜 내사에 대항할 힘을 기르게 할 수 있다. "당신에겐 스스로 해나갈 수 있는 많은 능력이 있어요.", "당신은 참 매력적이고 괜찮은 사람이에요." 등의 건강한 생각을 부여할 수 있다.

내사에는 다른 사람의 말에 의한 수입이 아니라, 스스로 형성한 내사도 있다. 성철 씨는 부모가 별다른 얘기를 한 적이 없는데, 스스로 자신에게 "완벽해야 해.", "최선을 다해야 해." 등과 같이 스스로에게 지나치게 높은 기준을 세워 강요했고, '~해야 한다'는 강박적인 목소리를 만들어 내었다. 성철 씨는 상담 과정에서 아무도 자신에게 기대하지 않았기 때문에, 오히려 본인 스스로가 자신에게 굉장히 높은 기준들의 내사를 만들어 요구했음을 깨닫게 되었다.

2) 투사(projection)

투사란 한 마디로 내 것을 남의 것인냥 지각하는 것을 말한다. 자신의 생각이나 욕구, 감정 등을 자신의 것이 아니라 타인의 것으로 지각하는 현상이다. 자신이 타인에 대해 가지고 있는 애정이나 적개심을, 타인이 자신에게 그러한 감정을 가지고 있다고 지각하기도 한다. 예를 들어, 저 사람이 미운데 저 사람이 나를 미워하고 있다고 생각한다. 또는 자신이 하는 생각을 타인이 자신에게 할 것이라고 생각하기도 한다. 자신이 자신을 '못났다', '무능력하다'와 같이 부정적으로 보면서, 타인이 자신을 그와 같이 부정적으로 볼 거라고 생각한다.

예를 들어, 송희 씨는 어릴 때 지나치게 에너지 넘치는 행동에 대해 '기 빨린다'며 주변 사람들에게 부정적인 피드백을 많이 들었다. 이는 내사를 통해 스스로에 대해 '나대면 안 된다'는 생각을 갖게 되었다. 성인이 되었을 때 하루는 기분이 좋아서 들뜨는 기분으로 주변 사람들과 활기차게 이야기를 나눈 다음 기분이 안 좋아졌다. 그 자리에 있었던 다른 사람들이 자신에게 '나댄다'라고 생각할 것 같았기 때문이다. 즉 자신이 자신의 행동에 대해 '나댄다'며 부정적으로 바라보는 생각을, 마치 다른 사람들이 그렇게 생각하는 것처럼 투사를 한 것이다. 이처럼 우리는 자신의 생각이나 감정을 다른 사람의 것으로 돌려버리곤 한다. 투사는 자신의 욕구나 감정을 자신의 것으로 자각하고 접촉하는 것을 두려워하여, 그것에 대해 책임소재를 타인에게 돌리는 것이다.

게슈탈트 치료에서 말하는 투사는 정신분석의 투사와 거의 동일한 의미이다. 그러나 투사의 범위가 좀 더 넓은 의미로 이해된다. 정신분석에서 다루는 병리적인 현실 왜곡만이 아니라, 선택적으로 지각하는 현상까지 폭넓게 포함한다. 게슈탈트 치료에서는 투사를 창조적 투사와 병리적 투사로 구분한다.

창조적 투사는 개체가 새로운 상황에 처했을 때 그 상황에 능동적으로 대처하는 한 방편으로서 의도적으로 자신의 상상력과 창의력을 사용하는 행위를 말한다. 예를 들어, 누군가를 처음 만나는 상황에서 그 사람에 대해 잘 알지 못할 때, 자신은 이럴 때 어떤 감정이 들었는지 떠올리며 '내가 그때 억울했으니까 저 사람도 그 상황에서 억울할 거야'와 같이 타인도 그런 감정이 들 수 있을 거라고 생각하며 반응한다면 보다 적응적으로 행동할 수 있을 것이다. 드라마나 영화를 보면서 주인공을 비롯해서 등장인물들의 마음을 공감을 하게 된다. 이처럼 상상력과 창의력을 활용하여 새로운 상황이나 타인을 공감하고 이해할 수 있다. 창조적 투사는 문화와 예술뿐 아니라, 사회, 도덕, 정치, 종교 등 인간의 모든 행위 영역에서 활용된다.

반면, 병적인 투사는 스스로 직면하기 어려운 자신의 내적인 욕구나 감정 등을 회피하기 위해, 자신의 것을 남의 것인냥 생각하는 무의식적이고 반복적인 행위를 말한다. 이때 투사하는 대상은 감정이나 욕구, 생각, 가치관뿐 아니라 자신의 부정적 측면이나 긍정적 측면까지 될 수 있다. 자신 내면에 있는 미움이나 증오, 질투심이나 분노감, 자신감 등을 투사할 수 있다.

사람들은 왜 투사를 하는가? 투사를 하는 이유는 자신의 욕구가 좌절되는 것보다 투사하는 것이 덜 고통스럽기 때문이다. 자신의 속에 받아들이기 힘든 부분을 부정하고 타인에게 돌려버림으로써 심리적인 부담을 덜 수 있다. 이러한 투사는 앞서 다룬 내사된 생각이나 가치관, 도덕적 규범의 영향을 받아 일어나기도 한다. 내사된 생각에 따라 자신의 것 중에 특정 욕구와 감정, 생각을 스스로 받아들이지 못함으로써, 이를 다른 사람에게 넘겨버리게 되는 것이다. 예를 들어, 살다 보면 누군가 미워할 수 있음에도 불구하고, 타인을 미워하는 감정과 같은 불편하고 불쾌한 감정을 스스로 허용하지 못해서 타인이 자기를 미워하고 곤경에 빠뜨리려 한다고 의심하는 투사를 통해 그 사람을 미워할 수 있다.

투사의 효과는 여러 가지가 있다. 먼저 자신의 억압된 욕구를 충족시키는 효과가 있다. 자신 내면의 공격성을 억압하고 타인에게 투사하는 경우, 자신의 공격성이 나기는 것을 방어하는 동시에 타인을 매개로 해서 간접적으로 공격적 욕구를 충족시킬 수 있다. 지민 씨는 정국 씨의 특정 행동에 대해 평소에 지나치게 예민하게 반응한다. 이는 어릴 때 내사로 인해 자신이 원하는 행동을 억압해왔는데, 정국 씨가 자신은 하지 못하고 억압했던 행동을 망설임 없이 하는 것을 볼 때마다 억압된 충동이 자극되기 때문이다. 평소에 불평불만 없이 묵묵히 일하는 태희 씨는 가능한 다른 사람에게 피해나 불편을 주지 않으려고 애쓴다. 그런데 동료 직원인 혜선 씨는 힘들 때마다 투정을 부리고 어려운 일에 대해 서슴없이 도와달라고 하는 행동을 하는데, 태희 씨는 그런 혜선 씨의 행동을 볼 때마다 거슬리고 자꾸 짜증이 올라온다. 이는 태희 씨 안에도 힘들다고 투정부리고 싶고 도와달라고 매달리고 싶은 욕구가 있음에도 억압해 왔고, 이러한 욕구가 혜선 씨에게 투사되었기 때문이다.

투사에 대한 개입은 내담자로 하여금 자신의 억압된 감정, 생각, 욕구 및 충동 등을 알아차리도록 안내하는 것이다. 즉 투사하고 있는 그것이 내담자 자신의 것임을 깨닫도록 한다. 이를 위해, 치료자가 내담자에게 자신이 지각하고 생각하는 반대 방향으로 말하거나 행동하도록 하는 실험을 구상해 볼 수 있다. "그 사람이 저를 미워하는 거예요."라고 말하는 대신에, "그 사람이 미워요."라고 말하게 해보는 것이다. 언어적인 표현을 통해 느껴지는 감각과 감정을 살피고 확인하면서, 진실이 무엇인지 접근해 갈 수 있다. 즉, 내담자는 이러한 표현을 통해 자신이 그 사람을 미워하고 있었음을 깨닫게 된다. 또는 "전 잘하는 게 하나도 없어요. 별 볼일 없는 사람이에요."라고 말하는 자기존중감이 낮은 내담자의 경우, 반대로 "전 성실하고 신뢰할 수 있는 사람이에요. 괜찮은 사람이에요."와 같이 긍정적인 진술을 하게 함으로써 스스로에게 자신에 대한 긍정적인 마음도 있음을 알아차리게 한다.

투사가 심한 사람들은 자기 경계가 경직되고, 다른 사람과 교류하고 접촉하는 빈도가 낮다. 또한 피해의식이 많아서 지나치게 예민하고 방어적인 태도를 보일 수 있다. 자신감이 없고 타인의 이목에 예민할 수 있다. 따라서 치료자는 내담자의 시각을 이해하고 지지하는 반응을 통해서 내담자와의 신뢰감을 먼저 형성한 후, 점진적으로 투사하고 있는 자신의 모습을 만나고 자신과 타인과의 접촉을 서서히 강화하는 것이 바람직하다. 투사를 심하게 하는 사람들은 불편한 욕구와 감정, 생각 등을 만날 자신이 없기 때문이다. 투사하고 있는 것을 성급하게 마주하게 한다면, 강한 저항에 부딪힐 것이다. 상담 과정에서 공감과 타당화, 지지를 통해 스스로의 힘을 키워 나감으로써 자신과 타인을 만나게 하도록 도와야 한다. 이에 치료자는 내담자에게 섬세하게 반응하면서, 지속적이고 안정되게 내담자의 시각을 이해하려 하고 공감적으로 이해하는 반응을 꾸준히 보이도록 한다.

3) 융합(confluence)

융합은 밀접한 관계에 있는 두 사람이 서로 간에 차이가 없다고 느끼도록 은연중에 합의하면서 발생하는 접촉경계혼란이다. 융합이 자주 발생하는 관계로는 엄마와 딸, 엄마와 아들과 같은 부모와 자녀 관계, 연인 관계, 친구 관계 등이 있다. 아무리 비슷한 점이 많은 사람들이라고 하더라도 모든 면에서 동일할 수는 없다. 그럼에도 서로 함께해야 하고, 의견이 같아야 하고, 느끼는 감정이 같아야 한다. 불일치를 용납하지 못한다. 이처럼 가까운 관계에 있는 두 사람이 서로 다르다는 차이를 인정하지 않고, 두 사람 간의 경계를 구분하지 않으면서 발생하는 접촉경계혼란을 말한다.

"네가 슬프면 나도 슬프다. 네가 좋으면 나도 좋다."와 같이 심리 내적으로 서로 독립하지 못하고 의존하는 관계에 빠져 있는 경우가 대표적이다. 이들은 '나는 혼자서는 살아갈 수 없어'와 같이 생각하면서, 파트너 없이 존재할 수 없다고 생각한다. 이들은 심리 내적으로 서로 독립하지 못하고 의존하는 관계에 빠져 있다. 두 사람 간에 서로 다투지 않기로 계약을 맺은 상태로서, 어떤 불일치나 그로 인한 갈등을 용납하지 않는다. 따라서 둘 간의 융합 관계를 깨뜨리려는 어떤 시도, 즉 다른 의견을 내거나 그로 인해 갈등이 생기는 것을 안전에 심각한 위협을 가하는 것으로 지각한다. 따라서 심한 공포감을 느끼고, 그러한 위협과 공포를 몰고 온 상대에 대한 분노감을 가질 수 있다. 갈등의 빌미를 제공한 쪽에서는 죄책감을 느끼게 된다. 의견의 불일치가 발생할 때, 이들은 융합 관계를 회복하려 하거나, 갈등을 회피하고 고립 속으로 도피하기도 한다.

융합의 문제는 '나'라는 자신의 경계를 갖지 못하기 때문에, 자신의 욕구를 제대로 전경으로 떠올려 해소하기 어려워 그 결과 미해결과제가 축적된다는 점이다. 따라서 삶의 욕구 충족에서 오는 만족감이나 설렘과 흥미를 제대로 느끼지 못하니 활기가 없다. 내 자신이 누구인지에 대한 정체성을 갖지 못한다. 이런 융합 관계에 있는 부모와 자녀 관계에서 자녀가 스스로의 욕구를 주장하고 자신만의 경계를 갖고 독립을 하려고 하면, 부모는 이에 대해 위협적으로 느끼며 불안하고 분노감을 느낀다. 자녀 또한 독립을 시도할 때 부모가 굉장히 서운하고 화를 낼 것을 알기 때문에 섣불리 실행에 옮기지 못한다.

오랫동안 어머니와 융합 관계에 있었던 서윤 씨는 상담 장면에서 그로 인한 갈등을 다루면서 다음과 같은 이야기를 했다. "전 언제나 엄마가 시키는 대로 해야 했어요. 엄마가 원하는 옷을 입고, 원하는 말과 행동을 했어요. 인형이나 다름없었어요. 물론 엄마는 나를 위해서 뭐든 해주셨고 저를 끔찍하게 사랑해주신 것은 알아요. 그래서 늘 엄마가 원하는 대로 곁에 있었고, 함께 했어요. 그런데 전 이제 어른이 되었고 남자친구도 사귀고 싶어요. 하지만, 엄마에게 제가 좋아하고 사귀고 싶은 사람에 대해 얘기하면, 엄청 서운해 하시면서 싫어하셨어요. 전 그런 엄마가 너무 불안했고, 결국 남자친구를 제대로 사귈 수가 없었어요. 그렇다고 언제까지나 엄마 곁에 있을 수는 없어요. 저도 좋은 남자친구를 사귀어 결혼도 하고 싶고, 독립하고 싶어요. 근데 제 마음을 얘기했다가는 엄마가 너무 화를 내실 거예요. 저 없이는 살지 못하실 거라, 두려워요."

너무 오랫동안 융합 관계에 있게 되면, 독립해 본 경험이 없기 때문에 융합으로부터 벗어나 독립된 삶을 사는 것에 대한 분리 공포를 느낀다. 인간은 태어나면서는 혼자 살기 어렵기 때문에 자연스럽게 양육자인 어머니와 융합 관계에 놓이게 된다. 이후 점차 혼자 일어서고 스스로 할 수 있는 힘과 능력이 생기면서, 어머니로부터 벗어나 독립하는 과정을 거친다. 그럴 때마다 자연스럽게 불안하고 여러 갈등을 겪으면서 이를 소화하고 해결하게 된다. 그런데 독립하는 경험을 하지 못하면, 어머니로부터 분리되는 것에 대한 공포감이 지나치게 커진다. 그러한 공포감은 개인의 다양한 측면에 영향을 미친다.

또 어릴 때 준비되지 않은 상태에서 버림받고 고립된 상태에 있었던 경험이 있는 경우, 융합 관계에서 타인에 의해 '삼켜지는 것'에 대한 공포를 느낀다. 융합 관계를 위협하는 것에 대한 처벌로 부모가 자신을 버리는 행동을 할지 모른다는 생각을 하게 되는 것이다. 융합되어 있다가 갑자기 마주한 고립 상태에서 굉장한 두려움과 공포를 느끼게 되는데, 이후 다른 관계들에 대해서도 이렇게 경험한 공포감으로 인해 제대로 된 진실한 관계를 경험하지 못한다. 가까이 다가갔을 때 자신이 삼켜질지 모른다는 공포감으로 쉽사리 다가가지 못하고 관계로부터 회피하고 도망가게 된다.

융합 관계를 형성하는 목적은 혼자 있게 되었을 때 느끼게 되는 공허감과 고독감을 피하기 위해서이다. 혼자서는 아무것도 할 수 없다는 공포감으로 융합 관계를 맺게 되는 것이다. 30대 초반의 남성인 성현 씨는 어릴 때부터 어머니와 가까운 융합 관계를 가져 왔다. 그러나 성인이 된 이후 직업을 갖고 여성을 만나 결혼해야 하는 과제가 주어지면서 여러 스트레스를 받기 시작하였다. 가장 핵심은 어머니로부터 벗어나 독립을 하는 것에 대한 두려움이었다. 그로 인해 공황

증상이 발생하였고, 공황으로 인해 어머니는 더욱더 성현 씨를 보살펴야 하는 상황에 놓이게 되었다.

치료적 개입은 융합 관계에 있는 두 사람 간에 경계가 있음을 인식시키고 그 선을 그어주는 작업이 필요하다. 이를 위해서는 치료자가 내담자로 하여금 자신의 욕구를 자각하고 자신의 행동에 책임지도록 안내해야 한다. 자신이 무엇을 원하고 느끼는지 즉 '나'라는 경계를 채워주는 자신에 대한 정보들을 알아차리도록 도와주고, 자신 스스로 선택하고 결정하고 행동하도록 안내하고 그 결과에 대해 책임을 지도록 안내한다. 또한 의존적이도록 하는 부족한 자신감 부분에 대해 우선 지지적인 개입을 통해 자신감을 키워준다.

융합 관계에 있는 두 사람은 서로가 다른 개체로서 자신만의 욕구와 관심을 갖는 것은 상대방에 대한 '배신'이 아니라, 자연스럽고 당연한 일이라는 것을 깨닫도록 도와준다. 우리 모두는 유일하고 독특한 존재인 것이다. 이를 위해 치료자는 내담자에게 "지금 당신의 몸에서 무엇이 느껴지나요?", "지금 무엇을 원하나요?"와 같이 신체 감각, 감정, 욕구 등을 묻고 알아차리도록 한다.

나아가 타인과의 차이를 명확히 느끼도록 안내한다. 역할 연기 기법을 사용해서 내담자에게 "당신은 그것을 원하시만, 저는 다른 것을 원합니다.", "당신은 그렇게 생각하지만, 저는 이렇게 생각합니다."와 같이 말하는 훈련을 한다. 즉 나와 너의 경계를 구분하는 연습을 반복하는 것이다.

치료적 작업 과정에서 내사된 부모의 메시지가 융합에서 벗어나는 작업을 방해할 수 있다. '나를 사랑해주는 사람을 배신해서는 안 돼', '나는 혼자서는 일어설 능력이 없어. 내게는 부모의 보호가 필요해'와 같은 내사된 생각이 독립을 위한 치료적 작업에 저항하도록 할 것이다. 따라서 치료자는 인내심을 가지고 독립에 대한 내담자의 두려움과 죄책감을 충분히 이해해 주는 동시에 내담자로 하여금 다시 재도전하도록 용기를 북돋워 주어야 한다.

4) 반전(retroflection)

내사, 투사, 융합은 내 자신의 것과 접촉하는 것을 두려워해서 발생한 접촉경계혼란이라면, 나머지 반전, 자의식, 편향은 환경과의 접촉이 어려워 발생한 접촉경계혼란이라 하겠다.

반전은 자신이 타인에게 하고 싶은 행동이나 타인이 자신에게 하기를 원하는 행동을 자기 자신에게 하는 것을 말한다. 타인에게 화를 내고 싶은데, 자신에게 화를 내는 것, 타인에게 위로 받고 싶을 때 스스로 자신을 위로하는 것이 반전에 해당한다. 타인에게 화내고 싶지만 그러지 못하고 스스로에게 분노를 표출하면서 급기야 자해나 자살까지 하기도 한다. 타인을 비난하고 싶지만 자신을 비난하여 죄책감을 느낀다. 다른 사람으로부터 선물 받고 싶지만, 그 받고 싶은 선물을 스스로에게 사주는 행위가 반전이다.

그 가운데 자기위안이나 자신에게 주는 선물은 어느 정도는 심리적으로 보상을 주는 건강한 기능을 한다. 반전을 자주 하는 사람들은 자신이 다른 사람에게 하기를 원하는 것, 자신이 다른 사람에게서 받기를 원하는 것이 무엇인지 깨닫지 못한다. 그래서 다른 사람에게 무엇인가를 바라거나 요구조차도 하지 못한다. 원한다고 표현한다고 해도, 받지 못할 거라는 생각을 하고 있다는 것조차 알지 못한다.

반전은 다른 접촉경계혼란 행동과 비교를 하면, 다음과 같이 정리할 수 있다. 내사를 하는 사람은 다른 사람이 기대하는 대로 행동하고, 투사는 타인이 자기에게 하고 있다고 생각되는 행동을 타인에게 한다. 병적인 융합 관계에 있는 사람은 누가 누구에게 무슨 행동을 하고 있는지 모르고, 반전하는 사람은 타인에게 하고 싶은 행동을 자신에게 한다.

내사를 하는 사람은 타인을 자신으로 잘못 지각하고 있고, 투사하는 사람은 자신의 감정과 행동을 타인의 것으로 잘못 지각한다. 융합 관계에 있는 사람은 나와 너를 구분하지 못하고 한 덩어리가 되어 있다고 지각하며, 반전하는 사람은 자신을 두 부분으로 분열하여 지각하고 자신과 행동을 주고받는다.

반전의 특징은 환경과 접촉하기보다 자신과 관계하는 현상이다. 자신의 일부와 접촉할 뿐, 자신의 억압된 측면이나 타인 및 환경과 관계하지 못한다. 반전을 심하게 하는 내담자들은 상담 장면에서 치료자에게 말하지 않고 자신에게 말하듯 한다. 치료자와 시선을 마주치거나, 치료자의 말에 다른 생각을 떠올리거나 회피하면서 치료자와 접촉하지 않는다. 내담자는 분명 말은 하지만 상대방 즉 치료자가 이를 어떻게 받아들이는지 확인하지 않는다.

반전은 왜 발생하는가? 과거 성장 환경에서 부모가 지나치게 엄격하여 자녀들의 욕구나 감정을 잘 수용하지 않았거나, 반대로 부모가 너무 병약하거나 어려운 처지에 있어서 부모에게 그 무엇도 요구하거나 투정부리기 어려웠던 경우에도 반전이 자주 일어난다. 부모에게 어떤 요구도 할 수 없을 때, 자신의 감정이나 욕구를 포기하고 억제하면서 반전이 발생한다. 어릴 적 울어도 잘 안아주지 않는 부모를 둔 경우, 스스로 돌보는 것을 학습하듯이 말이다.

반전은 그러한 부모나 주변 환경의 태도를 자신의 인격 속으로 내사하여 반응하며 일어나는 현상이다. 내사로 인해 내면세계가 두 부분으로 분열되는데, 한쪽은 타인 즉 행위자의 역할을 하고 다른 쪽은 피행위자가 된다. 그렇게 내가 내 자신에게 해주는 것이다. 이는 개인 자신의 욕구를 어느 정도는 충족시키는 방안은 되지만, 실제 환경과의 접촉을 하지 않음으로써 어려움이 발생할 수 있다.

반전의 경우, 밖으로 나가려는 에너지와 이를 억제하고 통제하려는 에너지가 대치함으로써 팽팽한 내적 긴장 상태에 있거나, 신체적 긴장과 통증이 나타날 수 있다. 만성두통, 고혈압, 소화기장애, 호흡기장애 등의 질병으로 발전할 수 있다. 죄책감을 자주 느끼는 것도 상대방과 환경으로 향했어야 하는 분노가 자신에게로 반전되면서 스스로 죄책감을 느끼는 것으로 볼 수 있다.

일단 반전 자체는 어느 정도는 적응적이다. 환경으로부터 얻기를 원하는 것을 채우지 못한 채 그대로 두기보다, 자기 스스로 해줌으로써 어느 정도 욕구를 충족시키는 역할을 하기 때문이다. 그러나 타인이나 환경에게 요구할 수 있고 환경으로부터 원하는 것을 얻을 수 있음에도 불구하고, 환경과 전혀 접촉을 위한 시도를 하지 않은 채 반전만을 지나치게 반복할 때는 문제가 된다. 즉 반전이 만성화될 때는 병리적이다. 친구나 가족, 연인에게 자신의 욕구나 감정을 표현하지 못한 채 환경과 진정으로 만나는 경험을 하지 못하고, 접촉과 관계를 형성하지 못하게 된다.

치료자는 자신에게 향하거나 억압했던 에너지를 자기 밖에 있는 외부의 적합한 대상을 찾아서 건강하고 건설적인 방식으로 표현하도록 돕는다. 이때 우선

밖으로 표출하지 못하고 자신에게로 돌리는 내적 갈등을 알아차리도록 하고, 억압된 욕구나 충동을 알아차리고 통합하면서 단계적으로 외부로 에너지를 돌리도록 돕는다.

반전을 지나치게 하는 내담자에게 자신의 내적 충동을 역할 연기와 빈 의자 기법 등을 통해 욕구의 방향을 자기 영역 밖으로 제대로 찾아서 표현하고 표출하도록 개입하는 것이 효과적이다. 자신에게 해왔던 이야기를 다른 대상에게 직접 말해보도록 하거나, 타인이 빈 의자에 있다고 가정하고 자신이 원하는 것을 직접 말하도록 안내한다. 핵심은 목소리를 통해 에너지를 밖의 대상에게 표출하도록 하는 것이다. 이 과정에서 목소리를 제대로 내지 못하고 있다면, 내담자로 하여금 에너지와 함께 목소리를 내지 못하고 있는 자신의 현재 상태를 알아차리도록 돕는다. 또한 빈 의자에 앉아 있는 대상을 향해 억압해온 행동을 실행하도록 한다. 이때 방석, 베개나 쿠션을 사용해서 억눌렀던 내적인 분노를 행동으로 표출하도록 하는 것이 효과적이다.

남자친구와의 갈등을 미처 표현하지 못하고 있는 미소 씨에게 빈 의자에 남자친구가 있다고 가정하고 표현하도록 한다. 여러 차례 시도하면서 목소리를 내지 못하고 목 메인 소리로 말하고 있음에 주목한다. 치료자는 내담자에게 현재 자신의 목소리가 어떠한지, 어떤 행동을 하고 있는지 알아차리도록 한다. 미소 씨는 남자친구로 인해 답답하고 숨 막히고 죽을 것 같다며 호소한다. 치료자는 이를 직접 빈 의자를 향해 소리 내어 표현하도록 함으로써, 억압된 분노를 표현하도록 한다. 남자친구에게 미처 하지 못했던 말을 표현하고 화를 표현하고 나니, 감정이 밖으로 발산되면서 미소 씨는 목소리가 편안해지는 것을 느낀다. 에너지를 밖으로 발산하니 눌러져 있던 목 메이던 목소리가 정상으로 회복된 것이다.

5) 자의식(egotism)

자신에 대해 지나치게 의식하고 관찰하는 현상이 자의식이다. 자의식이 심한 사람은 항상 관찰자 위치에서 자신 스스로를 지나치게 관찰하고, 자신의 행동을 계속 감시하고 통제하려 한다. 자신을 관찰자 시점에서 바라보는 것이다. "내가 어떻게 보일까?", "상대방은 나를 어떻게 생각할까?", "내가 긴장하고 불안해하고 있다." 등 자신에 대해 계속 의식함으로써, 상대와 함께 있어도 함께 있지 못한다. 자의식은 자신을 감시하는데 너무 많은 에너지가 메이게 되면서 여러 가지 문제가 발생한다. 처한 상황에서 주어진 주변 환경에 대한 정보를 제대로 처리하지 못하고, 대화 중에 상대방의 말을 처리하는 데 에너지를 적절히 쓰지 못하면서 적절히 반응하지 못한다. 자신이 처한 상황이나 환경을 보지 못하고 함께 있는 다른 사람을 보지 못한다. 어떤 상황에서도 그 상황에 빠지지 못하고 떨어져 나와 있다. 즉 환경과 접촉하지 못하여 자신이 한 일이나 성취에 대해서도 만족을 느끼지 못하고, 늘 무엇인가 잘못될까 걱정하고 긴장한 상태에 있다.

자의식이 발생하는 원인을 살펴보면, 자기애적 욕구를 의식하지만 이를 환경과의 접촉을 통해 충족시키지 않고 제지하면서 갈등 상황에 빠지는 현상이라 볼 수 있다. 억누르지만 그 욕구는 그대로 있는 것이다. 다른 사람에게 관심받고 싶고 사랑받고 싶은 욕구, 칭찬과 인정을 받고 싶은 욕구는 있지만, 이를 표현하거나 충족하려 시도했다가 거부당할까 봐 두려워 누르고 있다. 자신의 욕구와 감정을 알아차리지만, 그 행동을 했을 때 일어날 수 있는 결과를 확신하지 못해서 행동을 억세하고 엉거주춤해 있는 의식 상태이다.

자의식은 자신 스스로 하는 검열을 타인이 자신에게 하는 거라고 투사한 것으로 볼 수 있다. 자신이 자신을 대하듯이 타인이 자신을 볼 것이라고 착각한다. 자의식이 심한 사람은 마치 다른 사람이 자신을 관찰하고 비판적인 태도로 보고 있는 것처럼 의식하며, 이에 방어하기 위해 자신을 검열하고 통제한다. 또한 밖으로 향해야 하는 주의나 에너지가 자신에게로 향하는 반전의 일종이다.

자의식은 결국 자신의 욕구를 밖으로 표현하지 못하고 누르는 것이므로, 치료적 개입은 자신의 욕구를 밖으로 표현하도록 돕는 것이다. 자신의 욕구와 감정, 흥미와 관심 등을 알아차리게 하여, 말이나 행동으로 표현하도록 한다. 또한, 자의식은 환경을 보지 못하는 것이므로, 에너지의 방향을 밖으로 돌리는 것이 매우 치료적으로 효과가 있다. 한마디로 주의를 계속해서 밖으로 돌리는 것이다. 상대방과 주변 사람들, 환경에 주의를 돌리고 자각하는 기회를 갖는다. 핵심은 자신에게 매여 있는 주의를 자유롭게 하여 외부 환경이나 주변의 상황이나 일로 돌리게 돕는 것이다. 나에게 매어 있는 에너지를 놓아버림으로써 상대방에 대한 나의 반응을 검열하지 않고 밖으로 표현하는 것이다. 검열하는 동안에 이미 적절한 반응의 순간은 지나가 버리는 것이므로, 자신의 생각과 감정 반응을 즉각적으로 표현하도록 돕는 것이 도움이 된다. 이 과정에서 주의를 자신에게 붙들게 만드는 두려움을 알아차리고, 두려워하는 것이 무엇인지 그것을 꺼내어 다루는 작업이 필요하다.

6) 편향(deflection)

편향은 외부 환경과의 접촉을 피하기 위해 자신의 감각을 둔감화 하는 현상을 말한다. 둔감화를 통해 알아차림을 흐리게 만들고, 외부로 향해야 할 에너지를 철회함으로써 접촉을 피한다. 환경과의 접촉을 약하게 하는 것이다. 환경에 대한 접촉으로 인해 자신이 감당하기 어려운 것에 마주하게 할까 봐, 대처하기 어려운 상태에 놓일까 봐 두렵다. 자신이 감당하기 힘든 심리적 결과를 초래할 거라고 예상할 때, 이 경험에 압도당하지 않기 위해 환경과의 접촉을 피해버리거나 자신의 감각을 둔감하게 함으로써 환경과의 접촉을 약화시킨다.

상담 장면에서도 편향을 어렵지 않게 만날 수 있다. 내담자는 상담자와의 접촉을 피하는 다양한 행동을 보인다. 상담을 하면서 상담자를 잘 쳐다보지 않거나, 무슨 말을 할 때 자꾸 웃어버리는 등의 행동을 하기도 한다. 웃음을 통해 내담자 내면의 진정으로 느끼고 있는 슬픔이나 두려움과 같은 감정, 생각이나 갈등 등을 덮어버린다. 또는 말을 장황하게 하거나 구체적으로 말하지 않고 추상적으로 얘기해서 무슨 말을 하는지 잘 알 수 없게 한다. 이는 상대방 즉 상담자가 내담자 자신의 이야기에 어떻게 느끼고 생각하는지 들을 기회를 갖지 못하게 한다. 상담자가 자신의 얘기에 비판적으로 생각할까 봐, 공감하지 못할까 봐 두려워, 이야기할 기회를 막아버리기는 것이다. 이러한 행동은 치료자가 내담자를 만나는 것을 방해하는 쪽으로 작용하여 접촉을 어렵게 한다.

편향의 원인은 다양하다. 우선 성장 과정에서 겪은 욕구의 좌절 경험을 통해, 자기 욕구를 포기하는 것을 학습하여 나타나기도 한다. 자신이 원하는 것이 있어봤자 좌절되는 경험을 반복하게 되면, 그 경험이 고통스럽기 때문에 아예 자신의 욕구를 포기하는 태도를 갖게 된다.

과거에 고통스런 충격적인 경험을 하게 되면, 이러한 경험들과의 접촉을 차단하기 위해 편향의 방식을 사용하기도 한다. 예를 들어, 부모가 심하게 부부싸움을 한다든지, 성폭행을 경험했다든지, 양육과정에서 애정결핍과 거부 등을 자주 경험하게 되면, 그 상처가 다시 올라오는 것이 두렵고, 상처를 다시 받을까봐 두려워서, 불편한 경험을 마주하기 두려워 알아차림과 접촉을 둔감화시켜 버리는 것이다. 즉 이러한 경험에 대한 알아차림을 흐리게 하는 수단으로서 지각이나 감각을 둔감화하거나, 밖으로 향하는 흥분 에너지 자체를 차단한다. 특히 전문지식을 사용하는 학자 등의 지식인들에게서 편향의 현상이 자주 나타난다. 이들은 자신의 내적 욕구와 감정 등을 만나고 다루는 것이 불편하기 때문에 접촉을 차단한다. 편향은 흥분에너지 자체를 차단하거나 둔감화시킴으로써 알아차림과 접촉 자체를 어렵게 만든다. 흥분에너지가 알아차림과 접촉을 가능하게 하는데, 이것이 차단되면서 결과적으로 권태, 허무, 공허감, 우울감, 무력감 등을 경험하기도 한다.

환빈 씨는 부모의 직업으로 인해 어릴 때부터 다국에서 여러 차례 이사를 다녀야 했다. 성장기 아이에게는 이사와 전학 자체가 굉장히 큰 어려움과 심리적 고통을 안겨주는 충격으로 작용한다. 이에 환빈 씨는 감정을 둔화시키고 책을 읽는데 빠졌다. 그렇게 자신의 욕구와 감정에 대해 둔감하면서, 성인이 된 이후에도 자신이 무엇을 원하고 느끼는지는 물론 상대방의 욕구와 감정에 대해서도 잘 공감하지 못하게 되었다.

치료적 개입은 다양한 방법으로 알아차림과 접촉을 촉진하는 것이다. 말을 장황하게 하는 내담자에게 "잠시만요. 간결하게 얘기해보세요."와 같이 하려는 얘기를 간결한 문장으로 말하도록 안내한다. 추상적으로 이야기하는 경우, "지금 무엇이 느껴지나요?"와 같이 지금 이순간의 신체 감각과 감정 등을 알아차리도록 하거나, 구체적인 예나 상황을 들어서 이야기하도록 안내한다.

너무 빨리 얘기하여 접촉을 어렵게 하는 내담자에게는 천천히 말하도록 함으로써, 지금 이순간의 자신의 욕구와 타인의 욕구에 주목하게 한다. 또한 이야기하고 나서 상대방의 반응을 기다리도록 하는 것이 효과적이다. "잠시만요. 제가 어떻게 반응하는지 기다려주세요." 환경에 대해서 좀 더 분명하게 접촉하면서 이야기할 수 있도록 "당신은", "**님은", "나는"이라고 주체를 분명하게 얘기하도록 한다.

자꾸 웃으면서 접촉을 피하는 내담자에게는 "웃음을 멈춰보세요. 웃음을 멈추고 그 이야기를 다시 해 보세요."라고 요청할 수 있다. 은수 씨는 평소에 잘 웃을 뿐 아니라, 상담하는 동안 대부분의 이야기를 웃으면서 했다. 은수 씨는 웃음을 멈추고 말해보라는 상담자의 요청에 갑자기 눈물을 흘리기 시작했다. 오랫동안 자신이 회피해 왔던 내면의 욕구와 감정을 만나게 되었기 때문이다.

6 알아차림

건강한 인간은 자신의 욕구를 알아차리고 게슈탈트를 형성하여 환경과의 접촉을 통해 게슈탈트를 해소하며 살아간다. 결국 인간은 매 순간 다양한 욕구를 알아차림과 접촉을 통해 충족시키며 살아가는데, 알아차림이나 접촉이 결여되어 있을 때 심리적인 어려움이 발생한다. 모든 심리장애는 궁극적으로 알아차림과 접촉 중에 하나 이상이 결여된 상태이다. 따라서 심리치료란 알아차림과 접촉이 제 기능을 하지 못해서 심리적 고통을 겪고 있는 내담자로 하여금 알아차림과 접촉을 회복시켜 건강하게 살아갈 수 있도록 돕는 것이다. 이러한 측면에서 모든 게슈탈트 치료 기법들은 알아차림과 접촉을 증진시키는 방법이라고 볼 수 있다.

1) 알아차림이란

게슈탈트 치료는 특히 알아차림을 강조한다. 상원 씨는 상담 중에 계속해서 자신의 이야기를 하지만, 정작 상담자가 지금 마음이 어떤지, 무엇을 느끼고 있는지 등 경험하고 있는 것을 물으면 잘 모르겠다며 답답하다고만 호소하고 있었다. 그때 상담자가 이야기를 하는 동안 상원 씨가 화가 나 있는 것을 인식하고 "화가 나 있네요."라고 피드백을 하니, "제가 화가 나 있다고요?"라고 반문하며 당황해했다. 그러나 이내 곧 "아. 화가 났네요."라고 수긍하고, 몇 십분 동안 열내면서 얘기했던 것이 모두 화가 난 것임을 깨닫게 되면서 어느 정도 화가 해소되는 경험을 하였다.

Perls는 "알아차림 그 자체가 바로 치료적일 수 있다."라고 했다. 알아차림 자체만으로도 어느 정도 치료적 효과를 얻을 수 있다는 것이다. 상원 씨는 마음에 걸렸던 사건을 장황하게 이야기하다가, 상담자가 화가 나 있음을 알아차리도록 하자 더 이상 이야기할 필요가 없어진 듯 말을 멈추었다. 자신의 감정을 알아차리고 접촉하는 일이 일어난 것이다.

알아차림(awareness)은 주어진 상황에서 자신에게 일어나는 중요한 내적인 사건과 외적인 사건을 지각하고 체험하는 것을 말한다. 자신의 삶에서 현재 일어나고 있는 현상들을 있는 그대로 자각하고 체험하는 행위이다. 모든 심리치료의 시작은 알아차림에서 출발한다. 지금 여기에서 내담자의 내면과 주변 환경에서 무엇이 일어나고 있는지 알아차리는 데에서 상담을 시작한다. 내담자가 느끼고 있는 것이 무엇인지, 무엇이 신경쓰이는지, 어떤 주세가 걱정되는지, 무엇을 하고 싶은지 알아차리고 그것을 이야기 꺼내면서 상담이 시작되는 것이다.

이러한 알아차림은 여행과 같다. 지금 이 순간에 무엇이 나타날지, 어떠한 체험을 할지 미리 알 수 없기 때문이다. 매 순간 우리에게는 수많은 자극들과 정보들이 놓여 있지만, 그것들 가운데 무엇을 알아차릴 지는 정해져 있지 않다. 그렇기 때문에 알아차림은 어디로 갈지 무엇을 체험할지 미리 알 수 없는 여행과 같다. 예를 들어, 어느 순간 가슴이 답답하다는 것을 알아차렸다고 하자. 그 순간 아까 친구가 했던 말이 떠올랐다. 떠오른 것을 알아차리고, 친구가 했던 말에 대해 기분이 나빴었다는 것을 알아차린다. 또한 그 말에 아무런 대응도 하지 못했던 것을 속상해하고 있음을 알아차린다. 이렇게 알아차림은 매 순간 계속 변화하고 우리로 하여금 어디로 데려갈지 모른다. 가슴이 답답하다는 알아차림에서 친구의 말에 아무런 대응도 못해서 속상하고 화가 났음을 알아차리는 데까지 가게 된다.

따라서 지금 여기에서의 알아차림을 가장 중요한 치료적 도구로 사용하여 상담을 진행하는 체험적 심리치료 접근은 무엇을 다룰지 정해 놓고 하는 것이 아니라, 지금 여기의 현상을 그대로 따라가는 것이다. 자신의 신체 감각, 욕구, 감정, 생각, 행동 뿐 아니라 주변 환경이나 상황을 포함한 모든 내적, 외적 사건들을 발견하고 체험한다. 발견하고 체험한다는 측면에서 알아차림은 내용(content)이며 과정(process)이다. 이러한 알아차림을 하지 못한다면 게슈탈트를 분명하게 형성하지 못할 뿐 아니라, 환경과의 접촉 또한 불가능해진다. 알아차림은 인간이라면 누구나 태어날 때부터 알아차릴 수 있는 능력을 갖고 태어나며, 환경에 적응하고 성장해가기 위해서 필요한 생존 도구인 것이다.

알아차림은 무엇을 분석하거나 분류하는 것이 아니라, 그냥 체험하는 것이다. "저는 자주 화가 올라오는 것을 느껴요. 엄마는 늘 저를 지나치게 간섭하고 과잉보호하셨어요. 저는 늘 엄마의 울타리에서 벗어나고 싶었어요. 하지만 저 또한 엄마를 사랑하고 엄마가 저를 사랑하는데 제가 엄마에게 화를 느끼면 안되지 않나 싶은 생각이 들어요. 죄책감이 느껴져요." 엄마에 대해 분노감을 느끼는 "감정 알아차림"이 일어났다. 처음엔 그 분노가 느껴지는 것을 알아차리며 따라갔더니, 결국 죄책감을 느끼고 있음을 알게 된다.

영지 씨는 아버지에 대해 불편한 마음을 알아차리면서 이야기를 해나갔다. "아빠는 늘 저를 어린아이처럼 생각하고 하나하나 다 가르쳐주셨어요. 아빠의 과잉보호 때문인지 저는 혼자서 무엇을 하고자 하는 자립심이 부족하고 할 수 있다는 자신감도 없었어요. 근데 선생님께 얘기를 하다 보니 저도 혼자 독립하고 자립하고 싶다는 것을 알게 되었어요. 어쩌면 할 수 있지 않을까 하는 제 안에 힘이 있다는 것도 알게 되었어요." 영지 씨 안에 힘이 있음을 깨닫게 되는 "내적인 힘 알아차림"이 일어난 것이다.

2) 알아차림과 치료

건강한 개인은 깨어 있는 상태로 환경과 상호작용하면서 매 순간 자신에게 가장 중요한 욕구와 감정을 알아차려 분명한 게슈탈트를 형성할 수 있다. 알아차림이 차단되면, 게슈탈트 형성이 불가능해지고 행동은 목표와 방향감각을 상실한다. 이에 해소되지 못한 욕구와 감정은 미해결과제로 남는다. 미해결과제는 완결을 요구하며 강박적으로 떠오르고 나타난다. 그럼으로써 우리를 힘들게 하고 방해할 것이다.

모든 정신병리 현상은 알아차림의 결여로 발생하므로, 치료는 알아차림을 회복시켜 주는 것이다. 게슈탈트 치료에서 알아차림을 회복하는 것은 원인과 결과를 찾아내어 분석하고 통찰하는 작업이 아니다. 그냥 지금 여기에서 일어나고 있는 것들을 자각하고 체험하는 것을 말한다. 보통 "왜 그랬는가?", "왜 그렇게 행동했는가?", "왜 그런 일이 일어났는가?"와 같은 "왜"에 초점을 두지만, 게슈탈트 치료에서는 현재 나타나고 있는 현상, '무엇(what)'과 그것들의 나타나는 방식인 '어떻게(how)'에 초점을 둔다. 드러나는 증상의 배후에 있는 원인을 찾아내려는 태도, '왜(why)'가 아니다. 원인 즉 '왜'에 빠지다보면 생각에 빠지게 된다. 주의가 생각에 빠지면 현재 일어나고 있는 것에 융통적으로 주의를 주지 못한다. 따라서 치료자는 지금 여기에서 일어나고 있는 현상과 그것이 이루어지고 있는 방식에 초점을 둔다.

현재 나타나고 있는 문제의 원인이 과거의 어떤 사건을 보지 않아서가 아니라, 현재 느끼는 욕구나 감정을 알아차리지 않고 차단하기 때문이다. 또한 도움이 되지 않는 부적응적인 행동 패턴을 지금 여기에서 무의식적으로 반복하기 때문이다. 게슈탈트 치료에서는 지금 이 순간에 일어나는 일이 가장 중요하고, 현상은 문제를 해결할 수 있는 방향으로 움직이기 때문에 현재와 진행되는 방식에 초점을 두는 것이다.

치료적인 알아차림 작업은 크게 두 가지 측면에서 이루어진다. 첫째, 미해결과제를 알아차림으로써 분명한 게슈탈트를 형성하여 완결하는 것이다. 그 결과 미해결과제에 매여 있는 에너지를 자유롭게 한다. 둘째, 현재 상황에서 매 순간 새롭게 일어나는 욕구나 감정을 알아차려 게슈탈트를 형성하는 것이다. 매 순간 새롭게 일어나고 있는 게슈탈트를 알아차려서 현명하게 완결해 가는 것이다.

알아차림은 단순히 문제를 인식하는 것이 아니다. 많은 내담자들이 묻는다. "알아서 뭐해요?" 맞다. 아는 게 전부가 아니다. 문제를 인식하는 것에서 나아가 문제에 머물러야 한다. 그 프로세스를 체험하고 완결해야 한다. 기존의 심리치료들은 그것을 놓쳤다. 미해결과제를 자각하여 전경으로 떠올리고 거기에 집중하여 미해결과제가 완결될 때까지 거기에 '머무르는(staying with)' 과정을 포함해야 한다.

예를 들어, 이성과의 깊은 관계를 회피하는 행동이 과거 경험과 관련이 있는 경우를 생각해 보자. 이성부모에 대한 분노와 적개심이 있을 수도 있고, 이성 남매에 대한 원망감이나 질투심이 영향을 미쳤을 수도 있다. 이러한 감정을 알아차리고, 그것을 게슈탈트로 떠올려 그것에 머무르면서 충분히 경험을 해야 미해결과제로서의 감정이 완결되고 비로소 떠나보낼 수 있게 된다. 상처가 되었던 과거 경험으로부터 그리고 그 불편한 감정으로부터 자유로워질 수 있다.

어릴 적에 지병으로 세상을 떠난 어머니에 대한 슬픔을 제대로 처리하지 않는다면, 미해결과제는 슬픔이라는 감정을 알아차리고 집중하면서 완결될 때까지 계속 머무르도록 안내한다. 그저 내게 슬픔이 있다는 것을 인식만 하는 것이 아니라, 그 슬픔을 마주하면서 머무르다보면 가슴에 고통이 느껴지고 깊숙한 곳에서 눈물이 차오르는 것을 느낀다. 꺼이꺼이 울다 보면, 슬픔과 함께 혼자 남겨진 것에 대한 외로움과 두려움을 느낀다. 그러고 나면 자신만 남겨놓고 가버린 어머니에 대한 화가 치밀어 올라오곤 한다. 왜 자신만 두고 갔냐고 화를 표현하고 못 다한 말을 하고 나서야 완결될 수 있다. 이와 같이 미해결과제를 알아차리고 머무르며 접촉하는 과정이 필요한 것이다.

미해결과제에 대한 알아차림은 내담자에게 많은 고통을 준다. 그것을 알아차리고 머무르는 것이 고통스럽기 때문에 그동안 외면하고 회피하면서 미해결과제로 계속 남겨둔 것이다. 그러나 회피는 미해결과제의 상태로 계속 남게 하기 때문에 결코 심리적 및 신체적 건강에 궁극적으로 도움이 되지 않는다. 그것을 마주하고 완결을 통해 떠나보낼 때 건강한 상태를 회복할 수 있다.

3) 알아차림의 종류

알아차림은 알아차리는 대상이 무엇이냐에 따라 크게 현상 알아차림과 행위 알아차림으로 구분할 수 있다. 현상 알아차림은 개인의 내부 또는 외부에서 일어나는 현상을 알아차리는 것으로, 신체 감각, 욕구, 감정, 생각, 이미지, 상황, 환경 등이 해당된다. 즉 지금 이 순간 일어나고 있는 것들에 대한 알아차림이다. 반면, 행위 알아차림은 자신의 행위방식을 알아차리는 것으로, 특정 사고패턴, 행동패턴, 접촉경계혼란 행동이 해당된다. 전자가 '무엇(what)'에 대한 알아차림이라면, 후자는 '어떻게(how)'에 대한 알아차림이다.

(1) 현상 알아차림

① 신체 감각

체험적 심리치료에서 흔히 알아차리는 것을 안내할 때, 지금 이 순간 신체에서 느껴지는 것들을 자각하도록 안내한다. 그런데 왜 신체 감각을 알아차리는 것이 중요할까? 신체 감각을 알아차리는 이유는 우리의 욕구와 감정을 알아차리게 도와주기 때문이다. 게슈탈트가 무엇인지 알아차리기 위해서는 욕구와 감정을 알아야 한다. 그러나 욕구와 감정을 바로 알아차리기는 쉽지 않은 경우들도 있다. 이때 모든 감정은 독특한 신체 감각을 동반하기 때문에 신체 감각을 먼저 알아차림으로써 감정을 알아치리도록 돕는 것이다. 또한 욕구는 감정을 유발하기 때문에 감정을 통해 욕구를 알 수 있게 된다. 욕구가 없으면 감정이 느껴지지 않고, 감정을 느끼고 있다는 것은 반드시 욕구가 있기 때문이다.

신체 감각은 무시하기가 쉽지 않다. '목이 텁텁하다', '에어컨 바람에 피부가 싸늘하다', '호흡이 가쁘다', '땀이 난다' 등의 신체 감각을 알아차림으로써, 배고파서 먹고 싶은 욕구나 쉬고 싶은 욕구, 그리고 슬픔, 기쁨, 분노, 불안 등의 감정을 알아차릴 수 있다. 이러한 신체 감각은 비교적 쉽게 자각이 되는 부분이다. 즉 욕구나 감정은 쉽게 차단하거나 회피할 수 있지만, 신체 감각은 그렇지 않다. 예를 들어, 감정을 물으니 '편안하다'고 대답하지만, 어깨가 눌려 있는 긴장된 신체자세로 있는 경우가 있다. "신체 감각을 알아차려 보세요."라고 하니, "어깨가 뻐근해요. 힘이 들어가 있네요.", "아, 긴장하고 있나 봐요. 선생님 앞에서 제 얘기를 하는 것이 불편한가 봐요."라고 자신의 감정을 알아차릴 수 있다.

어머니에 대해 담담하게 이야기하지만, 목소리가 떨리는 것을 발견한 상담자는 내담자에게 "목소리가 떨리는 것 같네요."라고 물으니 잠시 당황하던 내담자는 눈물을 흘리며 운다. 슬픔을 깨달은 것이다. 애써 누르려 했던 감정이 목소리라는 신체 감각을 통해 자각이 되면서 슬픔을 마주하고 느끼게 되는 것이다.

이처럼 신체 감각을 자각하는 것은 욕구나 감정을 알아차리도록 도울 뿐 아니라, 지금 현재에서 일어나고 있는 체험을 보다 촉진시킨다. 체험은 신체 감각에서의 변화를 유발하기 때문에, 내담자로 하여금 자신의 몸에서 느껴지는 신체 감각을 알아차리도록 할 때 피상적이고 지적인 지각에서 끝나지 않고 현재에 일어나고 있는 현상을 제대로 체험할 수 있게 되는 것이다. 산책을 할 때도, 친구를 만날 때도, 노래를 부를 때도, 운동을 할 때도, 슬픔이나 분노를 느끼고 표현할 때도 지금 이 순간 몸에서 일어나는 신체 감각을 알아차리면서 한다면 단순한 경험이 아니라 현재에 일어나는 현상을 제대로 체험할 수 있다.

② 욕구

모든 인간은 욕구를 충족시키며 살아간다. 욕구는 인간 활동의 가장 근원이고 필수불가결한 요소이다. 즉 우리는 욕구를 충족시키기 위해 행동한다. 따라서 욕구는 행동의 방향성을 결정한다. 욕구를 알지 못한다면, 행동의 목표와 방향을 잃고 혼돈에 빠질 것이다. 그러나 많은 사람들이 자신이 무엇을 원하는지 욕구를 모른 채 고통스러워하고 힘들다고 호소한다. 따라서 상담자는 내담자로 하여금 욕구를 알아차리도록 도와야 한다.

여러분은 방황할 때 왜 힘들었는가? 내가 어디에 있는지, 어디로 가야할지, 내가 원하는 것이 무엇인지 몰라서 힘들었을 것이다. 치료자는 구체적인 욕구에 초점을 맞춘다. 지금-여기의 욕구에 초점을 맞추도록 한다. "당신이 지금-여기에서 원하는 것이 무엇인가요?"라는 치료자의 질문에, "지금 화내고 싶어요."라고 답할 수 있다.

어떤 사람들은 자신의 욕구대로 사는 것을 나쁜 것이라고 간주하는 경우도 있다. 이는 내사가 영향을 주는 경우가 많다. 어렸을 때 부모나 주변의 중요한 어른이 "너는 이기적이야. 어떻게 너는 너 하고 싶은 대로만 해."와 같이 욕구 충족에 대한 부정적인 입장을 반복해서 얘기했다면, 이를 받아들이는 과정에서 욕구에 대한 부정적인 선입견을 형성할 수 있다. 자신의 욕구를 느끼는 것과 욕구를 표현하거나 충족시키는 것에 대해 죄책감을 가질 수 있다.

욕구를 알아차리는 작업을 하는 과정에서 선미 씨는 심한 저항을 보였다. 욕구를 부인하고 억압해왔던 선미 씨는 어렸을 때부터 어머니의 심한 간섭과 개입을 받아왔다. 그럴 때마다 너무나 화가 나고 답답했고 고통스러웠다고 한다. 선미 씨는 자신의 고통이 어머니의 욕심에서 왔다고 단정지었고 욕구가 있는 것을 죄악이라고 치부해버렸다. 선미 씨는 자신 안에 있는 욕구 또한 죄악의 시작이라고 생각하여 억압하기 시작했다. 치료자는 선미 씨가 왜 욕구에 대해 그토록 불편해하고 자각하지를 못하는지 함께 이해하는 시간을 가지면서, 선미 씨로 하여금 욕구를 욕구로서 바라볼 수 있도록 안내했다.

욕구를 알아차리도록 돕기 위한 방법으로, 다음의 문장을 완성하는 실험을 할 수 있다. "나는 지금 ~ 하고 싶다."라는 문장 표현으로 말을 하도록 안내하는데, 이때 치료자는 "나는 사랑받고 싶어요."와 같은 막연하고 추상적인 표현은 삼가고, "나는 엄마에게 잘했다고 칭찬을 듣고 싶어요."와 같이 보다 구체적으로 답하도록 안내한다. 욕구를 알아차리도록 돕는 개입은 계속 이루어져야 한다. 그 상황에서 무엇을 원했는지, 어떤 욕구가 좌절되어 고통스러웠는지 욕구에 초점을 맞춘다. 치료자는 가능한 구체적인 욕구를 탐색할 수 있도록 질문해야 한다. "남편은 저를 신경 쓰지 않아요."라고 얘기한다면, 구체적인 질문을 통해 "남편이 새해 첫 날에 저에게 묻지도 않고 친구들과 해돋이 여행을 계획했어요. 그럴 때 제게 미리 물어보고 가도 되는지 허락을 구했으면 좋겠어요."라고 답할 수 있다. "아내가 이해심이 좀 있었으면 좋겠어요."라고 말할 때, 질문을 통해 "내 고민을 얘기하면 충고하기 보다는 그냥 들어주었으면 좋겠어요."와 같이 구체적인 욕구를 말할 수 있다.

③ 감정

감정은 자극이 자신의 욕구와 관련된다고 주관적으로 생각될 때 체험된다. 자극이나 상황이 자신의 욕구에 긍정적으로 기여한다고 생각할 때 유쾌한 감정을, 부정적으로 기여한다고 지각할 때 슬픔, 불안, 분노 등의 불쾌한 감정을 느낀다.

감정은 독특한 행동을 유발하고, 우리의 행동은 감정에 우선적으로 반응함으로써 직접적인 영향을 받는다.

감정을 알아차리는 것이 중요한 이유는 첫째, 체험의 과정을 실현하는 것이기 때문이다. 우리에게 의미가 있는 경험은 모두 감정을 포함한다. 의미가 있다는 것은 개인이 관심을 갖거나 바라는 것이 있다는 것이고, 어떤 경험이 그것과 관련될 때 감정을 느끼게 되기 때문이다. 의미가 있는 경험은 감정이 수반되므로, 체험은 우리의 경험을 감정적으로 자각하고 느끼는 것이라 할 수 있다. 예를 들어, 산책로를 걷고 있을 때, 감정이 느껴지는 순간 푸르른 나무들 사이를 산책하고 있는 체험이 자신과 만나 실현되는 느낌을 받는다.

둘째, 욕구를 더욱 선명하게 알아차려, 게슈탈트 형성을 돕는다. 감정을 알아차림으로써 욕구를 알아차릴 수 있기 때문이다. 예를 들어, 같이 일을 하면서 오랫동안 봐 왔던 남성이 소개팅을 나간다는 것을 알았을 때 뭔가 허전한 감정과 불안한 감정을 느꼈다. 그 감정을 알아차리면서 자신이 그 사람과 사귀고 싶었다는 것을 알아차리게 되었다. 욕구를 알아차린 후, 그 남성에게 소개팅을 나가지 말라고 말해서, 자신의 욕구를 충족시킬 수 있는 방향으로 행동할 수 있게 된다.

셋째, 미해결과제를 해소할 수 있다. 존재하는 감정 자체가 대부분 미해결과제로 남아 있는 것이다. 감정은 일단 발생하면 느끼고 표현되기를 요구하는데 그러지 못하고 억누르게 되면 그 감정 자체가 완결되지 못한 채 남아 있는 미해결과제가 된다. 따라서 감정을 알아차리는 것은 미해결과제를 알아차리는 것으로, 지금 여기의 상담 장면에서 느끼고 표현하는 작업을 통해 미해결과제를 완결할 수 있도록 도울 수 있다.

머릿속에서 떠오르는 심상 또는 이미지는 우리의 욕구와 감정을 반영한다. 또한 이러한 이미지들은 반복적으로 떠오르며 우리의 지각이나 행동에 영향을 미친다. 하지만, 우리는 떠오르는 심상을 대부분 스쳐 지나가게 할 뿐, 이것에 주의를 기울여 인식하지 못하는 경우가 많다. 따라서 이미지에 대한 알아차림을 통해 내면에 무엇이 있는지, 어떠한 욕구와 감정이 있는지 그리고 무엇에 영향을 받고 있는지 알아차리도록 도울 수 있다.

④ 내적인 힘

내적인 힘이란 어떤 일이 닥쳤을 때 이를 해결할 수 있는 능력, 처한 상황을 견딜 수 있는 힘, 처한 환경에 어떤 변화를 초래할 수 있는 능력을 말한다. 혼자 은행에 가서 일을 처리할 수 있는 힘, 음식을 하기 위해 필요한 것을 마트에 사러 갈 수 있는 힘과 같이 작은 일상적인 것에서부터, 상대방에게 불쾌한 감정을 표현할 수 있는 힘, 고통스럽고 절망스러운 일을 겪더라도 이를 이겨낼 수 있는 힘 등을 포함한다. 자신 안에 이러한 힘이 있음을 알아차리지 못한다면, 자신의 게슈탈트를 알아차려서 이를 충족시키기 위해 행동을 취하지 못하여 환경과의 접촉에 실패하고 말 것이다. 우울증 환자들이 대표적으로 여기에 해당된다. 자신 안에 그렇게 할 수 있는 힘이 있음에도 불구하고 그 힘을 깨닫지 못하고 발견하지 못한다. 오히려 자신에게는 그럴 수 있는 힘이 없다고 생각해서 아무런 행동을 취하지 않아 계속 미해결과제들을 쌓아 고통스러워한다.

⑤ 환경

게슈탈트의 완결은 환경과의 접촉을 통해 이루어진다. 환경에 대한 알아차림은 주변 환경에 무엇이 있는지, 어떤 일이 벌어지는지 알아차리는 것이며 이는 환경과의 접촉을 위해 필요하다. 어느 한쪽에 에너지가 매어 있으면, 환경을 볼 여유가 없어서 접촉을 하지 못하게 되기 때문에, 환경으로 주의를 돌려 주변을 알아차리도록 돕는 것이 필요하다.

⑥ 상황

인간은 자신의 욕구가 무엇인지 파악하고, 그 욕구를 환경 안에서 어떻게 접촉하여 해소할 것인지 판단하기 위해서 처한 상황을 정확히 파악해야 한다. 인간은 그때그때 자신의 욕구를 파악하는 동시에, 처한 상황과 환경의 요구를 지각하여 적절히 타협하면서 상황에 적응해 가야 한다. 예를 들어, 준비한 계획안 결재를 받아야 하는데 부장님의 표정이 좋지 않다는 것을 알아차리고, 지금은 결재를 받을 적절한 타이밍이 아니라는 것을 안다. 결재 승인을 받고자 하는 것이 게슈탈트인데, 이를 완결하기에 처한 상황이 적절하지 않다는 것을 알아차리는 것이다. 얼마 후에 부장님의 표정이 밝은 것을 지각하고 지금이 결재를 받기에 적절한 타이밍임을 알고 계획안을 내밀고 흔쾌히 승인을 받는다. 이렇듯 게슈탈트를 적절히 해소하기 위해서는 처해 있는 상황을 객관적이고 정확하게 알아차리는 것이 중요하다.

(2) 행위 알아차림

행위 알아차림은 자신이 어떠한 행동방식을 하고 있는지를 알아차리는 것을 말한다. 개인이 성장을 방해하는 방향으로 행동하며 습관화되어 있던 것을 알아차림으로써, 자신의 부적응적 행동방식을 멈출 수 있다. 자기가 어떻게 자신의 문제를 스스로 만들어 내고 있는지에 대한 행위 알아차림은 도움이 되지 않는 행동을 중단하고 도움이 되는 적응적인 행동을 선택할 수 있게 한다. 자신이 의식하지 못하고 해 왔던 행동방식을 알아차림으로써 자신의 행동에 대한 통제력을 갖고, 그 결과 자신에게 도움이 되는 방식의 적응적인 행동을 선택하게 한다.

행위 알아차림은 접촉경계혼란에 대한 알아차림, 고정된 사고패턴에 대한 알아차림, 고정된 행동패턴에 대한 알아차림 등 세 가지로 나눌 수 있다.

① 접촉경계혼란 행동

게슈탈트 형성 자체를 방해하는 내사, 투사, 융합, 반전, 자의식, 편향 등의 접촉경계혼란 행동을 알아차리는 것이다.

② 고정된 사고패턴

고정된 사고패턴은 내사의 영향을 받은 것이다. 사고는 신체 감각, 감정, 욕구 등과 같이 현상에 들어가지 않는다. 게슈탈트 치료에서는 사고를 환경에 적응하기 위한 행동으로 본다. 그 가운데 고정된 사고패턴은 우리에게 부정적인 영향을 미치는 사고패턴이다. "열심히 해봤자 결과는 뻔해.", "어차피 안 될 텐데 뭐.", "사람들은 나를 좋아하지 않아.", "완벽하지 않으면 비난받을 거야."와 같은 것이 고정된 사고패턴에 해당된다.

이러한 사고패턴을 알아차리도록 도와주는 것이 필요하다. 부정적인 사고패턴은 대부분 과거 경험 속에서 내사를 통해 주입이 되어 우리의 삶을 지배하며 영향을 미쳐 왔다. 치료 장면에서 이러한 사고의 내용과 사고패턴을 자각하고, 사고패턴이 어떻게 형성되었는지 알아차림으로써 사고패턴을 멈출 수 있도록 도와야 한다. 나아가 부정적인 사고 패턴을 스스로 선택하여 도움이 되는 방식의 사고패턴으로 대체하는 접근이 필요하다.

③ 고정된 행동패턴

접촉경계혼란 행동이 반복되어 습관적으로 굳어진 행동패턴을 알아차리는 것이다. 이러한 경직되고 고정된 행동패턴은 환경과의 접촉을 차단함으로써 게슈탈트의 완결을 방해한다.

치료자는 내담자로 하여금 자신이 그동안 어떠한 행동패턴을 반복함으로써 자신의 욕구를 환경 안에서 충족시키지 못한 채 살아가고 있는지 알아차리도록 돕는다. 그리고 그 행동을 멈출 것을 선택함으로써, 자신에게 도움이 되는 행동으로 변화할 수 있는 기회를 갖게 한다.

7 접촉

1) 접촉이란

접촉이란 형성된 게슈탈트를 행동을 통해 완결하는 행위를 말한다. 개인은 알아차림을 통해 게슈탈트를 형성한 후, 이를 해결하기 위해 환경에서 적절한 목표물을 찾아 그것을 향해 움직이고 행동한다. 그런데 접촉의 전 과정을 알아차림이 함께 한다. 알아차림 없는 행위는 접촉을 어렵게 한다. 배고파서 먹지만 알아차림이 없다면 맛을 느끼지 못할 것이다. 아무런 감정 없이 사람을 만난다면, 어떤 의미 있는 만남도 일어나지 않고 함께 있어도 함께 있지 못하는 것이다. 즉 알아차림이 없다면 행위를 하더라도 게슈탈트를 완결하지 못한다. 따라서 접촉을 하는 동안 그 행위에 대한 알아차림이 있어야, 비로소 게슈탈트가 환경과의 접촉을 통해 해소되는 것이다.

모든 심리적인 어려움은 성장에 어려움이 있는 성장장애라고 볼 수 있다. 따라서 심리치료는 이러한 성장을 어렵게 하는 자신의 접촉경계혼란을 알아차리고 이를 극복하도록 돕는다. 그래서 접촉경계혼란으로 인해 그동안 불안으로 변형되어 표출되던 흥분에너지를 다시 환경과의 접촉에 건강하게 사용하여, 그 결과 개인이 건강한 방향으로 변화하고 성장하도록 돕는 것이다.

2) 접촉의 종류

접촉하는 대상에 따라 자기 자신과의 접촉, 대인관계 접촉, 환경과의 접촉 등 세 가지로 구분될 수 있다.

(1) 자기 자신과의 접촉

인간은 나와 동일시하는 '나-경계'에 포함되는 자신의 부분에 대해서는 비교적 쉽게 접촉하는데, 자신의 것이면서도 자신의 범위에서 배제시키거나 외면했던 자신의 욕구, 감정, 생각, 행동 등은 접촉하기 어려워한다. 접촉하게 될까봐 두려워서 불안해하기도 하고, 죄책감을 느끼기도 한다. 이렇게 소외된 부분은 미해결과제로 남고 심리적인 어려움을 유발한다.

생각해 보기 바란다. 나는 나의 무엇을 만나고 무엇을 만나고 있지 못하는가? 만나고 있지 못한 내 경계의 일부분을 만나게 되었을 때, 때때로 당황스럽고 놀란다. 사람들마다 자신이라고 생각하는 '나-경계(I-boundary)'의 범위가 다르다. 어떤 사람은 경계가 너무 넓기도 하고, 어떤 사람은 내 것임에도 불구하고 자신의 것이 아닌 양 외면하기도 한다. 우리들은 받아들이기 어려운 자신의 부분에 대해서는 억누르게 되고, 이러한 부분을 마주하게 될 것 같으면 불안하고 고통스럽다. 이렇게 미해결과제가 된 자신의 부분으로는, 억압된 성적 욕구나 해결되지 않은 분노감이나 슬픔, 충족되지 않은 애정욕구나 인정욕구 등이 있다. 사람들이 가장 자주 느끼는 감정이 분노이지만, 어릴 때부터 내사를 통해 분노에 대해 부정적인 태도가 형성됨으로써 분노를 억압하게 되면서 미해결과제가 되기도 한다.

이렇게 접촉하기 어려운 자신의 부분은 흔히 투사 등을 통해 타인과의 대인관계에 악영향을 미친다. 아버지에 대한 해결되지 않은 적개심과 분노를 타인에게 투사하기도 하고, 어머니와의 관계에서 애정 욕구의 결핍이 타인의 애정욕구에 냉담하게 반응하게 만들기도 한다. 이런 부정적인 영향으로부터 자유로워지기 위해서는 접촉하지 못하고 있던 자신의 부분들과의 접촉이 필요하다. 따라서 치료 장면에서 내담자로 하여금 소외된 자신의 측면들과 접촉하는 새로운 체험을 통해 자신의 영역을 넓혀나가도록 안내한다.

(2) 대인관계 접촉

보통 만난다고 하면 사람과 사람 간의 만남을 떠올린다. 이처럼 대인관계 접촉은 가장 보편적인 접촉의 형태이다. 사회적 동물인 인간은 혼자서는 외롭고 고통스럽기 때문에, 누군가와 함께 있고 싶다. 인간 모두 진실한 대인관계를 원하지만, 흔히 온전한 대인관계 접촉을 체험하지 못한 채 실망과 좌절감 속에 산다. 사람과 사람 간의 접촉이 좌절되었을 때 자살시도가 발생할 수 있다. 이들은 대부분 대인관계 접촉에 대한 그들의 욕구가 극도로 좌절됨으로써 삶에 대한 무의미를 느낀 사람들이다. 주변에 사람들이 있더라도 만나고 있다는 느낌이 들지 않을 때 고독감을 느끼며 혼자라는 생각과 외로움에 힘들어 한다. 왁자지껄하게 놀았지만, 누군가와 진정으로 접촉을 하지 못했다면 여전히 허전하다. 수년간 그 모임에 참석했는데도 제대로 만나지 않았다면 아무도 곁에 남지 않은 느낌이다. 이는 단순히 만나느냐의 문제가 아니라, 사람과 사람 사이에 진정한 접촉의 결핍에서 오는 것이다.

지호 씨는 자살시도를 하고서 상담실에 찾아왔다. 상담자는 지호 씨의 마음을 공감적으로 이해해주려 노력했다. 그 과정에서 지호 씨는 상담자가 자신의 이야기를 진정으로 공감해준다는 느낌을 받았다. 즉 상담자와 지호 씨 간에 접촉이 이루어진 것이다. 그 한 번의 만남을 통해 상담자와 내담자 간에 진실하게 만나고 소통한 느낌을 갖지 못했다면, 내담자는 여전히 공허하고 외로워하며 상담실에 오지 않고 다시 자살을 시도했을지도 모른다. 이처럼 치료자는 내담자로 하여금 다시 의미 있는 대인관계 접촉을 체험하도록 함으로써 삶의 희망을 회복하도록 돕는다.

두 사람 간의 원활한 접촉이 있기 위해서는 다음의 조건들이 필요하다. 첫째, 나와 네가 다르다는 인식이 있어야 한다. 서로 다른 독립적인 존재임을 인정해야 한다. 서로의 경계가 명확해야 하고, 그 경계를 인정하고 존중해줌으로써 접촉이 가능하다. 둘째, 함께 하고 있는 동안에 에너지가 움직이고 있어야 하고 에너지의 변화가 있어야 한다. 상대에게 주의를 주고 관심을 갖고, 그렇게 돌아온 반응에 또한 관심을 갖고 그것에 반응해서 변화할 때 접촉이 이루어진다. 그 자리에 자신의 에너지를 주고 그 변화를 따라가야 한다. 대화를 할 때 함께 대화하고 있는 상대에게 주의를 주고, 이야기의 표현이 상대방을 향하고 있어야 한다. 또 그 상대방의 반응에 따라 주의의 방향이 옮겨가는 것이다. 셋째, 함께 하고 있는 그 순간의 마음을 밖으로 꺼내어 표현할 수 있어야 한다. 상대에게 자신의 마음을 솔직하게 표현할 때 진정한 소통이 이루어질 수 있다. 소통은 다양한 방식으로 이루어질 수 있지만, 말로 표현하지 않는다면 상대방에게 마음이 제대로 전달되지 않을 수도 있다.

(3) 환경과의 접촉

자신에게 매여 살기 보다는, 자신을 둘러싸고 있는 환경과 만날 때 행복하다. 여기에서 환경은 나를 둘러싸고 있는 인간을 제외한 모든 생물과 무생물을 포함한 환경을 말한다. 산이나 바다, 건물, 자동차, 강아지나 고양이, 숲, 강, 바위, 새 등을 말한다. 환경과 잘 접촉한다는 것은 언어적 개념을 통한 매개 없이 있는 그대로 환경을 지각하고 만나는 것을 의미한다. 예를 들어, 아무 생각 없이 숲속을 거닐면서 나무를 쳐다보거나 만지는 행위를 들 수 있다. 그것은 분석하고 평가하는 것이 아니다. 음악 또한 그 자체에 빠져 드는 것이 접촉이고, 음악을 분석하는 것을 말하지 않는다. 즉 환경을 조사하고 분석하고 평가하는 것이 아니라, 신체 감각기관을 통해 그대로 만나는 행위이다. 접촉은 체험하는 것이다. 체험은 그 대상과 하나 될 때 가능하고, 맡기고 따르는 것이다. 그냥 순수하게 자신을 개방하고 그 대상에게 맡김으로써 하나가 되는 것이다.

3) 접촉의 차원

접촉이 이루어지는 차원은 다음과 같이 구분할 수 있다.

(1) 감각적 차원

접촉의 가장 기본 단위로 시각, 청각, 후각, 미각 등의 신체 감각기관을 통해 환경을 접촉할 수 있다. 대부분의 사람들이 신체 감각기관의 일부를 사용해서 환경을 만나지만, 그렇다고 해서 환경을 제대로 접촉하고 있다고 말할 수는 없다. 지금 여기에서 깨어 있으면서 처해 있는 환경을 제대로 볼 때 접촉이 가능하다. 그렇지 않고 생각이나 공상에 갇혀 살 때, 자신의 감각기관을 제대로 사용하지 않는다.

(2) 신체적 차원

신체 감각들 가운데 만지는 촉각이 접촉의 가장 원형적인 형태이다. 신체접촉은 가장 강렬한 본능으로서, 유아에서부터 죽음을 앞둔 사람까지 강렬한 신체접촉을 원한다. 인간과 인간이 만나는 가장 제대로 된 접촉은 신체 접촉일 수 있다. 엄격하고 무서운 부모님에게서 늘 억눌려 자란 소미 씨는 친한 관계들에서도 신체적 접촉을 불편해 하고 거리를 두었다. 성인이 된 이후 이성 친구를 사귀게 되었으나, 신체적 접촉이 여전히 긴장되고 불편하게 느껴졌다. 집단 상담 안에서 소미 씨는 엄격했던 부모에 대한 눌려져 있는 감정을 표현하며 자신의 문제를 작업하는 기회를 가졌다. 이후 곁에 있던 다른 집단원이 안아주고 싶다는 말과 함께 그래도 되는지 허락을 구했다. 소미 씨는 이에 응했고 그 집단원의 품에 안기면서 신체적 접촉 안에서 따뜻함을 느낄 수 있었다. 이후 감정이 복받쳐 올랐고 흐느껴 울기 시작했다. 다른 사람에게서 자신을 위하고 따뜻하게 안아주고자 하는 진심을 느낄 수 있었던 것이다.

(3) 감정적 차원

감정은 접촉이 이루어지는 과정의 전 단계에 관여한다. 모든 접촉에는 알아차림이 동반되고 감정이 관여한다. 개인에게 의미가 있고 관심이 있는 경험이므로 감정이 발생하는 것이다. 그러나 학대나 폭력 등과 같이 강렬한 감정을 경험할 수밖에 없는 환경에서 자란 경우, 감정을 억압하거나 회피하면서 접촉도 차단된다. 그 결과 부정적인 것 뿐 아니라 긍정적인 것 또한 접촉하지 못한다. 좋은데 좋은 줄 모른다.

정현 씨는 대학 전공의 실습수업을 나갔다. 실습하는 대상 가운데 연변어를 쓰는 중국인들이 포함되어 있었다. 정현 씨는 실습을 갔다 와서 이유를 알 수 없는 화가 자꾸만 치밀어 오르는 것을 느꼈다. 상담 중에 그러한 분노의 원인을 찾아가 보았다. 그 과정에서 어릴 때 맞벌이로 바쁘신 부모님을 대신해서 연변어를 쓰는 중국인 베이비시터가 정현 씨와 여동생을 돌보아주었던 것을 떠올렸다. 베이비시터는 여동생은 예뻐하면서 정현 씨에게는 자주 야단을 치고 차갑게 대했다. 정현 씨는 베이비시터에 대한 분노 감정을 억압하면서 자신을 자책하게 되었고, 이는 연변어를 쓰는 중국인들에 대한 강한 불신감과 경계심을 갖게 만들었다. 상담 과정에서 점차 베이비시터의 행동이 부당하고, 자신의 화가 그럴만한 것이었음을 깨닫게 되었다. 억압하고 부정하고 있던 감정과 접촉이 이루어진 것이다.

(4) 언어적 차원

언어는 대화를 하는 사람과 사람 사이에 친밀한 접촉을 가능하게 하기 때문에, 대인관계에서 매우 중요하다. 그러나 모든 언어가 접촉을 촉진하는 것은 아니다. 오히려 접촉을 방해하는 언어들이 있다. 애매모호하게 하는 말, 장황하게 늘어놓는 말, 무엇을 말하고자 하는 지 진짜 의도를 숨기는 말, 추상적인 말, 접촉을 피하는 말이 그렇다. 언어가 접촉에 도움이 되기 위해서는 간결하고 정확해야 한다. 또한 구체적으로 이야기해야 한다. 추상적인 사변이나 개념을 얘기하기 보다는, 구체적인 사건을 이야기하는 것이 도움이 된다. 구체적인 상황 속에서 개인이 느낀 감정이나 욕구를 진솔하게 전달하는 언어는 접촉을 가능하게 한다. 이를 위해서는 말하는 사람이나 듣는 사람 모두 진지한 노력을 해야 한다. 주의 깊게 듣지 않거나 다른 생각을 하면, 서로 간의 접촉이 차단될 수 있다. 따라서 대화를 할 때 말하는 사람의 마음을 알기 위해 주의를 기울이며 들어야 언어적 접촉이 이루어진다.

 ## 8 게슈탈트 치료기법

게슈탈트 치료는 상담자와 내담자 간에 주고받는 대화, 그 과정을 계속 따라가는 것이 가장 중요한 포인트이다. 기법이란 상담자와 내담자의 대화 과정에서 내담자에게 보다 도움이 될 수 있는 방법을 대화의 흐름 안에서 자연스럽게 도입한다. 이때 기법은 치료를 위한 부수적인 도구일 뿐, 그 자체만으로 치료를 할 수 있지는 않다. 게슈탈트 치료는 치료자와 내담자 간의 자연스러운 만남과 대화를 중심으로 신행이 되고, 기법 또한 이러한 대화 맥락에서 사용하는 목적에 맞게 자연스럽게 사용되어야 한다.

1) 욕구 및 감정 자각

인간은 욕구가 있고 그것을 충족시켜 가는 방향으로 행동을 취하며 살아간다. 그 욕구가 무엇인지 알아차리지 못할 때, 인간은 건강하지 못한 상태에 이르게 된다. 게슈탈트 치료에서는 욕구에 대한 알아차림과 접촉을 증진하기 위해 다양한 기법을 개발하여 사용한다. 그 원하는 것을 충족시키며 살아가도록 돕고, 원했음에도 충족시키지 못한 욕구가 있다면 다양한 기법을 통해 알아차리고 충족시키도록 한다. 욕구와 감정의 자각을 돕는 질문들에는 다음의 것들이 있다.

- 지금 어떤 느낌이 드시나요?
- 지금 하시는 말과 생각을 멈추고, 현재 느껴지는 느낌에 집중해 보세요.
- 지금 그 이야기를 하면서 어떤 감정이 느껴지시나요?
- 지금 감정이 올라오는 것 같네요. 그것은 어떤 감정인가요?
- 지금 가슴에서 무엇이 맴도나요? 무엇을 원하시나요?
- 지금 하신 말씀을 서술어를 풀어서 이야기해 보세요.
- "나는 ~을 하고 싶다."의 문장을 채워 보세요.

생각보다는 감정에 집중하도록 안내하고, 욕구를 알아차리도록 돕는다. 또한 함축해서 이야기하거나, 명사로 이야기하는 것은 접촉을 어렵게 한다. 따라서 구체적으로 풀어서 이야기하거나, 명사를 동사로 바꾸어 표현하도록 하는 것이 알아차림과 접촉을 돕는다.

2) 신체 자각

마음의 작용과 신체의 작용은 불가분의 관계에 있다. 마음의 핵심인 욕구는 감정을 통해 드러나고, 감정은 신체 감각을 불러일으킨다. 따라서 현재의 신체 감각을 알아차리도록 도움으로써, 감정과 욕구 즉 마음이 어느 방향으로 가고 있는지 깨닫는다.

- 당신의 호흡에 주의를 기울여 보세요.
- 당신의 신체 감각을 한 번 느껴 보세요.
- 몸이 무엇을 말하고 있는지, 알아차려 보세요.
- 지금 어깨가 움츠러들고 있네요.
- 이마를 찡그리시네요.
- 갑자기 팔짱을 끼셨네요. 어떤 마음을 표현하는 것인가요?
- 심장을 한번 느껴보세요. 심장이 뭐라고 하는지 말해 보세요.

호흡이나 어깨의 긴장과 같은 대표적인 신체 감각에 주의를 기울이도록 안내한다. 신체 감각에 주의를 주면서 몸이 무엇을 표현하고 말하고 있는지 알아차리도록 한다. 또한 몸의 움직임, 신체 감각의 변화에 주목하고 이를 객관적으로 기술하여 내담자에게 전달한다. 내담자는 상담자가 읽어주는 신체 감각의 상태와 변화를 통해 자신의 마음과 접촉한다.

3) 환경 자각

환경으로 주의를 돌리고, 처한 상황이나 환경을 알아차리도록 돕는 질문들은 다음과 같다.

- 주변을 둘러보세요. 무엇이 보이나요?
- 주변 사물들을 살펴보세요. 색깔과 모양을 자세히 보세요.
- 눈을 감고 무슨 소리가 들리는지 귀를 기울여 보세요.

4) 언어 자각

언어는 접촉을 돕는 강렬한 수단이다. 언어를 어떻게 사용하느냐에 따라 접촉이 증가하거나 단절될 수 있다. 마음속에 있는 것을 말로 표현했을 때 접촉이 일어나 변화가 생긴다. 또한 자신이 한 말에 영향을 받는다. 무엇보다 자신의 욕구와 행동이 자신의 것임을 명확히 하는 언어 습관을 갖도록 하는 것이 중요하다.

첫째, 언어에서 행동의 책임소재가 불명확한 경우가 있는데, 책임소재가 분명하도록 '나는'이라는 주어를 붙이도록 한다. 자신을 우리, 당신, 그것 등의 대명사로 지칭할 때는 '나는'으로 바꾸어 말하도록 요구하는 것이다. 자신의 욕구가 아닌 것처럼 표현하는 이른 바, '하여야 할 것이다', '해서는 안 될 것이다' 등의 어투는 '나는 ~하고 싶다', '나는 ~하기 싫다'로 바꿈으로써 욕구를 정확하게 표현하도록 한다.

감정이나 마음을 묻는 질문에 "슬픔이요.", "좌절요.", "단절"과 같이 명사로

답하는 경우, "슬퍼요.", "좌절스러워요.", "거리를 두고 있어요."와 같이 형용사나 동사와 같은 서술어로 바꾸어 표현하도록 한다. 수동태로 표현하는 것은 능동태로 바꾸어 말함으로써 자신의 행동에 대해 직접적으로 경험하여 표현하도록 한다. 예를 들어, "그것은 떨리고 있어요."라고 한다면, "나는 손을 떨고 있어요."로 바꾼다. "나는 미영이가 불쌍해 보여요."라고 표현한다면, "나는 미영이를 불쌍하다고 생각합니다."로, "나는 질식할 것 같습니다."라고 표현한다면, "나는 나 자신을 질식시키고 있어요."로 바꾼다. "나는 그런 것은 할 수 없어요."라고 한다면, "나는 그런 것은 안 할래요."라고 자신의 욕구를 분명하게 표현하여 알아차리도록 한다.

둘째, 접속사 중에서 '하지만'을 많이 사용하는 것은 책임을 회피하고자 하는 시도일 수 있다. 이를 '그리고'로 바꾸어 말하게 한다. 예를 들어, "늦지 않으려고 했지만, ~"이라고 한다면, "늦지 않으려고 했어요. 그리고~"라고 바꾸어 말한다.

셋째, 때로는 자신의 말하고자 하는 바는 표현하지 않고, 질문을 계속 하는 경우가 있다. 이러한 행동은 질문을 받는 상대방에게 책임을 떠넘기려는 시도일 수 있으므로, 내담자에게 질문 대신 서술문으로 바꾸어 말하도록 요구할 수 있다. 그러한 질문을 하는 이유가 무엇인지, 어떤 마음인지, 무엇을 원하는지 서술문으로 표현하도록 안내할 수 있다.

넷째, 자신의 것을 타인에게 떠넘기는 투사를 자주 하는 경우는, 내담자가 하는 말끝마다 "~ 그리고 그 책임은 내가 집니다.", 또는 "~ 그렇게 보는 것은 나의 시각입니다."와 같은 말을 덧붙여서, 내담자의 모든 지각, 사고, 감정, 이미지, 신체적 동작 등을 자신의 것으로 분명히 하고 이를 받아들이도록 도와주는 게임을 한다. "내 목소리가 떨리고 있습니다. 그리고 그 책임은 내가 집니다.", "상수가 화나 보여요."라는 말은 "상수가 화나 보인다고 생각합니다."와 같이 바꿀 수 있다. "나는 수진이가 얄밉게 보입니다. 그러나 그렇게 보는 것은 나의 시각입니다."라고 바꾼다.

다섯째, 추상적인 표현에는 구체적인 예를 들어 설명하도록 요구하여, 실제 체험이 드러나도록 한다. 예를 들어, "나의 아버지는 매우 엄한 분이셨어요."라고 말한다면, "아버지가 어떻게 엄하셨는지, 예를 들어 구체적으로 설명해 주실 수 있나요?"라고 묻는다. '엄하다'는 것이 모호하기 때문이다. 구체적으로 물음으로써 내담자에게서 구체적인 사건이 무엇이었고 그 사건을 어떻게 받아들여서 그러한 시각을 형성하게 되었는지 짐작할 수 있다. 구체적인 경험을 통해 실제로 어떤 일들이 일어났고, 그 일들 속에서 내담자가 어떤 생각과 판단을 하게 되어 그런 표현을 했는지 알 수 있게 된다.

또한, 자꾸만 추상적이고 관념적인 표현을 쓴다면, 직접 그 개념이 되어서 행동과 말을 해보도록 하는 실험을 할 수 있다. 많은 경우 자신이 그 표현을 쓰게 된 이유나 무엇에 대해 그러한 표현을 쓰는지 모르기도 한다. 예를 들어, "나는 원칙주의자입니다."라고 한다면, "그러면 원칙주의자가 한번 되어 보세요."라고 하여, 원칙주의자의 행동을 연출해 보도록 요구함으로써 내담자가 무엇을, 무슨 모습에 대해 원칙주의자라고 표현했는지를 알 수 있도록 한다.

마지막으로, 자신이 상대방에게 말을 하고 나서 그것을 어떻게 받아들이는지 보려 하지 않는 경우가 있다. 일방적으로 이야기하고 마는 것이다. 이는 언어를 주고받더라도 접촉을 어렵게 한다. 따라서 이러한 내담자에게 말을 하고 나서 상담자가 어떻게 받아들이는지, 어떤 마음인지 관심을 갖도록 안내하고, 기다려 확인해보도록 안내하는 것이 효과적이다. 또한 상담자의 반응을 들은 다음에, 자신의 마음 안에서 무엇이 일어나는지 전달하도록 안내한다. 그럼으로써 일방적인 언어전달이 아니라 상담자와 내담자 사이에 주고받는 대화의 경험을 해보도록 함으로써 접촉을 돕는다.

5) 실험

실험이란 넓은 의미에서 치료자가 내담자와 함께 새로이 시도하는 모든 탐색적 활동을 말한다. 좁은 의미의 기법으로서의 실험은 치료자가 내담자의 문제를 탐색하고 이해하고 해결하기 위해 내담자와 함께 공동으로 고안하여 사용하는 모든 창의적인 활동을 말한다. 예를 들어, 어머니에 대한 양가감정이 드러나는 상황을 연출할 때, 빈 의자에 앉은 어머니에게 자신의 양가감정을 표현하게 한다. 이것은 분석이 아니다. 상대를 향한 "talking to"의 방식을 통해 상대에 대한 마음을 접촉하며 전달할 수 있게 한다.

아버지에 대해 억눌러 왔던 분노 감정을 표현할 수 있도록 앞의 빈 의자에 아버지가 앉아 있다고 가정하고, 하고 싶은 말과 감정을 표현하도록 실험을 할 수 있다. 또는 자신의 의사를 전달하는 과정에서 오해와 갈등이 자주 발생하는 내담자의 문제점을 확인하기 위해, 최근에 갈등이 있었던 상대에게 어떻게 말을 했는지 지금 여기에서 실제로 연기를 해보도록 할 수도 있다. 이러한 다양한 행위를 통해서 내담자의 문제와 관련된 내용을 탐색하고, 문제를 명확히 드러내도록 돕고, 나아가 새로운 해결책을 모색할 수 있다.

이처럼 실험의 역할은 내담자의 문제를 탐색하고 명료화하도록 돕는다. 무슨 일이 있었는지, 어떤 일로 힘들어하는지, 그 일이 지금 어떤 영향을 주고 있는지 탐색하고 명확히 한다. 또한 내담자에게 새로운 경험을 할 수 있는 기회를 마련한다. 즉 진단과 치료의 두 가지 기능을 모두 하는 것이다.

실험에서 사용되는 방법은 상황에 따라 그때마다 다르다. 치료자의 창의성에 따라 다양한 실험이 얼마든지 가능하다. 치료자가 내담자와의 상담 과정에서 필요한 경우, 부드럽고 자연스럽게 실험을 제안한다. 다음과 같은 다양한 실험이 가능하다. 신체 상태를 알아차리고, 그 신체 부분이 되어 말을 해보기, 목소리를 크게 내지 못하는 내담자에게 계속 소리를 크게 내어보는 실험을 할 수도 있다. 자신의 내면의 갈등을 알아차리기 위해, 대립하는 목소리가 각각 되어 서로의 목소리로 대화를 해보는 실험이 가능하다. 스스로가 어린아이처럼 느껴진다는 내담자에게, 정말 어린아이처럼 행동해 보라는 실험을 할 수 있다. 이 과정에서 무엇보다 실험을 통해 무엇을 체험하고 무엇을 알아차렸는지 말로 표현하는 기회를 갖는 것이 중요하다.

실험을 할 때 주의할 점은 치료자가 억지로 인위적인 상황을 만드는 것은 좋지 않다는 것이다. 치료 장면에서 일어나는 현상을 관찰하고, 이를 바탕으로 자연스럽게 실험을 구상해야 한다. 예를 들어, "그 얘기는 하고 싶지 않아요. 해봐야 뭐하냐는 생각이 들어요."라고 말한다면, "그 얘기를 하면, 어떤 일이 벌어질 것 같나요?"와 같이 물을 수 있다. 이야기를 하지 말라는 자기와 이야기를 하려는 자기의 대화를 시켜보는 실험을 통해, 왜 그러한 억압하는 행동을 하게 되었는지 그 배경을 보다 분명하게 탐색할 수 있다. 그럼으로써 차단하는 행동의 배경이 선명하게 드러난다.

실험을 다양한 놀이로서 시도함으로써 새로운 상황이나 행동을 하는 것에 대한 부담감을 줄일 수 있다. 놀이는 불안과 집착 대신 흥미와 동기를 유발하여, 억압에서 벗어나는 해방감을 주고 제약 없이 자유롭게 새 가능성을 실험하게 한다.

실험을 할 때는 치료자가 제안을 하지만, 내담자의 동의와 협조를 구해야 한다. 아무리 좋은 아이디어도 내담자의 협조를 구하지 않는다면 반발감을 느끼게 할 수 있다. 또한 실험을 쉽고 자연스럽게 유도하는 것이 중요하다. 갑자기 빈 의자에 앉아 있는 어머니에게 말을 해보라는 요구를 한다면 당황스러울 수 있다. 이때 "지금 앞에 있는 빈 의자에 어머니가 앉아 있다는 상상을 해보실 수 있겠어요? 상상이 되나요? 지금 어떤 느낌이 드세요?"와 같이 먼저 안내하는 것이 좋다.

내담자가 당장 할 수 있는 수준에서 단계적으로 진행해 가는 것이 바람직하다. 예를 들어, 오랫동안 감정을 차단해온 내담자라면, 가장 알아차리기 쉬운 신체 감각을 자각하는 데에서 출발한다. 그런 다음 소리를 밖으로 내어 보는 발성 연습을 해볼 수 있고, 그 다음으로 자신의 감정을 표현하기 가장 부담이 적은 상대에게 최소한의 감정을 표현해보라고 하면서 점진적으로 나아갈 수 있다.

6) 현재화 기법

현재화 기법은 가장 기본이 되는 기법으로, 무엇에 대해서 이야기하는 것이 아니라 그 이야기를 현재로 오게 하는 것이다. 과거 사건들을 마치 지금 여기에서 일어나는 사건인 것처럼 체험하게 돕는다. 빈 의자 기법도 현재화 기법이라고 할 수 있다. 과거 사건과 관련된 내담자의 생각, 감정, 욕구, 환상, 행동 등을 지금 여기에 일어나는 현상들로 다룰 수 있게 한다. 예를 들어, 어머니의 죽음에 대한 애도 작업을 하지 못하고 슬픔을 억압한 내담자의 경우 어머니 죽음 장면을 현재화시켜 재체험하고 올라오는 슬픔 등의 감정을 느끼며 지금 여기에서 애도작업을 하게 해준다. 현재화 기법과 같이 대부분의 기법이 치료자가 상담 장면에서 제안하는 실험에 속한다.

내담자가 걱정하며 예상하는 부정적인 상황이 있다면, 실제로 지금 여기에서 벌어졌다고 가정하게 함으로써 가상을 현실로 만들어 줄 수 있다. 내담자는 직접 벌어진 상황에 대해 현실적인 대응을 준비할 수 있다. 예를 들어, 로운 씨는 좋은 커리어와 능력으로 직장 내에서 인정을 받고 있음에도 불구하고 실직을 당할지 모른다는 불안을 갖고 있다. 상담자는 "로운 씨가 오늘 회사에서 일을 그만두라는 통보를 받았다고 가정해 봅시다. 한번 상상해 보세요. 지금 어떤 마음인가요? 어떤 생각이 떠오르고 어떤 느낌이 드나요?"와 같이 현재화 기법을 통해 두려움이나 공포의 순간을 직접 현실로 가져올 수 있다. 불안해하는 내담자에게 지금 두려워하던 일이 닥쳤다고 생각하고 지금 할 수 있는 것들을 생각해 보게 한다. 많은 경우 "제가 생각했던 것보다 그렇게 끔찍하지 않네요."라고 말할 것이다.

7) 실연

실연은 연기를 해보는 것이다. 실연 또한 실험에 속하고, 빈 의자 기법을 사용해서 이루어질 수 있다. 실연(enactment)은 내담자가 자신에게 중요했던 과거의 어떤 장면이나 미래에 있을 수 있는 장면들을 현재 상황에 벌어지는 장면으로 상상하면서, 어떤 행동을 실제로 연출해 보는 것이다. 거절을 잘 하지 못하는 경우, 직접 거절하는 연기를 연습해볼 수 있다.

실연의 효과는 무엇보다 다양한 알아차림을 증가시킨다. 미처 하지 못했던 미해결과제를 완결하도록 돕기도 하고, 실연을 통해 자신 또는 다양한 측면의 양극성을 다룰 수 있다. 예를 들어, 내담자의 강점과 약점 모두 연기하도록 하면서, 자신의 소외된 측면을 만나고 수용하여 통합할 수 있다. 실연은 도움이 되지 않는 과거의 행동방식을 청산하고, 새로운 행동방식을 실험하여 자신의 것으로 습득할 수 있도록 돕는다.

8) 빈 의자 기법

빈 의자 기법은 실제로 빈 의자가 없어도, 앞에 어떤 대상이 있다고 가정하고 진행하는 접근을 말한다. 게슈탈트 치료에서 가장 많이 쓰는 기법 중 하나로서, 현재 치료 장면에 올 수 없는 대상과의 관계를 다룰 때 사용한다. 예를 들어, 돌아가신 할머니가 빈 의자에 앉아 있다고 상상하고 미처 하지 못했던 하고 싶은 말을 하도록 할 수 있다. 갈등이 있어서 다툰 친구가 앞에 있다고 가정하고, 하고 싶지만 실제로는 하기 어려운 이야기를 할 수도 있다. 어머니에게 화가 나는 감정들을 제대로 처리하지 못했을 때, 어머니가 앞에 있다고 생각하고 표현하게 한다.

체험적 치료는 접촉을 통해서 얘기하는 것이 중요한데, "대해서(about)" 방식이 아니라 "에게(to)" 방식 즉, 직접 말하게 하는 방식이 미해결 감정을 접촉하도록 돕는다. "대해서(about)" 방식은 여러 상황을 설명해야 하고, 중요한 대상 즉 아버지(어머니)의 행동이나 의도를 주관적으로 판단하고 원인을 인과적으로 설명해 버린다.

빈 의자 기법을 사용할 때는 내담자의 대화 속에서 자연스럽게 흘러나온 말을 활용해서 시작하는 것이 좋다. 예를 들어, "어머니가 남동생 편을 든다는 생각에 화가 났을 때, 어머니에게 그 화난 감정을 말해 보셨나요?", "지금 한번 해보시겠어요? 여기 빈 의자가 있어요. 빈 의자에 어머니가 앉아 계시다고 생각하고 화난 감정을 한번 표현해 보시겠어요?"와 같이 안내한다.

대상에게 직접적으로 말하는 것을 힘들어 할 경우 내담자가 "아버지 앞에 앉으니 떨려서 말이 안 나와요."와 같이 말한다면, "그 말에서부터 시작하시면 됩니다. 말이 안 나온다고 말해 보세요."와 같이 안내한다.

애도 작업을 할 때 빈 의자 기법이 매우 효과적이다. 떠나보낸 사람에 대한 감정을 충분히 접촉하지 못하고 담아 둔 내담자에게 그 사람이 앞에 있다고 가정하게 한다. 지금 여기에 대상을 소환함으로써 자연스럽게 표현하지 못한 감정 또한 지금 여기에서 생생하게 느낄 수 있다. 그래서 미처 하지 못했던 말과 표현하지 못했던 슬픔, 원망 등의 다양한 감정을 표현함으로써 애도의 감정을 해소할 수 있다. 또한 그 사람을 마음에서 진정으로 떠나보낼 수 있다.

빈 의자 기법을 사용하면서 필요하다면 빈 의자로 가서 직접 그 대상이 되어 보도록 하는 것이 효과적이다. 불편한 감정을 느끼고 있는 갈등의 대상의 마음을 헤아리고 짐작하여 이해하는 데 효과적이기 때문이다. 또한 그 대상에게 듣고 싶었지만 들을 수 없었던 말이나 감정의 표현을 그 대상이 직접 되어 자신에게 원하는 말과 표현을 해봄으로써 간접적으로 듣고 싶었던 대답과 표현을 들을 수 있는 기회가 된다. 예를 들어, 어머니에게 생각과 감정을 표현하다가 자신의 생각과 감정을 들은 어머니가 실제로 뭐라고 하셨을 지가 중요한 포인트가 될 수 있다. 그때 어머니가 되어서 그 사람이 행동할 법한, 말할 법한 것을 표현하도록 함으로써, 그것이 가상으로 자신이 받은 피드백이라고 생각이 되어 미해결 과제가 완결이 되는 경우들도 많다.

이처럼 빈 의자 기법은 불편한 감정을 느끼는 대상과의 감정을 다루는 데 효과적이다. 친구나 연인, 가족 뿐 아니라 직장 동료나 스쳐 지나갔지만 불쾌했던 대상이 될 수도 있다. 그리고 빈 의자 기법은 외부로 투사된 자신의 욕구, 감정, 가치관을 자각하게 해주는 데도 도움이 된다.

9) 두 의자 기법

심리극에서 나온 기법으로 게슈탈트 치료에서 활용되었고, 정서초점치료 및 과정체험적 치료에서 적극적으로 사용되었다. 내면의 부분들 간에 대화를 시킴으로써 서로 다른 내면의 측면들이 통합될 수 있도록 돕는 기법이다. Perls는 무의식적 행동을 지배하는 두 개의 자기 부분으로 나누었다. 상전은 내사된 가치관, 도덕적 명령, 권위적, 지시적인 반면, 하인은 억압되고 주눅들어 있는 인격의 측면이다. 내담자에게 자신의 두 부분들이 되어 말하도록 하여, 두 부분들을 오가면서 내면의 대화를 통해 서로 다른 두 측면의 통합을 가능하게 한다.

상전과 하인의 두 가지 목소리를 두 의자에 각각 할당하고, 각 자리에 앉아서 그 목소리를 내어보도록 한다. 서로 대화를 하는 방법으로 진행하다 보면 타협이 된다. 두 의자 기법을 통해 대화를 해 가면서, 점차 마음이 어느 쪽으로 기울게 되고 적당한 선에서 타협과 통합을 할 수 있게 되는 것이다. 두 의자 기법은 내적 대화를 외적 대화로 가시화하는 기법이다.

9 게슈탈트 치료에 대한 종합3)

게슈탈트 심리치료에서 정서는 주요 개념인 게슈탈트의 핵심 원천일 뿐 아니라, 대표적인 미해결과제이다. 정서 이론에 의하면, 정서는 개체가 자극이나 상황에 대해 자신의 욕구와 관련해 반응하면서 발생한다. 개체가 자극이나 상황에 대해 욕구를 충족시키는 방향으로 작용한다고 평가할 때 유쾌한 정서를 경험하고, 욕구 충족을 방해하는 방향으로 작용한다고 평가할 때 불쾌한 정서를 경험한다. 많은 내담자들이 자신의 욕구를 즉각적으로 직접 알아차리는 것을 어려워하기 때문에, 게슈탈트 치료에서는 감정을 알아차림으로써 욕구에 접근하는 것을 강조한다. 게슈탈트로 형성된 정서는 느끼고 밖으로 표현할 때 완결 즉 해소된다고 가정한다.

치료 목표인 알아차림과 접촉을 증진하기 위해 개발한 빈 의자 기법은 이후 정서적 체험을 촉진하는 기법으로, 심리도식치료, 인지행동치료, 심상재구성법, 포커싱 지향 치료, 정서초점적 치료 등 많은 심리치료에서 활용되고 있다. 게슈탈트 치료가 발달하는 초기에는 이렇듯 정서에 주목하고 강한 정서적 체험에 초점을 두는 입장이 주를 이루며, 빈 의자 기법과 같은 능동적인 실험을 강조하였다. 그러나 후기에는 치료자와 내담자 간의 대화를 중심으로 한 관계적 관점을 강조하면서, 내담자의 정서적 체험에 대한 관심은 밀려났다.

게슈탈트 치료는 정서를 주된 치료적 요소로 주목하고 강조한 가장 초기의 심리치료라는 점에서 그 의미가 있다. 이후 심리도식치료, 변증법적 행동치료, 인지행동치료 등의 다른 영역의 치료이론들은 물론, 포커싱 지향 심리치료, 정서초

---

3) 이지영이 2021년에 「인문사회21」의 12(1)권에 발표한 논문 '정서에 초점을 둔 심리치료에 관한 고찰: 정서중심적 치료 모델을 위한 제언'의 내용을 일부 수정 및 보완하였다.

점적 치료 등 수많은 정서초점적 치료이론들에 정서와 정서적 체험에 대한 인식과 개입에 있어서 막대한 영향을 미쳤다. 특히, 인간의 심리적 어려움의 핵심에 욕구와 관련한 정서가 있고, 정서는 느끼고 체험되어 밖으로 표현될 때 해소되고 완결된다는 독창적인 관점은 정서에 대한 개입 연구가 발전하는 데 기여하였다. 그러나 점차 대화의 치료적 개입방식이 주를 이루며, 정서에 대한 초기의 관심과 달리 정서적 체험과 변화 과정에 대한 관심이 줄면서 정서에 대한 관점을 그 이상 발전시키지는 않았다.

제4장

포커싱 지향 심리치료[1]
(Focusing-oriented Psychotherapy)

1 포커싱이란

내담자 중심 치료를 창시한 Carl Rogers의 제자인 Gendlin은 심리치료를 하면서 과연 무엇이 성공적인 심리치료를 가능하게 하는 것일지 고민하였다. 어떻게 하면 상담을 잘할 수 있을까? 어떻게 하면 좋은 상담 성과를 거둘 수 있을까? 어떤 상담사례는 좋은 성과를 거두고, 어떤 경우는 잘 이루어지지 않고 진전이 더디게 되는 경우도 있다. Gendlin은 무엇이 성공적인 심리치료를 가능하게 하는가를 고민하면서, 잘된 상담과 그렇지 않은 상담의 차이가 무엇인지에 관심을 가졌다.

지도교수인 Carl Rogers와 함께 여러 연구들을 실시한 결과, 다음의 결과를 얻었다. 상담에 참여한 내담자가 내면적으로 느껴지는 경험에 대해 언급을 많이

---

1) 포커싱 지향 심리치료의 내용은 Lappaport(2009)가 쓰고 오연주(2012)가 번역한 「포커싱 미술치료」와 Leijssen(1998)이 쓴 「Handbook of experiential psychotherapy」의 '6장 Focusing Microprocess'의 내용을 주로 참고하여 정리하였다. 또한 주은선(2011)이 쓴 「포커싱 체험심리치료」와 Stapert와 Verliefde(2003)가 쓰고 이수경(2012)이 번역한 「어린이와 함께하는 포커싱 심리치료」를 참고하였다.

할수록, 체험척도가 높은 점수를 보이는 사람일수록 치료의 성공률이 높았다. 여기서 경험과 체험이 비슷한 의미의 용어인데 우리나라 말로 하자면 경험은 "경험했어"와 같이 대상을 강조한 개념에 가깝고, 체험은 지금 여기에서 이루어지고 있는 과정을 강조한 개념이라고 이해하면 좋을 듯하다. 그러나 경험과 체험은 둘 다 구분 없이 사용해도 무방하다.

연구 결과를 보면, 상담 과정에서 "이건 이것, 저건 저것.", "이렇게 생각하면 되는 거다."와 같이 문제에 접근하는 인지적인 인식을 넘어서 자신의 내면적인 경험에 다가간 내담자들만이 상담에서 성공적인 결과를 얻는다는 것을 알게 되었다. 즉 우리가 안다고 해서 바뀌는 것은 아니다. 알지만 내면적인 경험이 없다면 변화가 오지 않는다.

이에 Gendlin은 체험 수준과 내면의 경험을 높일 수 있다면, 심리치료에서 보다 많은 긍정적인 변화의 가능성을 높일 수 있다고 보았다. 그 방법으로 포커싱(Focusing)이라는 기법을 개발한 것이다.

그는 1970년대 초반에 관심을 함께 하는 사람들과 집단 모임을 만들어서, 자신이 계속 개발해간 포커싱 기법을 공유하였다. 이를 기반으로 포커싱을 소개하는 "변화(Change)"라는 프로그램을 개발하였다. 그리고 1978년에 Gendlin의 첫 저서 「포커싱」을 내놓았다. 시카고 대학교에서 Rogers와 함께 한 연구를 집대성한 것이었다. 이후 포커싱을 어떻게 하면 잘 전달할 수 있을지 고민하면서, 포커싱 기법을 사용해 심리치료적 접근을 하는 과정과 절차를 여섯 단계로 나누어 포커싱 지향 심리치료로 발전시켰다. 지금 여기에 집중하면서 치료를 해가면서, 자연스럽게 포커싱 기법을 적용하고 접목한 심리치료이다. 즉 포커싱 지향 심리치료(Focusing Oriented Therapy)란 심리치료 과정에 포커싱 단계와 기법을 접목한 심리치료라 하겠다.

포커싱(Focusing)이란 주의를 맞추는 것을 말한다. Cornell(1996)은 포커싱에 대해 다음과 같이 정의하였다. 부드럽게 몸에 집중하고 있는 그대로를 받아들이며 내면의 자신이 보내는 메시지를 듣는 과정이다. 포커싱은 내 안에 있는 지혜를 존중하고, 정확히는 모르지만 몸을 통해서 자신에게 말하고자 하는 무언가가 있다는 것을 느끼는 과정이다.

게슈탈트 심리치료에서 다루었듯이 우리 모두에게는 수많은 미해결된 과제들이 있다. 미해결과제들은 그대로 남아서 우리에게 다양한 신호를 보낸다. 때로는 집중을 흐트러뜨리고, 알 수 없는 불안이나 공포, 분노, 수치심과 같은 감정을 불러일으키기도 한다. 뭔가 알 수 없는 충동을 느끼게도 하고, 두통이나 소화불량과 같은 신체 증상을 만들기도 한다. 그렇게 다양한 방식으로 미해결된 과제가 우리에게 메시지를 보낸다. 특히, 가슴이 두근거린다든지, 울컥하게 한다든지 등 여러 가지 신체반응을 동반한다. 따라서 신체에서 일어나는 반응들에 주의를 기울임으로써, 우리가 무엇을 해결하지 못하고 있는지 알아차릴 수 있다. 포커싱은 바로 개인의 주관적인 내적 체험에 주의의 초점을 맞춤으로써 미해결과제를 알아차리고 이해하며 해결방법을 찾아가는 기법이라고 이해할 수 있다.

미해결과제들이 꿈틀거리고 몸 안에서 신체 감각으로 나타난다. 바로 이 반응을 포커싱의 핵심 개념인 '감각느낌(felt sense)'이라고 정의하는데, 번역할 때 주로 감각느낌이라고 합의하여 명명한다. 이 감각느낌에 주의를 기울이면, 어떤 감각이나 느껴지는 것들을 통해서 무엇이 우리들에게 해결해야 할 문제로 남아 있는지 알 수 있고 그것을 해결하는 방법을 찾도록 돕는다.

이처럼 포커싱은 몸의 감각느낌에 주의를 기울이는 특별한 방식이며, 내담자가 자신의 느낌이나 감정을 인식하고 명확히 하도록 돕는 기법이다. 몸의 감각느낌에 주의를 기울이면, 문제 또는 상황과 관련된 전체적 감각느낌에 접촉한다. 그것이 무엇으로 떠오르는지 그 상징들과의 상호작용을 통해 감각경험이 좀 더 명확해진다. 감각경험은 이때 움직이고 변화하면서 감각의 전환(felt shift)이 일어난다. 이때 실제적인 변화가 일어난다고 보았다. 미처 몰랐던 새로운 무언가를 감지하게 되고, 해결을 향해 앞으로 나아갈 수 있게 된다. 이처럼 감각느낌을 통해 좀 더 구체적이고 통합적으로 '알아가는' 과정에 접근하는 것이다. 문제나 상황, 경험과 관련해 감지된 우리의 감각느낌을 기꺼이 받아들이고, 친근하게 대하는 태도를 기르는 몸과 마음의 훈련방법이다.

② 포커싱 태도

감각느낌에 포커싱 하면 많은 것을 알아낼 수 있는데, 포커싱이 잘 이루어질 수 있기 위한 포커싱 태도가 필요하다. 내면의 주관적인 경험은 모호한 것이 특징이다. 따라서 그 내적 경험으로부터 의미를 얻기 위해서는, 먼저 모호함을 견딜 수 있어야 한다. 처음에는 모호하고 알려지지 않은 감각에서 시작한다. 느껴지는 것이 무엇인지 모르겠고 그것이 무엇을 의미하는지 모른다. 그 모호한 것에 주의의 초점을 맞추고 계속 기다리고 견디면 서서히 우리에게 명확한 메시지로 다가온다. 즉 포커싱이라는 특정 방식으로 주관적인 내적 체험에 접근했을 때, 모호하고 알려지지 않은 것들이 알려질 수 있다.

따라서 모호함을 견디고 암시된 것에서 무엇인가가 나타날 것이라는 믿음과 함께, 통제를 포기하고 그것이 무엇을 말하는지 기다릴 수 있어야 한다. 사람들은 모호하고 불확실한 상태를 매우 불편해 한다. 앞으로 무슨 일이 일어날지 모르니 그것에 대비하기도 어렵고 대처하지 못할까 두렵다. 모호하고 불확실한 상태는 내담자 자신이 취약하게 느껴지는 상태이다. 그러나 사실 분명하고 명확한 게 얼마나 될까? 우리가 살아가는 삶 자체가 잘 들여다보면 모호하고 불확실한 것의 연속이고, 주변에 온통 모호한 것들 뿐이다.

포커싱적 태도는 쉽게 얘기해서 그 모호한 것에 관심을 갖고 궁금해 하는 태도라고 할 수 있다. 치료자는 내담자로 하여금 아직 명확하게 드러내고 분명한 메시지를 형성하지 않는 것에 대해 친절하고 반갑게 맞이하는 태도를 갖도록 안내한다. 모호하고 불확실한 것에 좀 더 수용적이고 열린 마음과, 조용하고 친근하게 머무르는 태도가 필요하다. 이를 위해 분명한 것들 즉 이미 알고 있는 모든 것을 일시적으로 멈추고, 사고 즉 인지활동을 소극적으로 하는 게 필요하다. 이미 가지고 있던 내담자의 편견과 생각을 멈추도록 하고, 계속 떠오르는 사고활동을 좀 더 소극적으로 할 때 몸의 감각이 더 잘 느껴질 수 있고 그것에 주의를 맞출 수 있다. 그 감각느낌에 대해 수용적이고 공감적인 태도가 필요하다. 치료자는 포커싱 태도를 안내하여 내담자가 신체적으로 느껴진 체험에 주의를 집중하고 상호작용하도록 돕는다.

1) 따뜻하게 맞이하기

그대로 받아들이고 함께 있을 수 있도록 초대하는 방법이다. "몸 안으로 숨을 깊이 들여 마셔 보세요. 숨을 쉬는 동안 지금 당신의 몸 안에서 무슨 일이 벌어지더라도 환영한다는 태도를 가지세요." 호흡을 통해서 우리는 집중하게 된다. 호흡은 우리의 체험과 늘 함께 한다. 호흡을 통해서 우리는 우리의 체험으로 들어가게 되는 것이다. 누르지 말고 환영해 보라.

2) 친근하게 대하기

내담자 스스로 안전한 내면적인 공간을 만들어 중요한 내면의 경험에 귀 기울일 수 있게 된다. "그것을 친근하게 대할 수 있겠어요?" 두려워하는 내담자에게 몸에서 일어나는 것들을 친근하게 대하도록 안내한다.

3) 옆에 있어주기

이거야말로 체험이다. 함께 그 경험을 하는 것이다. 내면적으로 느껴지는 경험과 관계를 형성한다. 의미 있는 친구나 가족을 떠올려 보자. 고통스러워하고 있는 그의 감정을 그냥 알아주는 데서 멈추지 않고, 그 고통의 여정을 통해 터널을 빠져나올 수 있도록 곁에 있어주는 것이 필요하다.

예를 들어, 내담자는 배 부분에서 쥐어짜는 것 같은 분노를 느낀다. "몸 안에서 쥐어짜는 것 같은 분노를 경험하는 부분에 집중해 보시겠어요?" 내담자는 고개를 끄덕인다. "그것 옆에 앉았다고 상상해 보세요. 그리고 어리고 수줍은 아이와 함께 있는 것처럼 그 옆에 있어주세요." 내담자는 자신의 느껴지는 경험 '옆에 있어 주는' 동안 쥐어짜는 것 같은 분노에 대한 감각느낌과 연결하고, 통합된 자아가 감각느낌 옆에 있어주는 경험을 하는 것이다. 함께 통합되는 느낌이 들면서 감각느낌 옆에 있는 경험을 하게 된다. 힘든 여정을 빠져나오게 된다.

4) 다정하게 관심 보이기

다정하게 관심을 보이는 것은 수용적인 분위기를 조성하는 데 도움이 된다. 특히 고통스럽고 힘들 때, 자신에게 다음과 같이 말해 보는 거다. "쥐어짜는 것 같은 분노라고? 오우, 그렇구나, 그것 참 흥미로운데!"

이와 같은 포커싱 태도는 내면적으로 느껴지는 감각느낌과 편안하게 접촉하는 방법을 찾아가는 데 도움이 된다. 한 마디로 "너, 그거구나!"와 같이 관심을 보이는 태도를 말한다.

3 감각느낌(felt sense)

감각느낌은 우리가 생각하는 단순한 신체 감각을 말하는 것이 아니다. 몸에서 느껴지는 감각으로, 이는 내면 상태에 대한 직접적인 몸의 경험이고 깨달음이라 할 수 있다. 우리는 수많은 경험을 하고, 그것이 몸으로 나타난다. 몸의 입장에서 보면 깨닫게 되는 것이다. 몸이 한 경험에 대해서 감각느낌을 통해 내면의 감정을 알아차리고, 그 이상의 것으로 무엇이 있는지, 그것이 어디에서 오는지 등을 깨달을 수 있다.

예를 들어, 일과 부모 노릇, 늙은 부모와의 관계에서 오는 압박감을 느끼고 있는 내담자에 대해 "그런 모든 것들이 몸 내부에서 어떻게 느껴지는지 볼까요?" 그러자 내담자가 힘들다는 얘기를 멈추더니 조용히 내면에 귀를 기울이다가 "상체가 마치 비틀린 것 같아요. 뭔가 외부에서 압박해 오는 것 같아요."라고 말한다. 이때 상체가 뒤틀리는 것 같은 느낌이 감각 느낌에 해당한다.

전 남자친구로부터 심한 상처를 받고 힘들어하던 기영 씨는 새로운 남자친구와 연애를 시작하였다. 상담자가 "잠시 기영님의 몸 안에서 어떻게 느껴지는지 볼까요?"라고 감각느낌을 묻는다. 찬찬히 몸을 살펴보더니 기영 씨는 "심장에서 뭔가 파닥파닥 뛰어 오르는 것 같은 느낌이 들어요. 간지러운 것 같기도 하고,

따뜻한 느낌도 들어요." 여기에서 심장에서 뭔가 뛰어 오르는 것 같고 간지럽고 따뜻한 느낌이 감각느낌이다. 남자친구와의 경험이 지금 현재 그러한 경험으로 드러나는 것이다.

1) 감각느낌의 특징

감각느낌은 신체 안에서 나타나는 것이다. 즉 몸 안에 존재한다. 마음과 몸, 영성이 전인적으로 통합된 것으로, 의식과 무의식 사이의 경계에서 발생한다. 느낌이나 감정 이상의 것으로 우리 삶 전체에 드러나는 어떤 감각이라 할 수 있다. 그것을 끄집어내면 그 내담자의 역사가 담겨 있을 수 있고, 인간관계와 상처와 관련된 여러 가지 느낌이 따라온다. 경험 전체 즉 개인적인 역사나 인간관계와 연관된 느낌을 수반한다.

초점이 분명해지기 전인 초기에는 감각느낌이 모호하고 불분명하며 거의 흐릿하게 보인다. 이것이 명확하게 되기 위해서는 기다려주어야 한다. 계속 감각느낌을 느끼면서 주의의 초점을 맞추고 따라가다 보면 어느 순간 명료해진다. 이처럼 감각을 형성하는 데 시간이 필요하다. 그리고 점차 단계별로 접근해 가면서 많은 것을 알게 된다. 감각느낌이 무엇에 관한 것인지, 핵심이 무엇인지, 어떻게 하면 해결의 방향으로 가는지, 무엇을 필요로 하는지를 알려준다. 즉 우리의 몸은 우리로 하여금 성장으로 안내하고 지혜의 길을 안내한다. 우리가 몸이 드러내는 감각 등의 메시지를 억압하고 외면할 때, 어려움이 발생하는 것이다.

2) 감각느낌에 다가가는 방법

감각느낌에 접근하기 위해서는, 먼저 몸 내부에 집중해야 한다. 감각느낌은 몸 안에서 나타나는 것으로, 그 안에서 무엇이 느껴지는지 그것이 무엇인지 깨달음을 얻기 위해 집중해야 한다. 이러한 알아차림이 서투를 때는 평소 신체 감각을 지각하는 훈련을 하는 데에서 시작하는 것도 좋다. 몸 안에서 무엇이 일어나고, 그 일어나는 것들이 무엇을 의미하는지 알아차리도록 노력한다. 감각느낌이 만들어지고 알아차려지는 데에는 어느 정도의 시간이 걸린다. 충분히 기다림을 갖고 마주하는 것이 좋다. 억눌러져 있던 것들은 감각느낌으로 나타나고, 처음에는 모호하지만 기다려서 다가가면 명확해진다.

감각느낌이 활발하게 이루어지기 위해서는 포커싱 태도들이 필요하다. 나타나는 몸의 감각들을 반기고 환영하는 태도를 갖는 것이 중요하다. 이를 위해 일어나는 신체 감각들을 그대로 수용하고 환영하며 무비판적으로 바라보는 포커싱 태도를 가지면서 감각느낌이 형성되도록 한다. 감각느낌을 알아차리게 된 다음에는 그것을 친근하게 대하도록 노력한다. 그럴 때 감각느낌이 좀 더 편안하게 우리에게 나타나고 그것이 무엇을 의미하는지 드러낸다. 감각느낌이 나타나면 머무르면서 감각느낌과 내면적인 대화를 나누어본다. 감각느낌이 해야만 하는 이야기를 들을 수 있도록 일정한 거리를 유지하는 것이 좋다.

[실습 4-1] 감각느낌에 다가가는 연습[2]

상담자는 내담자로 하여금 감각느낌에 주의를 기울이고 다가가는 작업을 하기 위해 다음과 같이 말해보라.

> 호흡을 천천히 쉬면서 깊이 숨을 들이마셔 보세요. 숨을 들이마시고, 내쉬는 것을 반복해 보세요. 당신이 앉아 있는 의자나 발을 딛고 있는 바닥, 이 모든 것이 당신을 지지해 준다고 생각해 보세요. 당신은 안정감을 느끼며 호흡을 따라 몸 깊숙이 들어갑니다. 몸 안에 무엇이 있는지 들여다보세요. 자신의 내면이 어떠한지 알아차려 보세요. 긴장되어 있는지, 조이는지, 뭔가 욱 하고 충동질을 하는지, 아니면 편안한지 알아차려 보세요.
>
> 거기에서 발견한 것이 무엇이든 환영해 보세요. 그리고 친근하게 대해 보세요. 충분히 시간을 두고 기다려 보세요. 거기에서 무슨 일이 일어나는지 그대로 바라보세요. 있는 그대로 내버려 두세요. 그리고 그것을 단지 알아차리기만 하면 됩니다.
>
> 당신이 발견한 것이 모습을 드러냈다면, 그 곁에 앉아 보세요. 그것의 옆에

---

2) Lappaport(2009)가 쓰고 오연주(2012)가 번역한 「포커싱 미술치료」의 내용의 일부를 발췌하였다.

머물러 보세요. 그리고 친근하게 대하며 물어보세요. "너는 무엇이니? 너는 누구이니? 무엇을 원하니? 무엇을 말하고 싶은 거니?"라고요.

3) 감각느낌의 상징화

감각느낌을 찾았다면, 치료자는 내담자에게 감각느낌과 어울리거나 관련해서 떠오르는 상징 또는 묘사에 적절한 단어나 구절이 있는지 살펴보도록 한다. 이미지, 몸짓, 소리여도 괜찮다. 그리고 떠올린 것이 지금 몸에서 느껴지는 감각느낌과 맞아떨어지는지 확인한다. 이 과정을 감각느낌의 상징화라고 한다. 감각느낌의 상징화를 '이름붙이기' 또는 '단서 찾기(handle)'라고도 한다.

우리 몸 안에 여러 미해결과제들, 상처들이 덩어리로 억눌러져 있다. 그것이 무엇인지 찾기 위한 과정인 것이다. 그 덩어리가 무엇인지 알 수 있는 단서를 찾는 것이 상징화이다. 마치 커다란 가방의 손잡이를 찾는 것과 같다. 그 손잡이를 잡아당기면 가방 전체가 따라 오는 것처럼, 단어나 구절, 이미지 하나가 감각느낌 전체를 파악할 수 있는 단서가 된다. 이런 의미에서 이름붙이기, 상징화를 handle이라고 한다. 단서를 찾으면, 그것이 무엇인지 전체의 덩어리가 따라올라오기 때문이다.

이때 주의할 점은 생각으로 판단하는 분석을 통해 상징화를 하기보다는, 몸의 감각느낌과 만나고 직관적으로 알아차리는 데 집중해야 한다. 열린 마음으로 몸의 감각느낌을 따라가다 보면, 자연스럽게 어떤 것이 떠오르고 그것을 상징화할 수 있게 된다. 즉 몸에서 자연스럽게 느껴지는 것이다. 이렇게 몸의 감각을 느끼면서 주고받는 과정을 통해, 느껴지는 감각느낌이 무엇인지 알 수 있는 단서를 만나게 된다.

은지 씨는 중요한 졸업시험을 앞두고 갑작스럽게 엄마를 잃었다. 상을 치르자마자 졸업시험을 준비했고, 무사히 시험을 마무리할 수 있었다. 그러나 가슴이 답답하고 꽉 막힌 것 같았다. 상담자는 물었다. "몸에서 무엇이 느껴지나요?" 은지 씨는 눈을 감고 조용히 몸에 느껴지는 것에 집중했다. "뭔가 가슴에서 묵직한 것이 있어요. 돌덩어리 같기도 하고, 꽉 막힌 것 같아요." 상담자는 그 느껴지는 것이 무엇인지 표현해 보도록 안내했다. 은지 씨는 대답했다. "슬픔이요.", "울분이요." 이때 은지 씨가 떠올린 단어인 "울분"이 가슴에서 느껴지는 답답하고 꽉 막힌 것 같은 감각느낌에 대한 '단서'가 되고, 이 단서를 통해 은지 씨가 미처 다루지 못한 갑작스런 엄마의 죽음에 대한 슬픔에 접근할 수 있다.

도준 씨는 최근에 승진 심사로 인해 꽤 오랫동안 무리해서 일을 했고 좀처럼 쉬지 못하고 있었다. 상담자는 도준 씨에게 몸에서 무엇이 느껴지는지 물었다. 도준 씨는 가만히 앉아서 몸에 집중하였다. "뭔가 가슴이 조이는 것 같아요." 상담자는 그 느낌이 무엇과 같은지 표현해 볼 수 있는지 물었다. 도준 씨는 다음과 같이 표현하였다. "그것은 마치 얼어붙은 메마른 나무 같아요. 아무것도 없어요. 살아있지도 않아요." 여기에서 도준 씨가 표현한 "얼아붙은 메마른 나무"라는 이미지가 감각느낌의 상징이라고 볼 수 있다. 이를 통해 도준 씨가 지금 어떤 상태에 있는지, 무엇이 문제인지 접근할 수 있다.

 느낌전환(felt shift)

Gendlin은 감각느낌에 계속 집중하다 보면, 단서가 발견되고 그것과 감각느낌이 맞아떨어지면서 변화가 일어난다. 감각느낌을 친근하고 따뜻하게 맞이하는 포커싱 태도로 계속 대하면서, 감각느낌의 상징화가 이루어지면서 내면 안에서 어떤 움직임과 변화가 자연스럽게 일어나는데, 그것을 "느낌 전환(felt shift)"이라고 한다.

느낌 전환은 미세한 변화로 일어나기도 하고, 눈에 띄는 강렬한 변화로 나타나기도 한다. 숨이 꽉 막힌 상태에서 숨통이 트이는 느낌으로 오기도 하고, 얼굴빛이 검붉게 어두웠다가 화색이 도는 변화로 오기도 한다. 내장이 조이고 꼬이는 느낌에서, 갑작스럽게 풀리며 몸이 편안해지는 변화로 오기도 한다. '아하!', '몸이 가벼워지는 느낌', '뻥 뚫리는 느낌' 등이 느낌전환이 일어나는 순간 나타난다.

이처럼 느낌전환은 하나의 감각느낌에서 다른 감각느낌으로 변화되는 것이다. Gendlin은 감각느낌에 집중하고 접촉하는 것만으로도 변화가 이루어진다고 보았다. 감각느낌의 변화는 자신의 변화에서 나아가 우리 삶 전체의 변화도 이어질 거라고 내다보았다.

취직을 하기 위해 계속 준비하지만 번번이 면접에서 고배를 마시고 있는 수지 씨는 힘들어하고 있다. 상담자는 수지 씨에게 가만히 몸 안의 느낌들에 집중하고 그것이 어떻게 느껴지는지 표현해보도록 하였다. 수지 씨는 "뭔가 무거운 게 있어요."라고 말했다. 상담자는 그것을 단어나 이미지로 표현해볼 수 있는지 물었다. 수지 씨는 "수치심이에요. 부끄러워요. 창피해요."라고 답했다. 상담자는 그 수치심에 머무르며 계속 옆에 있어보라고 했다. 그것이 어떻게 느껴지는지 알아차려 보도록 했다. 수지 씨는 잠시동안 조용히 그 느낌에 집중하더니 뭔가 변화가 느껴지는 듯 말했다. "슬픔이 올라와요." 상담자는 그 슬픔을 그대로 맞이해보도록 했다. 그리고 옆에 있어보라고 했다. 내담자는 가능한 그 느낌에 집중하며 머물러 있었다. 그러더니 표정이 풀어지는 변화가 살짝 일어났다. 상담자는 그 변화가 무엇인지 물었다. 수지 씨는 "뭔가 마음이 편해져요. 슬픔이 자신을 일아봐줘서 고마워하는 것 같아요. 뭐, 다시 시작해봐야 하지 않을까 하는 의지가 생기는 것 같기도 하고요."라고 말했다. 내담자는 취직에서 계속되는 실패에 대해 수치심을 느끼고 있다가, 이것이 슬픔으로, 다시 편안함과 의지로 변화하는 경험을 했다.

이처럼 신체 감각에 대한 포커싱을 통해 주의를 계속 집중하고 그 느낌을 상징화하며 머무르다보면 변화가 일어난다. 포커싱 지향 심리치료에서의 변화는 내적인 감각느낌을 정확하게 상징화할 때 그 결과로서 체험되는 내적인 변화(internal shift)이다. 이처럼 심리내적 변화 과정(intrapsychic change process)을 강조하였다. 외적인 환경과의 상호작용 및 접촉을 통한 변화 보다는, 내담자 자신의 내면에서 일어나는 것들을 알아차리고 만나는 접촉에 보다 더 초점을 둔 것이다. 즉, 알아차리지 못하고 있는 미해결과제들이 신체 감각으로 드러나고, 그것을 상징화하며 미해결과제의 덩어리가 무엇인지 알아차리는 것이다. 그 알아차림으로 자기 내면과의 접촉이 일어나고 변화가 일어난다.

몸에서 느껴지는 감각느낌에 포커싱을 사용해 집중하면서, 그것이 우리에게 무엇을 의미하고 가리키는지 작업을 한다. 이를 위해 모호함을 견디고 몸에서 느껴지는 감각에 대해 친근하고 반갑게 맞이하는 태도를 취한다. 그럴 때 감각느낌이 보다 수월하게 드러나고 알아차려진다. 그 감각느낌이 이끄는 방향으로 잘 따라갈 수 있다.

이러한 접근은 Rogers의 내담자 중심 치료를 떠올리게 한다. 치료자가 내담자에게 진실되고 무조건적으로 긍정적인 존중의 태도를 취하고, 공감적으로 이해하는 반응을 보일 때 내담자는 비로소 자신을 있는 그대로 드러내며 성장의 방향으로 스스로 작업을 해나가게 된다. Gendlin은 Rogers의 치료적 관점을 받아들였고, 내담자가 자신의 내면의 상태 및 문제를 알아차리는 작업에 좀더 초점을 두고 구체화하였다고 볼 수 있다.

Gendlin은 창의적이고 건강한 사람들은 이미 포커싱 기법을 평소에 사용하고 있다고 보았다. 자신의 신체 감각에 집중해서 내면의 상태에 접근해 가는 것이다. 이러한 과정을 좀 더 명확하고 구체적으로 가르칠 수 있도록 포커싱 단계를 여섯 단계로 나누어 제안하였다. 먼저 공간을 비우는 단계, 감각느낌을 통해 문제를 선택하는 단계, 이름을 붙이는 단계, 그 이름이 감각느낌에 맞는지 맞춰보는 단계, 그 감각느낌이 무엇을 요구하는지 질문하는 단계, 그 감각느낌을 따라가며 일어나는 것들을 그대로 받아들이는 단계이다.

우리는 평소에 수많은 미해결과제들과 문제들로 꽉 차 있다. 여러 가지 일들에 신경이 쓰이고 그것을 어떻게 다뤄야 할지 막막하고 답답하다. 자신문제, 부모문제, 돈문제 등 이것저것 신경쓰이는 것이 많으면, 마음도 복잡하다. 따라서 감각느낌에 포커싱을 하기 위한 준비 과정으로서, 그 복잡하게 쌓여 있는 문제들을 하나씩 비우는 과정이 필요하다. 꽉 차 있는 문제들을 하나씩 꺼내어 비워낸 다음에, 그 가운데 지금 다뤄야 할 것을 하나 골라내는 것이다.

그것이 공간 비우기이다. 이것은 마음챙김 등 명상의 과정과 유사하다. 명상은 판단하지 않는 주의를 통해서 내 안에 꽉 차 있는 것들을 비워 낸다. 비우니 잘 보이는 단계에 이르게 된다. 비우니 지금 현재 무엇이 가장 급한지가 보인다.

여러 문제들 가운데 아들 문제가 가장 급하게 보인다면 그 아들 문제를 작업하는 것이다. 아들 문제와 관련된 감각느낌에 주의의 초점을 맞추어 접근해서, 그것에 이름을 붙이고 상징해 본다. 선택한 감각느낌에 주의를 집중하고, 그 감각느낌이 무엇을 말하는지 그리고 무엇을 의미하는지 알기 위해 이름을 붙인다. 이름을 붙인 것이 감각느낌에 맞아 떨어지는지 맞춰본다. "이게 맞다." 싶은 마음이 들면, 그것과 작업을 해보는 거다. 어떻게? 바로 대화를 통해서이다. 그 감각느낌에게 물어본다. "너는 뭔데?", "뭐 때문에 그렇게 힘들어했는데?"라는 질문에, 감각느낌이 뭐라고 말하는지 그리고 어떻게 반응하는지 기다린다. 그리고 또 묻는다. "그럼 내가 어떻게 하면 되는데?"라는 질문에 뭐라고 답을 하는지 기다린다. 이러한 과정에서 일어나는 것을 그대로 두는 수용적이고 공감적인 태도를 취하면, 감각느낌은 우리에게 필요한 정보를 주고 변화가 일어난다. 그렇게 감각느낌이 있는 그대로 펼쳐지는 변화 과정들을 경험하고, 그것을 그대로 받아들이도록 한다.

Leijssen(1998)은 포커싱 단계를 세 단계로 묶을 수 있다고 제안하였나. 첫째, 감각느낌에 대해 적절한 거리를 만드는 단계이다. 너무 꽉 차 있으면, 즉 여러 가지 문제들에 압도되어 있으면, 너무나 가까이에 있으면, 문제를 제대로 볼 수 없다. 따라서 그것들과 적절한 거리를 두는 게 선행되어야 한다. 감각느낌과 너무 가까이 있으면 압도될 수 있고, 너무 멀리 있으면 감각느낌과 제대로 접촉하기 어렵다. 따라서 감각느낌과 적절한 거리를 만들기 위한 작업이 필요하다. 이와 같은 '거리두기'는 포커싱 지향 심리치료의 가장 큰 특징 중 하나이다. 즉, 포커싱 치료에서는 문제에 대해 거리를 두는 것이 중요하다고 강조한다.

둘째, 그 감각느낌을 펼치는 것이다. 몸의 감각, 정서, 상징, 상황 등 감각느낌의 모든 구성 요소들이 하나의 통합된 감각느낌으로 펼쳐지도록 발달시키는 것이다. 집중을 통해 하나의 감각느낌으로 발달하도록 기다리고 내버려 두는 단계이다.

셋째, 감각느낌을 충분히 받아들이는 단계이다. 평소에 감각느낌을 받아들이는 것을 방해하는 반응양식은 잘못된 길로 이끌 수 있다. 예를 들어, 내사 즉 내면의 비판소리를 들 수 있다. '그러면 안 돼', '~해야 해', '그게 힘든 거야? 힘든 것 아냐'와 같은 내면의 목소리는 감각느낌이 자연스럽게 일어나고 펼쳐지는 것을 방해한다. 결국 감각느낌을 제대로 받아들이지 못하게 한다. 따라서 마지막 단계에서 우리에게 펼쳐지는 감각느낌을 그대로 받아들이는 과정을 거치도록 한다.

포커싱 지향 심리치료는 한 마디로 알아차리는 과정 중심으로 이루어진다고 볼 수 있다. 게슈탈트 치료 과정으로 설명하자면, 우리의 감각느낌을 통해 게슈탈트를 형성하고 그것을 환경과의 접촉을 통해서 완결한다. 포커싱 과정은 여기에서 알아차리는 과정과 알아차리는 기법에 좀 더 집중한다. 감각느낌을 집중하면서 지금 이 순간에 일어나는 것들을 알아차리며 따라가다 보면, 무엇이 문제이고 어떻게 해결할 수 있는지 알 수 있다. 포커싱 과정은 말 그대로 집중하는 것이 굉장히 중요하다. 우리 몸 안에서 일어나는 현상과 과정에 주의를 집중하고, 그 과정을 잘 따라가기만 해도 우리에게 성장과 변화를 유도한다고 보았다.

3년 전 딸을 낳은 후 산후우울증에 빠진 32세 여성의 사례를 살펴보자. 송희 씨는 자신에게 문제가 있을 거라 생각했지만, 그것이 무엇인지 모른 채 삶이 무력하고 우울해서 고통스러워 상담을 받기 시작하였다. 우울증으로 힘들어서 여러 책을 읽어보았지만, 딱히 마음에 와 닿는 것을 발견하지 못했다. 송희 씨가 이런저런 설명을 하니까 치료자는 설명을 멈춰보라고 하였다. 많은 내담자들은 나 이러하다고 설명하며 이해해주기를 바란다. 이 또한 중요한 치료적 작업이고 과정이다. 그러나 이것은 체험의 과정이라기 보다는 인지의 과정에 가깝다.

체험적 과정에 접근하기 위해 그 인지의 과정을 멈추거나 줄이도록 하는 것이 도움이 된다. 치료자는 지금까지 설명을 찾는 인지적인 작업을 멈추고 몸의 중심부를 향해 주의를 기울이면서 집중하도록 하였다. 내담자 자신에게 "내게 실제로 무엇이 일어나는 거지?"라는 질문을 계속 하게 하였다. 그때 송희 씨가 자신에게 실제로 무엇이 일어나고 있는지 멈추어서 바라보면서 눈에서 눈물이 흐르기 시작하였다. 송희 씨는 당황스러워하면서 다시 설명하려 하였다. 이와 같은 설명하는 과정은 체험적 과정에서 멀어지게 만든다. 그래서 그것 또한 멈추게 하고 치료자는 내담자에게 기다리라고 하면서 몸에 주의를 계속 기울이도록 안내하였다(Leijssen, 1998)

체험적 치료에서는 일어나는 체험에 집중하는 것이 중요한데, 내담자들은 이를 설명하려 한다. 그러면 체험이 끊기고 중요한 작업을 놓친다. "몸에서 일어나는 것을 지켜보면서 바라보세요."라고 안내했을 때, 송희 씨는 "전 제 딸을 데리고 가버리지 않았으면 해요."라고 외쳤다. 상징화 즉 이름붙이기 단계에서 이렇게 말한 것이 지금 느끼고 있는 내적 체험에 맞는 표현인지 물었다. 송희 씨는 잠시 멈추더니 분명히 맞는 것 같다고 인정했다.

치료자는 이것이 맞다면 그 표현을 계속 여러 차례 되풀이해 보도록 했다. 중요한 말이나 행동이 표현되었다면, 그것을 계속 반복하도록 하는 것이 체험을 깊이 있게 만든다. 예를 들어, 학대 경험을 받은 사람이 "내 잘못이 아니야."라는 말이 나왔을 때, 이를 반복해서 말하게 한다. 내담자는 점차 고통이 완화되는 것을 느낄 수 있다.

송희 씨는 여전히 몸에 긴장이 남아 있다는 것을 지각하였고, 치료자는 내담자가 몸에 주의를 계속 기울이면서 무엇이 더 있는지 살펴보도록 하였다. 송희 씨는 인큐베이터 속 아기가 보이고 저 멀리 유리 뒤에 서 있는 자신이 보인다고 말했다. 그리고 그 순간 절망했던 감정을 떠올렸다. 관련된 이야기를 들어보니, 송희 씨가 처음에 아이를 낳았을 때 아이의 몸 상태가 좋지 않아서 인큐베이터 속에 남겨놓고 와야 했다. 송희 씨는 산부인과 의사의 말에 동의했지만, 그렇게 하는 것이 너무 고통스럽고 화가 나고 그 상황을 순순히 받아들일 수 없었다. 그러나 어쩔 수 없이 아기를 남겨두고 가야 하는 상황을 억지로 받아들일 수밖에 없었다. 그렇게 2주 후에 송희 씨는 아이를 집으로 데려올 수 있었다. 그러나 아이를 기다리는 2주 동안 느꼈던 고통과 분노가 상당했고, 그것을 제대로 다룰 겨를이 없었다. 아이를 데리고 왔을 때는 어린아이를 돌보느라 정신이 없었고, 그러다보니 급기야 우울증을 겪게 되었다. 그 경험을 어떻게 표현하고 만나야 할지 모른 채 그냥 내버려 두었던 것이다. 시간이 많이 지난 지금 그 사건을 잊었다고 생각했는데, 몸은 우울증의 형태로 그 경험을 드러내고 있었다. 송희 씨는 포커싱 과정을 통해 자신의 몸이 말하는 메시지를 알게 되면서, 드디어 자유로워지는 것을 느꼈다. 에너지가 회복되고 처음으로 아이에 대한 사랑 또한 느끼게 되었다.

1) 공간비우기

우리는 수많은 문제들에 둘러싸여 있다. 이것저것 신경쓰다 보면, 무엇이 마음에 걸리는지 또는 지금 무엇을 처리해야 하는지 제대로 인식하지 못한다. 포커싱 지향 심리치료는 수많은 문제들 가운데 하나를 선택하고 그것을 포커싱 기법을 통해 계속 집중하면서 해결해 간다. 이를 위해서는 먼저 우리 자신을 둘러싸고 있는 수많은 문제들을 하나씩 비우는 것이 필요하다.

첫 번째 단계는 내담자를 둘러싸고 있는 문제들을 몸 바깥에 적당한 거리만큼 떨어뜨려 놓는 공간비우기다. 공간이 다 빌 때까지 계속 문제들을 떨어뜨려 놓거나 바깥의 한쪽에 쌓아 놓는 작업을 한다. 마치 지금 마음에 걸리는 여러 문제들을 하나씩 포스트잇에 써서 벽에 붙여 놓듯이 목록을 만들어 마음을 비우는 과정이다. 포스트잇을 사용하지 않고 빈 종이에 목록을 만들어 적어도 괜찮다. 다양한 방법을 통해 쌓여 있는 것을 비우는 작업을 할 수 있다.

포커싱 지향 심리치료의 가장 큰 특징 중 하나는 내담자의 상상력과 창의력을 사용해서 여러 이미지 즉 심상을 활용한다는 것이다. 포커싱 과정을 하는 동안 내담자는 마음 안에 있는 것들을 다양한 비유와 은유, 이미지 등을 활용해서 구체적으로 구현해야 한다. 공간비우기도 마찬가지이다. 마음 안에 어지럽게 쌓여 있는 문제들을 하나씩 밖으로 꺼내는 심상 등의 방법을 통해 마음 안을 비우는 의식을 한다.

예를 들어, 아버지에 대한 미안함, 시험공부에 대한 부담감 등을 포스트잇에 써서 붙이는 방식을 활용할 수 있다. 포스트잇이라고 하는 눈에 보이는 물건을 이용해서 표현해내는 것이 공간비우기 과정을 보다 구현해내고 계속 집중하도록 돕는데 효과적이다. 물론 꼭 이 방법을 사용하지 않아도 된다. 이렇게 비워야 내 안에 무엇이 겹겹이 쌓여 있는지, 무엇에 정신이 팔려 있는지, 무엇을 처리하고 다루어야 하는지 정리되면서 보인다. 그때 비로소 그 수많은 문제들 가운데 하나를 선택해서 집중하는 포커싱을 할 수 있는 환경이 만들어진다.

즉 공간을 비우는 작업을 하는 이유는 어떤 것에 집중하기 위해서이다. 신체 내면에 집중할 수 있도록 준비하는 과정이다. "비워야 분명하게 보인다." 이러한 원리를 잘 보여주고 있는 것이 명상이다. 명상은 어느 한 측면에 집중하게 함으로써 비우도록 돕는다. 그럼으로써 무엇이 있는지 알아차리게 돕는다.

그런데 비워냈는데도 남아 있는 느낌이 있을 수 있다. 배경감정은 비웠는데도 남아 있는 느낌으로, 평소에 항상 드는 느낌을 말한다. 마치 내 공간의 벽지와 같이 늘 만성적으로 드는 느낌이다. 예를 들어, 학자금, 아버지에 대한 미안함, 시험공부 등을 비웠는데도 불구하고, 피곤한 느낌이나 항상 불안한 느낌이 들 수 있다. 상담자는 이를 확인하기 위해 다음과 같은 질문을 할 수 있다. "지금 우리는 다 비우는 작업을 했습니다. 더 이상 남아 있는 문제가 없다면 괜찮다고 느껴질 것입니다. 그런데 혹시 여전히 뭔가 느껴지는 감정이 있을까요?" 이때 내담자가 "항상 불안한 느낌이 들어요."라고 답한다면, 불안한 느낌이 배경감정이다. 문제로 인식되지 않지만, 늘 그 공간의 벽지처럼 채워져 있었던 문제인 것이다. 이 또한 비워야 하는 것이므로, 불안한 느낌까지 포스트잇에 써서 다른 문제들과 함께 적당한 거리만큼 몸 밖으로 떨어뜨려 놓는 의식을 한다.

배경감정까지 포함해서 주변을 모두 정리한 다음에 비워져 있는 공간을 경험하는 시간을 갖는다. 그 비워 있는 느낌에 대해서 충분히 머물러 주어야 한다. 많은 경우 그 비워져 있는 느낌에 머무르지 못하고 그러면 안 될 것 같고, 뭔가 생각하고 매여 있어야 할 것 같이 느낀다. 때로는 공허함을 느끼기도 하는데, 그 또한 느낄 필요가 있는 것으로 충분히 머무르도록 안내한다. 평소에 자신을 둘러싸고 있던 문제나 느낌, 걱정, 고통 등이 옆으로 치워지니, 내담자는 내면에서 편안함, 평화로움, 행복감을 느끼기도 한다. 이러한 느낌은 매우 긍정적인 것이다. 충분히 머물러 느끼도록 함으로써, 자신의 삶을 긍정적으로 바라볼 수 있는 에너지와 접하도록 한다. 또한 붙잡고 있지 않아도 괜찮을 수 있음을 경험하게 한다. 이는 무엇인가를 해볼 수 있는 동기와 힘으로 작용함으로써, 이후 포커싱 작업을 통해 문제를 다루도록 돕는다.

첫 번째 단계인 공간비우기 과정에서 가장 두드러지게 나타나는 포커싱 지향 심리치료의 특징은 '탈동일시'와 '거리두기'이다. 포커싱 지향 심리치료는 문제들에 압도되지 않고 거리를 두는 태도를 취함으로써 문제를 객관적으로 바라보고 필요한 접근을 찾아 해갈 수 있도록 돕는 접근을 취한다.

2) 감각느낌 통해 문제 선택하기

어지럽게 쌓여 있던 문제들을 옆에 치워 두었다면, 그 가운데 무엇을 먼저 다룰 것인지 선택한다. 문제를 선택하는 방법은 두 가지를 생각해 볼 수 있다. 첫째, 내려놓은 것들 중에서 지금 작업해보고 싶은 것이 '무엇'인지 감각느낌에게 물어본다. 내 몸이 무엇을 원하는지 그 말하는 것에 귀 기울이는 것이 필요하다. 즉 여러 문제들 중에서 우선적으로 다룰 필요가 있는지 확인하는 것이다. 신체에서 느껴지는 감각들에 주의를 집중한다. 머리, 위, 심장, 복부, 손이나 발 등 신체 부위에서 나타나는 긴장이나 무거움, 어떤 동요가 있는지 집중하고 알아차린다. 그 감각느낌이 무엇을 의미하는지 알아차려 가는 것이다. 남자친구 문제, 성적 문제, 돈 문제, 부부갈등 문제 등 그것이 무엇인지 안다.

둘째, 내담자 자신이 작업하고 싶은 것이 무엇인지 직접 묻는다. 만약 동생 문제라고 답했다면, 치료자는 동생문제와 관련해서 감각느낌이 무엇인지 알아차리도록 안내한다. 동생 문제를 떠올리게 하고, 그것과 관련해서 몸 안에서 무엇이 나타나는지, 어떻게 느껴지는지 자각하도록 한다. 바로 문제에 대한 감각느낌을 찾는 것이다.

3) 이름붙이기(단서/상징 찾기)

두 번째 단계에서 찾은 감각이나 느낌을 용어나 이미지, 제스처 등을 사용해 표현해내는 과정이다. 감각느낌과 접촉하면 그 감각이나 느낌을 묘사할 수 있는 단어, 구절, 이미지, 소리, 동작 등의 단서나 상징을 찾아내도록 안내한다. 이때 중요한 것은 '나는 이 느낌이다'가 아니라 '나는 이 느낌을 갖는다'와 같이 탈동일시와 거리두기를 할 수 있도록 안내한다. 치료자는 내담자가 감각느낌과 함께 머무르되, 그 속에 빠지지 않도록 돕는다. 포커싱 과정은 감각느낌과 함께하되, 그 안으로 빠져 들지 않는 탈동일시와 거리두기를 유지하는 것이 중요하기 때문이다. 거리를 두면서 '너 이것이지 않니?'라고 확인하고 상호작용하며 맞춰보는 것이다.

4) 맞춰보기

이름붙이기 단계에서 떠올린 단서를 내면의 감각느낌과 맞추어 가는 과정이다. 만약 감각느낌에 맞지 않는다고 느껴지면 버리고, 새로운 단어, 구절, 이미지, 동작, 소리 등이 나오도록 다시 집중하게 한다. 그래서 맞는 표현이 나올 때까지 기다리며 감각느낌에 집중하는 과정에 계속 머무르게 한다.

5) 질문하기

감각느낌에 대한 단서를 찾았다면, 감각느낌과의 내면적 대화를 통해 표현된 그것이 무엇인지 그리고 무엇을 필요로 하는지 묻는다. 즉, 감각느낌에 머무르면서 질문을 던지고 답을 듣는 상상의 과정을 통해 문제를 분명히 하고 그 문제를 해결할 수 있는 방법을 찾는 것이다.

예를 들어, "나를 ~하게 만든 것은 무엇이지?"와 같이 질문한다. 만약 '명치가 아프게 조이는'이 단서라면, "나의 명치가 아프게 조이는 느낌을 만든 것은 무엇이지?"라고 묻는다. 감각느낌에서 얻은 단서가 '긴장이 풀어지는 것 같은'이면, "무엇이 긴장이 풀어지도록 만들었어?"라고 질문해 볼 수 있다.

그 단서를 통해 문제 덩어리가 무엇인지 알아가는 과정을 계속 해 간다. "이것의 핵심은 무엇이니?", "여기서 중요한 것은 무엇이니?", "여기에 필요한 것은 무엇이니?"라고 질문할 수 있다. 이러한 질문을 통해 단서가 연결되어 있는 문제가 무엇인지 파악한다.

문제를 파악했다면, 해결을 상상하면서 작업할 수도 있다. "이 문제가 모두 해결된다고 상상해 보세요. 만일 이 문제가 모두 해결된다면 몸 안에서 어떻게 나타날 것 같나요? 어떻게 느껴질지 떠올려 보세요. 이 문제가 모두 해결된 것과 관련된, 내면의 감각느낌의 단서에 어울리는 단어, 이미지가 있을까요? 그것은 무엇인가요?

이때 중요한 것은 문제와 해결점 사이에 무엇이 있는지 확인하는 것이다. 이 해결점을 찾기 위해서는 무엇이 필요한지, 올바른 방향으로 나아가는 데 필요한 방법으로는 무엇이 있는지 탐색한다. 이 과정에서도 마찬가지로 이미지 즉 심상 등을 활용한다. "안락의자에 누워있는 것 같은 편안한 느낌이에요."라고 하면, "그 문제와 안락의자에 누운 것 같은 편안한 느낌 사이에는 어떤 해결방안이 있을까요?", 해결이 된 안락한 느낌의 그 방향으로 나아가기 위해서 어떤 방법들이 있는지 작은 것부터 찾아 물어본다.

문제에 압도되어 있으면 보이지 않는 것이다. 포커싱 과정은 문제로부터 떨어져 거리를 두도록 하여 문제를 객관적으로 바라볼 수 있도록 돕는다. 바로 그때 우리는 문제에 대한 해결방법을 찾아갈 수 있다.

6) 받아들이기

마지막 여섯 번째 단계는 열린 마음으로 감각느낌이 대답하는 것을 경청하는 것이다. 우리가 감지하고 알아차린 것을 받아들이는 태도를 통해 감각느낌이 자연스럽게 대답하고 그 대답을 흘러가게 두거나 머무를 수 있도록 한다. 그렇게 수용적인 태도를 취하다보면, 몸의 감각들이 한결 편안해지는 것을 느낀다.

질문하기 단계와 받아들이기 단계가 함께 이루어지는 경우가 많다. 감각느낌에서 시작하여 그것을 표현하고, 감각느낌이 원하는 것을 들었다면 이후 그것을 받아들이는 수용 단계에 이른다. 이때 '느낌전환'이 일어난다. 지금 여기에서 일어나는 것에 집중하는 체험을 통해, 감각느낌이 변화되는 것을 느낀다. 내적인 감각느낌을 정확히 상징화하여 체험할 때, 내적인 변화가 일어난다. 포커싱 과정은 이 같은 변화가 지속적으로 이루어지는 체험 과정이라고 볼 수 있다.

포커싱 지향 심리치료는 문제에 압도되지 않고 거리를 두고 접근하는 것이 특징적이다. 객관적으로 문제를 바라보다 보면 그것이 무엇인지, 어떻게 해결해야 할지 알아차려지면서 편안해진다. 포커싱의 이러한 접근법은 우리 삶에서 얼마든지 활용할 수 있다. 포스트잇을 통해 머릿속에 산재해 있는 문제들을 떼어 내 보는 것 자체가 효과적이다. 그런 다음 하나의 문제에 집중하고 거리를 두면서 이미지 즉 심상을 활용해서 명료하게 지각하고 어떻게 하는 것이 해결하는 데 도움이 되는지 그 방법을 찾는 통찰을 얻을 수 있다.

[실습 4-1] 포커싱 과정 실습[3]

치료자는 내담자에게 다음과 같이 포커싱 과정을 단계별로 안내하며, 작업을 해갈 수 있다.

① 공간비우기

가장 편안한 자세로 앉아 보세요. 몸 안으로 숨을 깊이 들여 마셔 보세요. 그리고 숨이 몸 깊숙이 들어가는 것을 느껴 보세요. 지금 앉아 있는 의자나 딛고 있는 땅이, 혹은 현재 있는 곳이 당신을 지지해준다고 느껴 보세요. 눈은 감아도 좋고 떠도 좋습니다. 여러분이 편한대로 해 보세요. 호흡을 따라 몸 깊숙이 들어가 보세요. 그리고 내면이 어떠한지 알아차려 보세요. 긴장이 되는지, 따뜻한지, 조마조마한지, 혹은 편안한지. 어떤 것이든 좋습니다.

준비가 되었다고 느껴지면 물어 보세요. "지금 나는 이 안에서 어떻게 느끼고 있지?" 그냥 들어 보세요. 몸 안에서 답이 만들어질 때까지 기다려 주세요. 무엇이든 답이 만들어지면 그대로 내버려두세요. 판단하지 마세요. 그렇구나. 그게 있구나. 그렇게 내 안으로 들어가 보세요. 내 안에 무엇이 있나요?

이제 자신이 평화로운 장소에 있다고 상상해 보세요. 이미 아는 곳일 수도 있고 상상으로 만들어낸 곳이어도 좋습니다. 준비가 되었다고 느껴지면 물어 보세요. "지금 이 순간 나와 모든 것이 다 괜찮은 공간 사이에는 어떤 걸림돌이 있지?" 무엇이든 올라오고 또 올라오도록 그대로 두세요. 지금은 내면에 어떠한 것에도 특별히 관심을 두지 마세요. 이제 무언가가 올라오면 자신과 조금 떨어진 곳에 그것을 놓아 보세요. 공원의 벤치에 앉아서 그것들을 옆으로 조금 떨어져 있는 벤치 위에 놓아도 좋고. 호숫가에서 배 위에 그것들을 실어서 조금 멀리 띄어 보낼 수도 있어요. 혹은 그것들을 각각 상자 속에 넣어 포장을 한 다음, 적당한 거리만큼 떨어뜨려 놓을 수도 있어요.

이렇게 이미지를 통해서 몸 밖으로 꺼내서 주변에 놓아 보세요. 포스트잇에 써서 붙이는 게 더 편하다고 생각한다면 그렇게 해 보세요. 종이에 하나씩 쓰는 게 편하다면 그렇게 해서, 몸 밖으로 떨어뜨려 보세요.

목록 작업이 끝났다고 느껴지면, 이제 물어보세요. "그 모든 것들이 제외된 지금, 나는 모든 것이 다 괜찮은가?" 만일 더 올라오는 것이 있다면 먼저 것들이 놓여 있는, 그 곳에 더 쌓아 보세요. 그러나 그것들과 편안한 거리를 유지하는 것을 잊지 마세요.

---

3) Lappaport(2009)가 쓰고 오연주(2012)가 번역한 「포커싱 미술치료」의 내용의 일부를 발췌하였다.

때로는 배경감정이 있을 수 있어요. 배경감정이란 항상 느끼고 있는 감정을 말해요. 늘 불안하거나 항상 조금 우울할 수 있어요. '모든 것이 다 괜찮은' 공간 안에 배경감정이 있는지 내면을 살펴보세요. 떠오르는 것이 있으면 그것을 떠내서 쌓기 작업을 해 보세요. 그리고 다시한번 살펴보세요. 지금은 어떤가요? 다 괜찮은가요? 걸리는 게 있나요? 그것들도 밖으로 꺼내 보세요.

이제 '괜찮은 공간'을 느낄 시간이에요. 안으로 주의를 돌리고 '모든 것이 다 괜찮은 공간' 안에서 쉬어 보세요. '모든 것이 괜찮은 공간'의 단서에 어울리는 단어, 구절, 이미지, 동작, 소리가 있는지 살펴보세요. 당신의 몸이 이 단서가 맞다고 확신하는지 맞춰 보세요. 맞지 않으면 '모든 것이 다 괜찮은 공간'의 단서와 맞는 새로운 단어나 구절, 이미지, 동작, 소리가 나오도록 초대해 보세요. 뭐라고 이름을 붙여 보시겠어요? 침대, 편안함, 요람, 바다, 하늘? 여러분의 몸에 맞는 괜찮은 공간의 이름은 무엇인가요?

② 감각느낌 통해 문제 선택하기

자, 이제 옆에 쌓아놓은 문제들을 훑어보면서 지금 무엇이 관심이 필요한지 살펴보세요. 지금 작업이 이루어지기를 원하는 것이 무엇인지 보세요. 아니면 작업할 것을 선택할 수도 있어요. 무엇에 초점을 맞추라고 하는지 몸에 집중해 보세요.

거기에 무엇이 있는지 그대로 보세요. 감각느낌에 주목해 보세요. 문제를 생생하게 느낄 시간을 가지세요. 그리고 물어보세요. "문제와 관련해 전반적으로 어떻게 느끼고 있지?" 거기에 무엇이 있든 그대로 두세요. 괜찮습니다.

③ 이름붙이기

내면적으로 감지된 감각느낌의 단서에 어울리는 단어, 구절, 이미지, 동작, 소리가 있는지 살펴보세요. 무엇이 떠오르나요? 그것은 무엇인가요?

④ 맞춰보기

그 단서나 상징에 대해 몸이 맞다고 느끼는지 살펴보세요. 맞지 않다고 느껴지면 지금의 단서나 상징은 놓아버리고, 새로운 단어나 구절, 이미지, 동작, 소리가 나오도록 초대해 보세요. 그것은 무엇인가요? 그리고 맞나요? 맞다고요? 그럼 다섯 번째 단계입니다.

⑤ 질문하기

감각느낌에게 질문을 몇 개 하게 될 거예요. 어떤 것은 대답을 얻겠지만 전혀 관련이 없는 것도 있을 수 있어요. 그런 경우는 그냥 흘러 보내세요. 자, 감각느낌 옆에 앉아 친구가 되어준다고 상상해 보세요. 그리고 물어보세요. "나를 ~하게 만든 것은 무엇이지? 이것의 핵심은 무엇이지? 여기서 가장 중요한 것은 무엇이지?"

이 문제가 모두 해결된다고 상상해 보세요. 마치 책의 뒤쪽에 나오는 해답지를 보는 것과 같이 모든 것이 해결된다면 그것이 어떤 모습일지, 또 어떤 감정이 들지 몸으로 느껴보세요. 이렇게 모든 것이 해결된 것에 대해 내면적으로 느껴지는 감각느낌의 단서와 어울리는 단어, 구절, 이미지, 동작, 소리가 있는지 살펴보세요.

다음과 같은 질문을 해 보세요. 무엇이 문제인지 알게 되었다면, 문제를 해결하기 위해 필요한 것이 무엇인가? 문제와 해결되는 지점 사이에 무엇이 있지? 이 해결점을 찾기 위해서는 무엇이 필요하지? 올바른 방향으로 나아가기 위해 필요한 작은 방안으로는 무엇이 있지?

⑥ 받아들이기

질문에 감각느낌이 무엇으로 답을 하든지 그대로 두어 보세요. 이제 시간을 갖고 내면에 있는 멈춤의 공간에 다가가 보세요. 포커싱을 시작한 지점이나 자신이 다다른 지점에 주목하고 싶다면 그렇게 해도 좋습니다. 당신 안에 담아두기를 원하는 것이 있는지 살펴보세요. 무엇을 알아차렸고, 무엇을 깨달았나요?

[사례 4-1][4] "화가 느껴지지 않아요."

경험에 지나치게 거리를 두고 있을 때, 포커싱 작업을 하기 어렵다. 치료자는 내담자가 자신의 경험에 접근하도록 할 필요가 있다. 사례 4-1은 지난주에 있었던 사건에 대해 지나치게 이성적으로 말하는 내담자이다.

치료자: 화가 나 있지만, 그 화와 어떤 것도 접촉하지는 않네요. 지금 잠깐 동안 재용님이 생각하는 모든 걸 내려두고 몸에서 무엇이 일어나는지 살펴보면서 시작할 수 있을까요? 전 재용님이 자신의 몸에 주의를 기울이도록 안내할게요. 눈을 감고 잠시 깊이 숨을 쉬어보세요. 몸에서 무엇이 알아차려지나요? 몸에서 무엇이 나타나는지 살펴보세요. 자, 재용님의 몸에서 무엇이 일어나요?

[포커싱을 유도하고 있다.]

내담자: 위에서 느낌이 있어요. 거기에 긴장이 느껴져요. 무척 강하게요.

---

4) 포커싱 접근 사례들은 Leijssen(1998)이 쓴 「Handbook of experiential psychotherapy」의 '6장 Focusing Microprocess'에서 사례 내용 일부를 정리하였다.

[사례 4-2] "할 게 많아 너무 긴장되어요."

　　포커싱 접근은 거리두기가 핵심인데, 자신의 경험에 압도되어 있는 내담자에게 다음과 같이 접근할 수 있다.

치료자: 눈을 감고 천천히 호흡에 집중해 보세요. 아까 매우 긴장되어 있다고 말했는데, 무엇이 건희님의 몸을 그토록 긴장하게 하는지 몸에게 물어보세요.

내담자: 휴가요. 휴가 가기 전까지 엄청나게 많은 일을 해야 해요. 그걸 하지 않은 채이 달이 끝나버리면 전 아무 성과도 없을 거예요.

치료자: 좋아요. 무엇이 건희님의 주의를 끄는지 한번 볼까요? 여기 건희님의 메모지가 있어요. 건희님을 긴장하게 만드는 문제들을 각 메모지에 적으면서 이름을 붙일 거예요. 그리고 적은 종이를 이 방 안에서 편안하게 느끼는 공간에 붙일 거예요. 자, 알아차린 건 뭔가요?

[심상을 활용해서 감각느낌에 집중하고 계속 머무르며 작업하는 것에서 나아가, 포스트잇과 같은 물건을 사용해서 외부로 실현화시키는 것이 더욱 효과적이다.]

내담자: 집안에 할 일이 쌓여 있고, 수리할 것들도 많아요. 수리해주실 분들이 집에 와야 하고, 난방시스템도 문제 있고, 전기도 점검할 필요가 있고, 커튼도 빨아야하고.

[치료자는 내담자에게 각각의 문제들의 상징이 되는 대표적인 단어를 적도록 한다.]

치료자: 각각을 종이에 적어봅시다. 목수, 난방, 전기, 커튼. 이제 이것들 각각을 이 방안의 어딘가에 붙여 보세요. 잠시 동안 이 걱정들을 옆에 밀어놓고 진정으로 느껴 보세요.

내담자: (내담자는 손이 닿는 테이블 바닥에 붙이고 깊이 한숨을 쉰다.)

치료자: 좋아요. 그것들이 거기에 있습니다. 지금 무엇이 건희님을 긴장시키는지 살펴보세요.

[이렇게 밖으로 꺼내 놓았는데도 아직 마음에 걸리는 것이 남아 있는지 확인하는 것이다.]

내담자: 치과의사와의 약속을 지켜야 해요. 치통으로 많이 힘들고 근데 자꾸 미뤄요.

치료자: 그것도 종이에 적어보세요. 또 뭐가 있나요?

－ 중략 －

내담자: 지금 전 외로워요. 외로움이 무겁게 짓눌러지는 것 같아요. 누군가를 안고 싶

어요.

치료자: 포옹이 그립다고 건희님의 몸이 말하고 있네요. 그럼 그 느낌에 집중하면서 편안하게 숨을 쉬어보세요.

[포커싱 태도를 유도한다.]

내담자: 느낌이 좋아요. 뭔가 제게 힘이 생기는 느낌이 들어요.

치료자: 그 밖에 다른 게 느껴지는 게 있나요?

내담자: 아버지를 만나는 게 두려워요. 아버지는 늙고 돈이 없으세요. 제가 돌보아 드려야 하지만, 그렇게 할 수가 없어요. 제게는 산 같은 느낌이에요. (아버지와 관련한 새로운 감각느낌을 꺼낸다.)

치료자: 건희님. 아버지와 관련한 새로운 감각느낌에 대해 이야기 하셨는데, 지금 마무리해야 해서 그것을 다룰 시간이 없네요. 원한다면 다음 회기에서 다루었으면 합니다.

— 중략 —

치료자: 오늘 다양한 메모들을 붙였어요. 건희님이 원하는 것들이 무엇인지 살펴보세요. 마무리하면서 무엇을 느끼나요?

내담자: 그 메모들을 집에 가서 무엇을 마주하기를 원하는지 순서대로 붙여놓겠어요.

치료자: 지금 느낌이 어떤가요?

내담자: 가벼워진 느낌이에요.

[사례 4-3] "악마 같은 게 뛰쳐나오려고 해요."

치료자: 몸 안에서 무엇이 느껴지는지 집중해보세요.

내담자: 뱃속에서 긴장이 심하게 느껴져요.

치료자: 그 느낌에 계속 머물러 보세요. 다른 뭔가가 나타나는지 기다려 보세요.

내담자: 뭔가 뛰쳐나오려고 해요. 악마 같은 게 상자 밖으로요.

치료자: 무엇이 뛰쳐나오려고 하나요?

내담자: (침묵) 미움이요. 근데 너무 이상해요.

[내담자는 떠올라서는 안 되는 느낌이라고 생각한 것이다.]

치료자: 재용님은 미움이란 단어 쓰는 걸 망설이네요. 근데 그 단어가 재용님에게 어떻게 느껴지나요? 분명한 느낌이지 않나요?

내담자: 네, 미움이 맞아요. 매우 강하게 느껴져요.

치료자: 미움. 그 단어가 재용님의 느낌에 가장 맞네요.

내담자: 뭔가 제게 힘을 주는 것 같아요.

치료자: 재용님의 미움에 힘이 따라온다는 것을 알아차리네요.

내담자: 제 친구가 너무 자주 상처주기 때문에 전 항상 그 친구를 멀리 해요. (내담자는 친구로 인해 굴욕감을 느꼈던 사건에 대해 말한다.)

치료자: 재용님은 다시 이 일을 겪고 싶지 않군요. 그 친구를 대면하는데 힘을 주는 뭔가를 원하는 군요.

[상담자는 질문을 통해 해결방안을 모색한다.]

내담자: 네. 지금은 기분이 좋아요. 바로 그거예요. (한숨, 좀 더 편히 앉아 침묵한다.) 전 그 친구에게 절 자기 마음대로 할 수 있는 너무 큰 힘을 지난번에 줘버렸어요. 내일 보게 될 텐데, 제가 더 이상 함부로 대해지지 않았으면 해요. 그걸 분명히 보여줄 거예요. (내담자는 똑바로 앉아서, 친구에게 하고 싶은 말이 무엇인지 생각한다.)

[사례 4-4] "심장이 요동쳐요."

내담자: 심장이 무섭게 요동쳐요.

[감각느낌에 주목한다.]

치료자: 무언가가 지원님의 심장을 요동치게 하는군요. (침묵) 지원님은 그걸 어떻게 느끼나요?

내담자: (한숨) 불안한가 봐요. 아니, 불안은 아니에요.

[이름붙이기 작업을 하면서, '불안'이라는 단어가 맞지 않다고 판단되어 다른 것을 찾는다.]

치료자: 불안은 적절한 단어가 아니라는 거죠. 그 감각에 계속 머무르면서 무엇이 떠오르는지 기다려보세요.

내담자: 음, 어느 정도의 신경과민 같아요.

치료자: 무엇인가가 지원님을 신경과민하게 만드네요. (침묵) 그것에 가장 적절한 단어를 한번 찾아보세요.

내담자: 팽팽하게 긴장된 기대. 바로 그거예요. 지금 제 심장은 북으로 뭔가를 알리는

것처럼 쿵쾅거려요.

[맞춰보기를 통해 적절한 단어를 찾았다.]

치료자: 긴장된 기대라는 거죠? 그것이 무엇을 의미하는지 집중해보세요. 어떤 생각이 떠오르나요?

[질문을 통해 감각느낌이 무엇인지 탐색한다.]

내담자: 그게 뭔지 알겠어요. 내일 모임에 가야 해서요.

치료자: 모임이 긴장되게 하네요.

내담자: 모임 생각을 하니까, 심장이 더 심하게 쿵쾅거려요. 그 모임에서 제가 좋아하는 친구가 오거든요. 그 친구를 만날 기대를 하니까 떨려요.

치료자: 좋아하는 사람을 만나는 일은 흥분되지 않나요? 즐겁고 신날 것 같은데.

내담자: 아뇨. (침묵) 만나서 뭔가 잘못될 것 같은 두려움이 있어요. 제가 실수하거나, 관계가 어그러지거나 할 것 같은.

치료자: 이런 긴장이 처음은 아닐 것 같은데.

내담자: 맞아요. 전에 긴장되었는데 지금 더 심해요. 좀 긴장을 풀었으면 좋겠어요.

치료자: 긴장을 풀기 위해 지원님에게 무엇이 필요한지, 몸에게 물어보겠어요?

[해결방안을 탐색하는 질문을 한다.]

내담자: (침묵, 한숨) 그 사람과 잘되려고 애쓰지 않고, 그냥 친구들과 함께 하는 자리를 즐기는 거예요.

치료자: 그래요. 지원님의 내면을 둘러보고 그런 기대 없이 가는 것에 동의하는지 확인해 보세요.

내담자: 네. 받아들여져요. 그럼 모임이 보다 덜 부담스럽고 재미있을 것 같아요. 그렇게 생각하니 마음이 편해졌어요.

[받아들이는 단계에 이른다.]

[사례 4-5] "항상 죄책감과 수치심이 들어요."

내담자: 선생님. 저는 항상 뭔가 죄책감이 들고 수치스럽고 그래요.

[먼저 문제를 선택한다.]

치료자: 동현님의 몸에 나타나는 이런 느낌들을 어떻게 알아차리나요?

[선택한 문제에 대한 감각느낌을 탐색한다.]

내담자: 심장이 압박되는 느낌이에요.

치료자: 압박의 느낌이라는 거죠?

[맞춰보기를 통해 맞는지 확인한다.]

치료자: 압박으로부터 벗어나는 출구는 어떻게 찾을 수 있을까요?

[질문을 통해 해결방안을 찾는다.]

내담자: 네. (침묵. 얼굴을 붉히며 부끄러워한다.) 젖이 가득 찬 엄마의 젖가슴 이미지
　　　　가 떠올라요.

치료자: 동현님에게 그 이미지가 필요하다면 충분히 머물러 보세요.

내담자: 바로 그거예요. 잘 맞아요. (한숨, 침묵) 이 이미지에 대해 다른 사람들에게 얘
　　　　기할 수 없어요. 매우 불편해요.

치료자: 그걸 다른 사람에게 얘기할 필요가 있다는 건가요? 동현님 내면에서 다른 사람
　　　　에게 알리길 바라는 다른 건요?

내담자: 뭐가 더 있는데. 슬퍼요. 슬퍼지고 있는데 그게 뭔지 모르겠어요.

치료자: 그것이 분명해질 때까지 기다려 주세요.

내담자: (침묵) 선생님. 전 결코 아이를 갖지 못할 거라는 생각이 갑자기 들어요. 이게
　　　　제게 얼마나 중요한지, 얼마나 큰 영향을 미치는지 그 전에는 미처 몰랐어요.
　　　　(깊은 한숨)

동성애자인 내담자는 남들과 다른 성정체감으로 인해 평소에 수치심을 느끼고, 가족들에 대한 죄책감을 갖고 있었다. 관련한 감각느낌을 찾아들어가니, 아이를 가질 수 없는 것에 대한 마음을 깨닫게 되었다. 포커싱 과정을 통해 성정체감의 문제점이 있고 그것이 자신에게 영향을 미치고 있다는 것을 알아차리게 된것이다. 그 전에는 외면하고 마주하지 않아서 영향을 받았다면, 포커싱을 통해 이를 깨닫고 받아들이는 과정을 거치게 된다.

[사례 4-6] "일을 찾는 게 부질없고 절망스러워요."

내담자: (목소리는 떨리고 몸은 긴장되어 있다.) 제가 아무리 일을 찾아도 결코 일을 구
할 수 없을 것 같아요. 일을 찾는 것이 부질없고 절망스럽게 느껴져요.

치료자: 내면에서 일을 찾는 노력이 부질없고 절망스럽다고 느끼고 있군요.

내담자: 네. 굴욕적이에요.

치료자: 그리고 굴욕적이라고 느끼네요.

내담자: (끄덕임) 네.

치료자: 부질없고 굴욕적이라고 느껴지는 몸의 부분에 집중해서 느껴 보시겠어요?

내담자: 안에 웅크리는 것 같은 느낌이 있어요. 제 모습이 굉장히 창피하게 느껴져요.

[창피하다는 것이 감각느낌에 대한 상징이 된다.]

치료자: 지금 소연님은 몸을 웅크리는 것 같고 창피함을 느끼고 있네요. 웅크린 것과
창피한 느낌에게 친근하게 다가가 보시겠어요? 그 느낌의 곁에 앉아서 친구가
되어준다고 상상해 보세요.

[포커싱 태도를 유도한다.]

내담자: (눈을 감고 침묵한다.)

치료자: 웅크린 깃과 창피한 느낌에게 맞는 단어나 문자, 이미지, 몸짓, 소리가 있는지
살펴보겠어요?

내담자: 좌절감이요.

치료자: 그것에게 질문을 해보세요. 좌절감을 느끼게 만든 것은 무엇이지? 그것의 핵심
은 무엇이지?

내담자: 산을 올라가려는데 제가 아무리 안간힘을 써도 밑으로 계속 미끄러지는 모습이
그려져요.

[내담자는 좌절감을 알아차리고, 좌절감과 관련된 반복된 실패의 경험을 깨닫는다. 이
후 치료자는 내담자가 좌절감에 사로잡혀 있어 거리를 두도록 하기 위해 일을 하면서
자신감을 느꼈던 시간을 기억하도록 독려한다.]

치료자: 잠시 눈을 감고 가만히 있어 보세요. 불편하면 눈을 뜨고 있어도 좋아요. 일하
면서 자신감을 느꼈던 시간을 한번 떠올려 보세요. 그때 당신이 잘 해낸 일은

무엇이었나요? 기억이 떠오르면 제게 말해 보세요. (뭔가 떠올라 고개를 끄덕인다.) 강하고 자신감 있는 자신을 떠올리는 동안 몸이 어떻게 느끼는지 볼까요?

[감각느낌을 유도한다.]

내담자: 저 밑에서 강한 에너지가 올라오는 것이 느껴져요. 마치 몸이 곧게 펴는 막대 같아요. 이제 더 이상 웅크리지도 않고, 작다고 느껴지지도 않아요. 산에 햇살이 비치는 것이 느껴져요. 제 자신이 마치 산처럼 강하게 느껴져요.

[감각느낌을 이미지를 통해서 보다 잘 느낄 수 있도록 유도한다.]

6) 포커싱 지향 심리치료에 대한 종합5)

포커싱은 감각느낌을 통해서 그 이면의 감정, 욕구, 문제 등을 알아차리고 그것을 해결하는 방법을 찾는 과정에 초점을 두었다. 전반적으로 내담자가 그 문제에 압도되지 않고 탈동일시와 거리두기의 태도를 계속 유지하게 함으로써, 문제를 객관적으로 바라보고 해결방안을 모색하고 이를 인정하고 받아들이는 변화과정을 강조하였다. 여기에서 특징적인 것은 감각느낌을 '있는 그대로' 허락하여 알아차리고 접촉하면 변화가 일어난다고 본 것이다. 그것이 느낌전환이다.

알아차리는 과정에 초점을 두었고, 그 과정을 세분화해서 단계를 나누고 모색하였다. 그러나 환경과의 접촉을 통해 적극적으로 해결해 가는 과정을 치료과정에 포함시키지는 않았다. 심리내적인 측면과의 알아차림과 접촉을 강조하였고, 심리외적인 측면 즉 해결과정과 행동화 등을 적극적으로 포함시키지는 않았다.

정서는 포커싱 기법의 핵심 개념인 '감각느낌'에 포함되는 주요 요소이다. 문제가 무엇인지 찾아가기 위해 필수적인 작업인 '감각느낌의 상징화' 단계에서, 정서가 단어나 은유 등으로 표현된다. 이때 정서 표현은 '슬픔', '수치심'과 같은

---

5) 이지영이 2021년에 「인문사회21」의 12(1)권에 발표한 논문 '정서에 초점을 둔 심리치료에 관한 고찰: 정서중심적 치료 모델을 위한 제언' 내용의 일부를 수정 및 보완하였다.

정서 단어나 '얼어버린 나무'와 같은 정서를 짐작하게 하는 이미지나 은유 등으로 표현하는 데 제한된다. 포커싱 지향 치료에서는 느낌과 정서에 함께 머무르되, 그 안에 빠지지 않도록 탈동일시와 거리두기 태도를 지키는 것을 중요하게 강조한다.

정서 변화에 대해서 감각느낌이 정확하게 상징화되면, 신체에 어떤 울림이 나타나고 안도의 느낌이 수반되면서 감각느낌이 변화된다고 보았다. 이때 감각느낌이 움직이고 변화하는 것을 '느낌전환(felt shift)'라고 명명하였다. 느낌전환은 정서의 변화에 한정되지 않고, 느낌, 정서, 신체 감각, 직감 등을 모두 포함하는 감각느낌의 종합적인 변화를 말한다.

포커싱 기법의 목표는 감각느낌과의 내면적 대화를 통해, 무엇을 필요로 하고 문제를 해결할 수 있는 방법이 무엇인지 명확히 하는 데 있다. 이를 통해 내면의 문제를 이해하고 해결하는 방향으로 나아갈 수 있다. 정서에 빠지지 않고 객관적으로 자신의 감정을 바라보는 방식을 강조함으로써, 정서를 느끼고 밖으로 표현하는 등의 진전된 정서적 체험 과정에는 참여하지 않는다는 점이 특징적이다. 포커싱 치료에서 정서 표현은 정서 명명 수준에 머무르고 이마저도 어렵다면 비유나 은유, 느끼는 수준에서 멈출 수 있나. 정서를 표현하는 작업은 그 사체보나는 문제를 명확히 하고 문제에 대한 해결방법을 탐색하도록 돕는 과정으로 이해된다.

포커싱 기법은 신체적 감각 및 경험으로부터 의미를 이해하는 과정에 관심을 가졌다(Pos et al., 2008). 의미를 찾고 만들어내는 과정이 체험의 변화를 가져올 수 있다고 보았다. 포커싱 과정을 통해 내면의 문제를 알아차리고 그대로 수용함으로써, 문제들에 매여 있던 긍정적인 에너지를 회복하도록 돕는 것을 목적으로 한다(주은선 외, 2011; Leijssen, 1998). 포커싱 지향 심리치료는 포커싱을 통한 지속적인 체험의 과정으로(Greenberg & van Balen, 1998), 정서, 욕구, 문제 등을 알아차리는 과정에 초점을 둔 치료라고 볼 수 있다.

제5장

정서초점치료[1)]
(Emotion-Focused Therapy)

 정서초점치료(Emotion-Focused Therapy)의 발달

　캐나다 도론도에 있는 York University의 심리학과 교수인 Greenberg가 내담자 중심치료, 실존치료, 게슈탈트 치료를 통합하여 새로운 과정 체험적 접근을 창안하였다. 내담자 중심 치료와 게슈탈트 치료의 입장을 취하던 Greenberg는 정서에 대해서 관심을 가지면서, 정서에 대한 이론을 심리치료에 통합하여 과정 체험적 치료(process-experiential approach)를 제안하였다. 과정체험적 치료는 내담자가 자신의 정서적 체험과 그 내적 과정을 알아차리는 것을 강조하였다. 치료자는 내담자가 정서를 통해 자신의 정서적 체계와 인지적 체계로부터 정보를 얻고 이를 통합하여 환경에 보다 적응할 수 있도록 돕는 역할을 한다.

---

1) 정서초점치료는 Greenberg가 쓴 여러 책과 논문 등을 바탕으로 정리하였다. 그 가운데 Greenberg(2002)가 쓴 「Emotion-Focused Therapy」와 Elliott, Watson, Goldman, Greenberg(2004)가 쓴 「Learning Emotion-Focused Therapy」를 주로 참고하여 정리하였다. 또한 이지영이 2018년에 「한국심리학회지: 상담 및 심리치료」의 30(3)권에 발표한 논문 '체험적 심리치료에 대한 체계적 고찰: 효과 연구를 중심으로'의 내용을 일부 수정 및 보완하였다.

포커싱(focusing) 지향 심리치료가 몸의 감각에 초점을 두어 문제가 무엇인지 명료하게 하고 그 해결방법을 찾아가는 과정이었다면, 정서초점치료(emotion-focused therapy)는 정서에 주의의 초점을 맞추어 정서적 경험을 활성화하고 그 경험의 의미와 그 경험에 영향을 미치고 있는 생각들이 무엇인지 탐색하고 이를 정서를 활용하여 변화시킨다. Greenberg는 이 과정에서 정서에 주의를 기울여 초점을 맞춘다는 점을 강조하여 자신의 치료 이론을 정서초점치료라고 명명하였다. 그러나 넓은 의미에서 정서적 체험에 주의의 초점을 맞추는 치료적 접근을 모두 정서초점적 치료라고 볼 수 있다.

Greenberg는 이처럼 처음엔 정서초점치료(emotion-focused therapy)라고 명명하였지만, 거의 모든 심리치료가 정서에 주의의 초점을 맞추는 과정을 포함하고 있다는 점에서 이름의 변별력을 두기 위해 과정과 체험을 강조하는 점을 부각시켜 과정체험적 치료(process-experiential therapy)라고 변경하였다. 그러나 정서초점치료라는 이름이 정서를 강조한 점이 잘 부각되고 많은 사람들에게 더 친숙하게 알려지면서, 다시 정서초점치료라는 이름을 사용하여 좀 더 체계적인 치료 이론을 발전시켰다. 따라서 좁은 의미의 정서초점치료는 Greenberg의 심리치료 이론을 말한다.

정서초점치료는 기존의 다른 심리치료 이론들과 달리 정서의 역할을 크게 강조하였다. 즉 정서는 인간의 삶에 매우 중요한 역할을 하고, 인간은 정서가 주는 다양한 정보를 파악하고 그것을 활용하여 처한 상황에서 적절히 대처함으로써 생존하고 적응할 수 있다는 것이다. 따라서 내담자로 하여금 정서에 주의를 기울여 초점을 맞추고, 정서적 경험을 활성화하는 데에서 치료적 개입을 시작한다. 치료자는 내담자가 체험하고 있는 정서가 무엇인지 알아차리고, 내담자가 느끼는 정서가 어떠한 종류인지 구분하고 파악한 후 각기 다르게 접근해서 다룬다. 이 과정에서 정서를 변화시키기 위해서는 먼저 정서에 주의의 초점을 맞추어 정서적 경험을 활성화 하는 데에서 출발해야 한다는 것이다.

Greenberg가 쓴 치료 이론서들을 보면 도표와 도식을 많이 활용하고 있다. 체험적 심리치료 이론임에도 불구하고, 정서초점치료와 과정체험적 치료 관련 이론서들 모두 굉장히 많은 요소들로 쪼개어 설명하고 있음을 알 수 있다. 그가 제안하는 개념들 또한 수많은 요인들로 나누어 설명하고 있고, 치료 과정 또한 여러 단계와 절차들로 세분화한 매뉴얼로 전달하고 있다. 이러한 측면은 그가 심리학에 입문하기 전에 공학도였고 엔지니어였음에서 그의 성격을 엿볼 수 있다. 한 워크숍에서 Greenberg는 자신의 이러한 역사를 개방하며, 엔지니어로서 도표와 도식 등을 좋아하다보니 치료 이론서들에서도 그러한 성격이 반영되었다고 했다.

2 주요 개념

1) 정서지능(emotion intelligence)

Greenberg는 심리치료를 연구하면서, 정서가 인간의 삶에서 굉장히 중요하다는 것을 깨달았다. 정서는 자신의 욕구, 목표 및 관심사와 관련해서 자극이나 상황을 자동적으로 평가함으로써 발생한다. 원하는 것을 충족시킬 때 유쾌한 감정을, 방해할 때 불쾌한 감정을 느낀다. 따라서 인간이 느끼는 정서를 통해 자신을 위험하게 하는 것이 무엇인지, 어떻게 행동해야 하는지, 다가가야 할 대상과 물러나야 할 대상이 무엇인지 등 생존과 적응에 필요한 다양한 정보를 얻을 수 있다. 또한 정서를 발생시킨 개인의 인지적 평가가 무엇인지, 관련한 욕구가 무엇이었는지 알 수 있다. 우리는 어떤 상황에 반응해서 어떤 생각을 해서 어떤 정서를 느끼고, 그 정서가 어떤 반응을 유발했는지 등 정서가 주는 정보를 파악해서 처한 상황에서 적절히 반응함으로써 생존하고 적응하며 살아갈 수 있다.

그는 이러한 정서적 역할을 강조하였고, 정서적 경험을 이해하고 통합하는 것을 적응적인 삶의 핵심으로 보았다. 즉 정서(emotion)를 느끼는 것과 그것의 의미를 이해하고 숙고하는 이성(reason)을 통합하는 것이 적응적이라는 거다. 특히, 정서를 느끼는 것 즉 정서를 활성화하는 것이 정서적 경험을 이해하고 변화시키기 위한 출발점이라고 간주하였다. 정서를 변화시키기 위해서는 일단 정서를 불러 일으켜야 한다. 이를 통해 정서적 경험과 관련한 인지와 욕구 등에 대한 파악이 가능하다. 이 모든 정서적 정보를 처리하는 능력 즉 정서지능(emotion intelligence)을 강조하였다. 치료자는 적응에 어려움을 겪는 내담자들로 하여금 정서적 정보를 처리하는 능력인 정서지능을 향상시키는 것을 치료적 목표로 두어야 한다.

정서지능[2])을 구성하는 요소들은 연구자들마다 조금씩 다르게 제안되었다. 정서지능 연구자들 가운데 가장 대표적인 사람은 정서지능을 최초로 개념화한 Salovey와 Mayer(1990), 그리고 정서지능의 대중화에 기여한 Goleman(1995)이다. 여기에서는 Goleman(1995)의 다섯 가지 구성 요소를 간단하게 소개하겠다.

첫째, 정서인식은 자신과 타인의 정서를 알아차리는 것을 말한다. 자신과 타인이 느끼는 감정이 무엇인지 정확하게 알아차리고, 그 감정이 여러 감정들 가운데 분노, 불안, 슬픔 등 무엇인지 파악하고 구별할 수 있는 능력이다.

둘째, 정서조절은 자신과 타인의 정서를 잘 조절하는 능력이다. 개인이 느끼고 있는 불안, 분노, 우울 등의 불쾌한 감정을 감소시키고 상황에 맞도록 적절히 조절하는 것이 중요하다. 불쾌한 감정의 상태에서 스스로를 위로할 수 있는 능력, 평소의 감정 상태로 다시 회복할 수 있는 능력이다.

셋째, 스스로 동기를 유발하는 능력이다. 계획한 것을 실행하기 위해 동기를 스스로 만들고, 귀찮고 힘든 것을 견디어 내는 것을 말한다. 예를 들어, 발표할 때 그에 적합한 정서적 상태를 만들어 내거나, 친구를 만날 때, 면접을 볼 때 등 그러한 상황에 맞는 정서 상태를 유발할 수 있다. 시험 기간에 놀지 않고 공부하도록 동기를 유발하고, 숙제할 때 숙제할 수 있도록 정서 상태를 활용한다. 이처럼 처한 상황이나 문제를 해결하기 위해 정서적 내용을 이용하고 활용하는 능력이고, 스스로를 적절히 동기화해서 성취하는 능력이다. 이러한 능력은 일과 업무에 대한 집중력, 생산성, 효율성을 높이는데 기여한다.

넷째, 공감 능력이다. 다른 사람의 정서 상태를 정확하게 읽고 무엇인지 구별하며 이해하는 능력이다. 인간관계 능력을 뒷받침하는 능력으로, 다른 사람들과

---

2) 정서지능 개념과 다양한 구성 요소에 대한 설명은 이지영(2011, 2017)이 쓴 「정서조절 코칭북」의 2장 정서지능 부분을 읽어보기 바란다.

의 친밀감, 유대감, 소속감을 갖는 데 기여한다.

다섯째, 인간관계 관리 능력이다. 대인관계에서 나타나는 문제를 잘 다룰 수 있다. 타인과 적절히 상호작용할 수 있는 능력으로, 사회적 맥락에서 리더십과 대인관계 능력을 뒷받침한다.

Greenberg는 정서지능 가운데에서도 특히 정서를 조절하는 능력을 강조하였다. 내담자들은 정서조절을 잘 하지 못한 결과로서, 우울, 불안 등의 심리적 어려움을 겪는다. 따라서 치료자는 내담자로 하여금 보다 효과적으로 정서를 조절할 수 있도록 도와야 한다. 심리치료자는 내담자가 정서를 이해하고 조절할 수 있도록 돕는 정서코치(Emotion Coach)인 것이다.

2) 정서도식(emotion scheme)

도식(scheme)이란 개인이 선천적으로 갖고 태어난 반응 레퍼토리와 과거 경험으로 조직된 일련의 네트워크이다. 도식을 쉽게 얘기하자면, 세상을 이해하는 조직된 틀이다. 도식은 현재 새롭게 처하는 상황을 만나 활성화되어 현재의 반응과 경험을 유발한다. 그 도식 안에는 지나온 삶의 경험으로부터 형성된 정서, 동기, 인지, 행동 등의 반응들이 하나로 묶여 통합되어 있다.

그 가운데 정서적 경험으로 인해 어떤 자극이나 상황을 특정 방식으로 이해하고 정서적으로 반응하게 하는 묶음을 정서도식이라고 한다. 개인이 유사한 자극이나 대상, 상황에서 특정 감정 반응을 반복적으로 보일 때, 그 반응에 영향을 미치는 일련의 정서도식이 있다고 본 것이다. 정서도식은 과거 경험으로부터 형성된 일종의 정서적 반응 레퍼토리로서, 관련한 정서적 기억, 신념, 이미지, 감각, 기대, 행동경향성 등의 요인들이 복합적으로 서로 연결되어 있다. 사람들은 삶에서 부모나 연인, 친한 친구와 같은 중요한 사람들과 맺는 관계에서 각기 다른 독특한 정서도식을 형성한다. 때로는 절망스럽고, 때로는 무력하게 반응하기도 한다. 예를 들어, 어머니와의 관계에서 자꾸만 불안을 느끼는 정서도식을 지니기도 하고, 아버지와 같은 권위적 남성 앞에서 얼어붙는 공포의 정서도식을 보이기도 한다. 어떤 사람은 일이나 과제가 주어지고 그것을 수행할 때마다 무력감과 무능감을 느끼는 정서도식으로 반응하기도 한다.

Greenberg는 정서도식(emotion sheme)의 이름에 schema 대신 행위 지향적인 특성을 강조한 scheme이라는 용어를 사용하였다. '이럴 때 이런 거다'라는 식의 표상적 특징보다는, '이럴 때 이렇게 반응한다'는 행위 지향적 특성을 강조하기 위한 것이었다. 예를 들어, 인간은 화가 났을 때 공격적인 행위 경향성, 공포심을 느낄 때는 도망가려는 행위 경향성, 수치심을 느낄 때는 숨는 행위 경향성, 슬픔을 느낄 때는 우는 행위 경향성을 갖는다. 정서는 이렇듯 특정 행위 경향성을 각기 독특하게 갖고 있고, 정서마다 독특한 표정과 몸짓을 보인다. 지역과 인종이 달라도 정서별로 짓는 독특한 표정이나 보이는 행위 경향은 유사하다.

강한 정서적 경험을 반복적으로 하면, 특정 정서도식을 형성하게 된다. 이렇게 형성된 정서도식은 과거 정서적 경험과 유사한 상황에서 활성화되고, 과거 상황에서 보인 정서적 반응과 유사하게 반응하게 한다. 즉 사건과 상황의 의미를 의식적으로 제대로 파악하기도 전에, 정서도식이 활성화되면서 자동적으로 특정 정서적 반응을 유발하는 것이다.

정서도식은 새롭게 만나는 자극이나 사건, 상황의 의미를 해석하고 이해하는데에도 영향을 미친다. 이러한 패턴은 유사한 상황에서 유사한 정서적 반응으로 반복적으로 나타난다. 과거 정서적 경험을 통해 형성된 정서도식이 새로운 상황에 영향을 미쳐서, 사건을 잘못 이해하고 그럴만하지 않은 상황에서 과거 상황에서 했던 방식으로 반응하게 하는 것이다. 따라서 상황에 도움이 되지 않는 방식으로 작용함으로써, 개인의 적응에 도움이 되지 않을 수 있다.

정서초점치료는 도움이 되지 않는 부적응적인 정서도식을 치료 장면에서 도움이 되는 정서도식으로 변화시키는 것을 치료적 목표로 하고, 이를 위해 먼저 그 정서도식을 활성화해야 한다고 보았다. 정서도식은 단번에 알아차리기 어렵다. 부적응적 정서도식이 영향을 미쳤다고 생각되는 정서경험을 구체적으로 불러 일으켜서, 그와 관련한 정보들을 파악함으로써 부적응적 정서도식을 확인하고 개입을 통해 재구조화할 수 있다.

정서적 반응의 유형을 네 가지로 구분하였다. 일차적 정서, 이차적 정서, 도구적 정서로 구분하고 일차적 정서는 적응적 일차적 정서와 부적응적 일차적 정서로 나누었다. 자극에 반응해서 즉각적으로 느끼는 감정이 일차적 정서이고, 그정서를 받아들이지 못해서 다른 정서로 바꾸어 느끼는 것을 이차적 정서라고 한다. 치료자는 네 가지 정서에 대해 분명하게 구분할 수 있어야 한다. 내담자가느끼는 정서가 무엇인지 확인하여, 정서 유형에 따라 어떻게 접근해 다룰 것인지 도와야 한다. 즉, 각 정서적 반응 유형에 따라 접근법이 다르다.

1) 적응적 일차적 정서

건강한 정서이다. 어떤 자극에 대해 즉각적으로, 자연스럽게, 자동적으로 반응한 정서는 적응적 가치가 있다. 잃어버리면 슬프고, 경계를 침범당했을 때 화가나고, 위험한 상황에서 불안하고 두렵다. 자극에 자연스럽게 반응해 느껴진 모든정서는 생존과 적응을 돕기 때문에 적응적이다.

적응적 일차적 정서(adaptive primary emotion)는 자극에 반응하여 나타나는즉각적인 반응으로, 개인이 처한 상황에서 적절한 행동으로 대처할 수 있도록돕는다. 분노는 자신의 경계가 허락 없이 침범 당했을 때 느끼는 감정으로, 우리의 것을 침범해 들어오는 약탈자로부터 자신의 영역을 보호하는 힘을 발휘한다. 자신의 아이를 공격하는 것을 볼 때 분노를 느끼는 것은 적응적인 감정 반응이다. 이는 분노를 통해 단호한 행동을 취하여, 상대방의 공격을 멈추도록 개입할수 있기 때문이다. 두려움은 위협이 닥쳤을 때 느끼는데, 회피를 통해 위험으로부터 벗어나거나 피해를 줄일 수 있는 행동을 준비하게 한다. 무엇인가 상실했을 때 슬픔을 느낀다. 슬픔은 자신의 주변을 돌아보면서 잃어버린 것이 무엇이고, 그것을 얻기 위해 얼마나 애썼는지 돌아보는 시간을 갖도록 한다. 이처럼 슬픔은 의미 있고 중요한 것을 잃어버렸을 때, 잃어버린 상황을 재통합하게 만든다. 수치심은 개인의 부적절한 행동이 들켰거나, 다른 사람들로부터 부정적인 판단을 받거나 거절을 받을 위험에 있다는 것을 알려준다. 수치심은 행동을 수정하거나 잘못을 숨기도록 해서 개인의 사회적 지위와 관계를 보호할 수 있다. 또한 몸을 숨김으로써 수치심을 느낄 수 있는 상황을 피할 수 있다. 이처럼 자극에 즉각적으로 반응하여 나타나는 적응적인 일차적 정서는 개인의 삶에 도움을 주는 적응적 역할을 한다.

2) 부적응적 일차적 정서

자극에 즉각적으로 반응하여 나타나는 일차적 정서이지만, 도움이 되지 않아서 부적응적인 정서가 있다. 과거 처음 발생했을 때는 자극에 대해 일차적으로 반응해 나타나는 적응적 감정이었다. 그 상황에서는 그럴만했을지 모르지만, 그럴만하지 않은 상황에서도 동일하게 반응함으로써 부적응적으로 작용한다. 예를 들어, 수아 씨는 자라면서 폭력적인 부모에게 공포와 두려움을 느껴왔다. 폭력에 즉각적으로 나타나는 반응은 공포일 것이다. 그래서 수아 씨는 부모와 함께 있을 때는 얼어붙고 주눅 드는 모습을 보이거나, 부모와 있는 상황을 피함으로써 폭력과 같은 위험을 줄일 수 있었다. 이후 수아 씨는 성인이 되었고 직장생활을 하게 되었다. 그런데 부모와 유사한 분위기를 풍기는 상사나 권위자 앞에서 자신도 모르게 얼어붙거나 피하는 공포 반응을 보였고, 이러한 반응이 반복되면서 사회생활에서 어려움을 경험하게 되었다.

서준 씨는 과거 부모가 지나치게 통제하고 개입하는 것에 대해 심한 화를 느꼈다. 아무리 화를 느끼고 표현해 보았자 소용없었기 때문에 좌절감으로 반응함으로써 고통스러운 감정인 화를 느끼는 것을 줄일 수 있다. 이후 서준 씨는 친구들을 사귀고 직장생활에서 동료들을 만나는 과정에서, 그럴만한 대상이 아닌데도 자신에게 다가오거나 관심을 보이는 사람에 대해 자신도 모르게 화를 느끼고, 왠지 불안하고 두려워서 그 사람을 만나는 상황을 회피하였다. 결국 서준 씨는 친구나 연인을 잘 사귀지 못했고, 친밀함을 느낄 수 있는 애착 대상과의 관계를 형성하는 데 어려움을 겪었다.

리안 씨의 부모는 매우 냉정하고 비판적이었다. 한번은 리안 씨가 자신의 불편하고 힘든 감정을 표현했는데, 부모는 "뭘 그렇게까지 느껴? 그럴만지도 않는데."라고 감정을 들어주고 공감해주기보다는 핀잔을 주고 비난하였다. 리안 씨는 창피를 당해 수치스러웠고 상당한 모욕감을 느꼈다. 수치심은 자신의 몸을 숨김으로써 창피와 모욕을 덜 겪게 함으로써 개인의 자존감을 조금이라도 보호하도록 돕는다. 리안 씨는 이후 감정을 표현하지 않음으로써, 부모로부터 겪을 수 있는 부정적인 경험을 줄일 수 있었다. 이후 또래관계나 연인관계, 동료관계 등에서도 가까운 친구에게조차 감정을 표현하지 못하고, 갈등을 겪는 상황이나 솔직하게 마음을 표현해야 하는 상황에서도 그러지 못하였다. 어렵게 조금이라도 감정을 표현했을 때는 리안 씨 스스로 심한 수치심과 부적절감을 느끼며 불편해했다. 상대방이 모욕을 주거나 창피를 준 것도 아닌데, 리안 씨 자신이 수치심을 느끼고 후회하며 다시는 감정을 표현하지 않겠다고 다짐하였다. 결국 그러한 정서 반응은 리안 씨로 하여금 친구나 동료와 같은 가까운 사람들과 친밀감 및 신뢰를 형성하는 것을 방해함으로써 부적응적으로 작용하였다.

부적응적 일차적 정서가 가장 잘 드러나는 경우는 공포증을 포함한 불안장애이다. 어릴 때 개에게 물린 후 개에 대한 공포증을 갖게 된 사람들이 생각보다 많다. 개 공포증은 이후 개를 보기만 해도 공포감을 갖게 만든다. 물리지 않을 안전한 상황이거나 물지 않는 순한 개임에도 불구하고, 자신도 모르게 심한 공포감을 느끼며 다가가지 못한다. 놀라고 충격적이었던 경험으로 인해 형성한 다양한 공포증, 또는 광장 공포증을 비롯해서 한번의 발작 이후 공황장애를 갖게 되는 것도 모두 부적응적 일차적 정서이다. 처음 경험했을 때는 그럴만한 상황이었지만, 이후 그럴만하지 않은 상황에서도 과거 공포감을 느꼈던 상황에서 반응했던 것과 똑같이 심한 두려움을 느끼고 회피 반응을 보인다. 숨이 막히고 죽을 것만 같은 갑작스런 공황을 경험한 사람이 다음에도 유사한 경험을 다시 할지도 모른다는 공포감을 갖게 된다. 성장하는 과정에서 주변에 누군가가 자신에게 다가와 위로하면서 신체적 접촉을 하는 등 불편하고 두려운 경험을 하였다면, 이후 그럴 필요가 없는 상황에서 다른 누군가가 위로하기 위해 다가왔을 때도 심한 두려움을 느끼고 거부감을 느낄 수 있다. 그뿐 아니라, 반복적으로 무가치감이나 수치심, 부적절감과 불안전감을 느끼는 것도 모두 부적응적 일차적 정서에 해당한다.

부적응적 일차적 정서는 이처럼 과거 경험으로부터 학습되어 형성된 정서이다. 그 당시에 제대로 처리되지 못하고 남아서 부적응적 정서도식을 형성한다. 정서도식은 이후 유사한 자극이나 대상, 상황에서 활성화되고, 과거 그 상황에서 했던 것과 유사한 방식으로 반응하게 함으로써 부적응적으로 작용한다. 정서초점치료의 목표는 내담자가 지니고 있는 부적응적인 정서도식을 적응적인 정서도식으로 재구조화하는 것이다. 부적응적 정서도식의 주된 정서적 반응이 부적응적 일차적 정서이다. Greenberg는 도움이 되지 않는다는 측면에서 '나쁜 감정(bad feelings)'라고 지칭했다.

부적응적 일차적 정서라는 것을 확인할 수 있는 특징은 크게 세 가지가 있다. 가장 쉽게 확인할 수 있는 방법은 유발 자극에 비해 정서적 반응의 정도가 지나치다는 점이다. 연인이 5분 정도 늦었을 때 약속에 늦은 것에 화날 만은 하지만, "약속에 늦다니 나를 무시하는 거야. 나는 당신을 믿을 수가 없어. 우리 헤어져!"와 같은 강한 비난을 들을 정도는 아닐 것이다. 이처럼 화날 만은 하지만 지나치게 화를 내거나, 불안할 만한 데 지나치게 불안한 반응을 보인다면 부적응적 일차적 정서이다. 우리 주변에 이런 생각이 드는 경우를 어렵지 않게 만나 볼 수 있다. 부장님께 제출한 보고서에 있는 오타 몇 개에 부장님이 화를 내고 소리를 지르며 던진다거나, 하고 있던 작업을 얼른 마무리하느라 동료의 말에 미처 대답하지 못했는데 자신을 무시한다며 동료가 심하게 화를 내는 경우를 생각해 보자. 모두 지금 그 대상이나 상황에 대한 것이 아니라, 과거 경험에서 형성된 부적응적 일차적 정서도식의 정서적 반응인 것이다.

둘째, 부적응적 일차적 정서반응은 반복적으로 나타난다. 비슷한 정서 반응이 유사한 자극들에 되풀이된다. 5분 정도 늦었을 때도, 잠깐 약속을 잊었을 때도, 메신저에 바로 답을 하지 않았을 때도 지나치게 화를 낸다. 물건을 잃어버렸을 때도, 해야할 일을 깜빡 잊어버렸을 때도, 조금 실수했을 때도 심한 우울감에 빠진다면 부적응적 일차적 정서이다. 이미 부적응적 정서 반응 세트가 형성이 되어 있기 때문에, 유사한 자극이나 상황에서 정서도식이 활성화되어 유사한 정서적 반응을 반복적으로 보이는 것이다.

셋째, 현재의 유발 자극이나 상황이 사라졌는데도 불구하고, 한번 유발된 정서적 반응은 사라지지 않고 계속 오랫동안 지속된다. 5분 정도 늦은 것에 대해 연인이 사과했는데도 불구하고, 화는 좀처럼 풀리지 않고 계속 분해서 씩씩거린다. 이처럼 유발 자극이 사라졌지만, 정서적 반응은 계속 사라지지 않고 지속된다. 불안은 좀처럼 가시지 않고, 계속 수치스러움에 고통스럽다. 이때의 정서적 반응은 현재 자극이나 현재 상황에 대한 건강한 일차적 적응적 정서가 아니라, 과거 경험으로 인해 형성된 부적응적 일차적 정서도식에서 나온 정서 반응이기 때문이다.

3) 이차적 정서

이차적 정서(secondary emotion)는 일차적 정서에 대한 반응으로 나타나는 정서이다. 일차적 정서를 받아들이지 못하고 숨기려 할 때, 그 반응으로서 다른 정서를 느끼는 것이다. 불안하고 두려운데 화를 내는 경우를 주변에서 어렵지 않게 보는데 이때 보이는 화가 대표적인 이차적 정서 반응이다. 밤 늦게까지 들어오지 않는 자녀가 돌아왔을 때 화를 내는 부모의 반응은 사실은 걱정되고 불안하기 때문에 보이는 이차적 정서인 것이다. 부하 직원이 기한 내에 주지 않는 보고서로 인해 자신이 맡은 일에 문제가 생길까 봐 걱정되고 불안한데, 버럭 화를 내는 것도 마찬가지이다. 이처럼 우리는 불안한데 화를 내는 경우가 많다.

일차적 정서가 자극에 반응해서 자동적으로 나타나는 정서적 반응이라면, 이차적 정서는 자극에 반응해 인지 즉 생각이 더해지면서 인지와 감정의 복합적인 내적 과정에 의해 발생한다. 예를 들어, 고정관념이 강한 남자들이 두려움에 대해 "난 두려워해선 안 돼."라는 무의식적 사고과정을 통해 분노로 느끼고 표현한다. 친구가 자신에게 잘못한 일에 대해 화가 나지만, "화를 내선 안 돼."라는 인지적 내적 과정에 의해 화를 억누르고 울음을 터뜨릴 때 이차적 정서 반응이다.

이차적 정서는 분노 즉 화를 받아들이지 못해서 두려움으로 느끼기도 하고, 두려움을 수치심으로 느끼기도 하고, 슬픔을 받아들이지 못해서 화로 표현하기도 한다. 질투를 화로 표현하기도 하고, 화를 무기력으로 반응하기도 한다. 이차적 정서는 일차적 정서나 욕구에 대한 방어적 정서라고 볼 수 있다. Greenberg 는 이차적 정서 또한 삶에 도움이 되지 않는 부적응적인 경우가 많고 파괴적인 행동으로 발전할 수 있어서 '나쁜 감정'이라고 명명하였다. 이차적 정서 모두가 나쁜 것은 아니지만, 부적응적이거나 파괴적인 행동으로 발전할 수 있는 소지가 많다고 보았다. 예를 들어, 보살핌이나 돌봄을 받고 싶은 욕구가 있는 사람이 그러한 욕구의 좌절과 슬픔으로 인한 고통을 숨기기 위해 분노에 의지하여 반응한다면 도움이 되지 않을 것이다. 계속 화를 내고 비난하는 사람에게 애정과 사랑을 주고 관계에서 얻고자 하는 친밀감과 돌봄으로 반응하기는 어렵기 때문이다. 이와 같이 분노뿐 아니라 우울이나 불안이 이차적 정서반응인 경우가 많다.

4) 도구적 정서

특정한 목표를 달성하기 위해 의도적으로 이용되거나, 인식하지 못한 상태에서 학습되어 습관적으로 작용하는 정서이다. 예를 들어, 동정심을 유발하기 위해 슬픔을 드러내기도 한다. 즉 슬프긴 한데 그렇게 슬프지 않아도 슬픔을 일부러 드러내어 상대방에게 동정심을 유발하여 원하는 것을 얻는다. 다른 사람을 지배하기 위해서 분노를 이용하기도 한다.

도구적 정서는 학습이 되어 만성화되기도 하는데, 이때는 도움이 되지 않는다. 소연 씨는 타인의 관심이나 도움을 받기 위해 무력감에 빠져들거나 눈물을 쏟고, 남편이 관심을 보일 때마다 더 우울해진다. 이것은 도구적 정서로서 스스로 계속 무력감과 우울에 빠지는 것이 몸에 베어버렸기 때문이다. 책임을 모면하기 위해 남을 괴롭히거나 화를 내는 패턴을 보이는 사람도 마찬가지이다. 자신의 실수나 잘못에 대해 자신이 먼저 버럭 화를 내거나 주변 사람들에게 탓을 돌리고 비난해 버린다. 도구적 정서적 반응은 비록 자신이 원하는 것을 얻을 수 있게 될지는 모르지만, 건강한 삶을 살기 어렵게 만들기 때문에 부적응일 수 있다.

물론 도구적 정서가 적응적일 때가 있다. 사회적 관계에서 이미지 관리를 위해 사용할 때이다. 사회적 위반을 했을 때 자신의 도덕적 감수성이 잘못되지 않았다는 것을 증명하기 위해, 느끼지 못했을지라도 당황한 표정이나 황당해하는 표정을 짓는다. 예를 들어, 파티에 어울리지 않는 옷을 입고 파티에 갔을 때 당황한 표정을 지어 보인다. 이는 파티에서 지켜야 할 사회적 규칙을 잘 이해하고 있음을 보여주기 위함이다. 정서지능이 높은 사람들은 도구적인 정서 표현과 관리 기술이 잘 발달되어 있다. '보여주기 위한 정서'로서 도구적 정서를 알고 사용할 경우에는 의사소통의 한 기법으로 볼 수 있다.

 ## 4 정서적 반응 유형에 따른 개입

치료자는 내담자가 보이는 정서도식이 부적응적 정서도식인지 확인하고, 정서적 반응 유형에 따라 적절한 치료적 개입을 해야 한다. 이를 위해 치료자는 내담자가 경험하는 정서가 네 가지 정서 반응 가운데 무엇인지 평가해야 한다. 모든 정서는 진짜이다. 일차적 정서만이 진짜이고, 다른 정서는 가짜라고 말하는 것은 올바르지 않다. 사람들이 느끼는 모든 정서는 실제로 느끼고 있다는 점에서 진짜이고 진실한 것이다. 다만, 그 정서가 자극에 반응해서 일차적으로 나타난 정서인지, 일차적 정서에 반응해 나타난 이차적 정서인지, 도구적 정서인지 그 측면에서 성격이 다르고, 어떻게 다루어야 할지 접근 방법이 다른 것이다. 도움이 되는 정서가 있고 도움이 되지 않는 정서도 있으며, 건강한 정서가 있고 건강하지 않은 정서도 있다.

1) 정서적 반응 평가방법

(1) 공감적 조율(empathic attunement)

치료자는 내담자에게 공감을 해가면서 섬세하게 조율해 간다. 이는 내담자의 내면 세계에 들어가서, 그 기저에 흐르는 감정과 사고의 작용방식을 묵시적으로 이해하는 것이다. 치료자는 내담자를 공감적으로 반응하고 따라가면서 내담자가 보이는 정서적 반응이 무엇인지 판단할 수 있다.

예를 들어, 아들의 문제에 지나치게 화를 내며 과잉반응하는 상훈 씨를 생각해 보자. 상훈 씨는 과거에 스스로 잘 살지 못했다고 생각했다. 공부를 열심히 하지 않았고, 청소년기에 해서는 안 되는 비행을 했다. 그 시간을 후회했고 자신의 자식만은 그렇게 살지 않게 하리라는 생각에서 자녀에게 지나치게 엄격하게 대했다. 부모 입장에서 자녀가 학업이나 행동 면에서 잘못된 길로 들어섰을 때 화가 나는 것은 당연하다. 그러나 상훈 씨는 아들에게 지나치게 화를 내며 반응했던 것이다. 상훈 씨의 내면을 들여다보니 자식이 잘못될까 봐 두려워하는 불안과 두려움이 심했다. 치료자는 상훈 씨의 이야기를 경청하면서 스스로 기대에 맞게 살지 못했던 실망감과 싸우고 있음을 알아차렸다. 즉 실망감에 시달리며 싸우고 있어서 아들의 문제에 이런 실망감이 덤터기 씌우듯이 감정적으로 반응했던 것이다. 아들에 대한 두려움과 함께 자신에 대한 실망감을 공감적으로 조율해갈 때, 실제로 그 감정이 어떠한 감정인지 평가할 수 있게 된다.

(2) 비언어적 단서

말로 하는 내용보다 비언어적 정보가 내담자가 실제로 경험하고 있는 것을 더 잘 알려주기 때문에 비언어적 단서에 치료자는 주의를 기울인다. 비언어적인 단서는 거짓을 말하기 어렵다. 호흡, 특정 자세 등 음성과 동작, 얼굴 표정에 주의를 기울임으로써 내담자가 실제로 무엇을 느끼고 있는지 짐작할 수 있다. 예를 들어, 경멸을 나타내는 신호로 입술 끝을 올리는 것을 보고 말로는 좋다고 얘기하지만 불쾌한 마음이 있음을 짐작할 수 있다. 괜찮다고 하지만, 얕은 호흡을 반복하는 것을 보고 두려워하고 있음을 알 수 있다.

(3) 보편적인 반응 레퍼토리

인간의 보편적인 삶의 방식과 반응을 이해하고 있는 것이 판단에 도움이 된다. 보편적으로 사람들이 이런 상황에서 어떻게 반응하는지 안다면, 이를 바탕으로 내담자가 보이는 반응을 이해하고 정서적 반응이 어떠한 유형인지 좀 더 쉽게 판단할 수 있다.

(4) 내담자의 역사와 정서 구조 이해

내담자의 개인적 역사를 잘 알고 있다면, 지금 상담 장면에서 보이는 정서적 반응이 무엇인지 더 잘 이해할 수 있다. 예를 들어, 상처를 받으면 이차적 분노에 의지하는 경향이 있거나, 화가 나면 불안과 두려움이 심해지는 경향이 있는 것과 같은 정서적 반응 경향을 알고 있다면, 현재 보이는 반응을 이해하기 쉽고 정확하게 정서적 반응 유형을 판단할 수 있다.

(5) 다양한 성격양식과 장애를 이해하는 것

다양한 성격장애와 특성, 심리장애를 이해하고 있는 것이 도움이 된다. 예를 들어, 경계선적 성격 특질이 있는 경우, 무시를 당하거나 버림받는다고 느낄 때 분노한다. 이들은 충분한 관심이나 돌봄을 받지 못할 때 분노 반응을 보인다. 연극적 성격을 지닌 경우, 타인의 칭찬이나 감탄을 자아내고 관심을 끌기 위해 분노 등의 도구적 정서를 사용하기도 한다. 이러한 지식이 내담자의 정서적 반응을 정확히 이해하는 것을 돕는다.

2) 정서적 반응유형 파악 질문

정서적 반응이 어느 유형에 해당하는지 판단하기 위해 몇 가지 질문을 할 수 있다. 먼저, 지금 보이는 감정이 자극에 반응해 일차적으로 느껴지는 적응적 정서반응인지 파악하기 위한 질문이다. "지금 느끼는 감정은 내면 깊숙이에서부터 느껴지는 감정인가요?", "잠시 자신의 내면을 들여다보세요. 그 상황에 대해 자연스럽게 느껴지는 감정인지 확인해 보세요."

둘째, 부적응적 정서 반응을 알아내기 위한 질문이다. "이 감정은 지금 그 자극이나 상황에 대한 감정인가요? 아니면 과거 언젠가 일어났던 일에 대한 감정인가요?", "이 감정을 표현하는 것이 지금 여기서 당신이 원하는 것을 이루는 데 도움이 되는 것인지 자신에게 물어보세요." 지금 일어난 일에 대한 자연스러운 반응이라면 적응적인 일차적 정서 반응이지만, 과거 자신에게 일어났던 일에 대한 반응이라면 부적응적 일차적 정서일 것이다.

셋째, 이차적 정서 반응인지 확인하는 질문은 다음과 같다. "지금 느끼는 감정은 그 일에 대해 정말 느끼고 있는 감정인가요? 혹시 그 일에 대해 느끼고 있는 다른 감정이 있지는 않나요?", "현재 느끼고 있는 것 기저에 혹시 다른 것을 느끼고 있지는 않은지 들여다보세요."

넷째, 도구적 정서 반응을 알아내기 위한 질문이다. "지금 느끼는 감정은 정말 그 사람에 대해 느끼는 그만큼의 감정인가요? 혹시 어떤 목적을 위해 어떤 의도가 있어서 보이는 건 아닌지 살펴보세요."

3) 정서적 반응에 따른 개입

(1) 적응적 일차적 정서

건강한 일차적 정서라면 그대로 느끼고 표현하면 된다. 슬플 땐 슬퍼하고 화가 날 때는 화를 표현하면 된다. 이때 가능한 완전히 표현할 수 있게 한다. 그렇지 않으면 남아서 부적응적 일차적 정서로 발전할 수 있다. 또한 표현과 함께 일차적 정서가 주는 정보에 접근하여 이해하고 처리하는 것이 필요하다. 이사 간 친구로 인해 슬픔을 느꼈다면, 친구에게 친밀감을 많이 느꼈고 멀어지게 된 것을 굉장히 슬퍼하고 있다는 것을 알 수 있다. 친구의 말에 화가 났다면, 그 친구에게 함부로 대해진 것 같아 화가 났고 자신을 보호하고 싶은 마음이 들었음을 알 수 있다. 무슨 일에 대해 불안해하고 있다면, 그 일이 잘못될까봐 걱정하고 있음을 알 수 있다. 이처럼 정서가 주는 정보를 취해서 상황에 적절한 반응을 보이며 적응적으로 활용한다.

(2) 부적응적 일차적 정서

부적응적 일차적 정서를 변형(transform)하기 위해, 내담자로 하여금 먼저 해당 정서도식을 활성화하고 부적응적 일차적 정서 반응을 유발한다. 치료적 장면에서 가장 흔히 나타나는 부적응적 일차적 정서는 두려움과 수치심이다. 예를 들어, 어린 시절 부모로부터 "너는 그것도 못하니?", "넌 아무것도 아냐."와 같은 가혹한 비판을 받고 자란 내담자가, 주변에서 하는 작은 비판이나 지적에도 쉽게 상처받고 분노를 느끼거나 수치심을 느낀다. 작은 일에도 쉽게 상처 받아 수치스러워하고 화를 내며 표현하는 정서 반응에 주변 사람들도 불편해질 것이다. 결국 다른 사람들로부터 부정적 피드백을 받게 되는 등 부정적인 상호작용이 반복되면서, 아무것도 바꿀 수 없다는 무력감이 증가할 것이다. 자신에게 상처주지 말라고 해보았자 달라지는 것은 없다며 무력해질 것이다. 그 밖에도 사회적 만남 속에서 쉽게 움츠러들기도 하고, 사람들이 자신을 무시하고 존중하지 않는다고 느끼거나, 자신 스스로도 자기를 믿을 수 없다고 느끼기도 한다.

부적응적 일차적 정서가 활성화되었다면, 관련된 욕구와 관련된 적응적 정서에 접근하여 그 감정을 변화시켜야 한다. 정서가 발생했다는 것은 유발 자극이나 상황과 관련해서 원래 충족시키고 싶었던 욕구가 있었다는 것이다. 자신을 좀 더 귀하게 여겨주었으면 하는 욕구, 방임이 되었을 때는 자신을 바라봐주고 관심을 주었으면 하는 욕구 등이 될 것이다. 욕구와 함께 건강한 적응적 정서에 접근하여 느끼고 표현할 수 있도록 돕는다. 이 작업을 위해 "그 일과 관련해서 무엇을 원하셨나요?", "그 원하는 욕구와 관련해서 무엇을 느끼셨나요? 그것에 다가가 느껴보세요."와 같은 질문이 도움이 된다.

부적응적 일차적 정서와 관련된 대표적인 건강한 정서로는 슬픔과 분노를 들수 있다. 건강한 정서를 느끼도록 촉진함으로써, 부적응적 일차적 정서를 변화시키는 것이다. 이것이 정서를 다른 정서로 대체하는 방법이다. 부적응적 수치심을 느끼고 있다면, 그 안에 자신에 대한 자부심도 있을 것이다. 그 자부심을 발견하고 마주하도록 함으로써 자부심에 주의의 초점을 두어 수치심을 대체하도록 할 수 있다. 즉 부적응적 일차적 정서와 관련된 경험 안에서 내담자로 하여금 인정받고 싶은 욕구나 자부심 등의 건강한 욕구에 주의를 맞춤으로써 대체할 수 있다.

폭력에 대한 외상으로 인해 두려움의 정서도식을 지닌 내담자가 자신을 존중해주길 원하는 욕구와 관련해서 느낄 법한 정서는 바로 분노이다. 부적응적 정서도식을 활성화하고 접근하는 치료적 작업을 하는 과정에서 관련한 적응적 정서 즉 분노를 만나게 된다. 자신을 때리고 함부로 한 것에 대한 분노가 올라온다. 이것이 적응적 정서이다. 그 적응적 정서가 만나고 활성화 되면서, 부적응적 정서인 폭력에 대한 두려움의 감정을 상쇄하여 변화시킬 수 있다. 이러한 과정을 통해 새로운 정서도식을 갖게 된다.

(3) 이차적 정서

이차적 정서는 바로 다룰 것이 아니라, 이차적 정서가 유래된 일차적 정서를 찾아 들어가 다루어야 한다. 두려워서 화를 낼 때, 두려움에 접근해야 한다는 것이다. 이차적 정서는 지나칠 때도 있고 직접 다루어 벗겨 낼 필요가 있기도 하다. 공감적 탐색 및 타당화를 통해 원천이 되는 일차적 정서를 찾는 작업을 한다. 예를 들어 보자. 치료자는 화를 내고 있는 내담자의 화를 공감해준다. "아들에게 화가 났네요. 그럴 수 있지요."라는 치료자의 반응에 내담자는 깨닫는다. "실은 걱정하고 있었어요. 저와 같이 실수할까 봐, 잘못된 행동을 할까 봐, 후회하게 될까 봐요." 내담자는 분노 이면에 불안과 두려움을 느끼고 있었음을 알게된다. 이처럼 일차적 정서는 불안이나 두려움인데 분노라는 이차적 정서로 대체하여 느끼는 경우가 많다. 특히 화를 잘 내는 사람들은 기저에 걱정과 불안을 감추기 위해서 화를 내는 면이 많다. 실제로는 불안한데, 그 불안을 보이는 것이 소심하게 생각되어 이를 감추기 위해서 강해 보이는 분노로 반응하는 것이다.

이차적 정서의 경우 무엇을 들키지 않으려고 했는지, 감추고자 하는지 탐색한다. 이차적 정서 아래에 어떠한 일차적 정서가 있었는지 찾아보고, 그것을 이해하는 작업을 통해 변화할 수 있다. 예를 들어, 권위적인 남편과의 불행한 결혼생활을 호소하는 여자 내담자 수현 씨가 있다. 자신의 경계를 침범하고 욕구를 좌절시키는 권위적인 남편에 대해 분노라는 일차적 정서가 아니라, 우울과 체념이라는 이차적 정서로 반응하였다. 치료자는 우울하고 절망스러워하는 내담자의 감정을 따라가며, 일차적 정서가 무엇인지 탐색하도록 하였다. 한 번은 상담 중에 수현 씨가 과거 다른 남성에게 끌리고 설레었던 경험을 떠올리며 수치스러워하였다. 그러나 계속 이야기하면서, 그때 자신이 진정으로 살아있다는 느낌을 받았다고 말하며 눈물을 흘렸다. 치료자는 내담자가 적응적인 일차적 정서와 관련된 욕구가 무엇인지 알아차리도록 안내했다. 수현 씨는 자기 자신의 모습대로 살고 싶고 살아있는 느낌을 받고 싶다고 말했다. 남편과의 결혼생활로 인해 생기를 잃어버린 상실을 슬퍼하고 있음을 깨달았다. 즉 슬픔이 적응적인 일차적 정서이고 자신의 모습대로 그리고 자신이 원하는 대로 살고 싶음이 건강한 욕구인 것이다. 그 슬픔을 부정하면서 수치심으로 반응하여 느꼈던 것이다.

수현 씨가 자신이 진정으로 느끼고 있던 일차적 정서들을 느끼며 치료적으로 진전되었다. 또한 자신이 원하는 것이 무엇인지 알아차리면서 더 이상 스스로 억압하고 권위적인 남편에게 맞추려 하지 않았다. 스스로를 수용하고 자신의 욕구를 가능한 충족시키고 보살피게 되었다. 치료 과정을 통해 내담자는 권위적인 남편에 대한 일차적 정서인 분노를 인식하며 변화하였다. 분노 감정은 자신을 지지하고 보호하며 버티어 주는 힘으로 작용한다. 수현 씨는 그 힘으로 남편에게 더 이상 자신을 억압하지 말라고 말하기 시작하였다.

(4) 도구적 정서

치료자는 내담자가 도구적 정서임을 알아차리도록 도와야 한다. 그렇지 않고 몸에 학습이 되어 만성화되었을 때 문제가 된다. 부적응적인 성격의 도구적 정서는 대개 착취적이고 피상적인 감정이나. 진실한 울림이 없다. 미안하다고 하는데 미안함이 느껴지지 않는다. 이때 치료자의 개입 목표는 그런 식의 감정을 만들어 드러낸다고 해서 반드시 원하는 욕구가 충족되지는 않는다는 것을 깨닫게 하는 것이다. 도구적 정서의 본성을 자각할 수 있도록 도와야 한다. 도구적 정서에 수반되는 대인관계의 기능이나 이차적 이득을 이해할 수 있도록 관련 경험을 탐색하고 해석해 나가야 한다.

 변화 원리

내담자의 정서적 변화를 이끄는 세 가지 원리를 제안하였다. 첫째, 정서의 알아차림을 증진시킨다. 둘째, 정서조절을 증진시킨다. 셋째, 정서를 정서로 변화

시킨다.

이 가운데 특히, 부적응적 정서에 대해 정서를 정서로 변화시키는 접근을 강조하였다. 부적응적 정서는 부적응적 일차적 정서와 일부의 이차적 정서를 포함한다. 이성을 통해 강력하고 완고한 정서적 반응을 완전히 고칠 수 있는 경우는 드물다. 생각으로만 변화시키기는 어렵다는 것이다.

행동치료에서는 행동을 변화시켜서, 인지치료는 인지 즉 생각을 변화시켜서 우울이나 불안 등의 정서를 변화시킬 수 있다고 보았다. Greenberg는 다른 정서를 느끼게 함으로써 우울과 불안 등의 정서를 대체할 수 있다고 본 것이다. 이 점이 정서초점치료의 독특한 개입이다.

이를 위해 새로운 정서를 탐색하고 주의의 초점을 두어 끌어내야 한다. 새롭게 접근한 대안적 정서가 부적응적 상태를 변화시킬 수 있도록 돕는 원천이고 힘이 된다. 예를 들어, 늘 공포감에 떠는 내담자로 하여금, 그 안에 내재해 있는 적응적인 분노를 꺼내는 것이다. 분노는 힘을 유발한다. 자신의 삶을 이렇게 망가뜨릴 수 없다는 건강한 분노를 꺼내어서, 외상을 가지고 있는 피해자의 부적응적 공포를 변화시킬 수 있다. "두려워하고만 있지는 않겠어.", "더 이상 움츠려 있지 않겠어."라는 힘으로 작용할 수 있다. 그래서 두려움이라는 기존의 부적응적 정서도식에 대항하도록 돕는 대체자원으로 작용할 수 있다.

1) 정서의 알아차림을 증진시킨다

여기서 말하는 알아차림은 두 가지 알아차림을 말한다. 첫째, 지금 여기에 대한 자각이다. 지금 여기에서 무엇이 일어나고 있고 내담자 자신이 무엇을 느끼는지 알아차린다. 두 번째는 자각한 것에 대한 반성적인 수준의 알아차림이다. 내담자 자신이 무엇을 느끼는지를 숙고하여 어떤 방식으로 느끼길 원하는지 그리고 느끼는 것을 어떻게 다룰 것인지를 생각한다.

이 과정에서 내담자가 느끼고 있는 정서적 경험을 알아차리고 언어로 상징화한다. 정서가 주는 다양한 정보를 알아차리고 정서의 행위경향성에 접근하도록 돕는다. 화나면 공격적인 성향을 갖는 것을, 슬플 때는 눈물을 흘리고, 수치심을 느끼면 숨고자 하는 행위경향성에 접근할 수 있도록 한다.

특히, 정서 자체보다 정서와 관련되는 정보를 파악하고 이해하며 숙고하는 측면을 보다 강조하였다. 내담자로 하여금 정서를 느끼도록 활성화하는 것도 정서가 무엇을 의미하고 어떤 정보를 주는지 그 숙고하는 과정에 보다 잘 도달할 수 있기 위해서이다. 정서적 체험을 이해하도록 돕는 것이다.

정서를 알아차릴 때, 먼저 내담자가 경험하는 정서가 적응적인 안내자인지, 부적응적이어서 따르지 않을지 평가해야 한다. 즉, 정서적 반응의 네 가지 유형 중 무엇인지 판단하고, 각각에 대해 다른 접근법을 취해야 한다. 또 이렇게 정서를 알아차리고 상징화하고 표현하고 반영하는 것이 정서도식의 재구성이 일어날 때까지 자신을 지지하고 버티어주고 나쁜 감정을 상쇄해 주는 기능을 한다. 또한 치료자가 보이는 반영은 내담자에게 공감과 지지를 제공하면서 내담자로 하여금 스스로를 지켜낼 수 있는 힘으로 작용한다.

2) 정서 조절을 증진시킨다

사람들마다 정시적 긱성 수준이 다르다. 어떤 사람은 매우 각성되어 있고, 어떤 사람은 별로 각성되어 있지 않다. 각 개인의 정서적 각성 수준을 잘 판단하고 각성수준에 따라 다르게 정서조절기술을 가르쳐야 한다. 다양한 방식으로 정서적 각성 수준과 정서를 조절하고 고통을 견딜 수 있는 기술을 가르친다. 치료적 장면에서 내담자가 정서를 느끼고 활성화되어 있을 때, 그때 바로 정서를 조절하는 경험을 하도록 하는 것이 효과적이다. 치료 장면에서 정서를 각성시킨 후, 그 자리에서 바로 정서조절방법을 경험하게 한다. 주의조절법, 호흡조절법, 근육이완법 등을 주로 사용한다.

예를 들어, 압도당하는 느낌이나 공황감을 경험하는 내담자에게 다음과 같이 정서조절기술을 가르칠 수 있다. 치료 장면에서 "압도당할 것 같아요.", "공황감이 느껴져요."와 같은 호소를 할 때, 그 순간 "호흡에 주의를 기울여 보세요. 숨을 크게 들이 마시고 내쉬고. 천천히 이완해 보세요."와 같이 천천히 호흡과 이완을 유도해 감정을 조절하도록 한다. 그 공황감에서 좀 더 편안해질 수 있다.

호흡을 통해 압도당하는 느낌에서 보다 거리를 두게 되고, 이완감을 통해서 자신의 고통스러운 경험을 얘기할 수 있는 기회를 갖는다. 이에 자신이 두려워하는 것을 얘기하면서, 바로 그 두려워하는 경험에 천천히 다가가 접근하도록 격려한다. 그 순간에 자신을 괴롭히는 정서로부터 적절한 심리적 거리를 유지할 수 있는 방법을 찾아 압도당하지 않도록 한다.

포커싱 지향 심리치료와 마찬가지로 정서초점치료에서도 정서로부터 거리두기를 강조하였다. 바로 정서조절기술을 통해서 거리두기를 안내한다. 이때 정서조절방법은 주의분산적 기법에 해당된다. 주의를 불쾌한 정서로부터 다른 곳으로 돌림으로써 완화시키는 방법으로, 불쾌한 정서로부터 거리를 두어 압도당하지 않도록 도움으로써 정서적 각성 수준을 낮춘다.

3) 정서를 정서로 변화시킨다

부적응적 정서를 다른 보다 적응적인 정서로 대체함으로써 변화시킬 수 있다. 부적응적 정서를 그냥 느낀다고 변화되지는 않는다고 본 것이다. 보다 건강한 적응적 정서에 접근함으로써 부적응적 정서를 취소시킬 수 있다고 보았다.

대표적인 부적응적 정서로는 세 가지가 있다. 첫째, 위험에 대한 두려움은 위험한 자극을 회피하도록 한다. 과거 경험한 위험에 대해 형성된 두려움은 이후 그럴 필요가 없는 대상이나 상황에서도 활성화되어 회피 반응을 유발한다. 둘째, 과거 비난 등으로 형성된 스스로 가치 없고 쓸모없다고 생각하는 수치심이다. 이후 사소한 실수나 잘못에도 자신을 무가치하게 느끼며 수치스러워한다. 세 번째는 버림받은 것에 대한 슬픔이다. 이는 이후 그럴만하지 않은 대상이나 상황에서도 스스로 버림받았다고 생각하며 외로움과 슬픔을 느끼도록 한다. 세 가지 부적응적 정서는 삶에서 유사한 자극이나 상황에서 반복적으로 활성화되어 정서적 반응을 유발함으로써, 삶에 도움이 되지 않는 부적응적인 방식으로 작용한다.

대표적인 적응적 정서도 세 가지가 있다. 첫째, 분노이다. 이때 분노는 건강한 정서로서 자신을 보호하고 행동하게 만들며 자기주장하게 하는 힘으로 작용한다. 두 번째는 슬픔이다. 잃어버린 것에 대해 슬퍼하며 애도를 하게 한다. 세 번째는 측은함으로 자기 자신 스스로와 타인을 위하고 돌보게 만드는 건강한 정서이다. 내담자는 자신에게 측은함을 느끼게 되면서, 비로소 자신을 비난하는 것을 멈추고 스스로를 지지하고 위로하며 돌보는 방향으로 움직이게 된다. 타인에 대한 측은함을 느낄 때, 그동안 미워하고 증오하며 괴로워하던 것에서 타인을 이해하고자 하는 마음이 드는 것이다.

수치심이나 불안, 우울과 같은 부적응적 정서는 분노, 자긍심, 즐거움, 유머 등에 접근하여 대체할 수 있다. 두려움과 공포는 분노, 혐오, 연민, 용서에 접근해서, 분노는 슬픔에 접근하여 변화시킬 수 있다. 이와 같이 정서를 정서로 변화시키기 위해서, 역할극과 빈 의자 기법, 두 의자 기법 등 다양한 체험적 기법을 활용한다. 역할극은 내담자에게 다른 정서를 표현하도록 하여 정서를 대체하는 데 활용한다. 정서초점치료에서는 특히 두 의자 기법을 주로 사용하였다. 부적응적 정서를 느끼다가 적응적 정서가 나타났을 때, 내면의 두 가지 정서 간의 대화를 유도함으로써 대체하는 작업과 변화를 촉진하였다.

 ## 6 정서코칭 과정

정서초점치료의 전체 과정을 종합하면, 크게 세 가지 단계로 구분할 수 있다. 사전 단계로 치료자와 내담자 간의 협력적이고 지지적인 관계를 수립한다. 내담자의 정서적 갈등을 공감하고 수용하며 타당화함으로써, 치료자와 내담자 간의 정서적 유대감을 형성한다. 내담자가 상담자에 대해 갖는 믿음은 정서코칭 과정에서 정서를 활성화하는 등 체험적 작업을 하기 위해 필요한 전제 조건이다.

그리고 정서코칭 단계로 들어간다. 정서코칭은 전반부와 후반부로 나뉜다. 전반부는 활성화 및 탐색 단계 즉 도착 단계이다. 정서를 변화시키기 위해서는 먼저 정서에 다가가 도달해야 한다. 고통스럽고 불편한 경험을 활성화시켜 느끼는 단계이다. 정서코칭의 후반부는 정서도식의 재구성 즉 떠나는 단계이다. 부적응적 정서도식에 접근하여 적응적 정서 반응으로 재구성한다.

1) 관계 형성

치료의 가장 중요한 첫 단계는 치료자가 내담자와 따뜻하고 협력적인 동맹관계를 수립하여, 내담자에게 안전감과 지지를 제공하는 것이다. 치료자는 먼저 내담자의 경험에 대해 그럴만하다는 타당성을 인정해 주어야 한다. 자신의 경험이 존중받고 인정받는다고 지각할 때 작업에 충실할 수 있다. 그렇지 못하면 자신의 경험이 받아들여지지 않고 거부당하는 느낌을 받을 수 있다. 따라서 치료자는 내담자의 경험을 먼저 이해하고, 그럴만하다는 타당화를 해야 한다.

내담자의 경험에 이름을 붙여 상징화를 하는 것이 도움이 된다. "아, 화가 나 있구나.", "들끓어 오르는 활화산 같군요."와 같은 비유를 사용할 수 있다. 이러한 과정을 통해 내담자로 하여금 수용되고 이해받는 경험을 하고 자신의 감정에 대한 통제력을 회복하도록 돕는다. 내담자가 이야기만을 하게 되면, 그저 밖으로 표현되어 압도되는 느낌을 받을 수 있다. 감정을 명명하고 비유로 표현하는 상징화 작업을 통해서도 감정에 대한 어느 정도의 통제감을 얻을 수 있다. 치료자는 이러한 작업을 통해 내담자가 치료적 작업을 하는 것에 대해 안전감을 느끼고 감정 경험을 스스로 통제하거나 숙달할 수 있다고 느낄 때까지 기다려야 한다.

치료자의 지지를 통해 내담자가 숙달감을 갖고 고통스런 감정을 두려워하지 않고 대응할 수 있는 내적 자원과 기술을 얻은 후에 감정을 탐색하고 다루는 것이 효과적이다. 치료적 동맹을 형성하고 내담자가 감정에 대한 통제감을 갖는 작업을 통해 준비가 되었다고 판단되면, 그동안 두렵고 무서워서 회피했던 과거 경험을 직면할 수 있도록 격려한다. 그러나 이 작업에서 조금이라도 중대한 실수나 과오를 범할 가능성이 있다면, 하지 않는 것이 낫다. 정서 작업을 하는 과정에서 또 다른 상처와 외상을 경험하는 결과를 낳을 수 있기 때문이다. 예를 들어, 자신의 감정을 표현했는데 공감 받지 못한 느낌을 받게 되거나, 감정에 빠져버린 채 작업이 제대로 이루어지지 않는다면, 내담자는 자신의 불편한 감정을 보여준 채로 끝나버린 경험을 하게 되는 것이다. 이는 이후 치료적 작업에 부정적인 영향을 미칠 뿐 아니라, 내담자의 삶에도 좋지 않는 영향을 줄 수 있다.

(1) 감정과 체험에 주의를 기울이고 공감하며 타당화한다.

내담자의 체험과 감정에 주의를 기울이고 공감적인 조율을 해야 한다. 예를 들어, "항상 당뇨 때문에 자신을 다스리고 참아야 하는데 넌더리가 났군요."라고 공감한다. 내담자의 고통을 이해하고 내담자가 벌이는 싸움이 그럴만하다는 정당성을 인정해야 한다. 이것이 타당화이다. "웃고 있지만 뒤에서는 울고 있는 것 같네요.", "아직은 힘든 것 같네요.", "어찌할 바를 모르시겠군요.", "그런 일을 생각하고 떠올리는 게 큰 상처가 되는군요."와 같이 반응할 수 있다.

(2) 유발한 발생조건에 초점을 맞춘다.

협력적인 관계를 형성한 후, 기저의 유발 요인인 인지적-정동적 과정을 명료화하는 것이 가능하다. 불편감을 느끼는 상황이 무엇인지, 그리고 그 상황에서 "사람들은 나를 떠날 거야."와 같이 관련되어 있는 사고를 탐색한다. 가혹한 자기비판이나 의존성, 대인관계 상실과 같이 부적응적 정서반응을 유발하는 조건이나 상황이 무엇인지 탐색하고 확인하여 그것에 주의의 초점을 맞춘다. 우울한 내담자라면 부직질감을 유발하는 자기 안에 있는 가혹한 자기비판의 녹소리에 초점을 맞출 수 있고, 의존적인 내담자라면 남편에게 억압당하고 통제당하는 상황에 주의의 초점을 맞춘다.

2) 전반부: 도착 단계(arriving phase)

정서코칭의 전반부는 정서 경험의 활성화 및 탐색 단계이다. 내담자 자신의 정서에 접근하여 수용하도록 돕는다. 정서를 변화시키기 위해서는 먼저 그 정서를 느껴야 하기 때문이다.

(1) 정서의 활성화 및 알아차림을 증진하라

내담자가 자신의 정서를 알아차리도록 돕는다. 알아차림에는 정서를 구성하는 신체 감각, 생각, 이미지 등에 대한 자각이 포함된다. 첫째, 감정을 불러일으키는 신체적 감각에 집중하도록 한다. 이것은 포커싱과 유사한 접근법이다. 불안 수준이 굉장히 높아서 어깨에 힘이 잔뜩 들어가 있을 때, 어깨에 들어가 있는 긴장에 주의를 기울여서 긴장과 불안에 접촉할 수 있다.

둘째, 이야기를 하도록 하는 것이 정서를 만나도록 돕는다. 내담자에게 과거 정서적 일화나 특정한 감정을 가지게 한 상황을 기억해 내도록 한다. 이야기를 하면서 관련 정서가 느껴지고 올라온다. 분노에 대한 얘기를 할 때 분노와 관련한 구체적인 에피소드를 얘기하도록 하는 것이다. 그 얘기를 하면서 정서가 구체적으로 느껴진다.

셋째, 내담자와 대화를 할 때, 매우 호소적인 단어나 이미지와 같이 감정을 불러일으키는 강렬한 자극을 사용한다. 내담자가 많이 억압되어 있을 때, "어두운 숲이 떠올라요."라고 한다면 그것을 포착한다. "어두운 숲이요? 그 어두운 숲을 만나 보시겠어요? 좀 더 구체적으로 얘기해 보세요."와 같이 단어와 이미지를 활용할 수 있다.

넷째, 감정을 표현하도록 한다. 예를 들어, 큰소리로 말하도록 하거나, 화난 목소리로 말을 하도록 한다. 또는 그 감정과 일반적으로 연관된 행동을 하게 해서 내담자가 어떤 느낌을 받는 것처럼 행동하게 한다. 주먹을 부들부들 떨게 하는 것과 같은 행동을 하게 하는 것이다.

다섯째, 내담자가 자신의 각성 수준을 잘 살펴서 안정감을 유지할 수 있도록 돕는다. 적정 수준의 각성 상태를 유지하는 것을 강조한다. 통제력을 잃는다고 느끼면, 정서에 접근하는 것을 멈추는 것이 바람직하다.

(2) 정서 경험을 환영하고 수용하라

내담자가 자신의 정서 경험을 느끼도록 격려한다. 고통스러운 정서를 회피하지 않고 마주하도록 돕는다. 그래서 정서가 주는 정보를 파악하고 받아들이도록 한다. 내담자가 정서를 지나치게 회피하는 것이 문제라면, 그 감정을 그대로 펼쳐내도록 다양한 방법을 사용해서 돕는 것이 좋다.

(3) 정서를 말로 표현하도록 하라

내담자가 느끼는 정서를 말로 표현하도록 한다. 내담자의 내적 경험을 상징화하는 과정에서 은유나 비유, 이미지 등을 활용할 수 있다.

예를 들어, 내담자가 느끼는 두려움을 '위 속에 있는 검은색 공'으로 묘사할 수 있다. 이러한 비유나 은유로 감정을 표현하도록 하는 것은 감정을 표현하는 데 불편한 내담자에게 친숙하게 다가가게 하는 역할을 한다. 반면, 압도되어 있는 경우는 두려움이라는 감정을 검은색 공과 같이 형상화하여 바라보게 하는 효과가 있다.

감정에 압도되어 있는 내담자에게는 화라고 직접적인 감정 명칭을 사용하지 않고, '그것'이라고 칭하거나 내담자에게 '그것'을 상자에 집어넣는 것을 상상하게 함으로써 거리를 두게 할 수 있다. 그러나 감정에 지나치게 거리를 두는 사람들은 '화'와 같이 직접적으로 감정을 지칭하도록 하는 것이 감정을 마주하고 처리하는 데 도움이 된다.

(4) 내담자의 일차적 정서를 확인하라

치료자는 내담자가 느끼는 정서가 어떤 종류의 정서인지 판단하도록 도와야 한다. 이를 위해 다음의 여러 가지 것들을 생각해 볼 수 있다. 지금 느끼는 정서가 행동에 대한 적응적인 안내자인가? 직면해야 하는 정서인지 아니면 무시해야 하는 정서인가? 보다 자세히 탐색되어야 하는 정서인지 아니면 극복되어야 하는 정서인가? 그리고 각 정서에 올바른 방식으로 접근하도록 도와야 한다.

내담자가 지금 느끼는 그 정서가 억압된 정서가 해방되어 터져 나온 새로운 표현인지 아니면 지나치게 자유롭게 표현된 정서의 반복과 같은 오래된 진부한 표현인지 판단해야 한다. 전자의 경우, 화가 나있었는데 "화가 나요."라고 표현한다면, 억압된 정서의 새로운 표현으로서 치료적으로 도움이 되어 정서적 표현이 자연스럽게 감소할 것이다. 후자는 평소에 자주 느끼고 표현해왔던 수치심, 우울, 짜증과 같이 진부한 표현이라면, "수치스러워.", "우울해."와 같은 정서 표현은 치료적으로 도움이 되지 않는다. 이는 과거에 받았던 상처로 인해 반복되는 정서로서 부적응적 일차적 정서를 말한다. 이때 정서적 표현의 감소는 없다.

지금 느끼거나 표현된 정서가 고통의 신호인지 아니면 고통을 해소하는 과정의 신호 즉 자연스러운 치료적 변화 과정인지 판단해야 한다. 전자의 경우, 압도되거나 대처할 수 없다고 느낄 때 눈물을 흘리는 것은 고통의 신호이다. 내담자가 무슨 얘기를 할 때 자꾸 찔끔찔끔 슬픔을 표현한다면, 이는 빠져 나가는 정서의 표현이다. 내면에 뭔가 답답하고 고통스러운 것이 있다는 것을 암시한다. 내담자가 안에 무엇인가를 누르고 있다는 것이며, 이때는 그 고통에 초점을 맞추어 표현하도록 도와야 한다. 후자의 대표적인 경우는 애도 과정 중에 눈물을 흘리는 것을 들 수 있다. 이미 감정이 터져 나와 해소하고 있는 과정에 있으므로, 그 과정을 충분히 따라가 해소하도록 도와야 한다. 이것은 신호가 아니라 치료적 해소 과정에 있는 것이다.

이처럼 내담자가 지금 느끼는 정서 반응이 무엇인지 끊임없이 탐색하면서 일차적 정서를 찾아가야 한다. 이차적 정서라면 그 기저에 있는 일차적 정서가 무엇인지 탐색해야 한다. 사실은 걱정되어 불안을 느끼는 건데, 화가 나 있는 내담자라면 기저의 불안에 접근해야 한다.

3) 후반부: 떠나기 단계(leaving phase)

후반부 떠나기 단계는 부적응적 정서도식을 확인하여 적응적 정서도식으로 재구성하는 단계이다.

(5) 일차적 정서의 부적응성을 평가하라

내담자가 느끼는 일차적 정서가 적응적이라면 그대로 따라가 표현하면 되고, 정서 경험이 주는 정보를 파악해서 처리하면 된다. 정서가 부적응적이라면, 정서의 표현을 조절하고 관련된 생각을 이해하고 변화시켜야 한다.

(6) 부적응적 정서 관련 파괴적인 신념이나 견해를 확인하라

부적응적 정서도식과 관련된 기대나 신념도 분명하게 명료화하고 수정해야 한다. 해당 정서도식에 영향을 미치고 있는 역기능적 핵심 신념이 무엇인지 탐색하고 확인한다. 예를 들어, "나는 혼자이고 사랑받지 못한 존재야.", "나는 더러운 존재야. 누가 나를 원하겠어?"와 같은 생각이 이에 해당된다.

(7) 부적응적 정서 관련 욕구를 회복하라

떠나기 단계의 핵심으로, 정서를 정서로 변화시키기 위해서 부적응적 일차적 정서와 관련된 내담자의 욕구, 목표 및 관심사에 초점을 맞춘다. 치료자는 내담자에게 "이렇게 느껴질 때 당신은 무엇이 필요했나요? 무엇을 원했나요?"라고 질문할 수 있다. 과거 정서 경험에서 자신이 원했던 욕구와 목표를 자각하고 거기에 주의를 맞춤으로써, 새로운 건강한 적응적 정서를 불러일으키도록 돕는다. 예를 들어, 무가치감 이면에 있는 사랑받거나 인정받고 싶은 욕구에 접근한다. 이 욕구는 무가치하거나 사랑 받지 못하는 존재라는 신념과 싸우는 데 자원이 된다. "나는 비난이 아니라 지지를 원해요. 나는 그럴만한 가치가 있어요. 어렸을 때 내가 원한 건 사랑뿐이었어요."라고 말이다.

주로 접근하는 건강한 욕구로는 함부로 대해진 것에 대한 자기 보호 욕구, 통제되었던 것에 대한 자율권에 대한 욕구, 위로와 애정을 받고자 했던 욕구 등이 있다. 즉 학대나 폭행, 비난과 같이 함부로 대한 것에 대해 '나에게 함부로 하지 마세요'와 같은 존중과 돌봄을 받고 싶고 더 이상 상처받고 싶지 않은 자기 보호에 대한 욕구에 접근할 수 있다. 반복되어온 심한 간섭과 통제에 대해서는 '내 마음대로 하고 싶어요', '내 스스로 알아서 할게요'와 같은 박탈당한 자율성을 획득하고 싶은 욕구와 만날 수 있다.

(8) 대안적인 적응 정서에 접근하라

치료자는 새로운 정서에 주의를 맞춤으로써 내담자가 경험하는 정서를 전환한다. 이는 부적응적 일차적 정서와 관련된 건강한 욕구에 주의를 맞춤으로써 효과적으로 불러일으킬 수 있다.

이전에 인식하지 못했거나 접근할 수 없었던 분노감, 혐오감 같은 일차적인 적응적 정서, 그 적응적 정서의 행위 경향성 등을 인식하고 수용한다. 분노, 애도의 슬픔 등은 필요한 것을 얻기 위해 행동하도록 활성화하는 경향이 있다. 그로 인해 건강한 욕구와 그에 반응해 느껴지는 적응적 정서가 내담자로 하여금 부적응적 핵심 신념에 맞서 싸우도록 하고, 자기가치감과 안전감을 발전시키는 내적 자원으로 작용한다. 그 밖에 부적응적 정서를 변화시키는 데 도움이 되는 정서로는 평온함, 안도감, 가벼움, 친밀감, 고마움과 같은 수용적이고 활력을 주는 정서들이 있다.

(9) 새로운 의미를 전개하도록 하라

내담자의 내면에 건강한 욕구와 그에 따른 적응적 정서를 불러일으킴으로써, 내담자는 변화한다. 새로운 의미가 창조되고 자리 잡는 단계이다. 자기 자신과 과거, 미래에 대한 이야기를 명료하게 하고, 새로운 깨달음에 기반한 행위를 촉진하는 것이다. 이 시기에 내담자는 변화된 정서적 상태를 암시하는 표현을 하기도 한다. 그러한 은유로는 '넓은 광야에 홀로 있는 것 같은', '안에서 화산이 터지는 것 같은' 등이 있다. 새로운 의미와 해결책이 출현하고 만들어지며 발전하는 은유로서는, '구덩이에서 일어나거나', '새로운 눈으로 다시 볼 수 있는' 등이 있다.

정서도식의 재구조화를 통해 내담자에게서 새로운 자기가 나타난다. 자기, 타인, 세계에 대한 생각이 변화된다. 치료자는 내담자에게서 가지고 있는 내적 자원과 자기 진정 능력, 그리고 자기 긍정에 초점을 맞춘다. 내담자가 자신 안에 있는 긍정적인 측면과 힘을 받아들이고, 이를 치료 밖의 실제 삶의 장면에 적용할 수 있도록 연결시킨다. 이러한 작업은 치료적 장면 밖에서 혹은 치료회기가 모두 종결한 후에 내담자 스스로 위기가 찾아오거나 절망하는 순간이 왔을 때, 치료 과정에서 했던 것과 같이 내담자 자신의 내적 경험에 초점을 맞추고 상징화하며 건강한 방식으로 반응하도록 도울 것이다.

[사례 5-1]³⁾ "오늘 불안해요."

이 사례는 Greenberg가 직접 실시한 상담 사례로서, 자기비난이 심한 내담자를 한 회기 동안 정서초점치료로 작업한 것이다. 내담자는 평소에 불안이 심하고, 가끔 공황 증상도 겪고 있었다.

어릴 때 아버지로부터 부적절한 유혹을 받았다고 생각하는 내담자는 10대 중반 이후로 울어본 적이 없다고 하였다. 그 즈음에 아버지가 자신에게 해서는 안 되는 행동을 한 것을 알고 상처를 받았고, 자신이 강해져야 하기 때문에 다시는 울지 않겠다고 다짐했다. 이후 남편을 만나 결혼을 했지만, 남편의 요구에 계속 맞추고 복종적으로 반응하며 참다가, 어느 순간 폭발해버리는 반응 패턴을 보였다.

상담 회기 초반에 "오늘 불안해요."라고 말하며 불안을 호소하였다. 내담자는 평소에 불안하고, 심한 경우 공황이 나타나기도 한다. 이는 이차적 정서로 추정되었다. 치료자는 이차적 정서의 기저에 있는 일차적 정서를 탐색해야 한다. 내담자는 최근에 마음이 상하는 일이 있었고 자꾸만 화가 난다고 했다. 그리고 자신에게 비난하는 목소리가 올라왔다. "무슨 일을 하려고 해도 기준을 맞추지 못해요. 저는 엄마로서 좋은 엄마가 되지 못해요." 치료자는 자기 비난의 목소리와 그에 대항하는 목소리 두 가지를 두 의자 기법을 사용해서 대화를 유도해 보기로 했다. 내담자 앞에 빈 의자를 두고 마주보게 하였다.

내담자가 이미 자기 비난의 목소리가 올라와 있기 때문에 앉아 있는 자리에서 그 목소리를 계속 내어 보도록 했다. "넌 정말 해도 안 돼. 그것밖에 안 돼."라고 말하며 무가치감을 느끼고 있었다. "제가 바보 같아요. 할 수 있는 게 없어요. 무가치하게 느껴져요." 치료자는 계속 자기 비난의 목소리를 내어 보도록 했다. "결코 넌 좋은 부모가 될 수 없어. 너는 완벽하지 않아."와 같이 말하며 경멸하는 듯한 눈빛을 보였다. 그 순간 "왜 이것을 받아들이지 못해?"라며 다른 목소리를 내기 시작했다. 치료자는 내담자에게서 약간의 힘이 나오고 있음을 인지하고, 그 목소리에 주목하고 지지해주려고 노력했다. 평소처럼 자기 비난의 목소리를 내다가 그것에 반응해서 대항하는 목소리와 다른 정서적 반응이 보이기 시작한 것이다.

치료자는 내담자에게 앞에 있는 다른 의자에 바꾸어 앉도록 하였다. 그리고 다른 목소리의 입장에서 말해 보도록 하였다. 두 의자 기법을 통한 대화 작업은 변화의 시발점으로 작용한다. 꽉 막혀 있는 갈등의 상태에서 변화를 시작할 수 있다. "완벽하지 않은 것이 그렇게 불합리한 것은 아니잖아. 왜 그것을 받아들이지 못해? 충분히 완벽하지

---

3) 이 사례는 학지사에서 2003년에 출판한 「Greenberg의 정서중심치료 워크숍」의 비디오 영상 가운데 일부를 저자가 이해한 바에 따라 요약 정리한 것이다.

않다는 것을." 그러다 내담자는 "그래. 나는 완벽하지 못해. 나는 가치가 없어."라고 부정적인 자기 비난의 목소리를 수긍하였다. 이때가 위기일 수 있다. 이때 대화를 계속 진행시키기보다, 그 목소리 이면에 있는 내담자의 내적 경험이 무엇인지 확인해야 한다. 정말 채념해서 그러는 것인지, 다른 태도와 정서적 반응이 올라오고 있는지 파악해야 한다. 치료자는 "지금 어떤 감정이 드세요?"라고 그 밑에 깔려 있는 정서에 접근하였다. "난 너무 무가치하게 느껴. 정말 고통스러워."라고 대답했다. 내담자가 매우 고통스러운 감정을 느낄 때, 부적응적 일차적 정서로 들어가는 것이다.

내담자는 누군가의 기준에 맞추어 살아야 한다는 자기 자신에 대한 무가치감을 느끼고 있었다. 절망스럽고 아무것도 아닌 것 같이 느껴졌다. 텅 비어 있는 것처럼 느끼는 무가치감의 정서적 상태가 내담자의 핵심적인 부적응적인 정서이다. 이는 자신이 무가치하다는 인지적인 믿음과 몸이 의자 밑으로 꺼져 들어가는 듯한 행동경향성, 그리고 정서적인 것이 함께 있는 복합체이다. 내담자의 정서도식에 영향을 주는 역기능적인 신념은 "다른 사람이 나를 보아주지 않으면, 나를 인정하지 않으면 나는 존재하지 않는다."는 것이다.

치료자는 그 경험에 공감하고 인정해주는 개입을 한다. 그렇지 않다고 부적응적인 정서 반응에 반대를 제기하는 것이 아니라 오히려 그 고통을 충분히 공감해 주어야 한다. 내담자로 하여금 일차적 부적응적 정서인 무가치감과 수치심을 마음껏 느끼고 표현할 수 있는 기회를 준다. 내담자는 누군가의 기준에 맞추어 살아야 하고, 그것에 미치지 못하면 무가치하게 느끼는 반응 패턴을 반복하고 있었다.

자기 비난의 목소리를 극대화하는 것은 그에 반응하여 나타날 수 있는 건강한 목소리를 찾기 위해서이다. "나는 너무 힘들어. 더 이상 그렇게 할 수 없어. 사랑받고 수용되기 위해서 노력하는게 너무 힘들어. 네 목소리 듣고 싶지 않아. 네 목소리를 더 이상 참을 수가 없어." 내담자는 흐느껴 울기 시작하였다. 내담자에게서 분노라는 건강한 정서가 느껴지고 부적응적 정서도식의 목소리, 자기 비난의 목소리에 대항하는 목소리를 키우기 시작했다. 내담자는 "내 삶에 있는 모든 사람을 만족시킬 수 없어. 결코 완벽해질 수 없어."와 같이 말했다. 이처럼 두 의자 기법을 통해 다른 두 목소리 간의 대화를 촉진함으로써 부적응적 일차적 정서의 체험도 증진하고, 그에 대항하는 건강한 목소리와 정서도 증진시킬 수 있다. 또한 두 가지 목소리 간의 대화를 통해 내면에 있는 상반된 목소리 간의 통합이 가능하다.

나아가 "나는 위로받고 싶어. 인정받고 싶어."와 같이 건강한 욕구가 나타났다. 이때 치료자는 내담자의 욕구에 초점을 맞출 수 있도록, "지금 당신에게 필요한 것은 무엇인가요?"와 같이 물었다. 내담자는 "슬퍼요. 지금 휴식이 필요해요."라고 말했다. 이때 보이는 슬픔 또한 건강한 정서이다. 이후 내담자는 부적응적 일차적 정서에 대한 건강한 욕구와 그에 따른 적응적 정서가 올라오면서, 남편에게 자기주장하는 목소리 또한 힘을 갖고 표현할 수 있게 되었다.

[사례 5-2][4] "엄마에게 무엇을 해도 소용없어요."

부적응적 정서반응을 변화시키는 작업을 구체적인 예를 통해 살펴보자. 내담자에게서 부적응적 일차적 정서인 '무기력감'이 활성화되었다. 치료자는 부적응적 일차적 정서반응 속에 존재하던 자신과 타인에 대한 평가, 연관된 행위경향성을 확인한다. 이 과정에서 내담자가 "엄마에게 무엇을 해도 소용없어요."라고 생각하며 무기력감을 느끼고, '안으로 움츠러들고 사라져 버리고 싶다'는 행위 경향을 반복적으로 보이고 있었음을 확인한다.

무기력감과 관련된 역기능적 신념을 탐색한다. 그 결과, 내담자에게서 "엄마의 관심이 없으면, 나는 존재하지 않는 사람과 같아요.", "엄마에게 인정받지 못하는 한, 나는 가치 없는 사람이에요."와 같은 신념들이 있음이 알았다. 이는 부적응적 정서 반응에 영향을 미치고 있었다.

치료자는 내담자가 과거 엄마와의 관계에서 무기력감을 느꼈던 핵심 상황을 떠올리게 하였다. 그리고 그때 내담자가 가지고 있던 내적 욕구, 목표 및 관심사에 접근하였다. 내담자는 사실은 "엄마가 나를 인정하고 받아주고 내 존재를 알아주기를 원해요."와 같은 건강한 욕구가 있었음을 알아차렸다. 그 욕구에 주의를 맞춤으로써, 인정받지 못한 것에 대한 화가 느껴지기 시작했다. 치료자는 건강한 욕구에 대한 적응적 정서인 화에 초점을 맞추고 불러일으켰다. 이는 엄마에게 건강한 욕구를 표현하게 하고, 스스로 생존하고 혼자 설 수 있다는 느낌과 자율감을 경험하도록 도왔다. 또한 자신을 보호하고 지지하는 건강한 욕구를 유발했다. 내담자는 점차 자신의 감정을 수용하고, 자신에 대해 새롭게 지각해 갔다. 그 결과, 내담자는 "엄마의 도움 없이도 살아갈 수 있어요. 영원하지 않으리라는 걸 아니까요."와 같이 말하며 자신 안에서 힘을 느꼈다.

---

4) Elliott 등(2004)이 쓴 「Learning Emotion−Focused Therapy」을 신성만 등(2013)이 번역한 「정서중심치료의 이해」의 사례 가운데 일부를 요약 및 정리한 것이다.

정서초점치료(emotion-focused therapy)는 정서 이론 가운데 정서의 적응적 역할을 강조하였다. 또한 정서, 정서지능과 정서조절 개념을 핵심 요소로 두면서, 심리치료 이론에 통합하여 새로운 치료 이론인 정서초점치료 이론을 제안하였다. 정서에 주의를 기울여 초점을 두었다고 해서 정서초점치료라고 명명하였고, 다른 정서초점적 치료들과 구분하기 위해 과정과 체험을 강조한다는 점에서 과정체험적 치료라고도 불리었다(Pos et al., 2008). 정서초점치료는 정서를 조절하는 능력이 심리적 건강과 적응에 중요하고, 내담자가 정서를 적절히 조절하지 못한 결과로서 우울, 불안 등의 심리적 어려움과 정서적 고통을 겪는다고 보았다. 이에 치료자는 내담자로 하여금 정서를 효과적으로 조절할 수 있도록 돕는 정서코치가 되어야 한다고 주장했다(Greenberg, 2002).

치료적 변화를 위해서는 먼저 내담자가 지니고 있는 정서도식을 활성화하고, 나타난 정서적 반응이 무엇인지 평가해야 한다. 만약 부적응적 일차적 정서라면, 관련한 욕구나 적응적인 일차적 정서를 유발하여 대체한다. 예를 들어, 부적응적 수치심을 느낀다면, 자기 직면이나 자부심과 같은 건강한 일차적 정서로 대체할 수 있도록 돕는다. 또한 이차적 정서라면 공감적 탐색을 통해 그 원천이 되는 일차적 정서를 찾아 건강한 욕구와 그에 따른 건강한 정서를 경험함으로써 이차적 정서를 대체하도록 한다.

이러한 정서적 변화를 이끄는 원리로 크게 알아차림, 정서조절, 정서변형 등 세 가지를 제안하였다(Elliott et al., 2004). 첫째, 치료자는 공감과 타당화를 통해 안전한 치료적 환경을 조성함으로써, 내담자가 자신의 정서적 체험에 접근하여 알아차리고 언어로 상징화하는 표현을 돕는다. 즉 정서적으로 각성하고 활성화되도록 한다. 둘째, 활성화된 정서적 각성 수준을 조절하고 정서적 고통을 견딜 수 있는 정서조절방법을 교육한다. 이때의 정서조절방법은 주로 호흡법, 근육이

---

5) 이지영이 2021년에 「인문사회21」의 12(1)권에 발표한 논문 '정서에 초점을 둔 심리치료에 관한 고찰: 정서중심적 치료 모델을 위한 제언' 내용의 일부를 수정 및 보완하였다.

완법, 자기위안기법, 기분전환활동과 같은 주의를 분산시키는 방법들에 해당한다. 셋째, 정서를 정서로 변화시키는 접근법으로, 이를 위해 두 의자 기법 등의 체험적 기법을 적극적으로 활용한다.

정서초점치료의 핵심 과정은 세 번째 치료 원리인 정서를 정서로 변화시키는 접근에 있다. 이는 부적응적 정서를 다른 보다 적응적인 정서로 대체함으로써 변화시킬 수 있다는 전제에서 출발한다. 철학자 Spinoza는 정서를 정서로 변화시켜야 한다고 외친 첫 번째 사람으로, 정서는 반대되는 보다 강한 정서가 아니면 제거되지 않는다는 주장했다(Elliott et al., 2004; Greenberg, 2017). 이러한 주장을 Greenberg가 받아들여 만든 정서초점치료는 새로운 정서를 유발하기 위해 현재 상황에 대한 새로운 관점에 주의를 돌리기, 정서 경험을 재현하거나 표현하기, 다른 정서적 상태를 상상해 보기, 현재 욕구나 목표, 관심사 등을 확인하고 주의를 집중하는 등의 다양한 방법을 제시하였다.

치료 목표인 부적응적 정서도식의 재구조화는, 이전에 접근 또는 이용할 수 없었던 내적 체험을 새롭게 함으로써 가능하다(Pos et al., 2008). 이를 위한 자원으로 치료자와의 새로운 관계 체험뿐 아니라, 새롭게 주의를 돌려 찾은 내담자의 건강한 욕구나 목표, 관심사 그리고 이를 충족시키기 위한 내적 자원을 포함시켰다. 먼저 부적응적 정서가 각성되면, 왜 그러한 감정이 발생했는지 그 과정과 관련한 역기능적 인지를 탐색하여 핵심적인 부적응적 정서도식에 접근한 다음 치료적 변화를 위한 작업이 시작된다. 정서 경험을 구체화하고 역기능적 핵심 신념을 확인하는 과정에서 관련한 지지와 보호와 같은 건강한 욕구와 목표를 인식하도록 돕는다. 또한 건강한 욕구와 관련한 분노감과 혐오감과 같은 이전에 인식하거나 접근할 수 없었던 일차적 적응적 정서에 접근하도록 한다. 이것이 내담자로 하여금 자신이 가지고 있던 부적응적 핵심 신념에 맞서 싸우고, 자기 가치감과 안전감을 발전시키는 근원이 된다. 이 과정에서 역기능적 신념이 변화되고 부적응적 정서가 적응적 정서로 대체됨으로써 정서도식의 재구조화가 일어난다고 보았다.

정서초점치료는 기존의 다른 치료들보다 정서의 적응적 역할, 정서지능, 정서조절 등의 정서 관련 이론과 연구결과들을 적극적으로 받아들여 제안한 치료 이론이라는 점에서 의미가 있다. 특히, 정서적 각성 및 활성화가 치료적 변화를 위해 선행되어야 한다는 입장은 다른 체험적 치료 이론은 물론 정신역동적 접근과 인지행동적 접근 등에서 정서적 각성의 역할을 주목하는데 영향을 미쳤다 (Samoilov & Goldfried, 2000). 그러나 다른 치료 이론들과 차별화된 점은 정서를 변화시키는 방법으로 부적응적 정서와 관련한 인지를 탐색하여 이해하고, 관련한 욕구와 그러한 욕구에서 비롯된 건강한 정서를 유발함으로써 대체할 수 있다는 관점을 취했다는 것이다. 즉, 정서적 활성화를 시작으로 정서적 경험을 숙고하는 과정을 거침으로써, 관련한 인지를 찾아내고 새로운 의미를 만들고 이해함으로써 정서와 이성의 통합을 강조하였다. 그러나 그 안을 들여다보면 사실상 정서 경험을 체험하는 과정보다 인지적으로 이해하는 과정에 보다 초점을 두었다고 볼 수 있다(Elliott et al., 2004; Suveg et al., 2007).

정서 자체에 대한 개입은 정서를 명명하여 표현하는 수준에 그친다. 그리고 정서의 변화에 대해 정서 자체를 느끼고 표현하는 것으로 변화되지 않으며, 다른 정서의 체험을 통해 대체할 수 있다는 입장을 취했다는 점이 특징적이다. 즉, 건강한 정서의 유발이 부적응적 정서에 연결된 자기나 타인에 대한 평가의 타당성에 도전하게 함으로써, 부적응적 정서 도식의 자동성을 취소할 수 있다고 본 것이다(Pos et al., 2008). 이처럼 정서초점치료에서 정서는 관련한 인지와 욕구, 새로운 정서에 접근하기 위한 발판으로 사용되었다. Greenberg(2020)는 정서를 느끼는 과정조차 초기에만 강조했을 뿐, 이후 치료 이론을 발달시키면서 점차 강조하지 않았다고 밝혔다.

제3부

정서중심적 치료
(Emotion-Centered Therapy)

제6장

정서중심적 치료의 목표

 상담자는 정서조절코칭 전문가

1) 상담의 목표

내담자들이 심리상담을 받으러 오는 이유가 무엇일까? 힘들어서이다. 힘들지 않으면 도움을 청하지 않는다. 그렇다면, 힘들다는 것은 무엇인가? 바로 정서이다. 우리는 때로 너무나 화가 나는데 그 화를 주체하기 어려워서 힘이 들고, 너무 긴장되고 초조하고 안절부절 못하고 불안해서 힘이 든다. 때론 너무 수치스러워 쥐구멍에라도 들어가 숨고 싶어 힘이 든다. 힘들다는 것은 바로 정서적 고통인 것이다.

정서적 고통은 무엇인가? Frijda(1986)가 제안한 정서를 구성하는 세 가지 요소를 통해 정서적 고통을 이해할 수 있다. Frijda는 정서를 정의하면서 세 가지 요소를 제안하였다. 첫째, 정서마다 특유의 독특한 신체적 변화와 표현을 동반한다. 화가 나면 얼굴이 붉어지고 심장박동수가 빨라지며 혈압이 상승하고 눈썹이 가운데에 몰린다. 불안하면 심장박동과 호흡이 빨라지고 어깨가 위축되며 몸이 떨리기도 한다. 화와 불안은 물론 슬픔, 혐오, 수치심 등 여러 정서마다 각기 독특한 신체적 변화를 갖는다. 그런데 이들 정서들의 공통점은 모두 몸에 에너지가 들어간다는 것이다. 이처럼 정서를 느낄 때 힘이 들어가기 때문에 힘든 것이다.

둘째, 정서를 정의하는 핵심 요소로 관심사와 목표를 들었다. 자극이나 대상, 상황을 개인이 자신의 관심사나 목표와 관련된 것으로 평가할 때 정서가 발생한다. 어떤 자극이나 대상에 대해 관심이 없다면 감정은 발생하지 않는다. 그 자극이나 상황을 개인의 목표를 이루는 데 도움이 된다고 평가할 때 유쾌한 감정을 느끼고, 목표를 이루는데 방해된다고 평가할 때 불쾌한 감정을 느낀다. 물론 공포나 혐오와 같이 생존에 매우 중요한 작용을 하는 경우, 때때로 인지적 과정을 거치지 않고 자극이나 대상에 반응해서 즉각적이고 자동적으로 느껴지는 정서도 있다. 그러나 우리가 느끼는 대부분의 정서는 사고 과정을 거친다. 즉 생각이 정서를 만드는 것이다. 자극이나 대상에 대한 평가 즉 사고에 반응해서 정서가 발생한다.

"저렇게 행동하는 것은 나를 무시하기 때문이야.", "나에게 함부로 하네."라고 생각하면 화가 난다. "잘못되면 어떡하지?", "사고 나면 어떡하지?", "야단맞으면 어쩌지?" 등과 같이 걱정하면서 불안을 느낀다. "내가 하는 게 다 그렇지 뭐. 난 할 줄 아는 게 없어.", "내 미래는 암울해."와 같은 자기패배적 생각을 하면 우울하다. 이와 같이 정서와 함께 떠오르는 관련 사고는 공통적으로 자꾸만 신경이 쓰이는 특징이 있다. 그 사람의 신경을 빼앗고 주의를 가져간다. 즉 에너지가 소모되는 것이다.

셋째, 정서마다 독특한 행동경향성을 갖는다. 화는 공격성을 유발하고, 슬픔은 우는 행위를 유발한다. 공포는 얼어붙거나 도망가는 행위를 야기하고, 수치심은 몸을 숨기는 행동을 하게 만든다. 이처럼 정서는 특정 행위나 계획을 긴급하고 우선적으로 취하게 함으로써, 처한 상황에서 적응하고 생존하도록 돕는다. 이때 생존을 위해 정서에 수반되는 행동을 즉각적으로 취하게 만들기 위해 에너지가 자동적으로 끌어올려진다.

종합해 보면, 정서 자체가 특정한 신체적 감각, 인지적 요소, 행동적 요소 등을 동반하면서 에너지를 동원하기 때문에, 정서를 느끼는 사람은 힘이 들고 고통을 느끼는 것이다. 정서적 고통으로 힘들어하는 내담자들이 바라는 것은 고통을 덜 느끼는 상태, 즉 힘이 덜 들어가는 힘들지 않은 상태일 것이다. 내담자 자신이 경험하고 있는 정서적 고통의 감소가 상담 및 심리치료를 받는 내담자들의 바램인 것이다. 내담자들은 자신이 느끼는 불안, 우울, 분노, 수치심, 절망감 등의 정서가 완화되기를 바란다. 결국 내담자는 정서적 고통을 줄여달라고 상담 및 심리치료를 찾아오는 것이고, 상담자는 다양한 방식으로 내담자의 정서적 고통을 줄이는 개입을 해야 할 것이다.

상담자는 내담자가 경험하고 있는 불쾌한 정서를 감소시키도록 도와야 한다. 정서적 고통 즉 힘들다는 것은 감정이고, 그 감정을 어떻게 다루느냐에 따라 힘이 들 수도 있고 힘이 들지 않을 수도 있다. 따라서 상담자는 정서를 다룰 수 있는 방법을 잘 알고 익혀야 한다. 그래서 내담자로 하여금 정서를 조절하는 여러 방법을 교육하고 훈련시킴으로써, 내담자 스스로 자신의 감정을 적절히 다루고 조절할 수 있도록 도와야 한다. 즉 상담자는 정서조절코칭 전문가이여야 한다.

오랫동안 심리상담 및 심리치료의 주된 호소문제는 우울, 불안, 분노 등의 정서적 문제이어 왔다. 수많은 심리치료 이론들은 각기 다양한 접근법을 제시하며 내담자의 우울과 불안 등의 징서직 고통을 감소시키기 위해 접근해 왔나 (Samoilov & Goldfried, 2000; Suveg et al., 2007). 따라서 심리치료 이론의 핵심 목표는 한마디로 내담자의 정서적 상태를 변화시키는 것이라고 볼 수 있다.

최근에 주된 관심을 받아 왔던 인지행동치료의 제3동향에 속하는 치료 이론들은 정서적 각성과 체험에 관심을 갖고 빈 의자 기법이나 역할연기와 같은 체험적 기법은 물론 정서조절기법 등을 기존의 치료적 접근에 통합하였다(문현미, 2005). 그러나 대부분의 치료 이론들이 정서적 체험을 통한 정서적 변화보다는, 인지의 변화를 유도하기 위해 정서적 체험을 활용하는 데 머물고 있다. 정서의 적응적 역할을 강조하며 정서이론의 내용을 치료 이론으로 가져온 정서초점적 치료들 또한 자신들의 독특한 치료적 접근을 위한 시작점으로 정서적 각성과 정서 명명 등을 사용했을 뿐, 지속적인 정서적 체험 과정에는 주목하지 않았다.

이에 지속적인 정서적 체험을 통한 변화 과정에 중점을 두는 치료 이론을 개발할 필요가 있다. 최근에 정서와 정서조절의 역할이 정신병리의 발달은 물론 치료적 개입에 중요하다는 인식이 증가하면서, 이러한 관심을 치료 이론에 반영하기 위해 정서조절 과정과 같은 정서 관련 과정을 섬세하게 밝히기 위한 시도들이 이루어지고 있다(Suveg et al., 2007). 여기에서는 현재까지 밝혀진 정서적 체험과 그 변화 과정에 대한 축적된 이론 및 연구결과들을 바탕으로 지속적인 정서적 체험의 변화 과정에 중점을 두는 정서중심적 치료(Emotion-Centerd Therapy) 이론을 제안하고자 한다.

2) 스트레스

정서적 고통은 아무런 이유 없이 그냥 발생하지는 않는다. 정서적 변화가 발생했다면, 반드시 그 변화를 야기한 내적 또는 외적 자극이 있었다. 감정을 유발하는 원인이 되는 자극을 스트레스라고 통칭할 수 있다.

모든 인간은 자신만의 안정되고 평안한 상태인 내적 평형 상태를 유지하려 한다. 그 내적 평형 상태를 깨뜨리거나 깨뜨릴지 모르는 모든 내적, 외적 자극을 스트레스 자극이라고 한다. 그런데 사람들마다 자신에게 안정되고 평안한 상태가 다르다. 어떤 사람들은 활기차고 떠 있는 듯한 상태가 편안할 수 있다. 그런 사람이 갑작스럽게 차분해지면, 반가운 것이 아니라 무슨 일이 있나 걱정하게 된다. 즉 활기찬 상태를 변화시킨 스트레스가 있을 가능성이 있고, 스트레스를 받고 있는 것일 수 있기 때문이다. 반면, 어떤 사람들은 함께 있으면 기분이 바닥으로 가라앉는 것 같은 느낌이 들기도 한다. 늘 처지고 가라앉는 듯한 상태를 유지하는데, 그러한 상태가 그들에게는 익숙하고 평안한 상태인 것이다. 그 사람들이 갑작스럽게 활기차지면, 그 또한 반가운 것이 아니라 스트레스를 받고 있는 것은 아닌지 걱정하게 된다.

아무런 일이 일어나지 않았어도 '내일 제출해야 하는 보고서를 아직 제대로 준비하지 못했는데 어떡하지?'라는 생각이 문득 떠오를 수 있다. 갑자기 떠오른 보고서에 대한 생각은 스트레스로 작용한다. 친구들과 즐겁게 놀고 있다가 문득 떠오른 무서운 엄마의 얼굴은 즐거움을 방해하는 스트레스 자극이 된다. 이와 같은 생각이나 이미지 등은 각자에게 안정되고 평안한 상태를 깨뜨리는 내적 스트레스 자극이다. 또는 일어난 사건에 대해서 별다른 불편감 없이 받아들였는데, 주변 동료가 "부장님한테 한 소리 들었다면서? 그러게 일을 왜 그렇게 처리했어?"라고 말한다면, 평안했던 마음은 어느새 불쾌해질 것이다. 이렇듯 각 개인의 내적 평형 상태를 깨뜨리는 내적 그리고 외적 자극이 모두 스트레스 자극이 된다.

그런데 모든 인간은 내적 평형 상태가 깨졌을 때, 이를 다시 안정되고 평안한 상태로 원상복귀시키려 반응하면서 내적 긴장 상태에 놓이게 된다. 이때 소위 '아, 스트레스 받아'라고 말하는 스트레스 반응 상태가 된다. 내적 평형 상태가 깨짐으로써 긴장 상태에 놓이고, 여러 감정 상태가 유발된다. 스트레스를 받으면, 대개 긴장되고 불안해진다. 짜증과 신경질이 나고 화가 올라온다. 물론 그 외에도 슬픔, 무력감, 절망, 수치심, 죄책감 등 여러 감정들이 느껴질 수 있다.

여기서 중요한 것은 스트레스는 반드시 감정을 유발한다는 점이다. 그것도 불쾌한 감정을 유발할 가능성이 높다. 우리 삶에서 스트레스를 관리하는 것은 매우 중요한 일이다. 스트레스가 우울, 불안, 분노, 수치심, 절망, 무력감 등 다양한 불쾌한 감정을 유발하므로, 스트레스를 관리한다는 것은 스트레스가 유발한 감정을 조절하는 것을 말한다.

한때 스트레스 관리 프로그램이 유행한 적이 있었다. 프로그램의 내용은 스트레스를 유발한 원인이 되는 자극이나 상황을 수정하거나 피하는 방법이 주를 이루었다. 그러나 스트레스 자극이나 상황 즉 환경을 변화시키는 것이 그리 쉬운 일이 아님을 우리는 안다. 자신을 괴롭히는 상사를 변화시키는 일, 직장이나 부서를 바꾸는 일, 친구나 연인의 성격을 변화시키는 일, 필요한 돈을 마련하는 일 등 상황이나 환경을 수정하거나 변화시킴으로써 감정을 조절하는 것이 얼마나 어려운 일인지 말이다.

따라서 스트레스 관리란 스트레스가 유발한 감정을 다루는 것이 핵심이 되어야 한다. 스트레스로 인해 발생한 불쾌한 감정을 제대로 조절하지 못했을 때, 정서적 고통을 경험한다. 스트레스 자극에 반응해 발생한 일시적인 슬픔을 제대로 조절하지 못하면, 우울이 되고 급기야 우울장애로 발전한다. 스트레스가 유발한 일시적인 긴장이나 초조를 제대로 다루지 못하면, 불안이 심해지고 계속 반복될 경우 만성적인 불안 및 불안장애로까지 발전할 수 있다. 그러므로 스트레스를 관리한다는 것은 스트레스로 인한 감정을 다루는 것을 말한다.

살아가면서 스트레스를 겪지 않는 사람은 아무도 없다. 누구나 스트레스를 경험하며 산다. 살면서 경험하는 수많은 자극들이 내적 평형을 깨뜨리는 스트레스로 작용할 수 있다. 인간은 매 순간 다양한 자극과 상황에 노출되고, 이러한 자극, 상황 그리고 경험을 처리하면서 살아간다. 결국 잘 산다는 것은 세상을 살아가며 마주하는 스트레스를 적절히 처리하면서 살아가는 것을 의미한다.

나는 성장하는 동안 사는 게 참 힘들었다. 10대에 들어서면서 시작된 정서적 고통은 자주 죽음을 떠올리게 만들었다. 너무 불안했고 수치스러웠고 화가 났다. 사는 게 너무나 고통스러워서 '죽고 싶다'는 자살사고를 자주 하게 되었고, 죽는 방법에 대해 끊임없이 고민하곤 하였다. 그러나 죽는 것 또한 무서웠고 결국 살아갈 수밖에 없다는 것을 깨달았다. 그렇다고 세속으로부터 벗어나고 싶지는 않았다. 그래서 어떻게 하면 내가 사는 세상 안에서 두 발을 딛고 서서 할 것을 하면서도 덜 고통스럽고 마음이 편안할 수 있을지 고민하였다. 그렇게 답을 찾아가면서 심리학을 만나고, 심리학 안에서도 감정을 다루는 것에 내가 그토록 찾았던 해답이 있음을 알게 되었다. 행복한 삶, 건강한 삶의 핵심 열쇠는 감정이고 그 감정을 잘 다루는 것, 즉 정서조절인 것이다.

3) 상처

스트레스 자극이 동일한 정서를 유발하는 것은 결코 아니다. 각 개인이 가지고 있는 자기, 타인, 세상에 대한 믿음에 따라서 유발되는 정서가 달라진다. 즉 자기, 타인, 세상에 대한 특정 믿음 세트를 가지고 있는 사람이 스트레스 자극을 만나고, 그것을 처리하는 과정에서 제대로 처리가 되지 않으면서 정서적 고통이 유발되는 것이다.

인간은 살아가면서 수많은 경험을 한다. 수많은 자극을 맞닥뜨리고 수많은 상황에 처하며 수많은 정보에 노출된다. 이들을 개별적으로 처리하려 하면 정보가 너무 많아서 굉장한 에너지와 시간이 들어 정신없고 혼란스러울 것이다. 따라서 끊임없이 쏟아지는 수많은 자극과 상황, 정보를 좀 더 효율적으로 처리하기 위

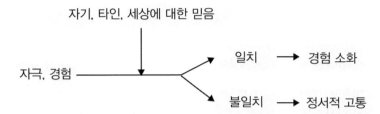

자기, 타인, 세상에 대한 믿음

자극, 경험 ─────→ 일치 ──→ 경험 소화

불일치 ──→ 정서적 고통

그림 6-1. 정서적 고통이 발생하는 경로

해, 자신과 타인 그리고 세상을 바라보는 이해의 틀을 형성하게 된다. 경험을 통해 어느 정도 일반화된 믿음을 형성하고, 그 형성된 믿음을 바탕으로 쏟아지는 자극과 정보를 보다 수월하게 걸러내고 분류하고 이해하고 처리하며 살아갈 수 있는 것이다.

정서적 고통은 어떻게 발생하는가? 개인이 새로운 자극을 만나면 자신이 가지고 있는 자기, 타인, 세상에 대한 믿음과 일치하는 방향으로 처리하려는 경향이 있다. '나는 발표를 잘해'와 같은 믿음을 가지고 있는 사람이 발표 상황에서 좋은 피드백을 받았다면 가지고 있는 믿음과 일치하는 경험이기 때문에 별 문제가 되지 않는다. 이처럼 개인이 가지고 있는 믿음과 경험이 일치하면 경험은 쉽게 처리되어 소화되지만, 경험이 자기, 타인, 세상에 대한 믿음과 불일치할 때 당황스러움, 혼란스러움, 불안 등 정서적 고통이 유발되고 여러 문제가 발생한다. 따라서 개인은 정서적 고통을 줄이기 위해 다양한 시도를 하게 된다.

불일치를 해결하기 위한 개인의 시도는 크게 두 가지 범주로 구분할 수 있다. 하나는 경험을 왜곡하거나 부정하거나 처리하지 않는 등 경험적으로 회피하는 것이다. 다른 하나는 개인이 가지고 있는 믿음을 경험과 일치하는 방향으로 수정하는 것이다.

전자의 경우, 첫째, 자극이나 경험을 왜곡할 수 있다. "무슨 일 있었어? 발표가 평소와 다른데?"라고 말하는 동료의 말에 '나를 질투해서 그러는 거야'라고 생각하거나, '평소보다 발표를 잘했다고 하네'와 같이 의미를 왜곡하여 정보를 처리할 수 있다. 왜곡은 환경의 정보를 잘못되게 처리함으로써, 오해와 갈등을 유발할 수 있다. 둘째, 자극이나 경험을 마치 없었던 것처럼 부정하여 처리할 수 있다. '그 친구가 나에게 별다른 말을 하지 않았어', '나는 오늘도 발표를 잘 했어'와 같이 일어난 경험 자체를 부정하고, 주어진 자극이나 정보를 마치 일어나지 않은 것처럼 처리한다. 이 또한 환경의 정보를 부인하고 제대로 처리하지 않은 것이니, 의사소통에 문제가 발생할 수 있다. 셋째, 자극이나 경험을 아예 회피하여 처리하지 않는 것이다. 이와 같이 왜곡하거나 부정하는 등의 경험적 회피는 일시적으로 정서적 고통을 줄일 수 있으나, 의사소통상의 문제와 인간관계의 갈등 등 다양한 부수적인 문제를 유발할 수 있다. 또한 처리를 미루는 회피의 방식으로 인해, 처리되지 않은 경험적 정보가 계속 처리를 요구하면서 주의를 끌 수 있다. 이에 개인은 처리하는 데 필요한 에너지와 주의를 빼앗기고 불안을 경험할 수 있다.

후자는 실제로 일어나는 경험에 부합하도록 개인이 가지고 있던 믿음의 틀을 수정해서 처리하는 것이다. 자기, 타인, 세상의 도식과 불일치할 때 정서적으로 고통스럽다면, 자기, 타인, 세상에 대한 도식의 수정이 필요하다. 자신이 가지고 있던 믿음과 맞지 않기 때문에 경험을 처리하지 못해서 힘든 것이기 때문이다. '내가 늘 발표를 잘하는 것은 아니야', '그 사람에게 그런 면이 있었구나', '그래. 세상이 늘 공정한 것은 아니야'와 같이 믿음을 수정하면서, 우리의 경험은 이해되고 받아들여진다.

물론 오랫동안 가지고 있던 믿음의 틀을 변화시킨다는 것 자체가 불편한 일이고 상당한 정서적 고통을 유발한다. 그래서 사람들은 자신이 가지고 있는 생각과 믿음을 잘 바꾸려 하지 않는다. 또한 믿음을 수정하게 되면, 기존 믿음과 관련해서 처리했던 많은 경험과 정보, 다른 믿음들도 변화시켜야 할 수도 있기 때문이다. 그러나 심리적으로 건강한 사람은 현실을 마주하고, 비록 불편하고 고통스럽더라도 믿음의 틀을 현실에 맞게 수정해서 소화시키려 한다. 이처럼 인간은 자신이 가지고 있는 믿음과 일치하면 경험을 잘 소화하지만, 그렇지 않으면 믿음을 다시 수정해서 소화시켜야 한다.

사람들은 흔히 상처를 주고받았다는 말을 많이 한다. 상처의 본질이 무엇인가에 대해 고민하면서, 2020년에 쓴 저서 「나를 잃어가면서 지켜야 할 관계는 없다」에서 상처를 다음과 같이 정의하였다. 상처란 자기과 타인 그리고 세상에 대해 가지고 있던 믿음이 흔들리거나, 부정적인 방향으로 깨지고 훼손되었을 때 나타나는 정신세계가 흔들리는 현상이다(이지영, 2020). 즉 자극이나 상황이 개인이 가지고 있는 믿음과 불일치할 때 상처를 받을 수 있다.

수영 씨는 스스로 일을 잘하는 사람이라고 생각하는 30대 회사원이다. 중요한 프로젝트에 대한 보고서를 제출했을 때, 부장은 보고서가 형편없다면서 다시 작성할 것을 요구했다. 수영 씨는 부장이 자신의 능력에 대해 무시한다는 생각이 들어 화도 나고 수치스러움을 느꼈다. 자신에 대해 가지고 있던 믿음에 부합되지 않는 경험이고, 그 믿음을 부정적인 방향으로 깨뜨리고 있기 때문이다.

태희 씨는 오랫동안 존경해오던 어른이 있었다. 그런데 얼마 전 관련 주변 사람들에게서 그 분이 다른 사람들을 착취하는 행동을 반복해왔다는 얘기를 들었다. 그 분이 자신에게 어떠한 행동을 한 것은 아니지만, 자신이 타인에 대해 가지고 있던 믿음이 깨지면서 굉장히 충격을 받고 고통스러워하였다. 그리고 그 고통을 수습하고 회복하는 데 꽤 오랜 시간이 걸렸다.

진수 씨는 세상이 공정해야 하고 공정할 것이라는 믿음을 가지면서 성장했다. 그런데 첫 직장을 구하는 과정에서 자신이 지원한 자리에 이미 다른 사람이 내정되어 있다는 얘기를 듣게 되었다. 진수 씨는 열심히 준비했고 시험과 면접을 우수하게 마쳤지만, 결국 내정되어 있다는 사람이 그 자리를 차지하게 되었다. 진수 씨는 첫 사회생활을 시작하는 과정에서 굉장한 충격을 받았다. 그동안 자신이 가지고 있던 세상에 대한 믿음이 무너져버리는 것 같은 공허함마저 들었다.

이렇듯 상처는 살아오면서 구축해온 자신과 타인, 그리고 세상에 대한 믿음에 부합하지 않는 경험을 하면서 발생한다. 자기, 타인, 세상을 바라보는 믿음은 개인의 심리적 세계를 구성하는 구조와 같다. 그 구조가 깨지고 흔들리면서 자신을 보호하고 있던 심리적 보호막이 찢어지는 상태에 놓이는 것이다. 상처는 그동안의 안전감과 안정감이 파괴되면서 정신세계가 흔들리는 상태라고 볼 수 있다.

그래서 상처가 되는 경험을 하는 순간 놀라고 당황스럽다. 자신의 믿음과 맞지 않으니 '이게 뭐지?'라는 생각이 들면서 일단 충격을 받는다. 이후 자신이 한 경험의 정보를 처리하는 과정에서 기존의 구조와 맞지 않으니 혼란스러움을 느낀다. '그럼 나는 어떤 사람인거지?', '그 사람은 도대체 왜 그런 거야?'와 같은 생각이 들다 화가 나기 시작한다. 상처는 결국 자신이 가지고 있던 심리적 구조가 침범당하는 현상이기 때문이다. 자신의 경계가 침범당하니 화가 난다. 어떻게 자신에게 그럴 수 있는지, 그 사람은 어떻게 그런 행동을 할 수 있는지, 세상은 왜 그렇게 돌아가는지 화가 난다. 그러다 자신이 가지고 있던 이해의 틀과 구조를 포기해야 하는 것을 깨닫게 되면서 슬픔을 느낀다. 더 이상 기존에 자신이 바라보았던 세상이 아니기 때문이다. 그동안 살아온 삶의 방식을 잃어버린 것 같아 슬프다. 마지막으로 상처로 인한 정서적 고통이 크기 때문에, 다시 또 그런 고통을 겪게 될까봐 불안하고 두렵다. 유사한 자극이나 상황에서 또다시 상처를 받지 않을까 걱정이 되고 불안하다. 사람에게 상처 받으면 다른 사람 또한 자신에게 상처주지 않을까 두렵고, 세상에게 배신당한 것 같으면 세상이 무섭다.

　개인의 심리적 세계를 흔드는 자극이나 사건 가운데 처리하기 어려운 굉장히 강렬하고 충격적인 사건이나 경험을 트라우마 즉 외상이라고 한다. 상처를 받는다는 것은 어떤 자극, 정보, 경험을 처리하지 못했다는 것을 의미하고, 트라우마(외상)는 그 가운데 도저히 소화하고 감당하기 어려운 충격적인 경험을 한 것을 말한다.

2 정서적 처리 과정

　개인이 실제로 한 경험이 자신이 가지고 있던 자기, 타인, 세상에 대한 믿음과 일치하면 그 경험은 이해되고 받아들여져 처리된다. 그러나 불일치할 때 경험이 처리되지 못하면서 정서적 고통이 발생한다. 정서적 고통을 줄이기 위해 그 경험 자체를 왜곡하거나 부정하는 등 경험적 회피를 취하기도 한다. 그러나 인간은 궁극적으로 경험에 일치하는 방향으로 개인이 가지고 있던 자기, 타인, 세상에 대한 믿음을 수정하면서 경험을 처리할 수 있는 방향으로 나아가야 한다.

정서중심적 치료의 목표는 내담자의 소화되지 못한 경험을 상담 장면에서 소화하도록 돕는 것이다. 소화되지 못한 경험은 곧 상처이다. 상처받은 경험을 처리하고 스스로 치유하고 극복할 수 있도록 돕는다. 이때의 경험은 모두 정서 경험일 것이다. 감정은 자극이나 대상이 개인의 관심사와 욕구에 관련될 때 발생하므로, 소화되지 못한 경험은 모두 개인에게 관심이 있고 의미가 있는 사건일 것이다. 아무리 충격적이고 이해할 수 없는 사건일지라도, 개인에게 관심이 없고 의미가 없으면 마음에 걸리지 않기 때문이다.

그렇다면 정서 경험을 소화하려면 어떻게 해야 하는가? 정서 경험을 소화하기 위해서는 정서적 처리과정을 이해해야 한다. 정서적 경험이 어떻게 처리되는지 알아야 한다. 최근 정서에 대한 관심이 증가하면서, 정서적 처리과정은 핵심 치료 요인으로 주목받아 왔다(이지영, 2018; Whelton, 2004).

정서적 경험의 처리과정은 크게 이성적 체계와 체험적 체계의 두 측면으로 구분하여 접근되어 왔다(Samoilov & Goldfried, 2000; Watson & Greenberg, 1996). 이는 정서적 변화를 위해서는 두 가지 측면에서 정서적 처리과정을 거쳐야 한다는 점을 시사한다.

1) 이성적 체계: 정서 경험의 이해

체험적 심리치료는 기존의 심리치료 이론들이 강조하지 않았던 정서의 적응적 역할을 공통적으로 강조하였다. 정서심리학에서는 정서가 무엇인지 정의를 내리는 데에서 출발하여, 정서가 우리의 삶에서 어떠한 기능과 역할을 하는지 이해하고자 하였다. 우리가 생존하고 적응하는 데 필수적인 역할을 하는 정서를 주목할 수밖에 없다.

자극이나 상황이 개인의 관심사 및 욕구와 관련되어 있다고 평가될 때 정서가 발생한다. 자극이나 상황이 자신이 원하는 바와 목표를 충족시키는 방향으로 작용한다고 평가하면 기쁨, 즐거움, 행복과 같은 유쾌한 감정이 발생한다. 그러나 자신이 바라는 바와 목표를 방해하는 방향으로 작용한다고 평가하면, 슬픔, 분노, 불안과 같은 불쾌한 감정이 발생한다. 그래서 정서는 인간의 공통적인 욕구와 목표인 생존과 적응에 필요한 정보를 주는 것이다. 자극이나 상황이 어떻게 작용하는지에 대한 정보를 제공한다. 정서는 한 마디로 정보라는 것이다. 인간이 정서를 왜 느끼고 경험하는지 묻는다면, 정서로부터 정보를 취해서 처한 상황에서 적절히 대처함으로써 생존하고 적응하기 위함이라고 답할 수 있다.

예를 들어, 공포를 느낄 때 위험한 일이 일어날 수 있다는 정보를 받는다. 그 정보를 알아차리고 처리하여 반응하면, 얼어붙거나 도망감으로써 위험으로부터 벗어나 생존할 수 있다. 정보를 처리하지 않는다면 위험에 그대로 노출됨으로써 생존과 적응이 어려울 수 있다. 즉 공포에 반응하여 피하고 도망가면 살아남을 수 있다. 좀비 영화와 같은 공포 영화를 보면 이를 쉽게 알 수 있다. 왠지 모를 스산한 공포감을 느끼고 주변을 살피며 숨거나 도망가는 행동을 재빠르게 취하는 사람은 살지만, 이를 감지하지 못하거나 별일 아니라고 무시하면 생존하기 어렵다.

감정이 발생했다면 그 감정이 유쾌한 감정인지 불쾌한 감정인지를 파악함으로써, 감정을 유발시킨 자극이나 대상이 우리의 생존과 적응에 호의적으로 작용하는지 아니면 비호의적으로 작용하는지 알 수 있다. 그래서 그 자극이나 대상에게 다가가야 할지 아니면 물러서야 할지를 판단한다. 생존과 적응에 도움이 된다면, 그리고 욕구를 충족하는데 도움이 된다면 그 자극이나 대상에 접근해야겠지만, 그렇지 않고 오히려 방해가 된다면 피해야 할 것이다. 따라서 불쾌한 감정을 유발하는 자극이나 대상은 피해야 할 것이고, 유쾌한 감정을 유발하는 자극은 개인의 욕구를 충족시키고 있음을 의미하니 다가가는 편이 이로울 것이다.

자극이나 상황과 관련하여 욕구와 관심이 없다면 감정은 발생하지 않는다. 감정이 발생했다는 것은 그 자극이나 상황과 관련해서 개인 안에 바라는 바가 있음을 의미한다. 따라서 발생한 감정이 무엇인지를 파악해서, 자극이나 대상과 관련해서 개인의 욕구와 관심사가 무엇이었는지 파악할 수 있다. 혜정 씨는 오랫동안 함께 했던 이성 친구 종국 씨가 소개팅을 하러 가는 것을 알게 되었다. 이때 반가운 마음이 들었다면, 종국 씨가 다른 여성과 잘되기를 바라는 것을 알 수 있다. 그러나 혜정 씨 마음 안에 불안함과 질투가 느껴졌다면, 종국 씨가 다른 여성과 잘되기를 바라지 않는다는 것 그리고 혜정 씨가 종국 씨를 이성으로서 어느 정도 좋아하고 있음을 짐작할 수 있다.

따라서 인간은 살아남고 처한 상황에서 적응하기를 원한다면 정서로부터 정보를 취해야 한다. 매 순간 자신이 느끼는 정서가 무엇인지 파악하고, 그 정서가 주는 정보가 무엇인지, 그 의미를 파악하고 처리함으로써 처해 있는 상황에서 보다 적절히 대처하고 행동할 수 있는 것이다. 가장 중요하고 기본적인 욕구로서 생존하고 적응할 수 있고, 그때마다 자신이 원하는 바를 얻고 이룰 수 있다.

평소에는 잘 하지 않는 질문이지만, 상담 및 심리치료 장면에서 자주 접하는 질문이 있다. 상담자는 내담자에게 자주 묻는다. "지금 기분이 어떤가요?", "지금 무엇이 느껴지나요?" 심리치료에서 가장 주목해야 할 것은 감정이기 때문이다. 상담을 처음 시작하는 내담자들은 다소 당황해 한다. 평소에 우리는 다른 사람들의 감정이나 기분을 잘 묻지 않기 때문이다. 그러나 상담자는 일상생활에서 주목하지 않았던, 그래서 내담자 자신도 잘 알지 못하는 감정이나 기분을 묻는다.

감정은 자극에 대한 그 사람의 실제 반응이고 태도이기 때문이다. 감정이야말로 진짜이다. 모든 감정은 진짜이다. 생각과 행동은 변경하고 각색할 수 있지만, 감정은 각색할 수 없다. 속으로는 반대하고 싶지만, 겉으로는 찬성하는 행동을 할 수 있다. 실제로는 불쾌한 생각을 떠올렸지만, 겉으로는 좋은 생각이 떠올랐다고 얘기할 수 있다. 뿐만 아니라, 자신도 모르게 속마음과 다른 생각을 떠올리고 진심이 아닌 행동으로 반응할 수 있다. 진짜 감정과 가짜 감정이라는 용어를 사용하는 사람들도 있지만, 사실 개인이 그 순간에 느끼는 감정은 모두 진짜로 발생하고 느껴지는 진짜 감정인 것이다.

행동과학과 인지과학의 바탕에서 과학적으로 증명하기 위해 관찰가능해서 객관적이라고 생각했던 행동과 생각을 주요 연구 대상으로 삼았다. 그러나 보여지는 행동과 자기보고식으로 확인하는 생각들이 오히려 진짜가 아닐 수 있다. 행동과 생각은 얼마든지 변경하고 각색될 수 있기 때문이다. 그러나 그 순간에 느끼는 감정은 절대 각색할 수 없다. 적어도 그 순간에 자극에 대한 즉각적인 감정은 그 어떤 것도 더하지 않은 그 순간에 존재하는 그 사람의 진실이고 진심이다. 우리는 진짜가 궁금하다. 따라서 우리가 정말 궁금한 것은 내담자의 감정인 것이다(이지영, 2011, 2017). 감정은 우리에게 관련한 많은 정보를 제공함으로써, 그 사람의 진짜 마음을 알려준다.

첫 번째 이성적 체계는 정서 경험이 주는 정보를 파악하고 이해함으로써 정서적 처리과정을 촉진한다. 개인이 무엇에 반응해서 어떤 정서를 느끼는지, 무엇에 관심이 있고 무엇을 원했는지 이해한다. 자극이나 대상, 상황을 어떻게 평가했는지, 무슨 생각이 지금 느끼는 정서를 유발했는지 이해한다. 이렇듯 정서 경험이 주는 다양한 정보를 파악함으로써, 내담자의 정서 경험이 어떻게 발생했는지 이해할 수 있다.

상처를 받는다는 것, 경험을 처리하지 못한다는 것은 이해하지 못함을 의미한다. 이해되지 않아서 소화되지 않는 것이다. "어떻게 나에게 그런 일이 일어날 수 있어?", "그 사람은 어떻게 나에게 그렇게 말을 할 수 있어?", "도대체 그 사람은 나를 어떻게 생각했길래 그렇게 행동한 것인가?", "나는 왜 그 말에 갑자기 불안해졌는가?" 등 이해되지 않으니 정서 경험이 처리되지 않는다.

대부분의 심리치료 이론들은 정서적 정보처리 과정의 이성적 체계에 중점을 두었다. 정신분석치료는 내담자의 행동에 영향을 미치는 무의식을 이해하는 것을 상담 목표로 한다. 이를 위해 저항, 전이, 역전이 등 다양한 현상들을 상담 장면에서 해석이라고 하는 기법을 통해 이해해 간다. 인간중심치료는 일치성, 무조건적 긍정적 존중, 공감적 이해라는 상담자의 태도를 통해 상담 장면 안에서 내담자가 자신을 있는 그대로 이해하고 통합해갈 수 있도록 돕는다. 인지행동치료는 내담자의 불안, 우울 등을 유발한 인지를 찾아서 이해하고 대안적인 인지로 바꾸는 것을 목표로 삼는다.

상대적으로 정서적 체험을 강조한 체험적 심리치료 이론들 또한 사실상 정서적 정보처리의 이성적 체계를 핵심 치료 기제로 삼는다. 포커싱 지향 심리치료는 포커싱 기법을 통해 내면의 문제를 이해하는 데 중점을 두었다. 정서초점치료는 부적응적 정서를 유발하는 역기능적 신념을 이해하고 변화시키는 것을 궁극적인 목표로 삼는다. 이를 위해 정서적 각성과 활성화를 출발점으로 보는 것이다.

정서의 주된 역할이 생존과 적응에 필요한 정보를 주어 처한 상황에서 적절히 대처할 수 있도록 돕는 것이므로, 내담자는 정서 경험을 이해함으로써 부적응 상태에서 적응 상태로 변화할 수 있다고 본 것이다(Elliott et al., 2004; Paivio & Nieuwenhuis, 2001; Pos et al., 2008). 왜 그러한 감정을 느끼게 되었는지, 그 경험이 왜 일어나게 되었는지, 이 경험이 나에게 어떤 영향을 주었고 무슨 의미가 있는지 이해한다. 이해를 통해 자기, 타인, 세상에 대한 믿음의 틀에 정리하여 통합한다. 필요하다면, 기존의 믿음의 틀을 수정해야 한다.

2) 체험적 체계: 정서 경험의 해소

정서적 처리과정의 두 번째 측면은 체험적 수준에서 일어난다. 인간은 정서가 주는 정보를 파악하여 처한 상황에서 적절한 대처를 함으로써 생존하고 적응하며 살아간다. 그러나 한번 발생한 정서는 정보만 주고 결코 사라지지 않는다. 이미 발생해버린 정서는 오직 느끼고 밖으로 표현되어 해소되기만을 바란다. Perls는 발생한 정서는 느끼고 표현되어야 완결된다고 보았다. 한번 발생한 감정은 오직 느끼고 표현되어 해소되기만을 바란다는 것이다. 발생하였지만 느끼고 표현되지 못한 감정은 미해결과제로 남아서 계속 해소되기를 요구한다.

정서중심적 치료의 목표는 내담자의 정서를 궁극적으로 변화시키는 데에 있다. 정서는 매 순간 주의를 어디에 두었느냐의 일시적인 결과물일 수 있다. 불쾌한 생각을 떠올리면 불쾌한 감정이 들고, 불쾌한 장면을 보면 불쾌해진다. 불쾌하지 않은 장면을 보면 불쾌한 감정으로부터 멀어질 수 있고, 유쾌한 생각이나 장면을 떠올리면 유쾌해질 수 있다. 따라서 주의를 다른 데로 돌려서 불쾌한 감정을 감소시키는 주의분산적 방법은 어디까지나 일시적인 정서적 변화일 뿐이다. 편안한 심상을 떠올리거나 호흡에 주의를 기울이는 등 주의를 분산시키는 방법으로 이완감이나 평안함을 얻었더라도, 다시 또 불쾌한 생각이 나면 불쾌해지고 불쾌한 장면이 떠오르면 불쾌해질 것이기 때문이다.

생각이 감정을 만든다. 불안이나 우울을 유발시킨 생각을 대안적인 생각으로 바꿈으로써 대안적인 정서를 느끼게 할 수 있다. 그러나 적응에 도움이 되는 생각을 떠올리는 것을 반복해서 불안이나 우울을 완화시킨다고 하더라도, 다시 또 불쾌한 생각이 떠오르면서 불쾌해질 수 있다. 달리 생각해서 상대를 이해하면서 덮어두려 하지만, 상처 받은 마음이 가슴에 남아 계속 씁쓸함을 준다. 문제가 해결되어 숨을 돌렸지만, 그동안 겪은 아픔이 떠올라 마음이 좋지 않다. 아무리 생각을 바꾼다고 할지라도, 한번 발생한 정서는 느끼고 밖으로 표현되어 완결되길 바라는데 이것이 제대로 되지 않으면 계속 완결을 요구함으로써 표면으로 떠오르려 하기 때문이다. 그렇게 다시 주의를 끌 것이고, 그에 따라 정서에 영향을 미칠 것이다.

따라서 궁극적으로 슬픔, 분노, 불안, 수치심 등의 정서를 변화시키기 위해서는 발생한 정서에 주의를 머무르게 하여 체험을 완결해야 한다. 정서를 느끼고 충분히 표현해서 완결하도록 도와야 한다. 정서를 체험하는 것이 치료적 변화의 열쇠이고, 주의가 머무르는 곳에 체험이 있다. 내담자들이 호소하는 불안, 분노, 슬픔, 절망, 수치심, 무력감을 궁극적으로 변화시키기 위해서는, 그 정서를 제대로 느끼고 표현하여 해소하는 과정이 필요한 것이다.

사람들은 고통스럽고 불편하기 때문에 자꾸만 피한다. 대부분의 내담자들이 자신 안에 있는 불안, 우울, 분노 등의 감정을 느끼지 않으려고 노력한다. 즉, 경험적 회피를 통해 정서적 고통을 감소시키려 한다. 경험적 회피는 정서적 체험을 방해함으로써, 이미 발생한 정서 경험을 완결하지 못하도록 만든다. 불안하기 때문에 불안하지 않으려고 불안한 대상이나 상황을 회피한다. 사람들이 불쾌한 감정을 느낄 때 이를 감소시키기 위해 주로 취하는 노력이 바로 회피이다. 경험을 회피하는 것은 정서 경험을 처리하는 것을 방해한다. 주의가 머무르는 곳에 체험이 있고, 주의를 다른 데로 돌리는 것이 아니라 정서 경험에 주의를 기울여야 정서적 처리과정이 이루어질 수 있다. 경험적 회피로 인해 처리되지 못한 경험은 계속 미해결과제로 남는다. 그리고 처리되기를 요구하며 다양한 신호를 보낸다.

회피는 오히려 증상을 강화시킬 수 있다. 정서를 느끼는 것을 피한다고 해서, 발생한 정서가 사라지는 것은 아니다. 정서는 체험을 통해 느끼고 충분히 몸 밖으로 표현되어야 완결되어 해소될 수 있다. 따라서 그 감정을 만나고 느끼는 것에서 정서의 변화가 시작되는 것이다. 두려움을 없애기 위해 회피하면 그 두려움은 더욱 커지는 법이다. 커지는 두려움은 새로운 증상들을 만들어 낸다. 손짓기, 확인하기, 반복하기 등의 강박증상이 대표적인 예이다. 강박장애를 지닌 사람들은 두려워하는 대상을 회피하고, 그 대상에 대한 불안과 두려움이 커지고 이를 감소시키기 위해 자신만의 다양한 의식 즉 증상을 만들어 반복하는 것이다. 강박장애의 가장 효과적인 치료법이 두려워하는 대상에게 아무런 방어적 행동을 하지 않으면서 마주하는 노출법이라는 점은 익히 잘 알려져 있는 사실이다. 두려워하는 대상에 노출하더라도 두려워하는 일이 일어나지 않는다는 것을 확인할 기회를 가지는 것이다. 즉 경험적 회피로 증가한 불안과 두려움에 대한 확실한 치료법은 두려워하는 대상에게 주의를 머무르게 하는 체험인 것이다.

정서는 한 마디로 정보이다. 우리는 느낀 정서로부터 정보를 취해서 처한 상황에서 적절히 대처함으로써 원하는 것을 충족하며 생존하고 적응하며 살아가면 된다. 그러나 문제는 한번 발생한 감정은 그냥은 사라지지 않는다는 것이다. 정서의 속성은 한번 발생하면 느끼고 표현되어 해소되기를 요구하고 이것이 완결되지 못하면, 미해결과제로 남아서 계속 완결되기를 요구하며 우리에게 영향을 미치고 다양한 정서적 고통을 유발한다. 이러한 정서적 고통을 감소시키기 위해서 느끼고 표현하는 해소가 필요하다. 발생한 감정을 느끼고 충분히 표현하여 해소함으로써 정서적 고통에서 벗어날 수 있다.

정서적 경험의 이해를 강조해 온 기존의 심리치료 이론들이 가장 놓치고 있었던 점이 바로 정서적 경험의 체험이다. 정서가 자극이나 상황을 판단하고 평가함으로써 발생하므로, 그 자극이나 상황에 대한 해석 즉 생각을 변화시키면 그 결과로 정서 또한 변화되는 것은 당연한 논리이다. 정서 경험을 이해하고 생각을 바꾸니 불안하고 우울하고 화가 나고 수치스러웠던 정서 또한 변화된다. 이해되고 달리 생각하니 마음이 누그러지고 편안해진다.

그러나 문제는 상처로 인해 이미 발생한 정서는 느끼고 밖으로 표현되기를 요구하면서 계속 미해결과제처럼 그대로 남아 있다는 점이다. 이는 언제든 완결을 요구하면서 다시 또 주의를 끌 것이고, 강렬해지거나 바람직한 방향의 사고와 행동의 변화가 이루어지는 데에 대한 저항으로 작용할 수 있다. 문제 해결 과정에서 행동의 변화를 통해서 감정을 변화시킬 수도 있지만, 이미 발생한 감정 자체에 접근하지 않으면 감정은 계속 수면 위로 올라옴으로써 행동의 변화에 대한 저항으로 작용한다. 상황이 변했고 문제를 해결했지만, 그 상대에 대한 서운함이나 억울함은 그대로 남아 있고 허무함과 씁쓸함이 남는다.

따라서 심리치료자가 주목해야 하는 것은 힘들어 하고 있는 내담자들의 감정이고, 그 감정을 없애기 위한 가장 강력한 방법은 정서적 체험이다. 체험은 주의가 머무르는 곳에 있다. 정서에 주의를 주어 완결하지 못했던 체험을 완결하는 작업이 필요하다. 아울러, 정서가 주는 여러 가지 정보를 파악해서 처한 상황에 적절히 대처하는데 사용할 뿐 아니라, 삶을 바라보는 관점 즉 믿음의 틀에 통합하는 작업이 필요하다.

정서적 체험의 시작은 첫째, '정서적 각성 및 활성화'이다(Elliott et al., 2004). 먼저 감정을 느끼는 데에서 정서적 정보처리가 시작되는 것이다. 정서마다 독특한 신체 감각과 행위경향성을 동반한다. 정서를 느끼는 것은 얼굴이 붉어지거나 호흡이 가빠지거나 느려지는 등 신체 감각이 느껴지면서 시작된다. 얼굴, 몸, 손과 발, 팔과 다리 등 신체에서의 변화에 주의를 기울이면서 정서적 체험이 시작된다. 그 신체 감각에 주의가 머무르면서 정서는 계속 진행되어 느껴지고 활성화된다.

두 번째 단계는 '정서 명명'이다. 많은 치료자들은 정서적 체험이 활성화된 후 정서 단어를 명명하는 작업이 정서적 각성을 감소시킨다고 보고 심리치료의 필수 단계에 포함시켰다(Elliott & Greenberg, 2016; Pos et al., 2008). 게슈탈트 심리치료, 포커싱 지향 심리치료, 정서초점치료 모두 공통적으로 정서 명명 과정을 강조하였다. 지금 이 순간 느끼고 있는 감정이 불안인지, 슬픔인지, 분노인지, 죄책감인지, 수치심인지 그 정체를 밝히는 것만으로도 어느 정도 해소의 효과가 있다.

이지영(2017)은 정서를 명명하는 것의 가장 큰 효과는 개인으로 하여금 감정에 대한 통제감을 부여하는 것이라고 보았다. 그저 '속상하다', '답답하다', '불쾌하다'와 같이 막연한 감정 상태에서 그 감정이 정확히 어떤 감정인지 알아차리고 언어로 명명하는 과정 자체가 느끼고 있는 감정을 명료하게 만들고 조절할 수 있다는 통제감을 주어 감정을 변화시킬 수 있다는 것이다. 포커싱 지향 심리치료에서는 포커싱 기법을 사용해서 신체 감각이 의미하는 정서가 무엇인지 명명하는 과정을 통해 '느낌전환' 즉 정서적 변화가 일어난다고 보았다. 느끼고 있는 것이 슬픔이라는 것을 알고 명명했을 때 슬픔이 덜어지기도 하고, 미안함이라는 것을 알고 명명했을 때 더 이상 미안하지 않게 되는 등 정서 상태의 변화가 일어날 수 있다. 이렇듯 대부분의 심리치료 이론들은 정서 명명 작업을 강조하며, 치료적 효과를 얻을 수 있다고 보았다.

정서적 각성 및 활성화 단계에서 정서 명명 작업을 거친 후 진행되는 정서적 체험의 세 번째 단계는 '정서 표현'이다. 정서를 표현하는 것이 긍정적 치료 성과에 기여한다는 연구 결과가 있음에도 불구하고(Raphael et al., 1993; Stanton et al., 2000), '정서적 각성' 및 '정서 활성화', '정서 명명' 단계에 비해 관심을 받지 못했다.

최근에 이지영(2017, 2018, 2020)은 발생한 정서는 느끼고 밖으로 표현되어야 해소되어 완결된다는 게슈탈트 치료 이론의 가정에 근거해서, 정서 활성화, 정서 명명, 정서 표현을 포함한 '정서 해소' 과정을 규명하는 데 관심을 가졌다. 특히, 정서를 해소하는 과정을 통해 정서적 상태의 궁극적인 변화가 이루어질 수 있다고 보았다.

이지영(2017)은 무엇보다 정서를 해소하기 위해서는 반드시 충족되어야 하는 사전 조건이 필요하다고 보았다. 정서를 표현하고 해소하는 과정이 제대로 이루어지기 위해서는 사전에 충족되어야 하는 조건이 있음을 분명히 하였다. 만약 교실이나 사무실 등 사회적 공간에서 감정을 표현하고 해소한다면, 친구와 동료들은 놀라고 당황할 것이다. 친하지 않은 사람에게 자신의 감정을 표현했다가 오해를 불러일으키고 갈등이 발생하는 경우가 얼마나 많은가. 또한 다른 사람에게 이 같은 내용이 전달되는 등 소문으로 퍼짐으로써 원치 않는 곤욕스러운 일이 벌어질 수도 있다. 즉, 정서를 해소하는 과정에서 감정이 해소되기는커녕 여러 가지 갈등과 오해, 문제들이 발생할 수 있다는 것이다.

따라서 정서를 표현함으로써 발생할 수 있는 원치 않은 결과 즉 부작용 없이 정서를 안전하게 해소하려면, 정서를 해소하는 과정을 시작하기 전에 충족되어야 하는 사전 조건이 필요하다. 그것은 한 마디로 안전이다. 안전한 대상에게 하거나 안전한 상황에서 하거나 안전한 방식을 사용해야 한다.

안전이라는 사전 조건이 확보되었다고 해서, 정서의 표현이 모두 해소로 이어지는 것은 아니다. 많은 사람들이 감정을 표현하다가 더욱 답답함을 느끼기도 하고, 아무리 감정을 표현해도 제자리걸음처럼 그대로인 것 같은 경험을 하기도 한다. 억울한 감정을 표현하는 내담자들의 이야기를 수회기에 걸쳐 반복해서 들었던 경험을 상담자라면 누구나 한번 즈음 해보았을 것이다. 아무리 감정을 표현해도 계속 그 감정을 반복해서 표현하는 이유는 바로 해소되지 않았기 때문이다.

이지영(2017)은 감정을 해소하기 위해 반드시 필요한 필수조건 세 가지를 제안하였다. 이 세 가지 조건을 모두 충족시켜야 정서가 제대로 변화되는 해소 과정이 이루어질 수 있다. 감정 해소를 위한 필수 조건 세 가지에 대해서는 이후 감정 해소 부분에서 자세하게 풀어 설명할 것이다.

기존의 다른 체험적 심리치료 이론들은 감정이 느끼고 표현되어야 한다는 것에는 동의하였으나, 감정 해소 과정에는 관심을 갖지 않았다. 게슈탈트 치료에서는 감정은 느끼고 표현되는 것이 게슈탈트의 완결이라고 보았다(김정규, 1995). 그러나 이후 대화를 강조하며 알아차림과 접촉에 초점을 두면서, 감정 변화에는 관심을 갖지 않았다. 포커싱 지향 심리치료에서도 감정의 표현은 정서 단어를 명명하는 것이나 비유 및 은유 등의 상징화를 통한 변화를 강조하는데 그쳤다. 이 작업 또한 문제에 대한 객관적 인식과 해결방안을 모색하기 위한 도구로 활용하는 데 머물렀다. 정서초점치료 및 과정체험적 치료에서는 감정을 느끼는 각성과 활성화를 치료적 작업의 시작으로 보았다. 또한 정서를 명명하는 것과 정서를 표현하는 작업을 포함하였으나, 이는 정서도식과 관련한 인지 즉 역기능적 신념과 새로운 정서와 욕구를 탐색하기 위한 발판이었다. 정서에 초점을 둔 치료라지만, 심리치료 이론을 제안한 초기에만 정서를 느끼는 과정을 강조하였고, 이후 심리치료 이론을 좀더 체계화하고 진전시키면서는 더 이상 강조하지 않았다. 이처럼 체험적 심리치료 이론 모두 감정을 느끼는 것과 명명하는 등의 정서 표현이 치료적 작업의 시작이라는 데는 동의하지만, 다른 치료적 접근을 위한 수단과 발판 정도로 간주하였고 그 이상의 정서적 체험의 변화 과정에는 그다지 관심을 갖지 않았다.

종합해 보면, 정서적 변화가 일어나기 위해서는 정서적 체험을 이성적 체계와 체험적 체계 모두에서 처리하고 통합해야 한다. 나는 '감정' 자체를 25년 넘게 연구해 오면서, 정서의 이러한 측면을 심리상담 및 심리치료 이론에 적용하는 작업 및 연구를 꾸준히 해 왔다. 그리고 정서중심적 치료 모델(Emotion-Centerd Therapy)을 제안하면서 정서적 체험의 소화 과정이 '정서 이해'와 '정서 해소' 두 가지 측면에서 각각 이루어져야 한다고 주장하였다(이지영, 2020).

그러나 많은 치료 이론들이 이성적 체계 수준의 처리과정에 치우쳐져 있는 바, 체험적 수준에서의 정서적 처리과정에 보다 관심을 갖고 다양한 경험적 연구를 시도할 필요가 있다. 이를 바탕으로 내담자의 정서적 고통을 변화시키기 위해, 정서적 체험의 이해를 통한 이성적 수준과 정서를 느끼고 표현하는 체험적 수준에서의 정서적 처리과정을 모두 반영하고 통합하는 정서중심적 치료 이론을 발전시키고자 한다.

3 정서적 고통

소화되지 못한 감정경험은 다양한 신호를 통해 정서적 고통을 유발한다. 상담자는 내담자들이 겪는 정서적 고통이 어디에서 왔는지 파악하고, 내담자들이 느끼는 정서적 고통을 감소시키는 것이 해야 할 몫이다. 경험이 개인이 가지고 있던 자기, 타인, 세상에 대한 믿음과 불일치할 때 정서적 고통이 발생한다. 상처 경험을 하면서, 정서적 고통을 경험한다.

정서가 해소되지 않으면, 슬픔, 불안, 분노, 수치심, 죄책감 등의 정서가 쌓인다. 그리고 정서는 완결하지 못한 과제 즉 해소를 위해 여러 가지 신호를 보낸다. 이처럼 해소되지 못한 감정경험은 한 맺힌 귀신과 같다. 귀신이 한을 풀기 위해 계속 주변을 맴돌면서 주의를 끄는 것처럼 해소되지 못한 감정경험도 주의를 끈다. 발생은 하였으나 해소되지 못한 한을 풀기 위해 여러 신호를 보낸다.

첫째, 주의집중력이 감소한다. 해소되지 못한 감정은 계속 신호를 보냄으로써 주의를 끌기 때문에 개인은 자꾸 신경을 쓰게 된다. 관련한 이미지가 불쑥 떠오를 수도 있고, 관련한 생각이 침습해 떠오를 수 있다. 가슴이 갑작스럽게 답답해 오거나 손발이 저미는 등 신체 감각의 변화가 일어날 수 있다. 주의는 에너지이다. 인간이 한 번에 쓸 수 있는 에너지의 양이 한정되어 있는데, 상당한 에너지를 해소되지 못한 감정 경험에 빼앗김으로써 남는 에너지가 별로 없게 된다. 지금 이 순간 처리해야 할 일에 쓸 에너지가 부족해서, 일 처리에 어려움이 발생할 수 있다. 대화하고 있는 상대방의 이야기가 잘 들리지 않거나, 들리더라도 무슨 말을 하고 있는지 잘 처리되지 않는다. 따라서 대화에 어려움이 발생한다. 책과 서류를 읽고 있는데, 내용이 눈에 들어오지 않고 이해가 잘 되지 않아서 페이지를 넘기지 못한다. 어디론가 신경이 쓰이고 주의가 빼앗겨 마치 제자리걸음만 계속 하는 듯하다. 한 마디로 주의집중력이 저하되고 주의가 산만해진다.

둘째, 기억력이 저하된다. 기억이라는 것은 특정 정보에 주의를 반복적으로 주었을 때 그 정보가 기억의 저장고로 넘어가는 과정을 통해 이루어진다. 그런데 해소되지 못한 감정경험에 주의가 빼앗기니 남는 주의 즉 에너지가 별로 없어서 기억의 저장고로 넘길 정보의 량이 줄어든다. 한 마디로 기억력이 떨어진다. 이처럼 신경 쓸 일이 너무 많으면, 자꾸 깜빡하게 되는 등 기억력이 저하될 수밖에 없다.

셋째, 새로운 정보를 처리하는 데 지각이나 판단에 왜곡이 발생한다. 해소되지 못한 감정경험은 새로운 자극이나 상황이 과거 상처받았던 상황과 유사한 점이 있을 때 이를 유사하거나 동일한 상황처럼 지각하는 등 왜곡을 유발할 수 있다. 예를 들어, 이마가 벗겨진 권위적인 아버지에게 심한 야단을 듣고 공포를 느끼곤 하였다면, 이후 외모와 연령에서 비슷한 남자 상사를 만났을 때 권위적인 아버지를 대하듯 얼어붙을 수 있다. 그가 하는 사소한 지적에도 자신을 과도하게 비난하고 야단친다고 지각하며 힘들어할 수 있다. 과거에 개에게 물린 경험이 있다면, 작은 개만 보아도 자신을 물 거라는 생각에 심한 공포를 느낄 수 있다. 자신에게 과도하게 잘해주면서 다가와서는 속이며 사기를 치고 도망간 친구가 있었다면, 자신에게 호감을 갖고 다가오는 사람에 대해서 '저 사람도 사기 치려고 나에게 접근하는 거야'라고 오해해서 적대적으로 반응할 수 있다.

이처럼 과거 상처가 되었던 감정경험을 제대로 소화하지 못하면, 새로운 상황에서 지각과 판단을 하는 데에 많은 영향을 받게 된다. 현재의 상황을 과거에 상처가 되었던 상황과 유사한 것으로 인식하고 자신도 모르게 자동적으로 반응할 수 있다. 즉 자신에게 상처가 될 수 있는 위협적이고 위험한 상황으로 지각하고, 긴장하고 경계하며 불안과 두려움을 느낀다.

넷째, 갑작스럽게 짜증과 신경질을 내거나 화를 내는 등 충동적인 정서 반응을 보인다. 해소되지 못한 감정은 언제든 밖으로 표현되어 완결하고자 튀어나올 준비를 한다. 그럴만한 상황이 아닌데 지나치고 과한 정서적 반응을 보이기도 하고, 그렇게까지 화를 낼만한 상황이 아닌데 크게 화를 내는 반응을 보이거나, 별일이 아닌데 심하게 떨고 불안에 압도되는 반응을 할 수 있다.

어릴 때부터 부모에게 지나친 간섭과 통제를 받으며 심한 비난을 들었던 내담자는 선배나 상사의 가벼운 지적에도 크게 화를 내며 폭발하는 반응을 보이기도 한다. 갑작스러운 친구의 죽음에 당황하고 놀라 충분히 애도하지 못한 혜선 씨가 식사자리에서 동료의 슬픈 드라마 이야기에 갑작스럽게 눈물을 흘리며 펑펑 우는 행동을 보이자 주변 사람들은 당황하고 놀란다. 이처럼 수시로 이유도 모른 채 갑작스런 불안이나 두려움에 휩싸일 수도 있고, 예상치 못한 감정에 압도당할 수 있다. 또한 이해할 수 없는 충동적인 행동으로 후회할 수도 있다.

다섯째, 해소되지 못한 감정은 다양한 신체증상을 유발한다. 가장 확실하게 주의를 끄는 방법이 신체 감각에서의 변화이기 때문이다. 신체에서 일어나는 감각의 변화나 통증을 쉽게 무시하기는 어렵다. 자꾸 신경을 쓰다 보니 두통이 발생하거나, 가슴이 꽉 막힌 듯 답답하고, 소화가 잘 되지 않는다. 잘못 먹은 것도 아닌데 배가 아픈 복통이 반복되기도 하고, 소변이나 대변이 마려운 느낌이 들거나 설사를 하기도 한다. 팔다리가 저미는 느낌이 들기도 하고, 실제로 마비 증상이 나타나기도 한다.

좋은 대학을 나오고 대기업에 순조롭게 입사한 후 실력을 인정받아 승승장구하던 지원 씨는 언제부터인가 자신에게 밀려오는 프로젝트와 일에 대해 과도한 책임감과 부담감으로 인해 스트레스를 받기 시작하였다. 상사들은 일을 잘 해내는 지원 씨에게 좀 더 많은 업무를 배정했고, 보다 높은 일의 완성도를 요구하였다. 지원 씨는 점차 밤늦게까지 일하는 날이 많아졌다. 최근 들어서는 중요한 프로젝트 발표에 대한 부담감으로 수면에 어려움을 겪기 시작하였다. 그러던 어느 날 일을 하기 위해 컴퓨터 앞에 앉았는데 마우스를 잡던 오른팔이 잘 움직이지 않는 것을 깨닫게 되었다. 오른팔의 마비증상이 생긴 것이다. 병원에서는 몸에 이상이 없고 심리적인 문제로 인한 것 같다는 소견을 내놓았다. 결국 팔의 마비 증상으로 인해 업무를 처리하기 어려워진 지원 씨는 급기야 정신과병동에 입원할 수밖에 없는 상황에 놓이게 되었다.

여섯째, 해소되지 못한 감정은 급기야 불면증을 유발한다. 잠을 자려고 누웠을 때, 해소되지 못한 감정들이 엄습해 온다. 긴장하고 불안을 느끼기도 하고, 관련한 일의 이미지가 떠오른다. 여러 가지 생각들이 계속 밀려들어 도저히 잠이 들지 못한다. 뒤척이다가 어렵게 잠이 들었어도 중간에 자꾸만 깨게 되고, 가벼운 소리에도 쉽게 깨어 다시 잠이 들기 어렵다. 깊은 숙면을 취하지 못하고 선잠을 반복하니, 잠을 자고 일어나도 피곤하기만 하다. 걱정스럽고 불편한 꿈을 꾸기도 하고, 악몽에 놀라 깨기도 한다. 이렇듯 수면을 어렵게 만들고, 수면의 질과 양을 떨어뜨린다. 이처럼 소화되지 못한 감정 경험은 한 맺힌 귀신과 같이 주변을 맴돌며 우리에게 다양한 신호를 보낸다.

그리고 소화되지 못한 감정 경험은 똥과 같다. 오랫동안 정서의 해소과정을 연구하면서, 이보다 딱 떨어지는 비유가 없다는 것을 매번 느낀다. 우리는 매일 먹고 똥을 만들어낸다. 그리고 매일 화장실에 가서 변을 보아야 한다. 만약 변을 제대로 보지 못하면, 변비약이라도 먹고 변을 보아야 한다. 이마저도 되지 않는다면, 관장이라도 해서 변을 보아야 한다. 만약 변을 보지 못한다면, 똥독에 올라 몸에 심각한 문제가 발생할 수 있기 때문이다. 심한 경우에는 급기야 죽을 수도 있다.

감정도 마찬가지이다. 매일 다양한 자극에 반응해서 감정이 발생하고, 발생한 감정은 느끼고 몸 밖으로 표현되어 해소해야 한다. 그렇지 못하면 계속 해소되지 못한 감정이 축적되어 몸에 쌓일 것이다. 이는 똥독과 같이 정서적 고통을 유발한다. 자꾸만 신경이 쓰이고 해야 할 일에 집중이 잘 되지 않으니 힘들다. 제대로 업무처리가 되지 않고, 주변 사람들과 소통이 제대로 되지 않아 힘들다. 자꾸만 기억이 깜빡깜빡하고 약속을 잊는 등 당황스러운 일이 발생해서 힘들다.

관련 없는 일에도 갑작스럽게 긴장되고, 위험한 일이 일어날 것만 같아 두려워서 힘들다. 자꾸만 방어적이 되고 사람들을 만나는 것이 무섭다. 다른 사람들과의 관계에서 그러지 않으려고 노력하는데도 자꾸만 예민하게 반응하게 되어 갈등이 생기니 그것 또한 부담스럽고 어렵다. 별일 아닌 것에 자꾸만 욱하고 감정적으로 반응하니 당황스럽고, 주변 사람들에게 오해를 사게 되니 곤란하다. 두통, 복통 등 신체 증상으로 몸이 불편하고, 자꾸 신경 쓰이고 힘들다. 잠을 푹 자야 다음 날 생활을 제대로 할 수 있는데, 밤마다 잠드는 것이 두렵고 어려워서 힘들다. 이렇게 사는 것이 고통스럽고 벅차서 도망가고만 싶다. 정서적 고통이 심하면, 너무 고통스러운 나머지 고통을 끝내고 싶은 마음이 간절해지기도 한다. 그래서 극단적인 경우 자해나 자살까지 시도할 수 있다. 급기야 소중한 생명을 잃을 수도 있는 것이다.

제7장

정서조절방법

정서중심적 치료의 목표는 내담자의 정서적 고통을 궁극적으로 완화시키는 것이다. 상담자는 내담자가 느끼는 불쾌한 정서를 적절히 다룰 수 있도록 돕는 정서조절코칭 전문가이어야 한다. 이를 위해 상담자는 정서를 다루는 데 사용하는 다양한 정서조절방법을 알고, 그 성격에 따라 그리고 상황에 따라 직질히 사용하는 방법을 익혀야 한다.

사람들이 정서를 조절하기 위해 사용하는 정서조절방법은 수백 가지가 넘을 정도로 무수히 많다. 그 방법들을 모두 알고 사용할 필요는 없다. 다양한 정서조절방법의 분류 체계를 이해하고, 각 정서조절방법의 종류에 따른 특성과 원리를 알면 된다. 그리고 상황에 따라 적절한 정서조절방법을 사용할 수 있도록 한다.

상담 및 심리치료에서 사용하는 심리치료기법은 정서적 측면에서 보면 내담자가 느끼는 우울, 불안, 분노 등의 불쾌한 감정을 조절하도록 돕는 정서조절방법이라고 볼 수 있다. 수많은 심리치료 이론들은 우울, 불안, 분노 등의 감정으로 힘들어하는 내담자로 하여금 불쾌한 정서를 완화하고 스스로 불쾌한 감정을 조절하도록 돕는 과정이라고 볼 수 있다(이지영, 2011, 2017). 불쾌한 감정을 완화하고 조절하기 위해 동원하는 접근 방법이 각 심리치료 이론들마다 다를 뿐이다. 여러 심리치료 이론들은 치료적 목표에 도달하기 위해 다양한 치료적 접근

방법과 심리치료기법들을 사용한다.

7장에서는 정서를 조절하는 데 사용되는 다양한 정서조절방법의 분류 체계를 소개하고, 각 정서조절방법의 특성과 원리를 설명하고자 한다. 또한 상담 및 심리치료 장면에서 자주 사용되는 대표적인 정서조절방법 및 심리치료기법을 소개할 것이다. 내담자의 정서적 상태에 대한 치료적 목적에 따라, 그리고 처한 상황에 따라 어떤 정서조절방법 및 심리치료기법을 선택하는 것이 바람직한지 또한 정서조절방법을 어떻게 사용하는 것이 효과적인지 안내할 것이다.

 인지적 방법 vs 체험적 방법 vs 행동적 방법

상담 및 심리치료적 접근들은 정서의 어떤 요소에 접근하여 정서적 고통을 변화시키느냐에 따라 크게 인지적 접근, 행동적 접근, 체험적 접근으로 구분할 수 있다. 정서 체계는 크게 생리적 요소, 인지적 요소, 행동적 요소, 체험적 요소 네 가지로 구성되고, 정서를 구성하는 네 가지 요소는 상호 관련되어 서로 밀접한 영향을 주고받는다(이지영, 2011). 정서를 느낄 때 발생하는 "잘못되면 어떡하지?"와 같은 생각들이 동반되는데 이것이 인지적 요소이다. 정서를 느낄 때 주먹을 불끈 쥐거나 다리를 떠는 것과 같은 행동적 요소, 심장이 두근거리고 땀이 나

그림 7-1. 정서 체계

는 것과 같은 생리적 요소가 함께 유발된다. 마지막으로 불안을 느끼거나 화를 느끼고 표현하는 측면 즉 체험적 요소가 있다.

이지영(2007)은 사람들이 정서를 조절하기 위해 사용하는 다양한 정서조절방법을 포괄적으로 측정하는 질문지인 정서조절방략 질문지(Emotion Regulation Strategy Questionnaire; ERSQ)를 개발하였다. '개인이 불쾌한 정서를 예방 또는 감소하기 위해 동원하는 다양한 노력'으로서의 정서조절방법을, 정서의 어떠한 측면에 접근하여 정서적 변화를 초래하느냐에 따라 인지적, 행동적, 체험적, 생리적 방법으로 구분하였다. 이 가운데 생리적 방법은 호흡, 심장박동 등의 생리적 측면의 변화를 자기보고식 측정방식을 통해서 측정하기가 어렵기 때문에 여러 절차를 거치는 동안 포함되지 않았다. 과학적인 검사 제작 절차 및 분석 과정을 통해 개발된 정서조절방략 질문지는 총 69문항으로, 인지적 방법 5개, 체험적 방법 5개, 행동적 방법 6개를 포함하여 총 16개 정서조절방법을 측정한다.

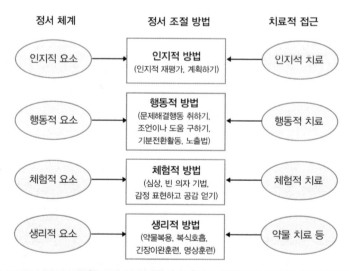

그림 7-2. 정서 체계, 정서조절방법, 치료적 접근 간의 관계

1) 인지적 기법

정서조절방법 및 심리치료 기법은 정서의 인지적 요소에 접근해서 정서를 변화시키는 인지적 기법이 있다. 이러한 인지적 기법에 초점을 두어서 불안, 우울, 분노 등의 정서를 변화시키는 접근을 인지적 접근 또는 인지적 치료라고 볼 수 있다. 대표적인 인지적 기법으로는 불안, 우울 등을 유발하는 부적응적 사고를 찾아서 대안적인 사고로 대체하는 인지적 재구성법이 있다.

인지적 기법은 여러 상담 및 심리치료 이론들에서 다양하게 제안되고 있다. 불안이나 우울 등의 불쾌한 감정을 변화시키는 데 도움이 되는 합리적 자기진술문을 작성하고, 이를 카드로 만들어 반복해서 되뇌는 방법이 있다. 불안이나 우울 등의 감정을 유발하는 비합리적 신념이나 역기능적 신념에 논박하는 것 또한 인지적 기법이다. 예를 들어, '그것이 당신에게 도움이 되는가?', '그렇게 생각하는 것이 당신에게 어떤 영향을 줄 것 같나?', '그런 생각을 뒷받침할만한 증거가 있는가?' 등과 같은 질문들을 통해 논박한다. 그 밖에 처한 상황이나 문제를 변화시킬 수 있는 방법을 구체적으로 계획하기, 발생한 일을 그대로 받아들이는 인지적 수용하기, 주의를 관련 없는 생각으로 전환하는 방법 등이 있다.

2) 행동적 기법

행동적 요소에 접근하여 정서를 변화시키는 것이 행동적 기법이다. 행동적 기법에 초점을 두어 불안, 우울 등의 정서를 변화시키는 치료적 접근이 행동적 접근 또는 행동치료이다. 행동적 접근에서 유래한 행동적 기법들 또한 수많은 상담 및 심리치료 이론들에서 활용되고 있다. 강화와 처벌의 원리를 이용하는 개입이 가장 기본적이다. 바람직한 행동을 했을 때는 보상을 주고, 제거하기를 바라는 행동을 했을 때는 처벌을 주는 방법이다. 반응을 중단시키거나 제거하기 위해, 강화물을 제시하지 않는 소거 방법 또한 자주 사용된다. 예를 들어, 주의를 끌기 위해 상담자가 원치 않는 행동을 할 때 시선을 주거나 반응을 보이지 않음으로써, 그 행동의 주의 끌기 등의 이득을 없앰으로써 결국에는 하지 않게 만드는 것이다.

스트레스로 힘들어하는 내담자, 공부에 매진하는 것이 어려운 내담자, 폭식 등으로 체중조절이 어려운 내담자들에게는 원치 않는 행동을 유발하는 자극들을 통제하는 자극 통제 기법을 통해 개입할 수 있다. 스트레스를 유발하는 불필요한 환경조건을 제거하거나, 학업에 집중하기 어렵게 만드는 상황이나 환경 조건을 수정하거나, 폭식을 조장하는 주변 환경을 통제하는 것이다.

노출법은 불안이나 두려움이 심한 내담자들에게 두려워하는 자극이나 상황에 반복적으로 노출시켜 직면하게 함으로써 자극 상황에 대한 불안을 감소시키는 방법이다. 이때 문제행동을 하게 되는 자극상황에 노출하되, 문제행동을 하지 못하게 함으로써 자극상황과 문제행동의 연합을 차단시키는 반응방지법을 함께 사용하면 효과적이다. 대표적인 예로 오염에 관련된 자극에 노출한 뒤, 평소 반복해오던 손 씻기 강박행동을 하지 않고 버티는 노출을 감행하는 것이다. 자신을 오염시킬지 모른다는 두려움을 유발하는 자극에 노출하였음에도 불구하고 강박행동을 하지 않고 내버려 둠으로써, 강한 불안은 시간이 지남에 따라 자연스럽게 감소하는 것을 경험하게 된다. 노출법은 실제 노출법, 심상을 활용한 상상 노출법과 같은 전통적인 노출 기법뿐 아니라 영상 매체의 발달로 시뮬레이션 등을 활용한 가상 노출법도 효과적으로 사용되고 있다.

모니터링 기법은 문제행동의 패턴을 평가하는 용도뿐 아니라, 문제행동을 변화시키는 치료적 효과까지 가지고 있다. 내담자가 변화시키기를 바라는 행동 등을 매일 시간대별로 상세하게 기록하는 방법을 통해, 자신의 행동 패턴을 인식하고 문제의식을 갖고 변화하고자 하는 동기를 갖게 된다. 또한 어떤 상황에서 문제행동이 발생하는지 구체적으로 이해함으로써, 주변 환경을 수정하고 통제할 수 있을 뿐 아니라 자신의 반응을 조절할 수 있게 된다. 예를 들어, 섭식장애 환자들이나 강박장애 환자들에게 자주 사용된다.

문제 해결을 위한 행동을 계획하고 실행하는 방법 또한 대표적인 행동적 기법이다. 자신의 의사를 표현하는 것을 어려워하는 내담자에게 자기주장훈련기법과 대인관계기술 훈련도 있다. 그 밖에 불쾌한 감정을 조절하기 위해 운동하기, 춤추기, 음악청취나 미술감상, 게임하기 등 다양한 기분전환활동을 하는 방법도 효과적인 행동적 주의분산기법에 해당한다.

3) 생리적 기법

심장박동, 혈압, 땀과 같은 생리적 요소에 접근하여 감정을 변화시키는 것이
생리적 기법이다. 생리적 기법에 초점을 두어 우울, 불안 등의 정서를 변화시키
는 치료적 접근은 약물치료를 들 수 있다. 상담 및 심리치료 현장에서 자주 사용
하는 생리적 기법으로는 신체적 감각 중에서 호흡을 활용한 복식호흡법과 흉식
호흡법을 포함한 호흡법이 있다. 근육을 긴장하고 이완하는 과정을 반복하여 불
안을 완화시키는 긴장이완훈련법 또한 다양하게 활용되고 있다. 신체 감각에 주
의를 돌려 신체적 이완과 안정을 도모하는 명상훈련 등이 있다. 호흡법과 긴장
이완훈련은 다양한 심리치료에서 활발하게 활용되고 있다. 주의를 조절하는 기
법이기도 한 명상법과 마음챙김 기법 또한 다양한 장면에서 불안 등의 감정을
조절하는 방법으로 사용되고 있다.

4) 체험적 기법

정서적 체험 및 표현과 같은 체험적 요소에 접근해서 감정을 변화시키는 정서
조절방법이 체험적 기법이고, 체험적 기법에 초점을 두어 우울, 불안 등의 정서
를 변화시키는 치료적 접근이 체험적 접근 즉 체험적 치료이다. 체험적 기법은
지금 여기에서 직접 생생하게 체험하는 방법이다. 이미지를 떠올리는 심상 기법
과 지금 여기에서 일어나는 것처럼 실연하는 역할 연기가 대표적이다. 또한 빈
의자 기법과 두 의자 기법은 갈등의 대상을 지금 여기로 데리고 오는 기법으로,
과거 경험을 현재의 경험으로 생생하게 가져오는 효과적인 체험적 기법이다. 그
밖에도 다른 사람에게 자신의 감정을 표현하고 공감 얻는 방법 등이 있다.

다양한 정서조절방법을 좀더 구체적으로 알고 싶다면, 이지영(2011, 2017)이
쓴 「정서조절코칭북」을 읽어보기 바란다. 여기에서는 상담 및 심리치료 장면에
서 내담자의 체험을 촉진하는 체험적 기법에 대해 자세히 소개하고자 한다.

(1) 심상(Image)

심상은 감각적인 특성들을 가진 일련의 정신적 표상을 말한다. 마음속에 시각적으로 떠올리는 심상기법은 다양한 목적을 위해 활용된다. 첫째, 불안이나 분노 등의 감정이 강렬할 때, 이완감과 안전감을 얻기 위해 사용된다. 눈을 감고 내담자의 마음을 편안하게 해주는 장소나 이미지를 떠올려 주의를 집중함으로써, 그에 반응해 불안이나 분노 등의 불쾌한 감정으로부터 벗어나 이완을 유도할 수 있다. 트라우마(외상)를 경험하고 있는 내담자에게 안전하다는 느낌을 갖도록 돕는 대표적인 정서조절기법이다. 사람들마다 안전함을 주는 안전지대의 이미지를 탐색하고 확보하는 것이 필요하다. 이후 심한 불안을 느끼거나 힘들 때, 안전지대를 심상으로 떠올림으로써, 불쾌한 감정으로부터 주의를 돌리고 효율적으로 이완을 얻을 수 있다.

둘째, 탐색을 목적으로 심상을 활용할 수 있다. 고통스런 기억을 심상으로 접근해서 구체적으로 어떤 경험이었는지 탐색할 수 있다. 그 경험을 다시 떠올려 그 순간 느꼈던 감정과 생각을 생생하게 다시 체험하도록 한다. 눈을 감고 불편한 상황을 현재 시제로 말하며 기술하도록 안내한다. 가능한 그 상황을 슬로우 비디오 보듯이 천천히 둘러보면서 자세히 묘사하도록 한다. "이미지 속에 무슨 일이 일어나고 있나요?", "지금 일어나고 있는 것처럼 자세히 묘사해 보세요.", "주위에 어떤 것들이 보이나요? 무슨 소리가 들리나요?", "몸에서 무엇이 느껴지나요? 몸의 어느 부분에서 감각이 느껴지나요?", "지금 기분이 어떤가요?"와 같이 질문할 수 있다. 이러한 작업을 통해 어떤 상황이었는지, 관련 인물들은 누구인지, 그 인물들이 각기 어떤 말과 행동을 하였는지, 그 가운데 무엇이 마음에 걸렸는지 탐색한다. 이 과정에서 그때는 미처 깨닫지 못했던 감정과 생각 등을 깨달을 수 있다. 이처럼 관련해서 어떤 생각이나 믿음을 가지고 있고, 어떠한 영향을 받았는지 등을 탐색하는데 심상을 활용한다.

셋째, 욕구 충족을 위해서 심상을 활용할 수 있다. 심상을 통해 차마 상대방에게 표현하지 못했던 감정, 그 상황에서 드러내지 못했던 정서를 심상을 활용해서 표현하는 기회를 갖는다. 또는 참고 억압했던 감정이나 행동을 심상의 방식으로 직접 표현하고 행동 해볼 수 있다. 그 밖에 심상을 활용해서 충족하기를 원하는 내담자의 욕구를 충족하는 기회를 가질 수 있다.

넷째, 변화를 목적으로 심상을 활용할 수 있다. 생각, 행동 및 감정 등의 변화를 가져오기 위해 심상을 사용한다. 생각 즉 인지의 변화를 위해 "그 이미지가 당신에 대해, 다른 사람에 대해, 이 세상에 대해, 미래에 대해 어떤 의미가 있나요?"와 같이 질문할 수 있다. 고통스런 경험에 대한 판단이나 관점을 변화시켜 그 결과로서 감정을 변화시킨다. 또는 심상을 통해 분노나 슬픔 등의 감정을 표현함으로써 감정 상태의 변화를 유도할 수 있다. 예를 들어, 아버지에게 갖고 있던 화를 심상을 통해 표현한다. 그 결과 오히려 아빠에게 미안한 마음을 갖게 되기도 한다. 심상 기법을 사용해서 미처 해보지 못했던 대안적인 행동을 해봄으로써, 그에 따른 긍정적인 결과를 접하고 행동을 변화시키기로 결심할 수 있다. 이는 추후 실제 장면에서의 행동 변화로 이어진다.

[사례 7-1][1] 심상을 통한 욕구 충족

호연 씨는 길을 가던 중 한 남성과 부딪혔다. 그 남성은 호연 씨에게 다짜고짜 욕을 하며 매섭게 쳐다보고는 가버렸다. 호연 씨는 당황스러웠고 어이없었다. 무엇보다 자신이 아무런 대응도 하지 못했던 것이 너무 화가 나고 분해서 참을 수가 없을 정도였다.

상담자는 심상을 통해 호연 씨가 그 상황에서 미처 하지 못했던 표현과 지금 하고 싶은 욕구를 충족할 수 있도록 도왔다.

상담자: 눈을 감고 호흡에 주의를 기울여 보세요. 천천히 숨을 들이마시고 내쉬어보세요. 무엇이 보이나요?

내담자: 그 남자가 길을 가고 있어요. 파란색 반팔 티를 입고 있고 이상한 머리를 하고 있어요.

상담자: 지금 호연 씨가 하고 싶은 것을 이미지 속에서 마음껏 해보세요. 그리고 하고 있는 것을 말로 표현해보세요.

---

1) 사례들은 정서중심적 치료의 프로세스를 잘 보여줄 수 있도록, 저자의 오랜 상담 과정을 통해 축적된 경험을 바탕으로 가상의 사례를 구성한 것이다. 보편적인 감정의 변화 과정 작업을 바탕으로, 극적인 내용을 가미하였다.

내담자: 그 파란색 반팔 티에 빨간색 페인트를 마구 칠하고 있어요. 팔에도 막 칠하고 있어요. 그 면상에는 검정 페인트를 칠해요. 얼굴이 보이지 않게요.

상담자: 페인트칠을 하면서 지금 기분이 어떤가요?

내담자: 정말 시원해요. 뭔가 풀리는 기분이에요. 신이 나요.

상담자: 지금은 무엇을 하고 있나요?

내담자: 그 이상한 머리카락을 마구 잘라버렸어요. 하하. 완전 꼴이 이상해요. 머리를 망쳐버렸어요. 꼴이 우스워요. 하하.

상담자: 또 무엇을 더 하고 싶나요?

내담자: 밀쳐버리고 싶어요. 제 곁에 얼씬도 하지 못하게요. 멀리 가게 밀쳐버렸어요.

상담자: 지금 마음이 어떤가요?

내담자: 마구 욕이 떠올라요. 미친 새끼, 더러운 새끼. 마구 비웃고 싶어요. 그렇게 하고 있어요.

상담자: 이제 마무리를 해볼까 합니다. 충분하다 싶을 때 눈을 떠 보세요.

내담자: (눈을 뜨며) 뭔가 아까까지는 그 사람이 강해 보이고 제가 위축되는 느낌이었는데, 지금은 아니에요. 통제할 수 있는 느낌이고 더 이상 두렵지 않아요. 제게 힘이 생긴 느낌이에요.

(2) 가상 현실

두려워하는 대상이나 상황을 이미지를 사용하여 가상으로 노출하는 기법이다. 심상 기법은 눈을 감고 그 장면을 이미지로 떠올리고 주의를 계속 집중시켜야 하는 어려움이 있다. 실제로 심상 기법이 대중화하는 데 있어 장해물은 상당한 집중력을 요구한다는 점이다. 대부분의 사람들이 눈을 감고 이미지를 머릿속에 떠올린 후 계속 집중을 유지하는 데 상당한 어려움을 느낀다. 이미지를 떠올린다고 해도, 금세 다른 생각들과 이미지들이 떠올라 집중하는 것을 방해한다. 그에 비해 가상 현실은 직접 눈에 보이는 이미지를 따라가기만 하면 된다. 시뮬레이션을 통해 눈을 뜨고 보고 있는 것만으로도 실제로 노출한 것과 유사한 효과가 있을 뿐 아니라, 실제가 아닌 가상이므로 발생할 수 있는 위험가능성 또한 적다는 이점이 있다. 최근 들어 게임 산업 등의 미디어 발달로 영상이 거의 실제 상황과 흡사하여, 고소공포증, 뱀 공포증 등 여러 공포증을 포함한 불안장애를 치료하는데 가상 현실의 활용이 증가하고 있다.

(3) 역할 연기

역할 연기는 일상생활에서의 여러 역할을 모의로 실연하는 대표적인 체험적 기법이다. 심상 기법이 이미지와 상상을 활용하여 그 장면에 자신이 있다고 생각하고 상상 속에서 연기를 했다면, 역할 연기는 지금 여기에서 그 상황이 진행되고 있다고 가정하고 직접 연기를 하는 방법이다.

첫째, 탐색을 목적으로 역할 연기를 사용할 수 있다. 지금 여기에 그 상황이 펼쳐지고 있다고 상상하면서 그 속에서 자신이 어떻게 행동하고 말했는지 떠올려 직접 실연을 한다. 이때 중요한 상대방이나 주변 사람이 있다면, 상담자나 함께 하는 집단원이 주요 인물이 할 법한 말과 행동을 듣고 그 사람을 연기한다. 이 과정에서 상황이 구체적으로 어떻게 일어났는지, 그때 누구와 함께 있었는지, 그 상황 속에서 주요 인물들이 어떻게 말과 행동을 하며 반응했는지, 그때 내담자 자신이 어떻게 느끼고 말하고 행동했는지 생생하게 파악할 수 있다. 지금 여기에서 다시 재연함으로써, 당시에는 미처 깨닫지 못했던 측면들을 알아차리고 주목할 수 있다.

둘째, 욕구 충족을 목적으로 역할 연기를 사용할 수 있다. 직장 동료에게 일방적으로 지적과 비난을 받고서 한마디 말도 제대로 못하고 당하고만 있었던 경험이 있다면, 지금 여기에서 그 상황에 놓여 있다고 가정하고 직장 동료를 연기하는 상담자나 집단원에게 당시에 못했던 말을 표현할 수 있다. 또는 누르고 밖으로 꺼내지 못했던 분노나 울분, 불안과 두려움, 수치심, 미안함, 절망감, 무력감 등의 감정을 밖으로 표현하거나 상대방과 주변 사람들에게 드러내 표현할 수 있다.

셋째, 내담자의 불안과 우울 등에 영향을 미치는 중요한 인지를 탐색하는 데 역할 연기를 활용할 수 있다. 내담자가 주로 불안이나 우울을 느끼는 핵심 경험을 찾아서 그 상황을 지금 여기에서 연기함으로써, 연기하는 내담자의 머릿속에서 무슨 생각이 스쳐 지나가는지를 탐색하여 중요한 자동적 사고와 핵심 믿음 등을 찾을 수 있다. 예를 들어, 직장 동료의 지적과 비난에 얼어붙은 자신을 연기하며 그 순간 머릿속에 "내가 하는 건 다 형편없지.", "나는 무시당할 만해."라는 생각이 떠올랐음을 알아차린다.

넷째, 찾은 인지가 도움이 되지 않는 부적응적 사고라면, 역할 연기를 통해 대안적인 사고를 찾아볼 수 있다. 내담자 자신이 보다 건강하고 적응적인 사람이 되었다고 가정하고, 그 사람인 것처럼 행동함으로써 대안적인 생각을 찾는다. 예를 들어, 함께 일하는 당당하고 자기주장을 잘하는 김 대리가 되었다고 가정하고, 연기를 하면서 마음속에 "나는 충분히 할 만큼 했어. 비록 내가 조금 부족하다고 해서 동료인 네가 나를 그렇게 지적하고 비난할 자격은 없어. 그것은 부당한 일이야.", "사람들 앞에서 그렇게 비난하고 지적하는 것은 나를 함부로 대하고 무시하는 처사야. 그것은 잘못된 일이야.", "만약 부족한 부분이 있다면, 조용히 나에게 조언을 하면 될 일이야."와 같은 대안적인 사고를 떠올릴 수 있다.

찾은 대안적인 사고를 내담자 자신이 직접 한다고 가정하고, 그 대안적인 사고에 입각해서 어떻게 행동할지 직접 역할 연기를 통해 행동해 보고 그때 내담자 자신이 어떻게 느끼는지 그리고 상대방이나 주변 사람들은 어떻게 반응하는지 상담 장면에서 달라진 결과를 확인할 수 있다. 예를 들어, 직접 대안적인 사고를 미릿속에 띠올리며 당당하게 말하고 행동했더니, 그 직징 동료가 덩황해하는 반응을 마주한다. 또한 내담자 자신에게 사과까지 하는 경험을 해보기도 한다. 이로써 자신의 감정과 행동에 영향을 미쳤던 생각을 변화시킬 수 있는 기회를 갖고, 달리 생각하고 말하고 행동하는 변화를 시작한다.

(4) 빈 의자 기법

빈 의자 기법은 앞에 어떤 대상이 있다고 가정하고, 그 대상에게 하고 싶은 말이나 감정을 표현하는 데 효과적이다. 지금 여기에서의 체험을 가장 효과적으로 촉진시킬 수 있는 방법이다. 빈 의자 기법에 대해서는 3장 게슈탈트 치료 부분에서 자세히 설명하였기 때문에 여기에서는 추가적으로 언급할 필요가 있는 내용에 대해서만 이야기하겠다.

빈 의자 기법은 한 마디로, 과거 경험에서 미처 완결하지 못했던 미해결과제를 완결하는 데 효과적이다. 과거 경험에서 중요한 대상에게 미처 하지 못했던 말이나 행동을 할 수 있고, 그 경험으로 인해 발생했던 여러 감정을 표현할 수 있다. 헤어지자고 일방적으로 통보하는 남자친구에게 자존심 때문에 "알았다."고 쿨하게 돌아섰을 때, 그동안 남자친구에게 하고 싶었지만 못했던 말들과 감정들을 토해낼 수 있다.

또한 마음에 눌러 왔던 누군가에 대한 감정을 안전하게 표현하고 해소할 수 있는 방법이다. 무서운 아버지에게 도저히 표현하지 못했던 감정들, 여러 아이들을 키우느라 늘 힘겹고 바쁘셨던 어머니에게 가져왔던 감정들을 지금 여기에서 느끼며 생생하게 만나고 표현할 수 있다.

빈 의자 기법을 효과적으로 활용하는 방법은 그 대상이 누구인지 분명하게 하는 것이다. "지금 마음에서 느끼는 감정은 누구에 대한 감정인가요?", "지금 그 얘기들은 누구에게 하는 말인가요?", "지금 앞에 누가 있나요?"와 같이 특정 대상을 분명히 떠올리게 하는 것이 그 대상에게 느껴지는 감정과 마음을 지금 여기에서 생생하게 만드는 방법이다. 내담자는 대답할 것이다. "아버지요.", "학교 선배예요.", "친언니요.", "고3때 담임 선생님이요." 이때 상담자는 "그럼 지금 앞에 아버지(학교선배, 친언니, 고3때 담임)가 있다고 생각해 보세요. 지금 무엇이 느껴지나요?"와 같이 구체적으로 안내한다.

그런데 내담자의 시선을 상담자를 향하지 않도록 주의해야 한다. 많은 상담자들이 빈 의자 기법을 상담 장면에서 활용할 때 내담자들의 감정 체험과 표현 작업이 잘 이루어지지 않는다고 어려움을 토로한다. 이러한 어려움에 영향을 미치는 가장 주된 이유는 내담자의 시선을 제대로 처리하지 않았기 때문이다. 대부분 개인 상담의 자리 배치는 상담자와 내담자가 마주보고 앉게 되어 있다. 앞에 그 대상이 있다고 가정할 때, 내담자 입장에서 시선은 마주보고 있는 상담자 쪽을 향하게 마련이다. 내담자 입장에서 상담자를 쳐다보면서 과거 중요한 인물에 대한 감정에 집중하기는 어렵다.

이때 빈 의자를 옆에 준비해두고 내담자의 자세를 빈 의자를 향하게 할 수 있다. 빈 의자 기법이 익숙하지 않는 경우는 실제로 빈 의자를 사용해서 작업하는 것도 좋다. 그러나 어느 정도 익숙하다면, 굳이 빈 의자를 사용하지 않고, 내담자로 하여금 상담자가 아닌 45도 각도 사선 방향으로 얼굴을 돌려 작업을 하도록 하면 효과적이다. 화상으로 상담을 하는 경우에는 상담자 화면에서 상담자가 보이지 않도록 화면의 방향을 살짝 돌리는 것이 빈 의자 기법을 활용해 체험 작업에 집중하는 데 효과적이다.

그림 7-3. 빈 의자 기법의 자리 배치

　빈 의자 기법을 사용할 때 중요한 것은 우리가 마주하는 대상은 지금 실제하고 있는 대상이 아니라는 점을 분명히 해야 한다. 특히, 부모에 대한 갈등을 다룰 때 내담자는 빈 의자 기법으로 자신의 감정을 표현하기를 망설인다. "지금의 어머니는 그렇지 않아요.", "지금 아버지는 저에게 미안해 하세요.", "그분은 요즘 제게 정말 잘해주세요."라고 말하며 주저한다. 따라서 상담자는 빈 의자 기법을 사용해 감정을 표현하는 갈등의 대상은 지금 현재의 대상이 아니라, 과거 갈등이 있었던 당시의 그 사람이고 내담자 마음속에 남아서 계속 맴돌고 있는 대상이라고 설명하는 것이 바람직하다. 치료자는 빈 의자 기법을 사용하기 전에, 다음과 같이 안내하는 것이 내담자에게 부담을 줄여 진행하는 데 효과적이다. "지금 앞에 있다고 가정하는 대상은 지금 현재 존재하고 계시는 아버지(어머니)가 아니라, 과거에 그렇게 해서 당신의 마음속에 남아 있는 아버지(어머니)입니다."

　오랫동안 마음을 표현하지 못하고 있던 대상이기 때문에, 가상의 상황이더라도 표현을 망설이고 어려워하는 경우가 많다. 내담자가 "떨려서 말이 안 나와요."라고 말한다면, 상담자는 "그 말부터 해보세요. 괜찮습니다."라고 안내하는 것이 효과적이다. 그렇게 시작하다보면 점진적으로 이야기가 나오기 마련이기 때문이다. 말문이 열리고, 어렵고 답답한 마음을 그대로 말로 표현하면서 점차 내면에서 밖으로 표현되기를 원하는 이야기들이 올라온다.

상대방에게 듣고 싶은 말이 있었다면 내담자로 하여금 빈 의자에 직접 앉아서 자신에게 할 얘기를 해보도록 할 수 있다. 물론, 굳이 자리를 옮기지 않아도 내담자에게 "그 대상(아버지, 어머니)이 뭐라고 말했을 것 같나요?", "무슨 말을 할 것 같나요?", "그분에게 무슨 이야기를 듣고 싶은가요?"라고 묻고는 "그 얘기를 직접 해보세요."라고 안내할 수 있다.

이처럼 빈 의자 기법은 못 다한 말이나 행동을 하고 해소하지 못한 감정을 해소하는 등 미해결과제를 완결하는 데 효과적일 뿐 아니라, 바랬지만 얻지 못했던 욕구를 가상으로 충족시키는 데도 효과적이다.

(5) 두 의자 기법

두 의자 기법은 두 개의 분리된 의자에 내담자의 두 가지 다른 측면을 구분해서 두고, 둘 사이에 대화를 통한 통합과 타협을 하도록 돕는 데 효과적이다. 우리 내면에는 서로 다른 입장들이 공존한다. 어떤 대상에 대해 좋아하면서도 싫어하고, 다가가고 싶으면서도 두려워 물러선다. 하고 싶으면서도 하기 싫다. 또한 선택하는 데 있어서도 둘 이상의 대상을 놓고 저울질을 하고 망설인다. 모두 선택지들은 장점과 단점을 지니고 있기 때문이다. 내담자는 여러 문제에 대해서 그리고 여러 대상에 대해서 서로 다른 생각과 감정, 태도를 가지고 고민한다. 머릿속은 복잡하게 엉켜서 어느 방향으로 가야할지 몰라 얼어붙는다.

두 의자 기법은 이처럼 내담자의 내면에 있는 내적 갈등을 머릿속에서 밖으로 꺼내어 두 의자에 놓고 각 의자에 앉아 해당하는 목소리를 내도록 함으로써 갈등을 분리하고 명료화하는 효과가 있다. 또한 교대로 의자에 앉아 목소리를 내도록 함으로써, 내면의 목소리들을 직접 체험하고 내적 갈등 간의 대화를 통해 통합을 이루도록 촉진한다.

예를 들어, 민서 씨는 현재 남자친구에 대해 좋아하는 마음과 싫어서 헤어지고 싶어하는 마음 사이에서 고민하고 있다. 이때 두 의자에 두 가지 마음을 분리해 놓는다. 어느 의자에 어떤 마음을 놓을지는 내담자가 선택하게 한다. 상담자는 "자, 그럼 지금 앞에 있는 두 의자에 두 가지 마음이 각각 있다고 가정해 봅시다. 이 의자에는 어떤 마음이 있나요?"와 같이 묻는다. 내담자가 대답한다면, 그 의자에 있는 마음에 내담자가 직접 이름을 붙이도록 하는 것도 효과적이다. "이 마음에 이름을 붙여 볼까요?" 내담자는 "헤어지자" 또는 "헤어지고 싶은 마음이요."라고 대답할지 모른다.

두 의자 기법을 효과적으로 사용하는 방법은 두 가지 갈등이 머릿속에서 복잡하게 주고받는 대화를 각 입장에서 다른 입장의 방해를 받지 않으면서 충분히 체험하고 들여다볼 수 있게 하는 것이다. 상담자는 "두 가지 마음에 각각 앉아서 그 마음의 이야기를 해볼 거예요. 먼저 어느 마음부터 앉아 이야기해 볼까요?"라고 내담자에게 묻는다. 내담자가 좋아하는 마음을 먼저 선택했다면, "여기에 앉아 보세요. 그 마음을 표현해 보세요."라고 안내한다. 내담자가 남자친구에 대해 헤어지고 싶지 않은 좋아하는 측면의 마음을 충분히 표현하도록 한다. 중간에 헤어지고 싶은 마음이 올라와 말을 한다면, 상담자는 상황을 보면서 필요에 따라 제지할 수 있다. "잠시만요. 지금은 여기 좋아하는 마음에 집중해서 표현해보았으면 해요." 충분히 마음을 표현했다면, 이번에는 다른 쪽 의자에 앉아서 마음을 표현하도록 안내한다. 그리고 두 가지 마음을 번갈아 앉아서 서로 이야기하며, 조금씩 타협해가고 통합해가는 작업을 한다.

상담자는 중간에 한번씩 이 과정이 어떻게 되어가고 있는지 확인한다. "두 가지 마음을 합해서 100이라고 한다면, 지금 두 가지 마음은 각각 얼마 정도의 지분을 가지고 있나요?" 내담자는 처음에는 50대 50이라고 말했지만, 점차 작업을 하면서 한쪽으로 기울어져 30대 70이라고 대답할 것이다. 그리고 상담자는 작업의 추세를 보면서 "자, 지금 만약 선택을 해야 한다면 어느 쪽을 선택할까요? 어떻게 하겠습니까?"라고 통합하여 결정하는 기회를 준다. 이 과정을 통해 자신의 마음이 어느 방향으로 가고 있는지, 어느 지점에 있는지 분명하게 인식할 수 있다.

2 적응적 방법 vs 부적응적 방법[2)]

정서조절방법은 불쾌한 감정을 조절하는 데 효과가 있는 적응적인 방법과 불안, 우울 등 불쾌한 감정을 오히려 유지하고 악화하는 부적응적 방법으로 나누어진다.

상담자는 먼저 내담자가 평소에 자주 사용하고 있는 부적응적 정서조절방법들에 무엇이 있는지 확인하고, 그 방법들이 내담자 자신의 정서를 조절하는 데 도움이 되지 않을 뿐 아니라 오히려 불안과 우울 등의 불쾌한 감정을 증폭시킨다는 점을 교육할 필요가 있다. 따라서 상담자는 부적응적 정서조절방법에 어떠한 것들이 있는지 알고, 각 정서조절방법의 특성과 그 부적응성을 이해하고 내담자에게 설명할 필요가 있다.

이지영(2011)은 정서조절방략 질문지(ERSQ)를 사용해서 적응적 방법과 부적응적 정서조절방법을 구분하였다. ERSQ의 16개 정서조절방법 가운데 부적응적 방법에는 인지적 방법 2개, 체험적 방법 2개, 행동적 방법 2개가 포함되었다. 임상 현장에서 내담자들에게서 주목할 필요가 있는 대표적인 부적응적 방법들에는 부정적인 측면을 반복해서 생각하는 반추, 과도한 걱정, 가장 극단적으로 불리한 결과를 예상하는 파국화, 자기비난, 타인 비난하는 생각하기, 타인에게 화나 짜증 등 불쾌한 감정 분출하기, 폭식하기, 술이나 담배 등 탐닉활동하기 등이 있다.

부적응적 정서조절방법을 각기 사용하게 되는 이유는 조금씩 다르지만, 공통적으로 이 방법을 시도하는 순간에는 정서조절이나 문제 해결에 도움이 될지 모른다는 긍정적인 기대에서 시작한다. 그러나 부적응적 방법들이 가지고 있는 특성들로 인해 오히려 우울, 불안, 분노 등을 증폭하고 정신건강에 해로운 방향으로 작용한다.

사실 불쾌한 감정을 경험할 때 이러한 방법들을 잠깐 사용하고 멈추면 일시적으로 감정을 전환할 수 있는 긍정적인 정서조절효과를 거두기도 한다. 속상해서

---

2) 부적응적 정서조절방법은 이지영(2011, 2017)이 쓴 「정서조절코칭북」의 '8장 부적응적인 정서조절방법의 사용을 줄여라'의 내용을 참고하기 바란다.

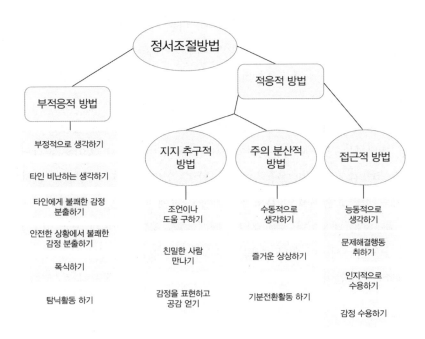

그림 7-4. ERSQ의 정서조절방법의 경험적 구분 체계

정서 경험의 부정적 측면을 떠올리며 원인을 찾아볼 수도 있고, 자신의 실수나 잘못된 부분에 대해 자책을 할 수도 있다. 다른 사람의 탓을 해볼 수도 있고, 주변 사람들에게 잠시 짜증을 내거나 투정을 부려볼 수도 있다. 시원한 맥주나 소주 한잔으로 불쾌한 감정에서 벗어나 긴장을 풀어볼 수도 있고, 신나는 게임 한판으로 기분을 전환할 수도 있다.

그런데 문제는 부적응적 정서조절방법들 대부분이 잠깐 사용하고 멈추면 일시적인 정서조절효과를 얻을 수 있지만, 멈추지를 못하고 반복적으로 과도하게 계속 사용하게 된다는 점이다. 반추는 부정적 측면을 반복해서 생각하면서, 마치 고장 난 비디오테이프처럼 불쾌한 장면이나 생각만 계속 제자리걸음 하듯 반복해서 떠올리며 불쾌한 감정을 증폭시킨다. 걱정을 하는 것 자체도 미래에 있을 수 있는 위험의 가능성을 검토하고 대비하여 준비할 수 있는 기회를 마련한다는 점에서 적응적이지만, 걱정을 하고 멈추지를 못하고 계속 걱정만 반복적으로 하다 보니 걱정으로 인한 불안감에 압도되어 다른 생산적인 생각과 행동을 할 겨를이 없다. 이와 같이 부적응적인 방법 대부분이 불쾌한 감정을 회피하거나 과도한 반복적인 사용에 빠짐으로써, 정작 도움이 되는 적응적인 방법을 시도할 생각조차 하지 못한다.

또한 사용하는 과정에서 다른 문제가 발생하거나 불필요한 갈등이 초래된다. 타인을 비난하는 생각을 하는 것은 자기비난에서 벗어날 수 있어 자존감의 손상을 막고 죄책감으로 인한 우울감을 완화할 수 있다. 그러나 타인을 비난하는 생각을 계속 하다보면 내적인 분노가 증가하고 그에 따른 공격적 충동이 수반됨으로써, 해당하는 대상이나 주변 사람들에게 자칫 공격적이거나 부정적인 행동을 할 수 있다는 문제점이 있다. 이렇듯 대인관계에서의 갈등이나 부수적인 문제들을 초래하여 불안이나 우울 등의 불쾌한 감정을 더욱 증폭시킬 수 있다.

 3 적응적 방법: 접근적 방법 vs 주의분산적 방법

감정을 조절하는 데 도움이 되는 적응적 정서조절방법은 정서조절방략 질문지(ERSQ)를 사용했을 때 모두 10개가 분류되었다. 인지적 방법은 '능동적으로 생각하기', '수동적으로 생각하기', '인지적으로 수용하기' 등 3개, 체험적 방법은 '즐거운 상상하기', '감정을 표현하고 공감 얻기', '감정 수용하기' 등 3개, 행동적 방법은 '문제 해결행동 취하기', '조언이나 도움 구하기', '친밀한 사람 만나기', '기분전환활동 하기' 등 4개였다.

정서조절방략 질문지를 사용해 얻은 10개의 적응적 정서조절방법은 그 경험적 성격에 따라 크게 세 가지로 분류되었다. 감정이나 상황에 접근하는 성격을 지닌 접근적 정서조절방법에 '능동적으로 생각하기', '문제 해결행동 취하기', '인지적으로 수용하기', '감정 수용하기'가 포함되었다. 모두 불쾌한 감정과 관련된 문제나 상황에 접근하거나 불쾌한 감정에 다가가 직접 다루는 정서조절방법이

다. 불쾌한 감정이나 관련된 상황과 일어난 일을 그대로 받아들이고, 감정을 유발한 원인이 되는 생각을 찾아 이해하고 대안적인 생각으로 대체한다. 적극적으로 불쾌한 감정에서 벗어날 수 있도록 문제를 해결할 수 있는 계획을 세우고, 해결할 수 있는 행동을 직접 취한다.

접근적 정서조절방법은 감정이나 상황에 접근하여 감정을 조절하는 방법으로, 궁극적으로 감정이나 상황을 변화시키는 방법이다. 호랑이를 잡으려면 호랑이굴로 들어가야 하듯이, 감정을 궁극적으로 변화시키고 문제나 상황을 해결하려면 그 문제나 상황에 접근하여 해결하는 노력을 취해야 한다.

반면, 주의를 감정이나 상황으로부터 다른 곳으로 돌려서 일시적으로 감정을 완화시키는 방법이 주의분산적 방법이다. 불쾌한 감정을 유발하는 생각과 관련이 없는 다른 생각을 떠올려서 감정을 조절하는 '수동적으로 생각하기', 즐겁고 편안한 이미지를 떠올려 감정을 이완시키는 '즐거운 상상하기', 음악을 듣거나 그림을 보거나 산책을 하거나 운동을 하는 것과 같이 기분을 전환시키는 활동에 참여하는 '기분전환활동 하기'가 대표적이다.

호랑이를 잡으려면 호랑이굴로 가야겠지만, 항상 호랑이굴에 갈 수는 없는 일이다. 지금 호랑이를 잡을만한 연장 즉 감정을 다룰만한 마땅한 도구가 없을 수 있고, 날이 너무 어두운 것과 같이 감정에게 다가가 다룰만한 상황이 아닐 수도 있다. 이런 경우에는 감정을 직접 다루는 것을 미루어야 한다.

그렇다고 가만히 내버려 두면 무슨 일이 일어날까? 호랑이굴에 갈 수 없는 상황에서 가만히 있다면, 호랑이는 계속 날뛸지 모른다. 즉 감정은 가만히 있지 않고 계속 주의를 끌려하기 때문에 자칫 자신도 모르게 짜증이나 신경질을 내거나 욱하고 화를 낼 수도 있다. 또 호랑이가 날뛰는 것을 막기 위해 애쓰다보면, 감정을 계속 누르고 있는 데 너무나 많은 에너지를 들여서 정작 처해 있는 상황에서 처리해야 하는 일을 제대로 처리하기 어려울 수 있다.

감정을 직접 다가가 다룰 수 없는 이런 상황에서는 바로 주의(attention)를 활용해야 한다. 감정에 대한 여러 가지 정의가 있지만, 사실 잘 들여다보면 감정은 결국 주의에 수반되는 것을 알 수 있다. 즉 주의를 어디에 두느냐에 따라 우리가 느끼는 감정 즉 체험이 달라진다. 주의가 머무르는 곳에 체험이 있기 때문이다.

흰 벽에 주의를 주어 보라. 무슨 감정이 드는가? 아무런 감정이 들지 않을 것이다. 그런데 누군가 뺨을 맞거나 구타당하는 장면을 보아 보라. 아무렇지 않았던 마음에 갑작스럽게 분노가 치밀고 불안과 공포심이 올라올 것이다.

이렇듯 감정은 매 순간 주의를 어디에 두느냐, 즉 무엇을 체험하고 있느냐에 따라 반응하며 경험된다. 양 백 마리를 세거나 구구단을 외우는 것과 같이 주의를 불쾌한 감정과 관련 없는 곳으로 돌리면, 감정을 완화시킬 수 있다. 이를 주의분산적 방법이라고 한다. 주의를 다른 데로 돌려 감정을 완화시키는 주의분산적 방법은 어디까지나 일시적인 감정조절효과를 지닌다. 궁극적으로 그 감정에 접근해서 다루지 않는다면, 해소되지 않은 감정이 다시 또 주의를 끌 것이므로 불안과 우울 등의 불쾌한 감정이 다시 느껴질 수 있다.

정서조절방략 질문지를 사용한 연구에서 적응적 정서조절방법은 크게 접근적 방법, 주의분산적 방법, 지지추구적 방법 등 세 가지로 구분되었다. 그러나 경험적으로 볼 때 지지추구적 방법 또한 다루어야 할 감정이나 상황에 접근하는 것이 아니라, 친밀한 사람과의 교류를 통한 친밀감, 위안, 안정감 등을 얻는 방법이다. 즉 주의를 다른 곳으로 돌림으로써 일시적으로 불쾌한 감정을 완화시키는 주의분산적 방법이라고 볼 수 있다.

따라서 감정을 조절하는 데 기여하는 적응적 방법은 다루어야 할 감정과 상황에 주의를 주어 접근하느냐의 여부에 따라 접근적 방법과 주의분산적 방법 두 가지로 크게 구분할 수 있다. 궁극적으로 감정을 다루어 제대로 처리하기 위해서는 접근적 방법을 사용해야 하고, 감정이나 상황에 접근하기 어려운 상황에서는 주의분산적 방법을 사용해서 일시적으로 불쾌한 감정을 완화시킬 수 있다.

 접근적 방법: 감정 이해, 감정 해소, 문제 해결

감정 경험을 제대로 처리하기 위해서는 정서적 처리과정을 거쳐서 경험을 소화시켜야 한다. 정서적 처리과정은 두 가지 측면에서 이루어진다. 이성적 체계에서 감정 경험의 이해가 이루어져야 하고, 체험적 체계에서 감정 경험의 해소가 이루어져야 한다. 감정 경험의 이해와 감정 경험의 해소 등 두 가지 작업을 통해 감정 경험을 소화하고 떠나보낼 수 있다.

그러나 감정 경험을 소화시켰다 할지라도, 감정을 유발시킨 문제나 상황을 다루지 않는다면 다시 감정이 발생할지 모른다. 취직이 되지 않는 것에 대한 절망감과 무력감에 접근하여 해소하고 소화하였다 할지라도, 여전히 취직이 되지 않는 상황이라면 어느 순간 다시 또 취직이 안되는 것에 대한 무력감이 발생할 수 있다. 아버지의 폭력으로 인한 두려움과 분노에 접근해서 작업하여 해소하였다 할지라도, 아버지의 폭력 문제를 해결하지 않는다면 집에 돌아가 다시 폭력에 노출될 것이고 그로 인한 공포심과 분노는 재경험될 것이다. 따라서 문제나 처한 상황을 다루고 해결하려는 노력이 정서 경험을 다루어 소화시키는 작업과 별개로 필요하다.

사람들은 감정의 해소와 문제의 해결 두 가지를 혼동한다. 불쾌한 감정 경험이 발생했을 때, 문제를 해결하면 감정 또한 사라질 것이라 생각한다. 화나 슬픔, 불안 등의 감정을 호소하는 사람 또한 상대방에게 기대한다. "어떻게 해결할 수 있을까요?", "제 문제를 해결하도록 도와주세요.", "문제를 해결해야 힘들지 않을 거예요." 힘들어하는 감정 경험을 듣는 사람 또한 머릿속에서 계속 "어떻게 조언해주지?", "어떻게 해결할 수 있을까?"라고 생각하며 고민한다. 이처럼 문제 해결에 대한 생각에 잠기다 보면, 상대방이 호소하는 감정을 마음으로 제대로 듣기 어렵다. 공감하기 보다는 머리로 고민하며 반응하게 되기 때문이다. 또한 아무리 고민해보아도 막상 해결해주기 어려운 문제 상황에서는 상담자 또한 답답함을 느낄 수밖에 없다. 어쩔 때는 아무것도 도와줄 수 없다는 생각에 무력하게 느껴지기조차 한다.

1) 문제나 상황은 해결을, 감정 경험은 소화하는 개입을 별개로 취한다

감정 자체는 결코 해결을 요구하지 않는다. 발생한 감정은 그저 일단 느끼고 표현하여 해소하기를 요구할 뿐이다. 그 감정을 제대로 표현하고 공감받기를 원할 뿐이다. 그래야 감정이 변화할 수 있기 때문이다. 해결은 문제나 상황에 하는 것이다. 감정에 대한 해소와 문제에 대한 해결 두 가지는 별개로 이루어져야 한다. 문제나 상황에는 해결하는 노력을 취하고, 발생한 감정에는 해소하는 노력을 각각 취해야 한다.

두 가지 개입은 별개이기 때문에, 문제나 상황이 해결되지 않더라도 발생한 감정을 해소할 수는 있다. 헤어진 연인과 다시 만나게 해주지 못하더라도, 이별로 인한 슬픔과 분노 등의 감정을 해소하도록 도와줄 수 있다. 취직을 시켜주지는 못하더라도, 반복되는 취직의 좌절로 인한 절망감, 불안감, 분노 등의 감정을 해소하도록 할 수 있다. 상담자는 수많은 내담자를 만날 때마다 내담자의 안타깝고 고통스러운 경험에 대해 도와줄 수 있는 방법이 있는지 고민하게 된다. 그러나 참으로 많은 경우가 상담자 입장에서도 안타깝지만 어떻게 개입하여 변화시킬 수 없는 상황인 경우가 많다.

해결해주지 못하는 상황이나 문제인 경우가 많다는 것이다. 이럴 때마다 상담자는 안타까움과 답답함을 느끼며, 때로는 무력감까지 느끼기도 한다. 그러나 기억하자. 발생한 감정 경험을 다루는 것과 그 감정 경험을 유발한 원인이 되는 문제나 상황을 해결하는 것은 별개라는 점을 말이다.

반대로 감정을 해소하고 다룬다고 하더라도, 처한 문제나 상황을 변화시키지 않는다면 다시 또 동일한 상황이나 문제를 마주하게 되고 그에 따른 감정이 발생할 수 있다. 취직 시험을 다시 보았는데 떨어졌을 때, 또 다시 좌절감을 느낄 것이다. 계속 취직이 안 될까봐 불안한 마음이 들 것이다. 성적이 오르지 않아 불안한 마음을 다룬다고 하더라도, 계속해서 시험 준비를 위한 공부를 하지 않는다면 성적은 오르지 않을 것이므로 그로 인한 불안감은 재발할 것이다. 따라서 상담자는 문제나 상황에 대해서도 할 수 있는 한 해결하는 방법을 함께 고민하고, 내담자로 하여금 문제나 상황을 해결하고 변화시킬 수 있는 행동을 직접 취하도록 개입해야 한다.

여기 대표적인 세 가지 정서조절 접근법에 주목해야 한다. 감정 경험을 소화하는데 필요한 감정 이해와 감정 해소, 그리고 문제나 상황을 다루는 데 필요한 문제 해결법이다. 이 세 가지 정서조절방법 및 심리치료 기법은 감정과 문제에 접근해서 다루어 궁극적인 변화를 초래하기 위한 대표적인 접근적 방법이다.

그런데 접근하는 감정 체계의 요소가 다르다. 감정 이해는 인지적 방법으로서 인지적 요소에 접근한다. 감정 해소는 체험적 방법으로 감정의 체험적 요소에 접근하여 정서적 변화를 초래한다. 마지막으로, 문제 해결은 행동적 방법으로서 행동적 요소에 접근하여 변화를 야기한다. 이처럼 정서의 인지적 요소, 체험적 요소, 행동적 요소 등 세 가지 요소에 모두 접근해서 다루어야 소화하지 못한 감정 경험을 궁극적으로 처리하고 떠나보낼 뿐 아니라, 다시 재발하지 않도록 할 수 있다.

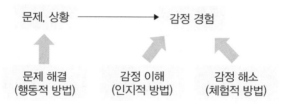

그림 7-5. 접근적 방법의 개입 대상

2) 감정을 다룰 때 지켜야 할 원칙

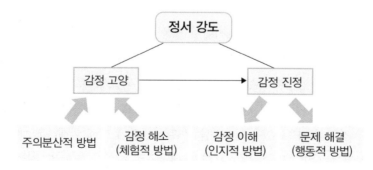

그림 7-6. 감정을 다루는 방법의 사용 순서

감정을 조절하는 데 도움이 되는 적응적 방법은 크게 접근적 방법과 주의분산적 방법으로 구분된다는 것을 알았다. 감정을 궁극적으로 조절하고 변화시키기 위해서는 감정이나 상황에 다가가 직접 다루는 접근적 방법이 필요하고, 일시적으로 감정을 완화시키기 위해서는 주의를 다른 데로 돌리는 주의분산적 방법이 필요하다.

　접근적 방법은 감정 경험을 직접 다루어 소화시키기 위해 필요한 '감정 이해'와 '감정 해소' 두 가지 방법과 감정 경험을 유발한 문제나 상황을 변화시키기 위해 필요한 '문제 해결 방법'이 있다. 이때 '감정 이해'와 '문제 해결'은 감정 경험이 재발하지 않기 위해 필요한 방법이다. 만약 감정 경험을 이해하지 못한다면, 그 감정을 유발한 원인이 되는 자극이 무엇인지 모른다면, 그 자극을 어떻게 해석해서 그런 감정을 느끼게 되었는지 모른다면, 다시 또 그 자극에 노출될 것이고 동일한 방식으로 해석함으로써 불쾌한 감정이 다시 재발할 수 있다. 상황이나 문제를 해결하여 변화시키는 문제 해결 방법을 사용하지 않는다면, 그 상황이나 문제는 여전히 존재할 것이므로 감정 경험을 소화시킨다고 할지라도 다시 그러한 상황이나 문제에 처함으로써 불쾌한 감정이 발생할 수 있다. 따라서 '감정 이해'와 '문제 해결' 방법을 사용하는 것은 내담자로 하여금 힘들고 고통스럽게 하는 감정 경험을 다시 경험하지 않을 수 있는데 매우 중요하고 필요한 개입이다.

　그런데 문제는 '감정 이해'와 '문제 해결'이 언제나 효과적인 것은 아니라는 점이다. 내담자가 감정이 고양되어 있는 경우에는 상담자가 감정 이해와 문제 해결을 위한 개입을 하는 것이 효과적이지 않을 수 있다. 감정은 생존을 위해 만들어진 생물학적 장치로서, 감정이 고양되어 있는 경우 뇌가 위기 상황으로 지각하고 생존을 위해 감정에 수반되는 행동경향성에 우선적으로 몸이 반응할 수 있도록 사고를 담당하는 뇌의 전두엽 부분을 일시적으로 억제하기 때문이다. 내담자가 지금 잔뜩 화가 나 있을 때, 화를 유발한 상황에 대해 이해하고 대안적으로 생각해 보자는 상담자의 개입이 오히려 내담자로 하여금 저항을 유발할 수 있다. "제가 이렇게 화가 나 있는데, 선생님은 왜 자꾸 제게도 문제가 있다는 식으로 말씀하세요?", "그 사람은 저에게 잘못했고 저는 화가 날 수밖에 없는데, 선생님은 그 상황을 어떻게 이해할 수 있다는 건가요? 저는 도저히 달리 생각할 수가 없는데, 왜 자꾸 다르게 생각할 수 있다는 거죠?"와 같이 상담자가 자신을 이해하지 못한다는 생각으로 오히려 저항이 일어나고 상담 관계가 훼손될 수 있다. 이처럼 내담자가 화가 많이 올라와 있거나, 슬픔에 가득 차있거나, 심하게 불안한 상태에서 사고에 접근하는 '감정 이해'와 '문제 해결'의 치료 기법은 효과적이지 않다.

따라서 일단 내담자의 고양된 감정을 완화시키는 개입을 먼저 사용해야 한다. 그래야 감정이 진정되면서 억제되었던 뇌의 전두엽 부분이 활성화될 수 있다. 사고가 원활하게 돌아가니 감정 경험을 이해하고자 하는 동기가 생기고, 문제나 상황을 해결하기 위한 고민을 시작할 수 있다.

고양된 감정을 진정시키는 방법은 크게 두 가지 치료 개입으로 가능하다. 발생한 감정은 느끼고 표현되어 해소되기를 바라는 만큼, '감정 해소' 즉 체험적으로 감정을 해소하는 방법을 통해 감정을 진정시킬 수 있다. 그러나 감정에 접근해서 감정을 해소하는 방법을 사용하기 어려운 상황에서는 '주의 분산적 기법' 즉 주의를 다른 데로 돌림으로써 일시적으로 고양된 감정을 진정시킬 수 있다. 상담자는 내담사가 감정이 고양되어 있는 경우, 삼성에 섭근해서 다룰 수 있는 상황이라면 체험적인 '감정 해소 방법'을 사용해서 감정을 진정시킨다. 그러나 감정에 접근해서 다루는 작업을 하기 어려운 상황에서는 '주의 분산적 방법'을 사용해서 감정을 일시적으로 완화하여 진정시킬 수 있다.

이때 주의할 점은 '주의 분산적 방법'을 사용해서 일시적으로 감정을 완화시킨 상태에서 '감정 이해'와 '문제 해결' 방법을 사용하더라도, 반드시 '감정 해소' 방법을 사용해야 감정이 다시 올라오지 않는다는 것이다. 그렇지 않으면, 이해하였지고 대안적인 사고로 대체했음에도 불구하고, 가슴 한구석에서 발생했지만 해소하지 못한 억울함과 분함 등의 감정이 다시 올라와 욱하는 반응을 보이거나 가슴이 막힌 듯한 답답함을 느낄 수 있다. 다시 화가 날 수 있으며 불안할 수 있고 슬플 수 있다. 또한 문제나 상황을 해결해서 상황을 변화시켰다고 할지라도, 이미 발생해서 눌려져 있던 감정은 계속 기회를 엿보며 신호를 보내므로 내담자의 주의를 빼앗고 충동적인 감정 반응을 보이게 하는 등 영향을 미칠 수 있다.

문제를 해결하고 상황은 종료되었지만, 억울함과 분함으로 답답할 수 있고, 허무함과 공허함에 힘들 수 있다.

상담에 찾아오는 내담자들은 모두 자신이 현재 느끼는 감정 상태를 공감받기를 원한다. 그리고 자신의 화난 마음, 억울한 마음, 불안한 마음, 슬픈 마음을 이해받기를 원한다. 그 대상이나 상황, 자극에 대해 그렇게밖에 생각할 수 없어서화, 억울함, 불안, 슬픔 등의 감정을 느낄 수밖에 없음을 이해받기 원하는 것이다. 따라서 상담자는 '감정 이해'와 '문제 해결'과 같은 적극적인 방법을 취하기전에, 내담자의 감정에 공감적으로 반응하면서 진정시키는 개입이 필요하다.

따라서 상담자는 먼저 내담자의 고양된 감정이 충분히 그럴만한 것임을 타당화 하는 것과 공감적 반응을 보임으로써 내담자를 진정시켜야 한다. 이때 작업은 충분히 하는 것이 효과적이다. 자칫 가급적 빨리 진정시키고 적극적인 개입인 '감정 이해'와 '문제 해결' 방법을 사용하고자 한다면, 내담자는 상담자의 반응을 의도가 있는 공감으로 오해할 수 있다. 감정이 충분히 표현되고 해소되지않은 상태라면, 그 감정을 더 표현하기 위해서 '감정 이해'와 '문제 해결'의 작업에 저항할 수 있다.

그러나 사실 상담을 하다보면, 시간이 제한되어 있고 한정된 시간 안에 내담자에게서 바람직한 변화를 초래하기 위해 상담자는 마음이 다급해지곤 한다. 주어진 시간이 별로 없는데, 빨리 궁극적인 변화를 위한 개입을 해야 하지 않을까하는 생각이 든다. 그래서 섣불리 이 정도면 괜찮을 거라고 생각하여 적극적인개입방법을 사용하기 시작한다. 내담자의 생각에 접근하고, 행동에 개입하고자한다. 그런데 내담자는 아직 준비가 되어 있지 않았을 때, 그러한 개입에 저항하기 마련이다. "선생님이 하시는 말씀이 맞아요. 뭐라고 하시는지 이해해요. 그런데 저는 여전히 화가 나요. 그렇게 생각하고 싶지 않아요.", "제 행동을 바꾸어야 한다는 것 알아요. 그렇게 해야 하는데, 자꾸만 몸이 움직이지 않아요. 하고싶지가 않아요. 잘되지가 않아요."

오랫동안 만났던 한 내담자는 충분한 시간 동안 감정 작업을 했다고 생각하고, 적극적인 개입방법을 사용했을 때 잘 따라오는 것 같았다. 그러나 꼭 다음회기에 와서 내담자는 불만을 토로했다. 상담자가 자신의 감정을 충분히 들어주지 않았다고 말이다. 이런 경험이 반복되면서, 사람들마다 감정을 공감받고 해소하는 데 필요한 시간과 정도가 얼마나 다른지를 실감했다. 또한 그 시간과 정도를 가늠하기 쉽지 않다는 것 또한 깨달았다.

그렇다. 사람들마다 감정에 대한 반응이 다르고, 발생한 감정 경험의 성격에 따라 해소되는 시간이 다르다. 사람마다 진정이 되는 시간과 정도가 다르다. 상담자가 그것을 판단할 수는 없다. 반드시 그때마다 내담자에게 물어야만 한다. 준비가 되었는지, 이제 사고와 행동에 대한 접근적 작업을 해도 괜찮은지 물어야 한다. 상담자도 사고와 행동에 대한 적극적 개입의 작업을 하기 위한 타이밍을 기다리다가도, "이렇게 오랜 시간 동안 동일한 감정 작업을 하였는데", "이렇게 오랜 회기 동안 반복해서 그 감정 경험을 작업했는데 이 정도면 바뀌어야 하는 것 아니야?"와 같은 마음이 들곤 한다. 그리고 변화하지 않는 내담자가 문제가 있는 것처럼 느껴질 때가 있다. 그러나 사람마다, 또 감정 경험마다 그 걸리는 정도와 시간이 다르다는 점을 기억하기 바란다. 상담자는 내담자에게 접근적인 개입을 할 때, 다음과 같은 원칙을 머릿속에 기억하는 것이 도움이 된다.

(1) 선해소 후해결

먼저 내담자의 감정을 충분히 해소한 다음에, 문제나 상황에 접근하는 해결방법을 취하는 것이 효과적이다. 감정이 해소되지 않은 상태에서는 사고가 억제되어 문제 해결에 대한 동기가 떨어지고, 해소되지 않은 고양된 감정들이 체험을 통한 해소를 위해 주의를 끌기 때문이다. 이에 내담자는 상담자의 문제 해결 개입에 잘 따라오지 않고 저항할 수 있다.

감정이 해소된 다음에는 사고가 활발해지면서 문제 해결에 대한 의지가 생긴다. "선생님, 그러면 이제 어떻게 하면 좋을까요?", "선생님, 지금 상황을 어떻게 변화시킬 수 있을까요?", "문제를 어떻게 하면 해결할 수 있을까요?"와 같이 물을 수 있다. 내담자는 문제나 상황에 대해 거리를 두고 해결하고자 하는 의지가 생기고, 상담자에게 해결을 위한 조언을 스스로 구하게 된다.

(2) 선해소 후이해

화가 나 있을 때 옆에서 이런 저런 이야기를 하는 것은 귀에 들어오지 못한다. "너무나 불안해.", "너무나 슬퍼."라고 호소하며 강렬한 감정을 느끼고 있을 때, 감정을 유발한 사고를 찾아내는 개입이나 대안적인 생각을 탐색하고 대체하는 개입이 별다른 효과를 얻지 못하는 경우가 많다. 이러한 저항과 어려움에서 인지행동치료의 제3동향이 시작된 것이다. 무엇이 인지적 개입과 행동적 개입의 효과를 떨어뜨리는지 고민하였다. 제3동향에서는 정서와 체험적 요소에 관심을 두었고, 마음챙김과 수용을 강조하며 이전에 놓쳤던 치료적 요소에 대한 보완을 통해서 치료적 성공률을 높이고자 접근하였다.

즉 감정이 강렬한 경우 인지적 개입이 덜 효과적일 가능성이 높다. "알겠는데 너무 화가 나요.", "별로 그렇게 생각하고 싶지 않아요.", "대안적인 생각이 들지 않아요. 저는 이렇게밖에 생각할 수 없어요." 따라서 감정이 강렬하게 고양되어 있을 때는 정서의 이해 즉 인지적 측면이 효과적이지 않다. 먼저 감정의 해소 즉 체험적 측면에 접근해야 한다. 이를 통해 불안, 우울 및 분노 등의 감정이 감소하면, 사고가 활발해지면서 자연스럽게 왜 그러한 감정을 느끼게 되었는지 이해가 되고 달리 어떻게 생각할 수 있는지 대안적인 사고가 떠오르고 받아들여진다.

워크숍에서 만난 수영 씨는 대안적인 생각이 잘 떠오르지 않는다고 어려움을 호소하였다. 그런데 대화를 해보니, 이미 어떻게 달리 생각할 수 있는지 대안적인 생각을 찾아 지니고 있었다. 그럼에도 불구하고 계속 화가 나 있는 등 과거 경험으로 인해 발생한 감정이 남아 있어서 대안적인 생각을 받아들일 수가 없었던 것이다. 이렇듯 도움이 되는 긍정적이거나 대안적인 생각에 접근하여 알게 되었다고 할지라도, 감정이 고양되어 있거나 남아 있다면 그 생각을 받아들이고 싶지 않다. 따라서 먼저 감정을 해소한 후 감정의 원인이 되는 생각을 이해하고 대안적으로 생각하는 '감정 이해' 개입을 하는 것이 효과적이다.

(3) 선해소 후대화

감정을 해소하는 것과 감정에 대해 대화하는 것은 별개의 과정이다. 감정을 해소하기 위한 표현과 감정을 전달하고 대화하기 위한 표현은 완전히 다른 과정이다. 하지만 사람들은 두 가지 모두 감정을 표현한다는 말을 사용하기 때문에 혼동한다. "감정을 표현하지 않아서 답답하지. 그 사람에게 감정을 표현해.", "감정을 억누르고만 살지 말고, 이제는 사람들에게 감정을 표현하고 살아."라고 말을 하곤 한다. 이는 감정을 느끼고 표현하는 작업을 하지 않아서 발생한 감정이 처리되지 않아 답답한 것인데, 다른 사람들과 대화하면서 감정을 표현하라고 말을 한다. 감정을 대화하고 전달하면서 감정을 해소하는 표현을 하게 될 때 위험한 상황에 놓일 수 있다. 왜냐하면 감정을 해소하기 위한 표현은 날 것의 감정 표현 과정으로 이루어지기 때문이다. 상대방이나 주변 사람들을 대상으로 감정을 해소하는 표현을 사용한다면, 다른 사람들에게 상처를 주거나 부정적인 인상을 주는 등 인간관계에서의 갈등과 문제가 발생할 수 있다. 따라서 다른 사람에게 자신의 감정을 전달하고 대화하는 과정은 자칫 오해와 갈등이 발생할 수 있으므로, 감정 전달 대화법의 규칙에 따라 굉장히 정돈해서 표현해야 한다.

사람들은 감정이 고양된 상태에서 감정이 밖으로 표현되고자 하는 충동이 높기 때문에, 자신이 감정을 상대방이나 주변 사람들에게 전달하고자 하는 마음이 앞선다. "그 사람에게 내가 얼마나 화가 났는지 말하겠어요.", "남자친구에게 당장 헤어지자고 해야겠어요.", "엄마에게 내가 얼마나 상처받았었는지 말하겠어요.", "부장님에게 당장 일을 그만두겠다고 하겠어요."라고 말한다. 특히 상담 및 심리치료 장면에서 만나는 상처 받은 내담자들은 자신의 상처 받은 감정들에 반응해서 상대방에게 또는 관련 있는 사람들에게 자신의 감정을 빨리 전달하고 싶어 한다. 즉 상대방과의 대화를 통해 고양된 감정을 해소하고자 하는 것이다. 화나게 만든 사람에게 화를 냄으로써 화를 해소하고, 슬프게 만든 사람에게 슬픔을 표현해서 슬픔을 덜고자 한다.

그러나 감정이 해소되지 않은 상태에서 상대방이나 주변 사람에게 감정을 전달하는 대화를 하는 것은 결코 효과적이지 않다. 해소되지 않은 감정은 계속 삐죽삐죽 나오려고 신호를 보내면서 대화 과정에 영향을 미칠 것이다. 상대방에게 짜증이나 신경질을 내며 대화를 하거나, 갑작스럽게 욱하고 화를 낼 수도 있다. 상대방은 자신에게 화를 내는 내담자를 공격적이라고 지각하여 방어적으로 반응할 것이다. 사람들은 위험에 대해서 굉장히 민감하기 때문이다. 자신 또한 상처 받지 않기 위해서 방어적인 태도로 대화에 임할 것이므로, 내담자가 전달하고자 하는 메시지 즉 내용은 귀에 들어오지 않을 것이다. 또한 내담자가 자신의 감정 을 제대로 표현하도록 기다려주고 받아주지 않을 것이다. 내담자는 더욱 답답할 지 모른다. 표현하는 것이 오히려 상황을 어렵게 만든다며 실망하고 좌절할지 모른다. 급기야 추가적으로 상대방이나 주변 사람에게 상처를 받을 수 있으며, 자신의 이야기를 들어주지 않는 사람들에게 실망하고 화가 날 것이다.

　슬픔에 잠겨 대화를 시작한다면, 슬픔에 영향을 받아 부정적이고 비관적인 사 고가 활발해져서 대화가 편향된 방향으로 진행될 수 있다. 불안이 심한 상태에 서 대화를 한다면, 긴장되고 초조하고 불안하여 주의의 초점이 위험과 관련된 메시지에 지나치게 주어지고 주의의 폭이 좁아질 것이다. 사고 또한 위험에 치 우치게 되므로, 대화 또한 위험과 관련된 내용에 편향되어 이루어질 수 있다. 두 가지 경우 모두 내담자는 대화를 마치고 난 이후 자신이 한 대화내용과 과정에 대해 후회할지 모른다.

　따라서 선해소 후대화의 원칙을 지켜서, 먼저 감정을 해소하고 소화시킨 다음 에 감정 대화를 진행하는 것이 바람직하다. 상담자는 내담자가 상대방에게 자신 의 감정 경험에 대해 대화하기를 원한다면, 선해소 후대화의 원칙에 따라 감정 경험을 해소하도록 먼저 도와주어야 한다. 또한 감정 경험을 제대로 이해하고 소화할 수 있도록 감정 이해 작업 또한 거치도록 한다. 내담자로 하여금 자신의 감정을 누그러뜨리고, 그러한 감정 경험이 왜 발생하였는지 어떻게 달리 생각할 수 있는지 이해하는 작업을 통해 상대방에게 자신의 마음을 조리 있게 전달할 수 있도록 준비시켜야 한다.

5 주의분산적 방법

　여기에서는 감정을 다루는 데 도움이 되는 대표적인 적응적 방법인 주의분산적 방법과 '감정 해소', '감정 이해', '문제 해결' 등 세 가지 접근적 방법을 좀더 자세히 소개하고자 한다. 네 가지 적응적 방법들을 설명하고, 상담 및 심리치료 장면에서 사용할 수 있는 기법들을 안내할 것이다.

불쾌한 감정에 접근해 다루기 어려운 상황에서 그대로 내버려 둔다면, 해소되지 않은 감정은 계속 신호를 보내고 기회를 엿보며 튀어 나올 것이다. 그래서 자신도 모르게 주변 사람들에게 짜증이나 화를 낼 수 있고, 그러지 않으려고 감정을 붙잡고 누르고 있다 보면 여기에 너무나 많은 에너지가 들어가서 정작 현재 처리해야 할 일에 에너지를 제대로 쓰지 못할 수 있다. 즉 다른 사람의 말이 잘 들리지 않을 수 있고, 읽어야 하는 글이 눈에 들어오지 않을 수 있다.

그렇다면 감정이 고양되어 있는데 감정에 접근하기 어려운 상황에서는 어떻게 해야 할까? 다양한 방법으로 주의를 다른 데로 돌려서 일시적으로 이완하는 주의분산적 방법을 사용해야 한다. 감정이란 우리가 주의를 어디에 주었느냐에 일시적인 결과물이기도 하기 때문이다. 불쾌한 감정과 관련이 없는 데로 주의를 주면 감정을 느끼지 않고 완화시킬 수 있다. 그러나 다시 자고 일어나면 불쾌한 생각이 떠오르게 되고, 영화를 보고 나오면 다시 기분 나빴던 일이 떠오를 수 있다. 따라서 궁극적으로 감정을 해소하는 접근법을 사용해야 감정이 재발하지 않을 수 있다.

상담 장면에서 감정 해소 작업을 하면서 내담자가 지나치게 압도되어 감당하기 어려운 상태에 있을 때, 사전에 훈련한 주의분산적 기법의 정서조절방법을 사용하여 안전함을 다시 확보할 수 있다. 주의를 분산시키는 정서조절방법 또한 사고 즉 인지적 요소에 접근하는 인지적 방법, 심상 등을 활용한 체험적 방법, 행동적 방법, 호흡이나 심장박동 등 신체 감각을 활용한 생리적 방법 등 다양하다.

또한 내담자로 하여금 자신에게 맞는 주의분산적 방법의 레퍼토리를 확보하도록 하여, 평소에 주의분산적 방법을 연습하도록 한다. 이에 내담자가 불안, 슬픔, 분노 등의 감정이 고양되어 느끼는 상황에서 그 감정을 직접 다루기 어려울 때 자신에게 편한 주의분산적 방법을 시도하게 함으로써 불쾌한 감정으로부터 멀어져 이완할 수 있도록 돕는다. 주의분산적 방법은 한 마디로 '거리 두기'와 '안전지대'로 이해할 수 있다.

(1) "안전 지대" 만들기

심상을 활용해서 내담자 자신의 마음을 편안하게 해주는 안전한 장소나 장면의 이미지를 확보하는 체험적 방법이다. 확보한 이미지는 불쾌한 감정으로부터 자신을 이완시키고 안전한 느낌을 주는 안전지대로 작용한다. 불쾌한 감정이 고양되어 있을 때 눈을 감고 안전지대를 바로 떠올림으로써, 효율적으로 이완감을 얻을 수 있다.

[실습 7-1] 안전지대 만들기3)

상담자는 다음의 지시문을 천천히 읽고 내담자가 지시에 따르도록 안내한다.

1. 먼저 눈을 감고 호흡에 주의를 기울여 보세요. 숨을 들이 마시고, 숨을 내시고 천천히 그리고 느리게 호흡해보세요.
2. 호흡하면서 5에서부터 거꾸로 천천히 세어 보세요. 당신은 천천히 이완되는 상태로 들어갈 것입니다. 당신 자신에게 말해 보세요. "나는 깊이 이완되어 있다"고 말입니다.
3. 자, 이제 당신이 쉬고 싶을 때 가고 싶었던 즐거운 장소를 떠올려 보세요. 푸른 바다나 산과 숲 또는 특정 장소가 될 수도 있습니다. 여행을 갔던 곳이 될 수도 있고, 어릴 적 갔던 외갓집이 될 수도 있습니다. 그 곳은 어디인가요?
4. 그 곳은 평화롭고 조용합니다. 그 곳에 작은 벤치가 놓여 있습니다. 당신이 그 벤치에 앉아 있다고 상상해 보세요.
5. 그 곳에 충분히 머물러 보세요. 당신의 모든 감각으로 그 곳을 느껴 보세요. 보고, 듣고, 만지고, 냄새도 맡아 보고, 맛도 느껴 보세요. 당신의 불편한 감정으로부터 이완될 때까지 충분히 그 곳에 머물러 보세요.
6. 혼자 있기 외롭다면 함께 있었으면 하는 사람을 떠올려 보아도 좋습니다. 그 사람과 당신은 벤치에 앉아서 편안하게 주변을 바라보고 있어요.
7. 자, 이제 돌아올 시간이 되었습니다. 떠올린 이미지들이 희미해지도록 당신의 호흡에 다시 주의를 기울여 보세요. 그러면서 이완된 느낌을 그대로 유지해 보세요. 돌아올 준비가 되었다면, 1부터 5까지 천천히 세면서 눈을 뜨기 바랍니다.

---

3) 이지영(2017)이 쓴 「정서조절코칭북」의 p278~280 '심상을 활용한 주의분산' 실습 내용을 수정하고 보완하였다.

상담자는 이 작업을 통해 내담자가 떠올린 장소가 어디인지 확인한다. 내담자에게 떠올린 이미지가 자신에게 안전감과 이완감을 주는 안전지대임을 알려 준다. 그래서 다음에 긴장이나 불안이 심하거나, 화나 수치심 등 불쾌한 감정이 심하게 느껴질 때 눈을 감고 그 이미지를 바로 떠올리도록 안내한다. 사람들마다 떠올린 안전지대는 다양하다. 바닷가, 산, 들판, 리조트, 휴양지, 내 방, 침대 등이 될 수 있다. 이렇게 찾은 안전지대의 이미지를 내담자로 하여금 매일 수시로 눈을 감고 호흡과 함께 그 곳을 떠올려 이완감을 얻는 연습을 하도록 한다.

(2) 호흡 훈련하기

이완 기법 대부분이 호흡 훈련을 포함하고 있다. 그만큼 신체적 상태를 이완하는 데 가장 손쉽게 사용할 수 있는 방법이다. 호흡법은 상황과 장소에 비교적 구애받지 않고 사용할 수 있는 주의분산적 방법이다. 호흡은 화가 나거나 긴장되어 있거나 흥분할 때 감정의 영향을 받는다. 따라서 역으로 호흡을 조절함으로써 감정에 영향을 미칠 수 있다.

주의를 불쾌한 감정과 관련 없는 규칙적인 대상에게 계속 주다 보면, 그 규칙에 반응해서 쉽게 이완될 수 있다. 매트로놈이니 시계추와 같이 좌우로 왔다갔다 하는 움직임을 계속 쳐다본다거나, 시곗바늘을 계속 보다 보면 그 규칙에 자신도 모르게 지루해지면서 이완된다. 호흡은 언제 어디서나 주의를 줄 수 있는 규칙적인 대상이다. 인간이 살아있는 한 규칙적으로 호흡을 할 것이기 때문이다. 호흡법은 가슴으로 숨을 쉬는 흉식호흡과 배로 숨을 쉬는 복식호흡이 있다. 이완을 유도하는 것이 목적이라면, 굳이 복식과 흉식을 구분하지 않아도 괜찮다. 그러나 대개 복식호흡을 자주 활용한다.

호흡법은 호흡이라는 신체적 감각에 주의를 계속 주면서 이완 상태를 유도하는 생리적 방법이다. 호흡운동을 통해 효과적으로 이완감을 얻기 위해서는 다음의 두 가지 사항을 주의해야 한다. 첫째, 호흡을 천천히 하는 것이다. 먼저 평소처럼 정상적으로 부드럽게 호흡하면서, 자신의 호흡에 집중하는 법을 배워야 한다. 처음에는 호흡에 집중하며 횟수를 세면서 호흡하는 연습을 하다 보면, 자신도 모르게 호흡이 빨라지는 것을 알 수 있다. 이를 반복적으로 하면서 가능한 호흡이 빨라지지 않도록 천천히 호흡하는 법을 익힐 수 있다. 둘째, 호흡훈련을 통해 정신을 집중하는 것이다. 호흡을 하는 도중에 수시로 잡생각이 떠오르며 방해받는 경험을 할 것이다. 그럴 때마다 이를 알아차리고 다시 호흡에 주의를 돌리면 된다.

[실습 7-2] 호흡법[4]

　　상담자는 다음의 지시문을 천천히 읽고 내담자가 지시에 따르도록 안내한다.

1. 호흡법을 연습할 때 처음에는 하루에 2번, 5분에서 10분 정도 복식호흡훈련을 빠지지 않고 반복하는 것이 중요합니다. 초기에는 방해받지 않는 조용하고 편안한 장소에서 시작하는 것이 좋아요. 그러나 익숙해지면, 언제 어느 곳에서나 연습을 통해 불쾌한 감정을 느끼게 되는 다양한 상황에서 사용해 보세요.
2. 호흡을 할 때는 천천히 부드럽게 숨을 길게 들이마시고, 내 쉴 때는 더 길게 내쉬도록 하세요. 코로 숨을 들이마시고, 입을 가볍게 벌리고 '하~'하고 길게 내쉬면서 이완하세요.
3. 자, 이제 시작해 보겠습니다. 지금 입고 있는 옷을 가능한 느슨하게 해보세요. 몸을 조이지 않도록 편안하게 한 다음, 앉아 있는 소파에 편안하게 몸을 기대고 앉아 보세요. 다른 곳에서 할 때는 침대나 바닥에 누워 하셔도 괜찮습니다.
4. 편안한 자세로 몇 초간 숨을 천천히 쉬어 보세요. 숨을 들이 마시고 숨을 내쉬어 보세요.
5. 가슴은 고정하고 배로 숨을 쉬어 보세요. 배를 부풀리면서 숨을 들이마시고, 배를 낮추면서 천천히 숨을 내쉬어 보세요.
6. 왼손은 가슴 위에 올리고 오른손은 배에 얹고 숨을 쉬어 보세요. 이때 왼손은 가만히 있고 오른손만 오르내리도록 숨을 쉬는 겁니다. 숨을 들이마시면서 풍선처럼 배를 부풀렸다가 공기를 천천히 밀어내듯 숨을 내쉬세요.
7. 익숙해지면 앉은 자세와 일어선 자세에서도 반복하면서, 다양한 상황에서 복식호흡을 바로 적용할 수 있도록 연습하기 바랍니다.

---

4) 이지영(2017)이 쓴 「정서조절코칭북」의 p285 '복식호흡훈련' 실습 내용을 수정하고 보완하였다.

(3) 이완 기법

불안하거나 화가 치밀어 올라 있는 등 감정이 고양된 상태에서 몸은 근육이 긴장되고 심장박동이 빨라지며 호흡이 가빠진다. 교감신경계의 흥분으로 야기되는 신체 반응이 나타나는데, 근육을 이완시키는 방법을 통해 감정을 진정시킬 수 있다.

[실습 7-3] 이완 기법5)

상담자는 다음의 지시문을 천천히 읽고 내담자가 지시에 따르도록 안내한다.

1. 지금 앉아 있는 곳에 몸을 편안히 기대고 힘을 빼고 앉아 보세요. 평소에 할 때는 편안한 장소를 찾아서 몸에 힘을 빼고 가능한 편안한 상태로 앉거나 누워 보세요.
2. 눈을 감고 여러분의 몸에 주의를 기울여 보세요. 그리고 다음의 문장을 속으로 반복해서 되뇌며 몸의 상태를 그 내용에 맞게 유도하고 느껴 보세요. 한 문장마다 5번 정도 반복하면 좋습니다. 핵심은 힘을 뺀 몸에 주의를 기울여 이완을 유도하는 것입니다.
3. 내 몸은 무겁다.
4. 내 몸은 편안하다.
5. 내 몸은 따뜻하다.
6. 내 호흡은 느리고 규칙적이다.
7. 머리가 시원하다.
8. 내 심장은 규칙적으로 뛴다.
9. 나는 매우 편안하고 이완되어 있다.

---

5) 이지영(2020)이 쓴 「나를 잃어가면서 지켜야 할 관계는 없다」의 p263 '이완 기법'의 내용을 수정 보완하였다.

(4) 긴장이완훈련

긴장되고 불안하거나 화가 치밀어 올라 있는 등 감정이 고양되어 있을 때, 근육이 긴장되고 심장박동이 증가한다. 호흡이 가빠지고 소화가 잘 안되거나 두통이나 위통 등 통증이 발생하는 등 교감신경계의 흥분으로 인한 신체 반응이 나타난다. 따라서 근육을 이완시키는 훈련을 통해 경계 태세를 푸는 개입이 필요하다. 긴장이완훈련은 근육을 일부러 강력하게 수축시키는 긴장 과정과 수축된 근육을 풀어 주는 이완 과정으로 구성된다. 근육을 수축시키는 이유는 용수철 원리처럼 수축하면 할수록 이완하기가 쉬워지기 때문이다. 또한 근육을 긴장시켰을 때 느끼는 감각과 근육을 이완시켰을 때 느끼는 감각을 알아차리고 그 차이를 느낌으로써, 몸이 긴장되는 것을 쉽게 알아차릴 수 있게 된다.

[실습 7-4] 긴장이완훈련[6)]

상담자는 다음의 지시문을 천천히 읽고 내담자가 지시에 따르도록 안내한다.

1. 지금 앉아 있는 의자에 가능한 편안한 자세를 취하세요. 이완훈련을 하는 동안 신체의 각 부위에서 느껴지는 감각에 주의를 집중시키세요. 만약 잡생각이 떠오르면, 그냥 내버려 두면 됩니다. 생각은 떠올랐다가 사라지고, 다시 또 다른 생각이 떠오르고 사라지는 것이기 때문이다. 그 생각에 반응하지 말고, 계속 신체 감각에 주의를 집중하도록 돌아오면 됩니다.
2. 이제부터 눈을 감고 깊이 숨을 쉬어보세요. 부드럽게 복식호흡을 하세요(10초). 이제부터 이완훈련에 들어가겠습니다.
3. 오른손부터 시작합니다. 오른손에 최대한 힘을 주고 하나부터 일곱까지 세면서 주먹을 꽉 쥐세요. 그 상태에서 손의 긴장을 느끼며 머무르세요(7초). 자, 이제 열까지 세면서 천천히 힘을 뺍니다. 조금 전 긴장시켰을 때와 이완할 때의 느낌을 비교하면서 천천히 주먹을 펴고 근육을 이완한 다음 손바닥을 바닥에 내려놓습니다(10초).

---

6) 긴장이완훈련은 이지영(2017)이 쓴 「정서조절코칭북」의 p288~291 '긴장이완훈련'의 내용을 수정 보완하였다.

4. 이번에는 오른손과 같은 방법으로 왼손을 시작합니다. 왼손에 최대한 힘을 주고 일곱까지 세면서 주먹을 꽉 쥐어보세요. 자, 이제 열까지 세면서 힘을 뺍니다. 조금 전 긴장시켰을 때와 이완할 때의 느낌을 비교하면서 천천히 주먹을 펴고 근육을 이완한 다음 손바닥을 바닥에 내려놓습니다(10초).

5. 이번에는 오른팔입니다. 팔꿈치를 굽힌 다음, 힘껏 힘을 주어 근육을 최대한 긴장시키세요. 그 상태에서 근육의 긴장을 느끼면서 머무르세요(7초). 자, 이제 열까지 세면서 천천히 힘을 뺍니다. 따뜻한 감각과 이완되는 느낌을 느껴 보세요(10초).

6. 같은 방법으로 이번에는 왼팔의 근육을 힘껏 수축합니다. 그 상태에서 근육의 긴장을 느끼면서 머무르세요(7초). 자, 이제 열까지 세면서 천천히 힘을 뺍니다. 이완했을 때의 따뜻한 감각과 팔의 무게에 주의를 기울이십시오(10초).

7. 이제 오른발과 오른다리입니다. 오른다리를 들고 발끝을 쭉 뻗은 상태에서 일곱까지 세면서 발과 다리에 최대한 힘을 주세요. 발목과 뒤꿈치, 발바닥의 긴장을 느끼세요. 그리고 종아리와 정강이로 긴장이 퍼지는 것을 느껴 보세요(7초). 자, 이제 서서히 힘을 빼고 편안하게 근육을 풀면서 열까지 셉니다. 이완할 때의 편안한 느낌과 다리의 무게를 느껴 보세요(10초).

8. 같은 방법으로 이번에는 왼발과 왼다리를 힘껏 긴장시킵니다. 발목과 뒤꿈치, 발바닥의 긴장을 느끼세요. 그리고 종아리와 정강이로 긴장이 퍼지는 것을 느껴 보세요(7초). 지, 이제 서서히 힘을 빼고 편안하게 근육을 풀면서 열까지 셉니다. 이완할 때의 편안한 느낌과 다리가 무거워지는 것을 느껴 보세요(10초).

9. 이번에는 양쪽 허벅지 근육입니다. 양쪽 허벅지를 꽉 붙이고 다리를 들어 올린 다음, 힘껏 힘을 줍니다. 오로지 허벅지에만 집중하면서 그 상태에서 일곱까지 셉니다(7초). 이제 열까지 세면서 천천히 근육을 풀어 주세요. 양다리가 매우 무거워지는 것을 느낍니다. 모든 긴장이 사라지면서 생기는 편안한 느낌에 주의를 기울이세요(10초).

10. 이제 아랫배의 근육을 긴장시켜 봅니다. 아랫배를 힘껏 당긴 다음, 어떤 느낌이 드는지 주의를 집중하면서 그 상태에 머물러 일곱까지 세어보세요(7초). 이제 편안하게 힘을 빼면서 열까지 셉니다. 따뜻해지는 느낌과 편안함을 느껴 보세요(10초).

11. 가슴 근육을 긴장시킬 차례입니다. 숨을 깊게 들이마셔 가슴을 팽창한 다음 숨을 참으며 천천히 일곱까지 셉니다. 가슴과 등에서 긴장이 느껴집니다(7초). 이제 부드럽게 숨을 내쉬면서 천천히 열까지 세어 보세요. 긴장했을 때와 이완했을 때의 차이를 느껴 보세요(10초). 숨을 한번 들이마시고 내쉴 때마다 점점 더 편안하게 이완됩니다.

12. 이번에는 어깨 근육입니다. 양쪽 어깻죽지를 귀밑까지 바짝 끌어 올린 다음 힘을 꽉 주어 서로 붙여 보세요. 주위와 뒷덜미의 긴장을 느끼면서 그 상태에서 일곱까지 셉니다(7초). 자, 이제 열까지 세면서 편안하게 힘을 빼고 양어깨와 등 위쪽 그리고 목이 이완되는 것을 느낍니다. 긴장했을 때와의 차이를 느껴 보세요(10초).

13. 다음은 목의 근육입니다. 턱을 몸 쪽으로 힘껏 당기고 목에 힘을 주세요. 그 상태에서 일곱까지 셉니다(7초). 이제 편안하게 힘을 빼면서 이완되는 느낌을 느껴 보세요(10초).

14. 이번에는 얼굴입니다. 먼저 입술입니다. 입술에 힘을 주고 입을 꼭 다물어 주세요(7초). 이제 편안하게 이완하세요(10초). 다음은 눈의 근육입니다. 눈꺼풀에 힘을 주고 두 눈을 꼭 감으세요(7초). 이제 편안하게 눈 근육을 풀면서 긴장했을 때와 이완했을 때의 차이를 느껴 보세요(10초).

15. 이번에는 미간입니다. 두 눈썹을 가운데로 모으고 힘껏 미간을 찌푸려 보세요(7초). 이제 편안함을 느끼면서 천천히 힘을 뺍니다(10초).

16. 다음은 이마입니다. 양쪽 눈썹을 위로 힘껏 치켜 올리고 이마에 주름살을 만드세요(7초). 이제 편안하게 힘을 빼면서 이완을 느껴 보세요(10초).

17. 이제 더 깊은 이완 상태로 들어갑니다. 자, 편안하게 눈을 감으세요. 이제부터 아주 천천히 다섯까지 셉니다. 하나씩 셀 때마다 점점 더 편안하고 고요한 상태로 들어갑니다. 하나(5초), 둘(5초), 셋(5초), 넷(5초), 다섯(5초), 아주 깊고 편안합니다. 지금처럼 편안한 상태에서 호흡에 주의를 기울이세요. 천천히 복식호흡을 합니다. 당신은 시원한 공기를 들이마시고 따뜻한 공기를 내쉽니다. 숨을 내쉴 때마다 '나는 아주 편안하다'라고 생각합니다. 호흡은 아주 고르고 느립니다. 이렇게 이완된 상태에서 느껴지는 편안함을 느껴 보세요(2분).

18. 복식호흡을 계속하면서 상상의 세계로 들어갑니다. 지금 부드럽게 찰랑대는 물결이 당신의 온몸을 부드럽게 만집니다. 따스한 햇살도 느껴집니다. 당신의 몸 중 아직 긴장이 남아 있는 곳에서는 물결이 멈춥니다. 햇살도 사라집니다. 긴장을 부드럽게 풀어 날려 보내고, 물결이 당신의 온몸을 어루만지게 하세요. 몸 전체가 부드럽고 편안합니다(1분).

19. 이제 깨어날 시간입니다. 다섯부터 하나까지 거꾸로 세겠습니다. 이제부터 조금씩 정신이 들 것입니다. 둘에 눈을 뜨고 하나를 세면 평상시처럼 정신이 깨어납니다. 다섯(2초), 당신이 지금 어디에 있는지 생각합니다. 넷(2초), 좀 더 정신이 듭니다. 셋(2초), 팔과 다리를 조금씩 움직여 보세요. 둘(2초), 아주 천천히 눈을 뜹니다.

하나(2초), 아주 천천히 일어나 앉으세요. 그리고 천천히 움직입니다. 매우 편안하고 기분이 좋습니다.

20. 가능하다면 평소에 매일 2회 정도 연습을 하기 바랍니다. 처음에는 30분 정도 하루에 두 차례씩 연습을 시작하세요. 계속 연습을 반복하다 보면, 긴장이 이완되는 효과를 경험할 수 있을 겁니다.

(5) 그라운딩 기법

정서적 고통에 압도되어 있는 경우, 그 고통에 휩싸여 마치 둥둥 떠 있는 것 같은 느낌을 받는다. 이때 주의를 외부의 현실에 돌려서 발을 땅에 딛는 느낌을 주는 인지적 기법이다. 그라운딩 기법은 외부 현실과의 연결감을 줌으로써 안전감을 회복하는 효과가 있다.

[실습 7-5] 그라운딩 기법[7]

상담자는 다음의 지시문을 천천히 읽고 내담자가 지시에 따르도록 안내한다.

1. 지금 방에서 보이는 물건 다섯 가지를 소리 내어 말해 보세요. 그 물건을 좀 더 자세히 묘사해 보세요.
2. 가족들 이름을 모두 외워 보시겠어요.
3. 색깔 이름을 5개 말해 보세요. (동물 이름, 식물 이름 등)

감정에 지나치게 압도되어 현실감을 상실했을 때에는, 주의를 현실로 돌려 집중하도록 함으로써 진정시킬 수 있다. 가장 손쉽게 하는 방법은 주변에 보이는 대상의 이름을 말해보도록 하는 것이다. 또는 상식적으로 알만한 대상의 카테고리를 선택하고 그 카테고리에 해당하는 이름을 5개 남짓 말해 보도록 한다. 이

---

7) 이지영(2020)이 쓴 「나를 잃어가면서 지켜야 할 관계는 없다」의 p264 '그라운딩 기법'의 내용을 수정 보완하였다.

과정을 하기 위해서는 주의 즉 에너지를 가져와야 하기 때문에 불쾌한 감정으로부터 거리를 두고 진정되는 효과를 얻을 수 있다.

(6) 자기 진정 효과가 있는 위안이 되는 말을 되뇌기

자기 진정 효과가 있는 말을 반복적으로 되뇌는 것은 효과적으로 이완시키는데 도움이 된다. 내담자의 마음을 편안하게 해주는 구절이나 문장을 상담자와 함께 찾은 후 수첩이나 메모장, 카드에 적도록 한다. 내담자에게 위안이 되는 말의 목록을 만들고, 감정이 고양되거나 불편할 때 그 문장을 반복적으로 되뇌는 인지적 방법이다.

[실습 7-6] 위안이 되는 말 되뇌기[8]

상담자는 내담자에게 다음과 같은 지시를 하고 각자의 마음에 위안이 되는 말을 찾는 작업을 돕는다.
1. 당신의 마음을 편안하게 해주는 말은 무엇인가요? 사람들마다 위안이 되는 말이 다릅니다. 당신에게 위안이 되는 말이 무엇인지 떠올려 보세요.

예) '괜찮을 거야'
　　'나쁜 상황은 금방 지나갈 거야'
　　'아무 일도 일어나지 않을 거야'
　　'이 또한 지나가리라'
　　'넌 잘할 수 있어'
　　'걱정한다고 문제가 해결되는 것은 아니야'

2. 지금 마음에 떠오르는 문장을 찾아 써 보세요. 그 문장은 당신에게 위안을 줍니다. 자신에게 위안이 되고 도움이 되는 말의 목록을 만들어 보세요.
3. 카드로 만들거나 자주 볼 수 있는 수첩, 휴대폰 메모장에 적어 놓으세요. 평소에 수시로 꺼내 읽어 보세요. 자주 볼 수 있도록 책상의 정면이나 컴퓨터 바탕 화면 등

---

8) 이지영이 쓴 「정서조절코칭북」과 「나를 잃어가면서 지켜야 할 관계는 없다」의 내용을 수정 보완하였다.

다양한 곳에 두세요. 자주 되뇌이는 것은 위안이 되는 말의 내용을 내재화하는 효과가 있습니다.

4. 이후 불쾌한 감정이 고양되어 있거나, 불편한 상태에 있을 때 그 목록을 꺼내어 반복적으로 되뇌어 보세요. 그러면 그 말이 이끄는 마음의 상태가 유도될 것입니다.

사람들마다 위안이 되는 말이 다르다. 그러나 대부분의 사람들에게 가장 보편적인 효과를 갖는 말은 '괜찮아'이다. 사람들이 왜 고통을 겪을까? 한마디로 괜찮지 않아서다. "왜 나에게 이런 일이.", "그 사람은 어떻게 나에게 그런 말과 행동을 할 수 있나?", "이런 결과가 나오면 안됐었는데.", "내가 좀 더 잘했어야 했는데." 세상을 살면서 일어나는 수많은 경험이 괜찮지 않아서 받아들이지 못하는 것이다. 결국 소화한다는 것은 괜찮다고 받아들일 수 있게 되는 상태를 의미한다. 억지로라도 마음속에 "그래. 그럴 수 있어.", "괜찮아."라고 되뇌어 보라. 처음엔 가슴에 와 닿지 않던 말이 계속 반복하다 보면 어느새 조금씩 스며들게 된다. 괜찮다는 마음이 들 때, 우리는 비로소 마음이 편안해질 수 있다.

(7) 주의를 다른 데로 돌리기

불쾌한 감정을 유발한 생각을 하지 않기 위해, 관련 없는 다른 내용에 적극적으로 주의를 돌림으로써 이완시키는 인지적 방법이다. 처리해야 하는 일에 주의를 돌리거나, 취미 활동에 주의를 돌릴 수 있다.

책이나 잡지를 읽는 방법이 있다. 이때 주의가 다시 불편한 생각이나 이미지로 돌아가지 않도록, 소리 내어 글을 읽는 것이 효과적이다. 그 밖에 구구단 외우기, 100부터 1까지 거꾸로 세기, 양 100마리 세기, 색깔 단어 말하기, 가수 이름 말하기, 가구 이름 대기 등이 있다.

(8) 기분전환활동 하기

상담자는 내담자에게 평소에 기분을 전환하는 활동으로 주로 무엇을 하는지 목록을 적도록 한다. 그리고 지금까지 해오지는 않았지만, 사용할 수 있는 방법들의 목록을 함께 만든다. 만든 목록을 평소에 가지고 있다가, 불쾌한 감정이 들거나 감정이 고양되어 있을 때 목록 중에서 지금 당장 할 수 있는 한 가지 활동을 선택해 참여함으로써, 기분전환 활동이 주는 유쾌함을 얻을 수 있다. 또한 중성적인 활동에 참여함으로써, 불쾌한 감정으로부터 벗어나 거리를 두고 고통을 완화할 수 있는 효과를 얻는다.

[실습 7-7] 기분전환활동 목록

1. 유쾌하거나 기분이 좋아지는 활동의 목록을 만들어 보세요.

예) 운동하기   드라마 보기
      산책하기   목욕하기(반신욕 하기)
      드라이브 하기   맛있는 음식 먹기
      그림 그리기   친구들과 수다 떨기
      악기 연주하기   쇼핑하기
      음악 듣기   이성과 데이트하기
      춤추기   여행 가기
      노래 부르기   미술관 가기
      게임하기   박물관 전시물 감상하기
      영화 보기

2. 몰두할 수 있는 중성적인 활동에는 어떠한 것들이 있을까요?

예) 뜨개질하기   청소하기
      퍼즐 맞추기   책상 정리하기
      빨래하기   가구 만들기
      설거지하기   가방 만들기

6   체험적 방법: 감정 해소

소화되지 못한 경험을 소화시키는 첫 번째 방법은 체험적으로 완결하지 못한 감정 경험을 상담 장면에서 다시 느끼고 표현하여 해소하는 방법이다. 한번 발생한 감정은 느끼고 충분히 표현해서 해소되어야 사라진다. 발생은 하였지만 느끼고 표현되지 못한 감정은 다시 표현되기를 요구한다. 표현하다 마는 감정 또한 충분히 표현되지 못한 채 계속 미해결과제로 남는다. 감정 작업을 하다보면, 내담자쪽에서 또는 상담자쪽에서 불편한 감정으로부터 빨리 벗어나고 싶은 마음이 들기도 한다. 절망스럽고 힘들어하고 있는 감정 상태를 급하게 정리하려 하거나, 밝고 유쾌한 감정 상태로 바꾸기를 원하기도 한다.

그러나 화를 표현하다 멈추면 계속 화를 표현하고 싶고, 슬퍼하다 멈추면 계속 슬퍼하고 싶다. 슬픈 감정이 있었는데 "기운 내."라고 해서 기운을 내려고 하지만, 어느 순간 다시 슬퍼지지 않는가. 화가 나다가 '좋게 생각하자'라고 해서 마음을 정리하지만, 어느 순간 갑작스럽게 다시 화가 치밀어 오른다. 수치심을

느끼다가 분노를 느끼지만, 다시 수치심이 들기도 한다. 취직이 안 되어 절망감이 들었을 때 희망을 가져보지만, 다시 절망에 빠져든다.

정서를 정서로 대체한다는 정서초점적 치료의 논리는 기존 정서가 다시 올라오고, 주의가 다시 원래의 부정적 관점으로 돌아갈 수 있다는 점에서 한계가 있다. 감정은 우리가 주의를 어디에 주었느냐의 일시적 결과물이기도 하다. 불쾌한 것에 주의를 주면 불쾌한 감정을 느끼고, 다른 자극에 주의를 주면 그 자극에 반응해 감정을 느낀다. 그러나 해소되지 못한 채 주의를 받지 못한 감정은 계속 신호를 보내고, 다시 주의가 돌아가게 하기 마련이기 때문이다.

어떤 감정 경험이든 느끼고 표현하여 해소하면, 그 비어 있는 자리에 다른 감정이 나타나곤 한다. 누군가에 대한 분노 감정이 있을 때, 그대로 두면 그 사람을 떠올릴 때 미운 감정만 떠오른다. 그러나 분노 감정을 느끼고 충분히 표현하면, 분노는 사라지고 그 자리에 미안함이나 연민과 같은 다른 감정이 느껴진다. 때론 허무함이나 공허함이 올라오기도 한다.

1) 감정 해소를 위한 사전 조건

사람들은 느끼고 마주하기 불편해서 그 감정들을 회피해 온 것이다. 불안이나 두려움 등의 불편한 감정이 경험적 회피를 초래한다. "화가 나고 불안해 미칠 것 같아요. 아무것도 할 수 없어요.", "너무 무서워서 몸이 얼어붙는 것 같아요." 그런데 상담 장면에서 그동안 회피해 온 감정들을 마주하기는 쉬울까? 마찬가지로 마주하고 싶지 않고, 불편하고 두려울 것이다.

따라서 회피해 온 감정 경험에 접근하고 마주하기 위해서는 무엇보다 감정을 마주하고 느껴도 괜찮을 수 있는 안전 장치가 필요하다. 또한 감정을 느끼고 표현해도 오해나 갈등을 유발하지 않을 수 있는 안전한 환경이 조성되어야 한다. 즉, 내담자가 불편한 감정을 제대로 느끼기 위해서는 괜찮을 거라고 안심할 수 있는 안전함을 느낄 수 있도록 해야 한다.

안전

감정을 해소하는 작업에 들어가기 위해서는 바로 '안전'이라는 사전 조건이 충족되어야 한다. 즉 감정은 안전하게 해소해야 하는 것이다. 앞서 감정에 대한 비유를 두 가지 제시하였다. 그 가운데 해소와 관련해서 가장 적합한 비유는 '똥'이다. 감정을 연구하면서, 이보다 더 맞아 떨어지는 비유는 없었다.

변을 몸 밖으로 배설하는 작업을 하기 위해서는 반드시 화장실에 가야 한다. 화장실이 안전하기 때문이다. 내가 변을 보는지 모르게 할 수 있고, 아무도 없는 조용한 곳에서 변을 보고 안전하게 처리할 수 있다. 감정 또한 마찬가지이다. 감정을 해소하는 과정에 들어가기 위해서는 화장실처럼 자신의 감정을 날 것인 상태로 몸 밖으로 꺼내어도 괜찮은 안전한 환경을 마련해야 한다.

감정을 해소하는 사전 조건은 바로 안전한 대상에게 하거나 또는 안전한 상황에서 하거나 또는 안전한 방식을 사용해서 해야 한다. 안전한 대상, 안전한 상황, 안전한 방식 가운데 하나를 충족함으로써 안전을 확보해야 한다.

내 감정을 표현해도 괜찮은 안전한 사람에게 감정을 표현하여 해소해야 한다. 내 날것의 감정을 표현해도 받아줄 수 있는 사람, 불편해도 끝까지 늘어줄 수 있는 사람에게 해야 한다. 그리고 다른 사람에게 전달하지 않고 비밀을 지켜줄 수 있는 사람에게 해야 한다. 여러분의 안전한 대상은 누구인가? 상담자는 내담자에게 안전한 대상이 되어야 한다. 많은 사람들이 친구나 선후배, 연인, 가족 등을 안전한 대상으로 꼽는다.

또는 안전한 상황을 확보해야 한다. 상담자는 상담실의 분위기나 환경을 안전한 상황으로 인식될 수 있도록 신경쓸 필요가 있다. 방음 장치 및 시설에 신경을 쓴다거나, 아늑하고 조용한 분위기를 조성하는 것도 도움이 된다. 일상 생활에서 내 날것의 감정을 표현해도 괜찮은 안전한 상황으로는 대개 혼자 있는 상황이 되겠다. 혼자 있는 상황에서는 내담자 자신이 어떠한 감정을 표현해도 어느 누구도 오해하거나 말을 전달하지 않을 것이기 때문이다. 그야말로 부작용이 없을 수 있는 안전한 상황이다. 내담자가 혼자 있는 상황을 쉽게 확보하지 못한다면, 자동차가 있는 경우 자동차 안에서 감정 해소 작업을 하는 것도 괜찮다. 또는 빈 공터나 조용한 곳이 내담자 생활 환경 주변에 있다면 이용하도록 안내할 수도 있겠다.

마지막으로 안전한 대상이나 안전한 상황을 확보할 수 없다면, 내담자에게 안전한 방식들을 소개하고 이 가운데 선택하여 사용하도록 안내한다. 상담 장면에서는 상담자가 안전한 대상이 되고 상담실이 안전한 장소가 된다. 그리고 목소리를 내어 감정을 표현하여 해소하면 된다.

그러나 내담자가 평소에 일상생활 속에서 그러기 어려울 때는 목소리를 대신할 수 있는 안전한 방식들을 소개하고 그 가운데 내담자가 사용하기 편한 것을 상담 장면에서 함께 찾아서 사용하도록 안내한다. 대표적인 안전한 방식은 글이다. 체험적 접근에서는 목소리가 갖는 체험적 효과의 상당한 부분을 글이 대신할 수 있다고 본다. 내담자가 일상 생활에서 사용하기 전에, 먼저 상담 장면에서 A4 용지와 펜을 사용해서 감정을 표현하여 해소하는 실습을 해보는 것이 좋다. 이때 손가락은 입이 되고 빈 여백에 채우는 글들은 내담자 자신의 말소리가 된다. 글을 사용할 수 있는 방법으로 평소에는 휴대폰의 메모장과 같은 글쓰기 프로그램이나 컴퓨터나 패드에 있는 한글 프로그램을 쉽게 사용할 수 있다.

정서중심적 치료 장면에서, 상담자는 내담자와 감정 해소 작업을 하기 전에 '안전'이라는 사전 조건을 충족하기 위해서 다음의 두 가지 사항을 준비해야 한다. 첫째, 상담자는 내담자와 신뢰로운 안전한 협력 관계를 형성한다. 내담자가 상담자를 믿고 신뢰할 수 있어야, 불편한 감정 작업을 하더라도 그 감정을 해소할 수 있을 거라는 믿음을 갖는다. 불쾌한 감정 작업에 압도되지 않을 수 있다는, 압도되더라도 상담자가 내담자 자신을 안전하게 안내해줄 거라는 믿음을 갖게 된다. 이를 위해 상담자는 상담 초기부터 내담자와 신뢰할 수 있는 안전한 상담 관계를 형성하도록 노력해야 한다.

둘째, 상담자는 감정 해소 작업을 하기 전에 내담자가 지나치게 강렬한 감정에 압도되거나 위험할 수 있는 상황에 놓일 때 안전을 용이하게 확보하는 데 필요한 주의분산적 기법을 훈련할 필요가 있다. 트라우마(외상)로 인해 강렬한 감정에 압도되어 통제감을 잃을 수 있는 상황에 놓이는 경우가 드물게 발생할 수 있다. 물론 그런 상황에서도 사실은 감정을 그대로 표현하고 따라가면, 감정은 사그라들고 내담자 스스로 통제할 수 있다고 생각되는 정서 강도 수준에 이른다. 이러한 감정에 대한 속성을 상담자는 내담자에게 설명할 필요가 있다.

그러나 만일의 상황을 대비하고, 또 내담자 스스로 감정에 대한 통제감을 가질 수 있도록 주의분산적 기법들을 익히도록 하는 게 도움이 된다. 복식호흡이나 이완 기법, 그라운딩 기법, 위안이 되는 말 되뇌기, 주의를 다른 데로 돌리는 기법 등을 사전에 익히고 훈련함으로써, 내담자 스스로 감정에 압도되더라도 이러한 기법들을 통해 다시 이완되고 안전감을 느낄 수 있다는 효능감을 갖도록 한다. 또한 감정 해소 작업을 하면서 내담자가 지나치게 압도되어 감당하기 어려운 상태에 있을 때, 사전에 훈련한 주의분산적 기법의 정서조절방법을 사용하여 안전함을 다시 확보할 수 있다.

2) 감정 해소를 위한 필수 조건

감정을 해소하기 위해 필요한 사전 조건은 안전이었다. 안전한 대상에게 하거나, 안전한 상황에서 하거나, 안전한 방식을 사용해서 안전을 확보한 후 감정 해소 작업에 들어간다. 상담 및 심리치료 장면에서는 치료자와 내담자 간의 신뢰롭고 안전한 관계를 형성해야 한다. 또한 감정을 해소하는 작업을 하면서 감정에 압도되는 등의 위협적인 상황에서 심리적 안전을 확보할 수 있는 주의분산적 방법을 훈련해야 한다. 이와 같이 안전이라는 사전 조건을 확보했다면, 감정에 주의를 주어 해소하기 위해서는 반드시 충족되어야 하는 필수 조건이 있다. 다음의 세 조건을 모두 지켜야만 감정을 제대로 해소할 수 있다.

(1) 감정 단어를 명명하라

첫째, 감정 단어를 명명하라. 많은 경우 상담 장면에서 감정을 표현하라고 하면, 감정 경험과 관련된 이야기를 풀어내는 식으로 표현한다. 어떤 상황에서 누가 어떤 말이나 행동을 했으며, 그때 자신이 어떻게 말과 행동을 했는지 이야기한다. 상황이 어떻게 전개되었는지 구체적으로 이야기하려 한다.

우리 주변에 할머님들이 살아오신 삶 동안에 가슴에 응어리가 지거나 섭섭했던 이야기를 꺼내놓으시는 경우를 접해 보았을 것이다. 할머님들이 아픈 이야기를 들어드리는 데도, 다음에 또 뵈었을 때 똑같은 이야기를 하시곤 한다. 왜 그럴까? 상처가 되었던 이야기를 반복해서 계속 하는 이유는 상처로 인한 감정이 해소되지 않았기 때문이다.

바로 감정 경험을 이야기로 풀어 표현하는 것은 감정 해소의 효과가 크지 않다. 자신에게 이러한 일이 있었다는 것을 알리고 싶은 욕구를 충족시키는 것이지, 그 경험으로 인해 발생한 화, 억울함, 서운함, 미안함 등의 감정이 해소되는 것은 아니다.

상담 장면에서도 마찬가지이다. 내담자들은 자신의 상처 받은 경험을 자꾸 반복해서 이야기한다. 상담자 입장에서는 이정도면 그만 이야기할 법도 하지만, 내담자 입장에서는 아직 해소되지 않았기 때문에 다시 또 꺼내어 이야기하는 것이다. 때로는 내담자 측에서 감정이 해소되지 않았음에도 불구하고, 그 감정 경험에 대한 이야기를 멈추는 경우도 종종 있다. 내담자는 상담에서 자신의 상처 받은 감정을 이야기하면 해소될 거라는 큰 기대를 갖는데, 실제로 상담 장면에서 용기를 내어 감정 경험을 꺼내 이야기했음에도 불구하고 자신의 기대만큼 해소되지 못한다고 판단하여 실망하곤 한다. 그래서 '더 이상 이야기해 보았자 역시나 소용없다'는 부정적인 생각을 갖게 되어 이야기를 멈추기도 한다.

따라서 상담자는 내담자가 용기를 내어 오랫동안 힘들어하던 상처 경험을 꺼냈을 때, 가능한 효과적으로 감정이 해소되는 경험을 할 수 있도록 도울 필요가 있다. 내담자가 상처 경험을 이야기했을 때, 공감적으로 반응하면서 탐색해 간다. 어느 누구에게도 자세하게 이야기하지 못했던 아픈 경험을 상담자에게 조심스럽게 꺼내 놓는다. 내담자가 어떠한 경험을 하였는지, 그 과정에서 어떠한 아픔이 있었는지 충분히 탐색하고 표현할 수 있도록 공감적으로 반응하고 타당화 반응으로 촉진한다.

충분히 이야기가 되었다면, 그 상처로 인해 내담자에게 남아 있는 감정이 무엇인지 탐색하여 확인한다. 그것이 분노인지, 불안인지, 서운함인지, 억울함인지, 절망인지, 슬픔인지, 무기력인지, 수치심인지 확인한다. 그런 다음 지금 이 순간 가장 두드러지게 느껴지는 감정을 명명하면서 감정 해소 작업을 시작한다.

바로 감정 단어를 명명하여 상징화할 때, 감정과 접촉하여 만나고 변화가 시작된다. 감정 해소 과정이 시작되는 것이다. "화나.", "억울해.", "미안해.", "슬퍼.", "불안해.", "부끄러워. 수치스러워.", "절망스러워.", "공허해. 허무해."와 같이 감정 단어로 감정 경험을 명명한다.

앞서 포커싱 지향 심리치료와 정서초점치료에서 감정 단어를 명명하여 표현하는 정도에서 정서에 대한 체험적 개입이 멈춘다. 포커싱 지향 심리치료는 감정을 명명하여 상징화한 후 느낌 전환으로 표현되는 정서 상태에서의 변화를 유도한다. 감정을 명명하는 것 자체가 정서적 체험에 접촉이 일어나 변화가 시작되기 때문이다. 그러나 거기에서 더 나아가지 않고 포커싱 지향 심리치료는 그 정서와 관련한 문제를 명료화하여 인식하고 그 문제를 해결하는 방법을 찾는 과정에 집중한다. 정서초점치료에서는 감정을 명명하여 활성화한 후, 감정을 유발하는 기저의 역기능적 신념을 탐색하는 데 집중한다. 또한 감정이 발생한 경험과 관련한 건강한 욕구를 발견하고, 그 건강한 욕구가 유발하는 적응적 정서를 느끼는 과정으로 진행한다. 건강한 욕구와 건강한 정서는 역기능적 신념을 변화시키는 데 힘으로 작용하고, 믿음을 변화시켜 그 결과 부적응적 정서를 변화시키는 것을 목표로 한다. 즉 정서초점치료에서도 감정을 명명하고 느끼는 수준에서 정서에 대한 체험적 개입이 멈춘다. 거기에서 더 나아가지 않고, 관련한 인지를 변화시키기 위한 힘으로 욕구와 정서를 이용하는 데 보다 집중한다.

감정을 명명하는 것은 감정 변화의 시작이다. 물론 감정을 명명해서 상징화하는 것만으로도 감정이 해소될 수 있다. 가장 대표적인 경우가 미안함이다. 미안한 감정은 그 감정을 명명하고 어느 정도 표현하는 것만으로도 감정이 해소되는 경우가 많다. 누군가에게 미안한 마음이 들었지만, 미처 표현하지 못하고 지나가는 일이 빈번하다. 매장 직원과 실랑이를 하고 돌아서 나왔을 때, 실랑이하면서 무례하게 했던 말이나 행동에 대해 마음에 걸리고 미안한 마음이 들지만 차마 돌아가서 사과하기는 어렵다. 불편한 관계가 되어버린 직장 동료에게 자신의 행동을 사과하기가 쉽지 않은 경우도 많다. 동료를 볼 때마다 자신이 했던 말이나 행동이 마음에 걸리고 미안한 마음이 들지만 이를 표현하기는 어색하고 어렵다.

상담 장면에서 관련한 경험을 이야기하고 상담자에게 미안한 감정을 표현하는 작업을 하는 것이 도움이 된다. 이럴 때 안전하게 미안한 감정을 명명하고 표현하는 것만으로도, 불편한 감정 상태를 변화시킬 수 있다. 상담 장면이 아니더라도 내담자에게 평소 마음을 편하게 표현할 수 있는 친구나 연인, 가족 등에게 그런 미안한 감정을 표현해 보도록 안내한다. 또는 혼자 있는 안전한 상황에서 소리 내어 그 사람을 향해 미안하다고 말해보도록 한다. 또는 글로 미안한 마음을 표현해 보도록 한다. 내담자는 미안하다고 몇 번 소리 내어 표현하는 것만으로도 미안한 감정이 해소되고 편안해지는 것을 느낄 수 있다. 그 시작점에서 감정의 변화가 충분히 이루어질 수도 있지만, 그렇지 않은 감정 경험들이 훨씬 많다. 많은 경우, 감정을 명명하는 것 이상이 진행되는 해소 과정이 필요하다.

(2) 감정을 몸 밖(말, 글, 몸)으로 꺼내어 표현하라

둘째, 감정을 몸 밖(말, 글, 몸)으로 꺼내어라. 해소되지 못한 감정은 한 맺힌 귀신과 같다. 발생했으나 밖으로 표현되지 못한 한을 풀고자 우리 주변을 계속 맴돈다. 또한 감정은 똥과 같다. 똥을 싸는 과정과 같이 몸 밖으로 꺼내야 한다. 목소리를 내어 감정 단어를 말해야 해소가 효과적으로 이루어진다. 말로 할 수 없다면 글로 표현하도록 한다. 글로 할 수 없다면, 몸으로 표현하도록 해야 해소가 이루어진다.

특히, 말과 거의 유사한 체험적 효과가 있는 글을 사용할 때는 주의해야 할 사항이 있다. 종이나 휴대폰 메모장, 컴퓨터 한글 프로그램 등을 활용해서 글로 감정을 명명하면서 계속 따라간다. 이때 변을 화장실에서 볼 때 반드시 해야 할 것이 있다. 변기에 본 변을 다른 사람이 보지 않도록, 벨브를 눌러 물을 내리는 것이다. 감정을 해소할 때도 마찬가지로 다시 보지 말고, 다른 사람 또한 내가 몸 밖으로 꺼낸 감정을 보지 않도록 반드시 삭제해서 버려야 한다. 종이라면 찢어서 휴지통에 잘 버리고, 휴대폰 메모장이나 한글 프로그램이라면 삭제해서 버린다.

글로 감정을 해소하는 과정은 글짓기나 마음을 정리하는 인지적 작업이 결코 아니다. 똥과 같은 날것으로 있던 몸 안의 것이 몸 밖으로 빠져 나오는 작업이다. 화가 올라와서 욕설이 나올 수도 있고, 상대를 죽여 버리겠다는 공격적 욕구를 표현할 수도 있다. 해소한 다음에 자신이 몸 밖으로 꺼낸 표현을 다시 보면, 당황스러울 수 있고 기분이 불쾌해질 수 있다.

예를 들어, 화가 나면 공격적 충동이 올라오기 마련이다. 이는 어디까지나 그 순간 분노가 치밀어 오르고 그에 따른 공격성이 수반되어 나타나는 일시적인 충동일 뿐이다. 그것이 내담자의 평소의 진심도 아니고, 원하는 욕구도 아니다. 그러나 분노를 표현하는 과정에서 표현된 자신의 욕구와 충동을 다시 마주하게 되었을 때, 죄책감과 불안이 올라올 수 있다. 따라서 감정을 해소하는 과정에서 표현된 날 것의 욕구, 생각, 충동 등의 것을 보지 않도록 버리는 작업이 필요하다. 또한 이를 주변 사람이나 감정의 상대방이 본다면 어떤 마음이 들겠는가? 오해할 수 있고 불필요한 갈등이 발생할 수 있다. 아무도 내담자가 무엇을 몸 밖으로 꺼냈는지 알 수 없게 해야 한다. 그것이 안전하게 감정을 해소하는 방식이다.

그래서 글을 쓰는 과정에서 오타가 나도 상관이 없다. 손가락이 입술이 되고, 빈 여백에 쓰여지는 오타 투성이의 글이 내담자의 목소리가 된다. 특히, 한정되어 있는 상담 시간 내에 모든 감정 해소 작업을 할 수는 없다. 상담자는 내담자에게 글이라는 쉽게 사용할 수 있는 안전한 방식을 사용해서 평소에 감정을 해소하는 작업을 하도록 돕는다. 몸 밖으로 덜어내고 덜어내는 작업을 반복하는 것이 바람직하다. 또한 상담 장면에서 상담자 앞에서 차마 소리내어 꺼내 표현할 수 없는 감정에 대해서는, 내담자에게 어설프게라도 글로 표현하는 작업을 하도록 안내하는 것이 도움이 된다. 감정 해소를 위한 필수 조건 세 가지를 모두 충족시키지는 못하더라도, 어설프게라고 감정을 글로 써서 표현하는 작업이 내담자의 내면에 쌓여 있는 감정을 꺼내어 덜어내는 데 효과가 있기 때문이다.

몸으로도 감정을 표현하는 것이 가능하다. 상담 장면에서 화와 같은 공격성의 경우 방석이나 쿠션을 이용해서 몸을 통해 공격적 충동을 몸 밖으로 꺼내도록 도울 수 있다. 화를 표현하는 경우 화가 사그라들기도 하지만, 강한 충동과 함께 고양되는 경우가 자주 있다. 그런 경우 말로 소리내어 표현하거나 글로 적는 것으로는 공격적 충동을 표현하는 데 한계가 있다. 따라서 내담자에게 양손으로 쿠션을 잡고 푹신한 방석을 향해 내리치도록 안내함으로써, 양 팔을 내리치는 동작을 통해 분노를 몸밖으로 표현할 수 있다. 슬픔을 표현하는 경우에도 강한 슬픔이 올라와 눈물이 날 경우가 있다. 이럴 때도 적극적으로 울어도 괜찮다고 안내하며 내담자가 슬픔을 몸을 통해 밖으로 꺼내어 해소할 수 있도록 돕는다.

그 밖에도 감정을 말이나 소리를 통해 표현하기 어려워하는 내담자들이 있다. 발달상으로는 아동이나 청소년의 경우 감정을 인식하고 표현하는 것이 서툴러서 접촉이 잘되지 않고 표현을 어려워 하곤 한다. 성인 가운데에서도 너무 오랫동안 감정을 참고 억누르는 데 익숙했다면, 감정을 마주하고 표현해내는 것이 여간 부담스럽고 불편하지 않을 수 없다. 그래서 감정의 말 한마디 꺼내는 것이 어려운 경우들도 드물지 않게 만난다. 이런 경우에는 다양한 매체를 통해 감정을 몸 밖으로 표현하도록 하는 것이 효과적이다. 대표적인 대안 매체가 미술도구이다. 그림으로 표현하도록 하거나, 찰흙이나 만들기를 통해 표현하게 할 수 있다. 또는 상담 장면에서 동작을 통해 몸으로 감정을 표현하도록 하는 방식도 효과적이다.

내담자에게 상담 장면 밖에서 몸을 통해 안전하게 감정을 해소하는 방식으로 춤이나 노래, 운동, 게임 등을 안내할 수 있다. 이들은 그 자체만으로는 주의를 분산시키는 방법이지만, 체험적으로 해소하기 위해 활용한다면 감정 해소의 효과를 얻을 수 있다. 이때 주의분산적 방법이 아닌 감정 해소 방법이 되기 위해서는 주의가 중요하다. 주의를 내담자 내면에 쌓여 있는 불쾌한 감정에 집중해서 몸을 통해 밖으로 꺼내는 의식처럼 할 때 체험적 해소 효과가 있다. 그렇지 않는다면, 모두 일시적으로 춤과 노래, 운동, 게임이라는 활동에 주의를 돌려 기분을 전환하는 방법이 된다. 이 또한 일시적으로 감정을 완화하는 효과가 있지만 내면의 감정에 주의를 할당하여 체험하는 작업이 아니기 때문에, 어디까지나 그 효과는 일시적일 뿐이다.

(3) 감정에 주의를 계속 집중하라

마지막 세 번째 감정 해소 필수조건은 해소하고자 하는 감정에 주의를 계속 집중해서 감정이 해소될 때까지 따라가는 것이다. 주의를 어디에 두느냐에 따라 체험이 달라진다. 중요한 것은 그동안 주의를 제대로 주지 않아 처리되지 않았던 감정에 주의를 할당하고 체험이 이루어지게 하는 것이다. 지금 이순간 감정 경험에 계속 주의를 머무르며 표현하도록 한다. 가능한 계속 주의를 집중하여 내담자가 느끼는 감정의 찌꺼기가 더 이상 없는 편안한 상태에 이를 때까지 감정에 주의를 놓치지 않도록 한다.

이를 위해 상담자는 매 순간 내담자의 감정 상태를 확인하면서, 다른 감정으로 변할 때까지 그리고 그 감정이 더 이상 느껴지지 않을 때까지 주의를 집중하며 감정을 표현하는 작업을 계속 하도록 안내한다.

감정을 해소하는 방법을 알지만, 상담자들이나 내담자가 직접 사용하면서 충분한 해소 경험을 하지 못한 사례들을 보면, 세 번째 필수 조건을 제대로 지키지 않는 경우가 다반사다. 내담자는 상담 장면 밖에서 혼자 하면서 감정을 표현하다가 문득 머릿속에 '이 정도 하면 감정이 시원해야 하는 것 아냐?'라는 생각에 의해 간섭이 일어나거나, '아, 보고서 써야 하는데', '저녁 식사로 무엇을 하지?' 등 다른 생각들에 방해를 받는다. 감정에 집중해서 계속 머무르지 못하니, 똥을 싸다 마는 것과 같이 감정을 해소하다 마는 상태가 되는 것이다. 상담자도 마찬가지이다. 내담자에게 계속해서 주의를 집중하도록 돕는 역할을 해야 하는데, 내담자에게 감정을 표현하도록 요청하고 알아서 하도록 기다리는 경우가 많다. 이런 상태에서 내담자는 다양한 주의 선환과 간섭이 일어난다. 따라서 상담자는 내담자가 해소하고자 했던 감정에 계속 주의를 집중시키고 있는지 확인해야 한다. 만약 주의가 다른 데로 갔다면, 다시 본래 작업하고 있던 감정에 돌아와 머무르도록 한다.

감정을 해소하는 데 걸리는 시간은 정해져 있지 않다. 내담자들의 성향마다 다르고, 해소하고자 하는 감정의 성격마다 다르다. 어떤 내담자들은 굉장히 집요하고 예민해서 웬만하면 감정을 털어내지 못하고 계속 붙들고 있는 경우가 있다. 이런 성향이 강한 내담자의 경우, 일반 내담자들에 비해 오랜 시간이 걸리고 굉장히 반복적으로 감정 해소 작업을 해야 한다. 상담자가 이 정도면 마무리했으면 하는 마음에서 마무리 작업을 하려 하면, 내담자는 아직 아니라고 한다. 또 어떤 내담자들은 잘 털어버리는 경향이 있어서, 짧은 시간 동안 집중해서 감정을 표현하는 작업만으로도 편안한 상태에 이르기도 한다.

감정 경험의 성격에 따라서도 다르다. 생긴 지 얼마 되지 않은 감정 경험이라면, 잠깐 시간을 할애해서 해소 작업을 하는 것만으로도 쉽게 소화할 수 있다. 그러나 오랫동안 묵은 감정 경험이라면, 한 번의 감정 작업으로 해소하기 어려울 수 있다.

나는 감정 해소 작업에 관심을 갖고서 오랫동안 임상 장면에서 이를 적용해왔다. 2007년부터 시작한 정서조절코칭 프로그램을 통해 본격적으로 감정 해소 작업을 내담자들에게 적용해 보았다. 감정을 해소하는 데 필요한 안전이라는 사전 조건과 감정 해소의 필수 세 가지 조건을 충족시키며 감정 해소 작업을 실행하면, 짧게는 5분 남짓에서 길게는 30분 정도의 시간이 걸려 감정 해소 작업을 마무리할 수 있었다. 감정이 오래 묵은 것이라고 해서 반드시 오래 걸린 것은 아니었고, 또 생긴지 얼마 되지 않았다고 해서 짧게 걸리는 것도 아니었다. 물론 오랜 시간동안 많은 갈등과 아픔이 있었던 내담자의 경우 그만큼 소화되지 못한 경험과 관련된 감정들이 많고, 관련한 중요한 인물들이 많아 해소하는 데 시간이 오래 걸렸다. 그러나 대부분의 내담자들이 감정 해소 작업을 제대로 한 다음에, 다시 그 감정이 올라오지 않는다는 사후 보고를 일관되게 피드백하였다.

감정을 해소하는 작업을 해도 남은 감정이 있을 수 있다. 그러면 또 다음에 기회가 되었을 때 남은 감정에 주의를 집중시켜 안전하게 해소하도록 도와주면 된다. 이렇게 우리의 감정은 몸 밖으로 덜어내고 덜어내는 시간을 가져야 한다. 그래야 비워질 수 있고, 마음과 몸에서 덜어져서 가벼워질 수 있다.

[사례 7-2] "엄마만 생각하면 가슴이 답답해요."

50대 초반의 정희 씨는 어릴 때 부모 간의 갈등으로 인해 어머니와 헤어지게 되었다. 40년 가까이 어머니를 떠올리면 가슴이 꽉 막힌 듯 답답했다. 오랫동안 가슴에 걸려 있던 묵은 감정을 상담 장면에서 안전하게 마주하고 해소하기로 했다. 정희 씨는 상담자에게 "엄마만 생각하면 가슴이 꽉 막힌 것 같고 답답해요."라고 호소했다. 어머니에 대해 무엇인가 걸려 있는 감정이 있다는 것은 인지했지만, 그것이 무엇인지 알지 못해 더욱 답답해 하였다.

내담자들이 답답하다고 호소하는 경우 두 가지로 해석할 수 있다. 하나는 정말 이러지도 못하고 저러지도 못하는 꽉 막힌 상황이어서 실제로 답답함이라는 감정을 느끼는 경우이고, 다른 하나는 자신이 느끼는 감정이 정확히 무엇인지 몰라서 명료화하지 못한 상태에 대한 답답함을 느끼는 것이다. 전자의 경우라면, "답답해."라는 감정 단어를 명명하면서 출발하면 된다. 후자의 경우라면, 좀 더 상황을 들어보는 것도 좋다.

정희 씨가 갖고 있는 어머니에 대한 감정이 무엇인지 명명할 수 있도록 초반에 탐색하는 작업을 통해, 감정을 알아차릴 수 있는 단서를 만났다. 실제로 내담자에게 감정과 관련한 경험이나 상황을 자세히 듣다보면, 내담자가 어떤 감정을 느끼고 있는지 짐작이 가는 경우가 많다. 초반 탐색 작업을 통해 정희 씨는 미안함이라는 감정을 느끼고 있음을 알게 되었다. 상담자는 감정을 명료하게 명명하도록 안내하면서 감정 해소 작업을 시작하였다. 그러나 후자의 경우라도 "답답해."에서 시작하여 표현하다 보면, 감정이 명료해 지는 경우가 많다.

상담자: 그게 어떤 감정인가요?

[내담자가 자신의 감정에 이름을 붙일 수 있도록 안내한다.]

내담자: 내가 뭔가 바뀐 것 같아서 죄스러워요.
상담자: 미안한 마음이 드네요.

['죄스럽다'는 표현을 좀 더 분명한 감정 단어인 '미안함'으로 바꾸어 명료화한다.]

내담자: 네. 미안함이요.
상담자: 그 감정에 집중해서 명명해 보세요.
내담자: 엄마 미안해. 엄마 미안해. 미안해.
상담자: 그 감정이 다른 감정으로 변할 때까지 그 감정을 계속 명명해 보세요.

[감정이 해소될 때까지 표현할 수 있도록, 다른 감정이 나타날 때까지 계속 명명하도록 안내한다.]

내담자: 미안해. 미안해. 미안해. 미안해. 미안해. 미안해. 미안해. 미안해. 미안해. 미안해. 미안해. 미안해.
상담자: 무엇이 미안한지 말로 표현해 보세요. 하나씩 하나씩.

[감정을 명명하면서 표현하다 보면 감정이 해소되면서 사고가 활성화된다. 활성화된 사고는 어떠한 감정이었는지, 무엇에 대한 감정이었는지 알아차리도록 돕는다. 상담자는 어느 정도 감정을 명명하며 표현하도록 따라간 다음에, 무엇에 대한 감정인지 자연스럽

게 물어보는 것이 좋다. 감정 해소 작업을 할 때 주의할 점 중에 하나는, 상담자의 개입이 두드러져서 내담자가 감정에 집중하며 따라가는 작업을 방해하지 않도록 하는 것이다.]

내담자: 엄마를 사랑했는데 엄마에 대한 태도가 바뀐 게 미안해. 나는 바뀌고 싶지 않았는데 바뀐 게 미안해.

상담자: 그 감정 그대로 느껴 보세요. 그대로 표현해 보세요.

내담자: 나는 안 바뀌고 싶었어. 계속 있고 싶었어. 엄마 미안해. 미안해. 미안해. (눈물을 흘린다.)

[감정을 명명하고 느끼고 표현하는 것만으로 해소가 되기도 하지만, 이와 같이 감정이 더 올라오는 경우가 많다. 이런 경우는 그 감정을 누르지 말고, 몸 밖으로 표현하도록 안내한다.]

상담자: 울고 싶으면 우셔도 돼요. 참지 마세요. 누르지 마세요. 그 감정 그대로 따라가며 울고 싶으면 우세요.

내담자: 근데 자꾸 엄마가 불쌍해요.

[미안함이라는 감정이 해소되면서, 다른 감정이 올라온다.]

상담자: 엄마가 불쌍하네요. 불쌍하다고 얘기해 보세요.

내담자: 엄마 불쌍해. 불쌍해. 불쌍해. 불쌍해. 불쌍해. 엄마 불쌍해.

상담자: 무엇이 불쌍한지 얘기해 보세요.

[상담자는 내담자가 감정을 느끼고 표현하도록 한 후, 적당한 시점에서 무엇에 대한 감정인지 알아차릴 수 있도록 질문한다.]

내담자: 엄마가 나를 되게 좋아하고 사랑했는데도 나하고 같이 있지 못하고.

상담자: 함께하지 못해서 불쌍하네요.

내담자: 엄마. 불쌍해.

상담자: 지금 어떤 마음이 드세요.

내담자: (잠시 침묵) 엄마가 불쌍하다 생각해서 계속 더 힘들었구나.

상담자: 엄마가 불쌍하다 생각해서 내가 더 힘들었구나 하는 앎이 드네요. 지금 마음은 어떠세요?

[감정이 해소되면서 사고가 활발해진다. 감정에 대한 원인을 인식하는 인지적 작업이 자연스럽게 이어졌다.]

내담자: 대인관계에서도 엄마처럼 힘든 상황에 있는 사람만 보면 마음이 딱 빠져들었구나.

[사고가 활발해지면서, 평소 보여 왔던 관련된 자신의 행위패턴에 대한 통찰이 일어났다.]

상담자: 처음에는 엄마에 대한 미안한 감정이 들었고, 그 다음엔 불쌍한 감정이 들었어요. 지금은 어떤 감정이 드나요? 무엇을 느끼고 있나요?

[상담자는 감정에 주의를 계속 머무르도록 안내한다.]

내담자: (잠시 침묵) 딱 막혔던 것 같은데 막혀 있지 않은 느낌이에요. 뭔가 비워진 느낌이에요.

[감정이 해소된 상태가 표현된 것이다. 많은 경우, 감정이 해소되었을 때 '공터', '빈 공간', '아무것도 없다'는 표현을 자주 한다.]

상담자: 비워진 느낌이 드네요.

내담자: 항상 막혀 있는 느낌으로 있었고 계속 떠올랐는데, 그 장면이 이제는 계속 떠오를 것 같지 않아요. 어쩔 줄 몰라 했던 게 없어졌고, 훨씬 편해졌어요.

상담자: 엄마에게 하고 싶은 얘기 세 가지를 해보세요.

[대상에 대한 불쾌한 감정의 해소작업을 한 다음에, 그 대상에게 하고 싶은 말을 함으로써 마무리하는 것이 좋다. 이 과정에서 감정 경험을 정리할 수 있다. 그런데 이때 하고 싶은 이야기를 하라고 하면, 평소에 하고 싶었던 많은 이야기들을 두서없이 할 수 있다. 따라서 시간을 효과적으로 활용하기 위해서, 세 가지 정도로 가짓수를 정해 놓고 이야기하도록 하는 것이 좋다. 그러면 내담자는 자신이 하고 싶은 이야기 가운데 세 가지 정도를 추리고 선택해서 표현함으로써, 대상에 대한 마음을 효율적으로 마무리 지을 수 있다.]

내담자: 엄마, 엄마가 나를 사랑했던 만큼 나도 사랑했어. 엄마. 그때 못 가봐서 미안해. 내가 너무 어렸어. 늘 보고 싶었어. 사랑해.

정희 씨는 이후 수년 동안 엄마에 대해 걸리는 감정이 더 이상 느껴지지 않았다고 보고하였다. 이 사례는 감정은 똥과 같아서 몸 밖으로 꺼내면, 다시 동일한 감정이 만들어지지 않고 비워지는 과정임을 보여준다.

[사례 7-3] "말을 옮긴 그 사람에게 화가 나요."

내담자: 화가 났었어요.

상담자: 누구에 대한 화인가요?

내담자: 제 말을 전한 사람요.

상담자: 그 사람이 앞에 있다고 생각해 보세요. 그 사람이 이야기를 듣는다고 가정할까
　　　　요? 못 듣는다고 가정할까요?

내담자: 들어요.

상담자: 그 사람에게 화난다고 말해 보세요.

내담자: 화나. 화나.

상담자: 감정을 계속 따라가세요.

내담자: 화나. 화나. 화나. 화나. 화나. 화나.

상담자: 지금 마음이 어떠세요?

내담자: (잠시 침묵) 그 사람을 생각하니, 이해가 되어요. 당신이 그 정도밖에 안 되니
　　　　까 그런 행동을 했겠지.

상담자: 지금 마음이 어떤가요?

내담자: 화가 느껴지지 않아요. 그냥 담담해요.

[이 사례는 자신의 말을 옮긴 사람에 대한 화에 주의를 집중해서 명명하는 잠깐의 작업
만으로도 감정이 해소되는 상태에 이를 수 있음을 보여준다.]

3) 대안적인 감정 해소 방법

　상담 장면에서 감정을 소리 내어 해소하는 작업을 하더라도, 내담자 자신이
일상생활 장면에서 소리를 내어 감정을 해소할 수 있는 경우는 생각보다 많지
않다. 상담자는 내담자가 상담 장면 밖에서도 감정 해소 작업을 할 수 있도록,
대안이 되는 감정 해소 방법을 교육하고 안내하는 것이 바람직하다.

　대표적인 안전한 상황인 혼자 있는 상황이라고 할지라도, 방음 시설의 부족으
로 소리가 밖으로 새어 나가 오해가 발생하거나 갈등이 생길까 봐 조심스럽다.
혼자 방에 있어도, 거실이나 다른 방에 있는 가족이나 동거인이 이를 눈치챌까

봐 신경이 쓰이고, 집에 혼자 있더라도 이웃한 집에서 소리를 듣고 반응할까 봐 불안하다. 운이 좋아 혼자 사무실을 쓰는 경우에도, 사무실 밖으로 소리가 새어 나가 동료들이 알게 될까 봐 조심스럽다.

따라서 내담자들이 손쉽게 쓸 수 있는 안전한 감정 해소 방법들을 소개할 필요가 있다.

(1) 글쓰기

가장 자주 활용할 수 있는 방법으로, 휴대폰의 메모장이나 컴퓨터 한글 프로그램을 활용하도록 한다. 메모장이나 한글 프로그램 화면을 열고 손가락에 감정을 담아서 표현한다. 소리를 내어 하는 방식과 거의 동일하게 한다. 감정 단어를 명명해서 그 감정이 다른 감정으로 변할 때까지, 해소될 때까지 계속 반복해서 명명하며 표현하도록 한다.

비어 있는 화면은 감정을 꺼내 놓을 수 있는 여백이 되고, 글은 목소리를 대신한다. 감정을 따라가다 보면 욕이나 욕구, 감정과 관련한 다양한 이미지나 생각이 떠오를 수 있다. 그것 모두 자연스럽게 표현하면 된다. 욕이 나올 때는 욕을 하면 되고, 어떤 생각이 들면 그 생각을 표현하면 된다. 하고 싶은 말이 있다면 그 말을 쏟아내도록 한다. 마음 안에서 어떤 충동이 있다면, 그 충동을 글로 표현한다. 중요한 것은 감정에 주의를 계속 머무르게 하여 관련한 감정과 생각, 마음을 글로 표현하는 것이다.

이때 주의할 점은 글로 감정을 해소하는 과정은 글짓기가 결코 아니라는 것이다. 생각을 이해하고 정리하는 인지적 작업이 아니라, 감정을 날 것으로 밖으로 꺼내는 체험적인 작업이다. 따라서 정리할 것이 아니라, 몸 밖으로 꺼내어 버릴 것이므로 오타가 나도 상관이 없고 말이 안 되는 문장이어도 상관이 없다. 감정을 따라가다 보면 감정이 강렬하게 올라와서 손가락에 힘이 들어가게 마련이고, 당연히 오타 투성이의 글이 된다. 이때 자신이 쓴 글에 주의를 집중하는 것이 아니라, 내 몸 안에 꺼내놓을 감정에 주의를 계속 집중시키는 것이 중요하다. 글을 보지 않아도 된다. 해소하고자 하는 감정에 집중하며 그 감정을 느끼고 글로 표현하며 떠오르는 대로 의식의 흐름을 따라 글을 쓰는 것이 중요하다.

글로 감정을 표현하는 작업이 굉장히 효과적인 이유는 감정을 소화하는 작업이 진전되기 때문이다. 사람들은 소화하지 못한 감정 경험을 마음속으로 정리하려고 애쓴다. 그러나 가만히 앉아 생각을 하는 것을 통해 진전을 시키기는 쉽지 않다. 생각을 하다 보면, 보통 제자리걸음을 반복하게 되기 때문이다. 마음에 걸리는 감정 경험에 대해 떠올리며 생각을 하지만, 조금 생각을 하다 보면 '내가 어디까지 생각했지?'라고 지나온 생각으로 다시 돌아가 시작하게 된다. 또 생각을 하다 보면 '어디까지 했더라'라고 하면서, 제자리걸음에 머무르게 된다. 그래서 작업이 진전되지 않는다.

경험의 불편한 생각을 계속 떠올리는 반추를 생산적인 생각을 하는 반성으로 진전시키기 위해서는 글로 작업을 하는 것이 효과적이다. 글을 써서 표현하다보면, 생각이 머리 밖으로 꺼내어져서 자신이 어디까지 생각을 발전시켰는지 눈에 보이기 때문에 확인이 가능하다. 또한 자신이 한 생각을 점검하며 그 생각에서 출발해서 다른 생각으로 이어질 수 있다. 그래서 점차 자신의 생각을 진전시키고, 결과적으로 도움이 되는 생산적인 생각까지 나아갈 수 있다.

감정 또한 마찬가지이다. 글을 통해 감정을 몸 밖으로 꺼내는 작업을 하다 보면, 그리 시간이 오래 걸리지 않고 자신의 감정이 해소되는 경험을 할 수도 있다. 물론 시원한 느낌이 부족할 수는 있다. 아무래도 손에 감정의 힘을 실어서 글을 통해 꺼내 놓는 것이기 때문에 소리를 내어 감정을 표현하는 작업만큼의 효과를 거두지는 못한다. 그래도 소리를 내어 감정을 표현하는 작업에 가장 근소한 효과를 얻을 수 있는 체험적인 방법이 글이다.

내담자들이 감정 해소 필수 조건 세 가지를 모두 주의를 기울여 지키기 어려울 때가 많다. 그렇더라도 글을 통해 자꾸 쌓여 있는 감정을 밖으로 꺼내 놓는 작업을 하면서, 단단한 변비를 몸 밖으로 꺼내 놓듯이 감정을 조금씩 밖으로 덜어내는 효과를 얻을 수 있다. 그렇게 덜어내고 덜어내는 감정 해소 작업을 통해 내담자는 점차 마음이 가벼워진다.

글로 하는 감정 해소 작업이 효과적이기 위해서는 반드시 삭제해야 한다. 많은 경우 마음을 정리하는 인지적 작업의 글이 아니라, 날 것의 감정을 표현하는 해소 작업으로 글을 사용했는데도 정리된 글을 남기듯 그대로 둔다. 그래서 다시 보게 되면, 이전의 그 상처가 되었던 감정이 다시 되살아날 수 있다. 다시 마음이 아파올 수 있고, 자신이 꺼내 놓은 날것의 감정 표현에 불편한 마음이 들 수 있다.

40대 후반의 진숙 씨는 문학에 관심이 많아서 어렸을 때부터 자신의 마음을 글로 표현하는 작업을 했다. 그런데 글로 표현하는 작업을 하고 나면 마음이 가벼워지고 풀어지는 느낌이 들지만, 인생의 상당 기간 동안 우울한 기분 상태에 있었다. 그 이유에 대해 곰곰이 생각해보니, 자신의 불편한 감정을 표현한 글을 버리지 않고 계속 모아 놓고 자주 꺼내어 읽어보았음을 깨달았다. 볼 때마다 다시 또 기분이 안 좋아지고 우울해졌던 것이다.

자신이 몸 밖으로 꺼낸 날 것의 냄새 나는 감정의 찌꺼기들을 보지 않는 것이 좋다. 쥐도 새도 모르게 내보내고 잊어버리는 것이 효과적이다. 10대 청소년 수호 씨는 어머니에 대해 쌓여 있는 감정을 자주 상담 시간에 다루곤 하였다. 감정에 집중해서 표현하는 작업을 하다 보면, 화가 강하게 올라오면서 공격성이 수반되었다. 엄마를 죽이고 싶다는 충동이 올라왔고, 그것을 말로 표현하곤 하였다. "총으로 싸서 죽였으면 좋겠어요. 엄마가 죽었으면 좋겠어요. 어떻게 하면 죽일 수 있을까요?"라고 말했다. 그렇다고 수호 씨가 엄마가 정말 죽기 바라는 것은 결코 아니다. 엄마를 좋아하고 사랑하는 마음이 많다.

감정은 매 순간 주의에 반응하는 것이라는 점을 기억해야 한다. 한 대상에 대해 우리는 수많은 감정들이 있다. 좋아하는 마음도 있고 싫어하는 마음도 있으며 서운할 때도 있다. 지금 이 순간 어디에 주의를 주느냐에 따라 현재 느끼는 감정 상태가 달라지는 것이다. 수호 씨는 엄마에 대해 화 나는 감정에 주의를 주었고, 그 감정을 느끼고 표현하다보니 화는 공격성을 수반하여 죽이고 싶다는 충동까지 올라온 것이다. 그 감정을 안전하게 몸 밖으로 꺼내는 것이 중요하다. 그러고 나면 다시 수호 씨는 차분해지고, 엄마에 대한 애정이 표면으로 떠오른다.

그런데 날 것의 화와 공격성을 표현한 자신의 글을 보게 된다면, 사랑하는 엄마에 대해 극단적인 적대적 태도를 가졌다는 것 자체에 죄책감을 느낄 수 있고 불편한 내적 갈등을 경험할 수 있다. 또한 만약 감정의 상대방인 엄마가 이와 같은 내용을 알게 된다면 어떻게 될까? 아마도 굉장한 충격과 상처를 받을 것이다.

안다고 상처가 되지 않는 것은 아니다. 이해할 수 있다고 해서 마음이 아프지 않는 것은 아니다. 비록 알고 이해할 수 있다고 하더라도, 가슴에서 느껴지는 감정이 사라지지는 않는다. 따라서 상담자는 가능하면 내담자이든 내담자의 주변 인물이든 불필요한 상처를 받지 않도록 주의를 기울이는 것이 필요하다.

(2) 운동

감정을 억누르는 경향이 심하고 소화하지 못한 채 쌓여 있는 감정이 많은 내담자들에게 몸을 쓰는 운동을 권하는 것이 좋다. 운동을 하면서 몸을 통해 내면에 해소되지 못한 감정을 밖으로 표현할 수 있기 때문이다. 운동 자체는 주의를 다른 곳으로 분산시키는 주의분산적 활동이지만, 해소하지 못한 감정에 주의를 집중시켜 운동을 통해 몸 밖으로 꺼내는 발산 작업으로 한다면 굉장히 효과적인 체험적 해소 방법이 된다.

대부분의 운동이 좋은 대안적인 감정 해소 방법이 되지만, 그 가운데에서도 권투나 검도와 같이 다소 공격적인 운동이 감정을 해소하는 데 효과적이다. 화든 억울함이든 울분이든 슬픔이든 수치심이든 절망이든 그 감정을 치거나 때리는 동작을 통해 몸 밖으로 시원하게 빼내는 느낌을 가질 수 있기 때문이다. 상담 장면에서 만났던 감정을 심하게 억누르는 내담자들이 주로 선호하고 선택했던 운동이 권투였다는 사실을 보면, 사람은 생존하고 적응하기 위해서 자신에게 무엇이 필요한지 은연중에 알고 있다는 생각이 든다.

상담실뿐 아니라, 내담자의 집에 샌드백을 설치해 놓는 것을 강력하게 추천한다. 상담실에 샌드백을 설치하면, 내담자가 공격성이 강하게 치밀어 오를 때 샌드백을 통해 효과적으로 해소할 수 있다. 대부분의 내담자들이 샌드백을 통해 감정을 해소한 후, 시원하고 만족스러운 상태에 이른다.

내담자가 평소에 직접 체육관에 가기 어려운 경우가 많다. 감정적 충동이 강하게 올라와서 해소하는 작업이 필요할 때 수시로 효과적으로 사용할 수 있는 운동 방법이 샌드백이기 때문이다. 아동이나 청소년 상담, 성인 상담 그리고 직장과 같은 조직 상담에서도 샌드백을 구비해 놓는 것이 효과적이다. 내담자가 소화하지 못한 감정 경험으로 인해 답답해하고 힘들어하는데, 그 감정을 표현하는 것조차 어려워한다면 권투 글러브를 끼고 샌드백을 때리도록 하는 것이 좋다. 몸을 통해 에너지를 밖으로 치면서 꺼내다 보면 자연스럽게 눌러져 있는 억압된 감정이 충동적으로 올라와 표현이 된다. 그러면서 몸 밖으로 확실히 꺼내어지는 구현을 통해 시원한 느낌을 가질 수 있고, 감정을 표현하는 해소 작업을 촉진하는 효과도 갖는다.

공을 때리거나 던지는 운동도 효과적이다. 테니스나 배드민턴, 탁구, 볼링 모두 쌓인 감정을 밖으로 분출하는 데 효과적이다. 달리는 운동을 하거나, 자전거 운동을 하거나, 뛰는 운동을 할 때도 마음에 걸려 있는 감정, 소화되지 못한 감정에 주의를 집중시키고 운동을 통한 동작에 그 감정을 실어 몸밖으로 표출하는 작업을 할 수 있다.

그러나 사람마다 맞는 운동이 있기 때문에 내담자가 감정을 해소하는 데 도움이 되는 운동을 찾아서 감정 해소 원칙을 지키며 매일 쌓여 있는 감정을 해소하도록 하거나, 상담 장면에서 부족한 작업을 일상생활 장면에서 운동을 통해 발산하도록 안내한다.

(3) 그림 그리기

감정을 지나치게 억누르는 내담자이거나, 반대로 지나치게 강렬한 감정으로 폭발하는 내담자에게는 그림이 효과적인 감정 해소 방법이 될 수 있다. 자신의 감정을 인식하고 언어로 표현하는 것이 어려운 아동이나 청소년들에게는 오래 전부터 미술치료를 통해 그림이나 만들기 등의 미술 재료를 사용해서 감정을 몸밖으로 표현하는 작업을 활용해 왔다. 오랫동안 감정을 참고 누르기만 해왔던 성인에게도 언어로 감정을 표현하는 것이 어색하고 서투르고 낯설어서 거부감을 느낄 때, 미술 재료를 사용하여 자신이 느끼는 감정과 걸리는 감정 경험을 표현하도록 하는 것이 효과가 있다.

분노나 공격성이 심해서 감정을 강렬하게 폭발하는 경향이 있는 내담자의 경우에도 그림이 효과적인 감정 해소 방법이 된다. 재소자들을 대상으로 감정을 다루는 심리상담을 할 경우, 자칫 공격성이 폭발하여 위험한 상황에 놓일 수 있다. 일반인들의 경우라면 분노를 표현하는 과정이 그렇게까지 위험한 상황으로 가지는 않지만, 범법 행위를 저지른 재소자들의 경우 심한 분노와 증오, 억울함을 과격한 공격성으로 표현하여 자칫 통제할 수 없는 상황에 놓일 수 있기 때문이다. 이런 경우는 감정을 말과 몸으로 직접적으로 표현하도록 하기 보다는, 간접적인 방식으로 감정을 표현하는 방법을 사용하는 것이 바람직하다. 예를 들어, 재소자들에게 자신의 감정을 화산에서 용암이 터져 나오는 그림으로 표현하도록 하는 것이다. 실제로 이와 같은 방법으로 여러 차례 작업을 실시한 후, 재소자들 대부분이 감정이 해소되는 경험이 있었고 만족스러움을 표현하였다.

감정은 전염이 되는 효과가 있다. 옆 사람이 슬퍼하면 내 안에 슬펐던 경험이 떠오르고, 옆 사람이 수치스러워하면 나 또한 수치스러웠던 경험이 떠오른다. 그 중에서도 가장 전염이 쉽게 되는 감정이 분노일 것이다. 화나는 일은 평생 동안 셀 수 없을 정도로 일어난다. 전 발달 시기를 통틀어 우리의 삶을 지배하는 감정이 분노일 수 있다. 그러나 사회적 관계를 고려하고, 사회 안에서 수용되고 적응하며 살아가야 하기 때문에 분노를 억누른다. 억눌러진 분노는 언제든 튀어나올 준비가 되어 있고, 기회가 있으면 충동적으로 올라오기 마련이다.

누군가에게 가해자로 지목이 되었고, 감옥에 갇혀 구속과 통제를 받는 재소자들 대부분은 그 자체만으로도 상당한 분노를 느낀다. 게다가 각자 삶을 살아오면서 겪은 수많은 비난과 공격, 상처들은 굉장한 분노를 쌓게 만들었을 것이다. 따라서 한 사람이 분노를 소리 내어 몸으로 표현하게 되면, 다른 재소자들 내면에 가까스로 눌려져 있던 분노와 공격성이 자신도 모르게 올라오고 강렬하게 폭발할 가능성이 높다. 그럴 경우 관리자들이 손을 쓰기 어려운 상황에 놓일 수 있기 때문에, 대안적인 감정 해소 방법이 필요하다. 그 가운데 비교적 안전하게 감정을 표현할 수 있는 방법이 그림이다.

빨강은 강렬한 분노를 상징한다. 화산의 마그마가 터지듯이 자신 내면에 쌓여 있던 분노가 터져 나오는 듯한 느낌을 받는다. 분노를 분출하는 간접적 체험이 되는 것이다. 이를 통해 어느 정도 해소하는 효과를 거두며, 내면의 분노를 덜어 낼 수 있다.

그림으로 감정을 표현하는 경우에도 작업을 하면서 자신의 감정을 어떻게 표현하는지 말로 소리 내어 표현하도록 하는 것이 좋다. 또한 그림 작업이 다 끝난 다음에는 그림에 대해 설명하는 시간을 통해 자신 내면의 감정이 어떻게 표현되었는지, 표현을 통해 어떠한 변화들이 있었는지, 표현을 통해 무엇을 알았는지 이해하는 작업을 한다.

(4) 음악

감정을 언어로 표현하는 것이 어려운 내담자들에게 음악을 통해 감정을 표현하고 해소하는 작업이 도움이 된다. 음악을 사용할 때는 음악을 듣는 것과 악기를 연주하는 것 두 가지 측면에서 접근이 가능하다.

내담자의 감정을 표현하는 데 도움이 될 만한 음악을 틀어놓고 그 음악을 통해 소화되지 못한 감정에 집중하며 체험하는 것을 촉진시킬 수 있다. 내담자 감정에 맞는 분위기의 음악이라면 효율적으로 감정을 촉진하여 내담자로 하여금 느끼고 표현하는 작업을 도울 수 있다.

악기를 연주하는 것은 감정을 몸 밖으로 표현하는 것을 돕는다. 가장 손쉽게 작업을 할 수 있는 악기로는 피아노나 드럼, 장구, 꽹과리 등이 있다. 악보를 보고 피아노를 칠 필요는 없다. 피아노의 건반음을 들으면서 내담자 내면의 감정을 표현하며 건반을 칠 수 있다. 드럼, 장구, 꽹과리와 같은 타악기는 치는 동작이 소리를 만들어 내면서 내면의 감정이 밖으로 꺼내지는 체험을 할 수 있다.

이때도 마찬가지로 주의할 점은 해소하기 원하는 감정에 주의를 계속 집중해야 하고, 작업을 하는 동안 내면의 감정을 말로 표현할 수 있다. 작업이 끝난 다음에는 내담자 내면에서 어떠한 감정의 변화들이 있었는지 돌아보면서 알아차리고 이해하며 정리하는 기회를 갖는 것이 바람직하다.

(5) 춤과 노래

춤과 노래는 효과적인 기분전환 활동이기도 하지만, 감정을 해소하는 데 매우 효과적인 체험적 방법이기도 하다. 마음에 걸리는 감정에 주의를 집중하고 몸동작을 통해 표현하는 방법은 감정을 언어로 표현하기 어려워하는 내담자들에게 도움이 된다. 노래를 부르는 것도 마찬가지로, 자신의 감정에게 어울리는 노래를 부름으로써 노래 멜로디에 감정을 실어 밖으로 꺼내는 효과를 얻을 수 있다.

춤과 노래와 같은 방법은 상담 장면 밖의 일상생활 속에서 내담자들이 자주 사용할 수 있는 체험적 방법으로, 노래방 등의 장소를 통해 비교적 쉽게 접근하여 사용할 수 있다. 소미 씨는 학업으로 인해 쌓인 스트레스가 심할 때마다 노래방에 가서 혼자 스트레스를 풀곤 했다. 그러나 대학 입시가 다가오자 소미 씨의 어머니는 소미 씨가 노래방으로 가는 시간조차 아까워 노래방 가는 것을 금지하고 그 시간에 공부하기를 종용하였다. 그로 인해 심한 학업 스트레스와 치열한 경쟁으로 인한 압박감을 해소하지 못했고, 그 결과 공부를 하기 위해 책상 앞에 앉아 있기는 하지만 집중이 되지 않았다. 해소되지 못한 감정들이 계속 신호를 보내며 주의집중력을 망가뜨린 것이다. 멍하게 앉아 있는 시간이 많았고, 거의 대부분의 시간을 공부에 투자하지만 성적은 오르지 않았다. 소미 씨는 노래방도 포기하고 모든 시간과 에너지를 공부에 투자했는데도 불구하고, 성적이 오르지 않고 실망스러운 입시 결과를 받아든 것에 심한 좌절감과 상처를 받았다. 그 경험을 통해 "노력해 보았자 소용이 없다.", "나는 노력해도 좋은 결과를 얻지 못한다."라는 역기능적 믿음이 형성되었고, 이후 어떠한 노력도 하기 싫고 무엇인가 하고 싶은 의지도 생기지 않았다. 설령 무엇인가 해볼까 하는 마음이 생기더라도, 고등학생 때의 경험을 떠올리며 두려움이 앞서서 시도조차 하지 못하고 망설이게 되었다.

(6) 종이 찢기

폐지를 찢는 행위를 통해 내면의 분노와 공격성을 안전하게 발산하는 효과를 얻을 수 있다. 이런 행위는 감정을 언어로 표현하는 것이 불편한 내담자들에게 손쉽게 감정에 접근하도록 안내할 수 있다. 내담자로 하여금 걸려 있는 감정에 주의를 집중시키고, 그 감정의 대상을 구체적으로 떠올리게 한 다음에 폐지를 찢는 행위를 하도록 한다. 많은 내담자들이 시원함을 느끼고, 유쾌한 감정의 상태로 변화되는 것을 경험하곤 한다.

상담 장면 밖에서도 폐지를 찢을 때 이와 같은 방식으로 감정을 해소하는 작업을 하도록 권한다. 찢은 폐지들을 쓰레기통에 버리는 의식을 함께 한다면, 감정을 완전히 떠나보내는 의식처럼 느껴져 효과적으로 해소할 수 있다.

(7) 게임

게임 산업의 발전으로 수많은 종류의 게임들이 쏟아지고 있다. 게임 자체는 주의를 효율적으로 전환시킬 수 있는 주의분산적 방법이지만, 게임 가운데 감정을 해소하는 데 효과적인 종류들도 많다. 예를 들면, 다트 게임의 경우 과녁에 자신이 느끼는 불편한 감정에 집중해서 화살을 던지는 행위를 할 수 있다. 또는 느끼고 있는 감정의 대상을 과녁에 있다고 떠올리고, 과녁을 향해 화살을 쏘는 행위를 통해 감정을 해소할 수 있다. 물론 완전히 시원하지는 않겠지만, 어느 정도 내면의 쌓여 있는 감정을 덜어내는 데는 효과가 있다.

싸우는 게임이나 전쟁 게임 같은 경우 내면의 분노와 공격적 충동을 안전하게 밖으로 분출하는 데 효과적이다. 눌려져 있는 화를 느끼고 화나는 대상을 떠올린 후 게임 안의 캐릭터에 감정을 이입하여 싸움을 한다면 효과적으로 감정을 해소할 수 있다.

7 인지적 방법: 감정 이해

소화되지 않은 감정 경험은 이해되지 않아서이다. "왜 그런 일이 일어났지?", "도무지 이해되지 않아.", "그 사람은 왜 나에게 그렇게 말하고 행동한 거지?", "나는 도대체 왜 이렇게 화가 나는 거지?" 이해되지 않으니 받아들이기 어렵고 소화되지 않는다. 따라서 인지적인 측면에서 감정 경험을 이해하는 작업이 필요하다. 어떤 자극이나 대상에게 반응하였는지, 그 자극이나 대상을 어떻게 해석하였는지, 그래서 어떤 감정을 느꼈는지, 나는 그래서 어떻게 반응했는지, 내 반응이 어떤 영향을 미쳤는지 그 변화 과정을 이해하는 작업이 필요하다.

감정 이해 작업에 대해 좀 더 자세하게 알고 싶다면, 이지영(2011, 2017)이 쓴 저서 「정서조절코칭북」의 13장의 내용을 읽어보기 바란다. 주요 감정들의 원인들이 어디에 있는지 아는 것이 자신 및 타인의 감정 경험을 이해하는 데 도움이 된다. 여기에서는 상담 장면에서 감정 경험을 이해하는 데 효과적으로 사용할 수 있는 인지적 방법을 소개하고자 한다.

1) 감정의 원인 이해하기

소화되지 않은 감정 경험을 이해하는 작업이 필요하다. 이해되지 않아서 소화되지 않고 힘들다. 오랫동안 경험을 이해하는 데 준거 틀로 사용되었던 자신, 타인, 세상에 대한 믿음에 맞지 않는 경험이 나타났을 때 그 경험을 이해하는 것이 좀처럼 쉽지 않다. 지금껏 살아오면서 가져왔던 생각과 믿음에 들어맞지 않는 경험이 나타나면 당황스럽다. 겪어보지 않았기 때문에 낯설다.

사실 우리가 가지고 있는 믿음은 굉장히 견고하다. 사람의 생각을 바꾸는 것은 결코 쉽지 않다. 게다가 오랜 삶의 시간 동안 사용해 온 사고의 틀이라면 바꾸는 것이 여간 어려운 일이 아니다. 오래 사용해 온 만큼 더욱 견고하고 단단해서 수정하기 어렵기 때문이다. 또한 그동안 수많은 경험들을 이해하는 데 사용해 왔던 틀이 잘못되었음을 인정하기도 쉽지 않다. 자신의 생각이 틀렸음을, 자신의 사고방식이 맞지 않는 부분이 있음을 받아들이기 어렵다.

인정한다면 지나온 세월 동안 자신의 해석이 잘못되었음을 의미하는 것이고, 그 사고의 틀에 입각해서 해온 말과 행동이 잘못되었음을 의미하는 것이기 때문이다. 잘못했음을 인정하는 것은 죄책감을 유발한다. 죄책감은 굉장히 고통스러운 감정이다.

또한 사고의 틀을 수정하는 데 굉장한 에너지가 들어가기 때문에, 사람들은 흔히 자신의 사고를 바꾸기를 원하지 않는다. "그냥 이해하지 않겠어"와 같이 포기하는 자세로 이해하지 않은 채 한쪽에 치워버리는 경험들이 부지기수이다. 그러나 한쪽에 쌓여 있는 이해되지 않은 감정 경험이 우리에게 계속 영향을 미치며 정서적 고통을 유발한다. 따라서 이해하는 작업은 정서적 고통에서 벗어나는 데 중요한 열쇠가 된다.

오죽하면 거의 모든 심리치료 이론들이 경험의 이해를 목표로 수많은 접근법들을 내어 놓았을까? 이해는 그만큼 경험을 소화시키는 데 반드시 필요한 작업이다. 이해되지 않은 경험은 무의식에 쌓여서 불안 등의 감정과 충동적인 행동이나 여러 신체 증상들을 유발한다. 정신분석은 무의식의 내용들을 찾아서 그것이 무엇을 의미하는지 이해하는 작업을 통해 치료적 개입을 한다. 내담자가 보이는 증상이 무엇의 영향이었는지, 무엇을 의미하는 것이었는지가 분명하게 드러나면 증상은 사라진다. 더 이상 숨어서 영향을 미칠 수 없고, 정체가 드러났기 때문에 효과를 잃는 것이다. 그밖에 대상관계이론, Jung의 분석 심리치료, Rogers의 인간중심치료, Glasser의 현실치료, Adler의 개인심리치료는 물론, 포커싱 치료, 정서초점치료 모두 내담자로 하여금 경험을 이해하도록 돕고, 경험에 영향을 미치는 부적응적 믿음을 찾아 바꾸는 개입을 한다.

그림 7-7. 감정에 대한 인지 모델

감정에 대한 인지 모델은 자극이나 상황을 어떻게 해석하느냐에 따라 감정이 달라진다는 것이다. 감정은 생각이 유발한다. 따라서 생각이 바뀌면 감정이 바뀐다. 상담자들이 내담자가 느끼는 불안과 우울 등의 감정을 변화시키기 위해서 감정의 원인이 되는 생각을 파악하는 감정 이해 작업을 강조한다. 또한 감정을 유발시킨 생각을 찾아 대안적인 생각으로 바꾸는 것이 중요하다. "어떻게 그런 일이?"라고 생각하면 화가 나지만, "그럴 수도 있지."라고 생각하면 마음이 편해진다. 받아들이게 되고 그 경험을 떠나보낼 수 있다.

생각을 하지 않으면 감정이 발생하지 않는다. 자극이나 상황에 대해 해석을 하지 않고, '저 사람이 그렇게 말하는구나', '이런 일이 일어나는구나'와 같이 상황을 있는 그대로 본다면 감정은 발생하지 않을 수 있다. 수용전념치료(ACT)와 마음챙김(mindfulness)은 이러한 측면에 주목한다.

반면, 자극이나 상황에 대해 판단을 하면 감정이 발생한다. 즉 감정은 평가 (evaluation)가 만드는 것이다. '저 사람이 그렇게 말하는 것은 나를 무시하는 거야'라고 판단을 하면 분노를 느끼고, '일이 잘못되려고 그러나봐'와 같이 판단을 하면 불안을 느끼며, '이제 내 인생은 망한 거야'와 같이 판단을 하면 우울한 감정이 발생한다.

그럼 판단은 왜 발생하는가? 내담자 자신의 욕구를 충족시키기 위해서이다. 감정은 자극이나 상황이 개인이 가지고 있는 욕구 및 관심사와 관련될 때 발생한다. 유쾌한 감정을 느낀다면 자극이나 상황이 자신의 욕구를 충족시키는데 도움이 되는 것이고, 불쾌한 감정을 느낀다면 그렇지 않은 것이다. 이와 같이 감정을 통해 욕구 충족 여부를 판단할 수 있다. 가장 기본적인 욕구인 생존과 적응뿐 아니라, 개인이 지니고 있는 수많은 욕구를 충족시키기 위해 자극이나 상황에 대한 판단은 자동적이고 수시로 진행된다.

또한 만나는 수많은 자극이나 상황으로부터 정보를 얻고 처리하기 위해, 자신이 가지고 있는 자기, 타인, 세상에 대한 믿음의 틀이 자동적으로 작동한다. 자극이나 상황으로부터 얻은 정보가 개인이 지닌 믿음의 구조 가운데 어느 체계에 들어가는지, 어떻게 해석되는지 판단하여 처리한다.

종합해보면, 개인이 지닌 욕구와 평소 가지고 있던 믿음이 영향을 미쳐서 자극이나 상황이 해석이 되고, 그 결과 감정이 발생하는 것이다. 각 감정은 독특한 행동경향성을 유발하기 때문에, 그 감정에 반응해서 행동이 취해진다.

(1) 불쾌한 감정을 느끼지 않는 방법

① 판단을 하지 않는다

첫째, 생각 즉 판단을 하지 않는 것이다. 상담자는 내담자에게 가능하면 불필요한 판단을 하지 않도록 설명하고 훈련하는 것이 필요하다. 불쾌한 감정을 자주 느끼는 내담자일수록, 사소한 자극이나 상황에 대해서도 수시로 해석하고 판단을 하는 경향이 있다. '저 사람은 무슨 의도가 있는 거야', '반찬을 더 달라고 했는데, 다른 손님들 접대하느라 반찬을 가져오지 않는 것은 나를 무시하는 거야', '나와의 약속에 늦는 것은 나를 쉽게 보기 때문이야', '오늘 하려고 했던 일을 깜박한 것은 아무래도 운수가 좋지 않은 거야', '잘못된 일이 일어나는 것을 의미하는 거야', '지원한 일이 잘되지 않았어. 내 인생은 폭삭 망한 거야', '부장님이 내가 한 일에 대해 지적을 한 것은, 내가 일을 잘 못한다는 거야. 난 무능력해'

수시로 해석하고 의미를 부여하니 그에 따른 감정이 발생하기 마련이다. 사소한 일이나 관련 없는 일에도 쉽게 의미를 부여한다. 그래서 불안해지고, 우울해지고 무력감을 느낀다. 자꾸만 화가 나고 억울함을 느낀다. 그렇게 굳이 느낄 필요가 없는 정서적 고통을 느끼며 힘들어하는 사람들이 많다.

상담자는 생존과 적응에 필요한 경우가 아니라면, 내담자들에게 불필요한 판단을 하지 않고 사건이나 상황을 있는 그대로 보는 연습을 지속적으로 할 필요가 있다. 그 사람의 말과 행동을 그 사람 모습 그대로 바라보도록 한다. 그 사람에게 그런 면이 있다고 보는 거다.

② 자신과 관련짓지 않는다

자극이나 상황을 자신과 결부지어 해석하기 때문에 불쾌한 감정이 발생한다. '부장님은 나를 싫어하는 거야', '내가 잘못해서 그런 일이 일어난 거야', '내가 불편해서 저렇게 표정이 안 좋은 거야'와 같이 자극이나 상황, 누군가의 말과 행동을 자신과 관련지어 해석하면서 불쾌한 감정이 발생한다.

이것을 개인화의 오류라고 한다. 삶을 살아가면서 인간은 결국 각자의 세상에서 살아가고, 그 세상의 중심은 자신이므로 자신과 관련지어 해석하는 개인화의 오류는 어찌 보면 인간이 지닌 자연스런 특성일지 모른다. 따라서 상담자는 내담자로 하여금 불필요하게 자신과 관련지어 해석하지 않는 습관을 기르도록 돕는다.

③ 외부에서 원인을 찾는다

내담자 자신과 관련짓지 말고, 그 사람이나 주변 상황에서 원인을 찾아보는 연습이 필요하다. 내담자로 하여금 좀 더 적극적으로 사건의 원인을 자신이 아닌 외부에서 찾아보는 연습을 하도록 돕는다. '당시에 그 사람에게 기분이 안 좋은 일이 있었을 거야', '그 사람 성격이 원래 그래', '그 사람은 다른 사람들에게 대체로 불친절해', '부장님이 출근할 때 집에서 안 좋은 일이 있었을 거야', '그 사람에게 뭔가 신경 쓰이는 일이 있는 거야'와 같이 사건의 당사자 성격이나 당시 상황에서 원인을 추론해 보는 거다. 어떤 사건에 영향을 미칠 수 있는 인물들과 요인들을 찾아보고 다양한 가능성을 추론해 보는 연습을 통해 자신과 관련지어 해석하는 것을 줄일 수 있다.

④ 관련한 욕구를 갖지 않는다[9]

바라는 게 없으면 감정이 발생하지 않는다. 정서적 고통을 경험하지 않을 수 있는 것이다. 감정이 발생한다는 것은 그 자극이나 상황과 관련해서 바라는 것이 있기 때문이다. 욕구가 없으면, 바라는 것이 없으면 감정은 발생하지 않으므로, 관련한 욕구를 갖지 않도록 노력하면 된다.

그러나 과연 이것이 쉬울까? 그렇지 않다. 인간은 욕구의 동물이기 때문이다. 심리학에서는 다양한 이론들이 인간의 마음과 인간의 행동을 설명하고 있는데, 정말 수백 가지의 이론들이 있다고 해도 과언이 아니다. 수많은 이론들이 공통적으로 인간을 욕구의 동물로 보고 있다. 즉 인간은 태어나면서부터 수많은 욕구를 가지고 태어나고, 그 욕구를 충족시키면서 살아간다. 그것이 우리의 삶인데, 이론마다 강조하는 욕구가 다를 뿐이다. 인간이 욕구를 잘 충족시킬 수 있으면 건강하고 행복한 사람으로 살아갈 수 있지만, 자신이 선택한 행동이 이런 기본적인 욕구를 충족시키지 못했을 때 부적응적인 어떤 상태 즉 병리적인 상태에 이른다고 보았다. 그래서 인간은 욕구를 충족시키기 위해서 움직이고 행동하며, 그 욕구의 결핍을 채우기 위한 방향을 향해 나아간다고 볼 수 있다.

따라서 욕구를 없애는 것은 결코 인간의 삶에서 자연스러운 것이 아니다. 욕구를 충족시키며 살아가는 것이 인간의 삶이고, 그런 방향으로 움직이는 것이 건강한 삶의 방향이기 때문이다. 그러나 특정 상황에서 반복적으로 불쾌한 감정을 느낀다면, 그 상황과 관련해서 자신이 바라는 것이 무엇인지 들여다보는 것이 도움이 된다. 그리고 자신의 욕구를 점검하고, 욕구를 갖지 않는 방향으로 수

---

9) 「철학과 현실」 2023년 겨울(통권 139)에 이지영이 참여한 특별좌담 '나에게 타인은 누구인가'의 내용을 일부 수정 및 보완하였다.

정할 수 있을 것이다. 그러면 다시 또 비슷한 상황에 노출될 때 감정적인 반응을 보이지 않을 수 있다. 좀 더 마음 편히 반응할 수 있을 것이다.

(2) 감정을 유발한 자극 찾기

만약 감정이 발생했다면, 그 감정이 발생한 원인을 이해하는 작업이 필요하다. 감정에 대한 인지모델에 따르면, 특정 자극이나 상황을 해석한 결과 감정이 발생한다. 먼저 자신이 느낀 감정이 어떤 자극이나 상황에 반응해서 발생했는지 찾아야 한다. 상황 안에는 무수히 많은 자극들이 존재한다. 그 자극들 가운데 감정을 유발한 자극을 찾는 것이 필요하다. 인간은 상황 전체에 반응한다기 보다는, 그 상황 안에서 어떤 작은 자극에 반응해 감정을 느끼기 때문이다.

감정을 유발시킨 자극을 구체적으로 찾기 위해서, 감정 경험을 구체적으로 적어보는 것이 도움이 된다. 감정 상황 일지를 적어보는 것이다. 언제 어떻게 무슨 일이 발생했는지, 그 발생한 일의 변화과정을 구체적으로 적어본다. 상황 안에는 수많은 요소들이 존재하고, 그 요소들은 계속해서 시간에 따라 변화한다. 또한 각 요소들이 상호작용하면서 자극에 반응하고, 그 반응에 또 반응하며 또 다른 감성 유발 자극으로 삭용하기노 한다.

내담자가 느끼는 감정은 그 상황으로 인해 발생한 것이 아니라, 그 상황 안에서 누군가의 말 한마디로 인해 발생할 수도 있고, 누군가의 표정으로 발생할 수도 있다. 그 상황에서 일어난 작은 변화로 인해 발생했을 수 있고, 누군가의 작은 행동이나 반응으로 인해 일어났을 수 있다. 무엇이 자신에게 어떤 감정을 유발시켰는지 구체적이고 정확하게 아는 것이 감정 경험을 이해하고 소화하는 데 도움이 된다.

다음 표와 같이 감정 경험 일지를 구체적으로 작성하도록 한다. 감정이 발생하지 않았다면, 감정 이름을 붙일 필요가 없다. 그러나 기술한 문장에 대해 감정이 발생했다면 어떤 감정이었는지 명명하고, 느낀 감정의 강도를 100점 기준으로 주관적으로 평정하여 적어보도록 한다. 이렇게 적다보면 자신의 감정이 얼마나 미세하게 반응하고 변화하는지를 알 수 있다. 외부의 자극이나 대상이 한 말이나 행동에 대해서 감정이 발생하기도 하고, 그 자극에 대해 떠오른 자신의 생

각에 반응하여 감정이 발생하기도 한다. 이러한 작업은 구체적으로 감정 경험을
이해하는 데 도움이 된다.

[실습지 7.1] 감정 상황 일지

다음 실습지에 불쾌한 감정이 느껴졌던 상황을 구체적으로 적어 보세요. 상황을 시
간 순서대로 구체적으로 적으면서, 감정이 느껴졌다면 그 진술문 옆에 감정 이름을 명
명하여 적으세요. 또한 그 감정을 얼마나 강렬하게 느꼈는지 정서강도를 100점 만점
기준으로 주관적으로 평정하여 적어 보세요.

한 상황에는 수많은 요소들이 있고, 매 순간마다 다른 감정을 느낄 수 있습니다.

상황	감정 이름	정서강도
복도를 지나가고 있었다. 그때 멀리서 선배가 보였다. 나는 인사를 했다.	긴장, 불안	30
그런데 선배는 인사를 받지 않고 지나갔다.	당황	40
순간 '나를 싫어하나? 일부러 인사를 안 한 건가?' 라는 생각이 들었다.	불안	70
갑자기 무시를 당한 것 같은 생각이 들었다.	화	90

(3) 감정을 유발한 원인이 되는 사고 찾기

자극이나 상황에 대해 순간적으로 떠오른 생각이 감정을 만든다. 그 감정을 만드는 결정적인 생각을 자동적 사고라고 한다. 자동적 사고는 자신도 모르게 의식 없이 아주 빠르고 짧게 자동적으로 튀어나오는 사고이다. 사람들은 자신이 어떤 자동적 사고를 떠올렸는지 잘 자각하지 못한다. 따라서 그 생각을 사실인 것처럼 무비판적으로 수용한다. 자동적 사고가 반드시 감정을 유발하지는 않지만, 감정의 변화가 있을 때는 반드시 떠오른 자동적 사고가 있다.

감정의 변화에 주목하고 그 변화에 앞서서 어떤 생각이 떠올랐는지 알아차려 자동적 사고를 찾는다. 즉 그 생각이 무엇인지 찾아내는 방법은 감정의 변화가 있는 그때 마음속에 어떤 생각이 스쳐 지나갔는지 스스로에게 물어보는 거다.

"기분이 변한 바로 그때 마음속에 무엇이 스쳐 지나갔지?"

[실습지 7.2] 자동적 사고 기록지

상황	자동적 사고	정서강도
복도를 지나가고 있었다. 그때 멀리서 선배가 보였다. 나는 인사를 했다. 그런데 선배는 인사를 받지 않고 그냥 지나갔다.	나를 싫어하나? 일부러 인사를 안한건가?	불안
	나를 무시한 거네.	화

실습지 7.1에서 찾은 감정 상황일지의 내용을 가지고 감정과 그 감정을 유발한 자동적 사고를 찾아 구분해 보면 실습지 7.2의 표와 같이 정리할 수 있다. 선배가 인사를 하지 않고 간 상황에서 '나를 싫어하나? 일부러 인사를 안 한 건가?'라는 생각이 드니 '불안'이라는 감정을 느꼈다. 그러다 '나를 무시하는 거네'라는 생각이 드니 '화'가 느껴졌다. 이렇듯 한 상황에서도 순간순간 떠오르는 생각에 따라 감정이 변한다. 그 감정을 유발하는 생각이 감정의 원인이 되는 자동적 사고이다.

실제로 감정의 원인을 찾는 작업을 해보면, 사람들이 생각보다 잘 찾아내지 못하는 경우들을 본다. 두루뭉술하게 찾는 경우도 많다. 가능한 한 상황을 스크립트를 기록하는 방식으로 구체적이고 세밀하게 기록하는 것이 좋다. 그리고 매 순간 그 상황에서 어떤 생각이 떠올랐는지를 생각해보고 기록한다. 그 생각에 따라 감정이 어떻게 변화되었는지 확인하고 적어보도록 한다.

이때 찾은 생각이 감정의 원인이 맞는지 확인하고 검토하는 것이 필요하다. 많은 경우 감정의 원인이 되는 자동적 사고라고 생각해서 찾았지만, 아닌 경우가 다반사다. 예를 들어, 화라는 감정에 대해 찾은 생각이 '다시는 그 사람과 말하지 말아야지'라면 이것은 원인이 아니라, 화가 든 다음 순간 떠오른 생각일 것이다.

이를 쉽게 확인하는 방법은 찾은 자동적 사고와 감정을 연결시켜 문장을 만들어 보는 것이다. "'나를 무시하는 거네'라고 생각하니 '화'가 난다."라고 문장을 만들면 납득이 된다. 그럴만하다. 이런 경우 감정의 원인이 되는 자동적 사고를 적절하게 찾은 것이지만, "'다시는 만나지 말아야지'라고 생각하니 '화'가 난다."라고 한다면 그럴만하지 않다는 것을 쉽게 알 수 있다.

불쾌한 감정을 느끼게 되는 결정적 원인은 자동적 사고이지만, 자극이나 상황에 대해 부정적인 방식의 자동적 사고를 떠올리게 되는 것은 여러 가지 요인이 영향을 미친다. 그림 7-7은 한 개인이 특정 감정을 느끼게 되는 데 영향을 미치는 인지적 요인들의 상호작용 과정을 표현한 것이다.

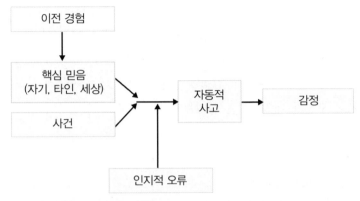

그림 7-7. 감정이 유발되는 인지적 과정

한 개인이 여러 경험을 하고 그 경험을 통해 자기, 타인, 세상에 대한 핵심 믿음을 형성한다. 그런 믿음을 지닌 개인이 살아가다가 어떤 사건 즉 어떤 자극이나 대상, 상황에 놓이게 되면 이를 해석하는 과정에서 자동적 사고를 떠올리게 되고 그 결과 감정이 발생한다. 그런데 부정적인 자동적 사고를 자주 떠올려 그 결과 불안, 우울, 분노 등의 불쾌한 감정을 자주 느끼는 사람들은 핵심 믿음 안에 살아가는데 도움이 되지 않는 역기능적 믿음을 많이 가지고 있다. 또한 사건을 해석하는 데 여러 인지적 오류들을 범함으로써, 사건을 부정적인 방향으로 해석하게 되는 것이다.

따라서 감정의 원인을 좀 더 제대로 이해하기 위해서는 내담자가 가지고 있는 역기능적 믿음들이 무엇인지 확인하고, 해석하는 과정에서 어떤 인지적 오류를 자주 범하는지 찾아보는 것이 도움이 된다.

(4) 부정적인 자동적 사고를 유발하는 원인: 인지적 오류 찾기[10]

불쾌한 감정을 자주 느끼는 사람들은 사건을 해석하는 과정에서 논리적인 잘못, 즉 인지적 오류를 자주 범한다. 생활 사건을 부정적인 방향으로 왜곡하고 과

---

10) 이지영(2011, 2017)이 쓴 「정서조절코칭북」의 p372~375 '인지적 오류의 종류' 내용을 일부 수정 및 보완하였다.

장되게 지각하는 경향을 보인다. 상담자는 내담자에게 다음의 인지적 오류들을 하나씩 설명하면서, 내담자 자신이 이러한 오류가 있는지 살펴보도록 한다. 내담자가 자주 사용하는 인지적 오류가 무엇인지 확인하고, 이에 대해 이야기 나누는 시간을 갖는다. 또한 불쾌한 감정에 대한 원인이 되는 자동적 사고가 나타나는데 인지적 오류가 개입하지는 않았는지 점검하고, 개입했다면 어떠한 인지적 오류가 작용했는지 찾아본다.

① 흑백논리, 이분법적 사고

사건의 의미를 '이것 아니면 저것'이라는 식의 이분법적 범주로 나누어 둘 중의 하나로 해석하는 오류이다. '나를 좋아하지 않으면 싫어하는 것', '완벽하지 않으면 실패한 것'과 같이 어떤 대상과 현상을 양극단으로 나누어 생각하는 경향이다. 우리가 살아가는 세상이 이것 아니면 저것이라는 이분법적으로 나눌 수 있는 것이 얼마나 되겠는가. 그야말로 세상은 우리가 헤아릴 수 없이 많은 요소들이 영향을 미치고, 여러 가지 경우들이 존재한다.

② 과잉일반화

한두 번의 사건에 근거해서 일반적인 결론을 내리는 오류이다. 사람들은 쏟아지는 수많은 정보들을 손쉽게 해석하기 위해서 자기, 타인, 세상에 대한 믿음의 틀이 필요하다. 정보를 처리하는 데 믿음의 틀이 필요한데, 충분한 증거와 경우들을 거쳐 조심스럽게 형성하려 하면 많은 에너지가 들기 때문에, 충분한 근거 없이 빨리 성급하게 일반화된 믿음을 형성하려는 경향이 있다. 자신이 만난 여성이 보기 안 좋은 행동을 보였을 때, 그것을 해석하는 과정에서 '여자들은 늘 그래'라고 일반화해서 해석해 버린다. 열심히 했는데 좋은 결과를 얻지 못한 한 번의 경험에서 좌절하고, '나는 아무리 노력해도 되지 않아', '당신은 늘 그래', '그 친구는 항상 그래'라고 결론을 내린다.

③ 의미확대와 의미축소

어떤 사건의 의미나 중요성을 실제보다 지나치게 확대 해석하거나 의미를 축소해서 해석하는 오류이다. 불쾌한 감정을 자주 느끼는 사람은 자신의 장점이나 긍정적인 피드백은 의미를 축소해서 별것 아닌 것처럼 해석하고, 자신의 단점이나 부정적인 피드백은 굉장히 중요하고 심각한 것처럼 확대해석하는 경향이 있다. 예를 들면, 승현 씨는 회사에서 자신이 한 발표에 대해 동료가 '참 잘했어'라고 칭찬한 것에 대해서 '그냥 하는 말이지. 내가 잘해서 그런 게 아니라, 할 말 없으니까 그렇게 얘기한 거야'라고 의미 축소한다. 반면, 승현 씨를 탐탁지 않게 생각하는 동료가 '뭐. 그 정도는 나도 하겠어'라고 한 얘기에 대해서는 '내가 정말 별로였나 보다. 다들 그렇게 생각할 거야'라고 확대해석하니 불쾌하다.

④ 개인화

자신과 무관한 사건을 자신과 관련된 것으로 잘못 해석하는 오류로서, 많은 사람들이 개인화 오류를 범하곤 한다. 사무실에 들어갔을 때 소곤대는 사람들을 보며 '내 얘기를 하는 것 같아'라고 생각한다거나, 상사가 불쾌한 표정을 짓는 것을 보고 '나한테 기분이 나쁘신 것 같아. 내가 뭔가 잘못했나 봐'라고 생각한다.

세상을 살아가는 사람들 모두 세상의 중심은 자신이므로, 관련 없는 사건들에 대해서도 자신과 관련지어 해석하는 경우가 다반사다. 마음에 상처를 받는 경우들 대부분이 일어난 사건의 원인을 자신에게서 찾고, 주변 사람들의 말과 행동에 대해 자신과 관련지어 해석한다. 누군가의 선택이 자신으로 인한 것으로 해석하기도 하고, 불편한 상황에 대해 자신이 중요한 기여를 한 것처럼 해석하기도 한다. 그러니 쉽게 흔들리고 마음이 불편해진다.

⑤ 정신적 여과 또는 선택적 추상화

어떤 상황에서 일부 정보만을 선택해서 상황 전체를 판단하는 오류이다. 모임에서 즐거워하는 사람들도 많은데, 불편해하는 한두 사람의 표정을 보고 '이번 모임의 분위기는 너무 안 좋다', '사람들이 이 모임을 싫어하네'라고 결론을 내려 버린다.

⑥ 독심술적 오류

충분한 근거 없이 다른 사람의 마음을 자기 마음대로 추측하고 단정 짓는 오류로서, 많은 사람들이 독심술적 오류를 범하고 살아간다. 무심코 한 상대방의 말과 행동에 대해 충분한 근거 없이 '나를 무시해서 그렇게 말하고 행동한 거야', '그 사람은 일부러 의도를 갖고 그렇게 한 거야'라고 단정 지어버린다.

⑦ 감정적 추론

충분한 근거 없이 막연히 느껴지는 감정에 근거해서 결론을 내리는 오류이다. '내 기분이 불길한 걸 보니 뭔가 일이 잘못된 게 틀림없어', '불안한 기분이 드는 걸 보니, 그 사람이 불안해하고 있는 거야'라고 기분이나 감정에 근거해서 짐작한다.

⑧ 파국화

사건에 대해 극단적으로 안 좋은 방향으로 미래를 해석하는 오류로, 재앙화라고도 한다. '중간고사를 망친 걸 보니 기말고사도 망칠 것 같아', '취직이 안 되는 걸 보니, 내 인생은 끝장난 거야'와 같이 현실적인 다른 고려 없이 지나치게 파국적인 방향으로 진행될 것으로 해석한다.

[실습지 7.3] 내가 주로 사용하는 인지적 오류 찾기

상담자는 내담자에게 여러 가지 인지적 오류를 설명한 후, 내담자 자신이 주로 사용하는 인지적 오류가 무엇인지 적도록 한다.

사람들이 자주 사용하는 인지적 오류	독심술적 오류, 개인화, 과잉일반화
내가 주로 사용하는 인지적 오류	

[실습지 7.4] 인지적 오류 반박하기

상담자는 내담자가 찾은 인지적 오류 각각에 대해 함께 반박하도록 한다. 그 인지적 오류가 왜 잘못된 해석을 유도하는지 반박하는 과정을 통해 인지적 오류를 포기할 수 있다.

인지적 오류	인지적 오류 반박하기
개인화	사람들의 말과 행동, 세상에서 일어나는 일들이 나와 관련 없는 경우가 대부분이다. 그 사람이 기분이 좋지 않아서, 무슨 일이 있어서일 가능성도 많다. 나와 관련지어 불필요하게 기분 나쁠 필요는 없다.
독심술적 오류	내가 그 사람의 마음을 어떻게 알 것인가? 구체적인 근거 없이 넘겨 짚어서 부정적인 방향으로 해석하는 것은 나에게 도움이 되지 않는다.
과잉일반화	수많은 경우들이 존재하는데, 한두 번의 사건으로 특정 범주에 대해 일반화해서 해석하는 것은 잘못된 것이다. 그 일반화에 해당되지 않는 경우들을 잘못 해석할 수 있고, 그 범주에 대해 선입견을 갖고 반응할 때 갈등이 발생할 수 있다.

[실습지 7.5] 자동적 사고에서 인지적 오류 찾기

감정의 원인인 자동적 사고가 어떠한 인지적 오류의 결과 발생한 것인지 찾아 적어
보도록 한다.

상황	자동적 사고	정서강도
복도를 지나가고 있었다. 그때 멀리서 선배가 보였다. 나는 인사를 했다. 그런데 선배는 인사를 받지 않고 그냥 지나갔다.	나를 싫어하나? 일부러 인사를 안한건가? (개인화) 나를 무시한 거네. (독심술적 오류)	불안 화

자동적 사고에 영향을 미친 인지적 오류가 있다면, 사건이나 상황에 대한 해
석으로서의 자동적 사고는 잘못된 것일 가능성이 높다. 따라서 다르게 해석할
수 있는 것이다. 반면, 인지적 오류를 찾을 수 없다면, 그렇게밖에 해석할 수 없
는 경우일 수도 있다.

(5) 부정적인 자동적 사고를 유발하는 원인: 역기능적 믿음 찾기

사람들마다 세상을 좀 더 수월하게 이해하기 위해 형성한 믿음이 새롭게 마주
하는 자극이나 상황을 해석하는 과정에서 영향을 미친다. 따라서 사람들이 가지
고 있는 핵심 믿음을 알면, 그 사람이 어떤 방식으로 사건이나 상황을 해석할 가
능성이 높은지 이해할 수 있다.

핵심 믿음 가운데 자극이나 상황을 부정적인 방향으로 해석하는 자동적 사고
를 유발시키는 것을 역기능적 믿음이라고 한다. 역기능적 믿음은 공통적으로 융

통적이지 않고, 대체로 절대주의적이고 당위적이며 단정적이고 비차원적이고 전반적인 것이 특징이다.

역기능적 믿음은 다양한 주제별로 존재하는데, 다음에 제시한 역기능적 믿음 가운데 내담자 자신에게 해당하는 것이 무엇인지 체크하도록 한다.

[실습지 7.6] 핵심믿음 체크리스트[11]

다음은 불쾌한 감정을 유발하는 주요한 핵심 믿음들을 주제별로 제시한 것이다. 각 핵심 믿음을 천천히 읽으면서 자신에게 해당하는 것을 체크해보라.

1. 수용

다른 사람들은 나를 거절할 것이다.	( )
내가 사랑받지 못한다면, 나는 아무것도 아니다.	( )
비난을 한다는 것은 나를 거부하는 것이다.	( )
나는 항상 다른 사람들을 즐겁게 해야 한다.	( )
다른 사람들은 나를 좋아하지 않을 것이다.	( )
아무도 나를 이해하지 못할 것이다.	( )
주변 사람들에게 나에 대해 좋은 인상을 주어야 한다. 그렇지 않으면 그들이 날 싫어할 거야	( )

2. 능력

만일 실수한다면, 나는 실패할 것이다.	( )
인생에는 오직 승자와 패자만이 있다.	( )
성공하지 못한다면, 내 인생은 낭비된 것이나 마찬가지다.	( )
다른 사람들만큼 잘하지 못한다면 열등한 것이다.	( )
다른 사람이 성공한다면, 나는 그만큼 실패한 것이다.	( )
내가 시도하는 어떤 일이라도 잘할 수 있어야 한다.	( )
나는 타인보다 항상 우월해야만 한다.	( )

---

11) 이지영(2011, 2017)이 쓴 「정서조절코칭북」의 P382~384의 내용을 일부 수정 및 보완하였다.

3. 통제

모든 것이 내 뜻대로 되어야 한다.	(	)
내 문제를 해결할 수 있는 유일한 사람은 나 자신이다.	(	)
내가 어떤 사람과 너무 가까워진다면, 그 사람이 나를 통제할 것이다.	(	)
세상은 내가 원하는 방식대로 돌아가야 한다.	(	)
나는 항상 통제력을 가지고 있어야 한다.	(	)
감정을 드러내서는 안 된다.	(	)
결코 실수를 해서는 안 된다.	(	)
완벽하게 하지 않으면 뭔가 잘못될 것이다.		

4. 사회적 자기

나는 남들에게 좋은 인상을 주지 못한다.	(	)
다른 사람들은 나를 사교성이 부족하고 바보 같은 사람이라고 생각할 것이다.	(	)
나는 사회적 상황에서 제대로 처신하지 못하는 바보이다.	(	)
나는 대인관계에서 무능한 사람이다.	(	)

5. 타인으로부터의 인정과 평가

나는 항상 타인에게 인정받아야만 한다.	(	)
다른 사람들에게 좋은 인상을 주어야 인정받을 것이다.	(	)
다른 사람들이 나에 대해 어떻게 생각하느냐가 나에게는 매우 중요하다.	(	)
남들로부터 인정을 받는다는 것이 나에게는 매우 중요하다.	(	)
다른 사람이 나를 싫어한다면, 나는 견딜 수 없다.	(	)
나는 타인에게 완벽하게 보여야만 한다.	(	)
나는 다른 사람의 관심을 얻기 위해 항상 완벽해야 한다.	(	)

6. 대인관계

모든 사람은 공격적이고 비판적이다.	(	)
사람들이란 다 알고 보면 남의 말 하기 좋아하고 상대방에게 진정한 관심이 없으며 거부적인 속성이 있다.	(	)
내 자신의 모습, 특히 결점이나 허점을 남들에게 있는 그대로 보여서는 안 된다.	(	)

사람들은 상대방이 허점을 보이면 그것이 어떤 허점이든 그 사람을 멀리 할 것이다.	( )
다른 사람들과 같이 있을 때 그들을 즐겁게 하는 책임은 주로 나에게 있다.	( )
도움을 요청하는 건 내가 약하다는 것을 의미한다.	( )
스스로 즐기기 위해 다른 사람은 필요하지 않다.	( )
어른은 완전해야 한다.	

7. 기타

내 모습을 바꿀 수 없다.	( )
내가 좋아지면 나의 창의성을 잃게 될 것이다.	( )
세상은 공평해야 한다.	( )
세상은 믿을 만한 곳이 아니다.	( )

[실습지 7.7] 나의 핵심 믿음 리스트

여러분이 가진 믿음에 해당된다고 생각하는 것들을 그 영향력에 따라 모두 적어 보세요.

1.

2.

3.

4.

5.

6.

7.

8.

9.

상담자는 내담자가 찾은 핵심 믿음들의 공통점이 무엇인지 살펴보도록 안내한다. 이 작업을 통해 내담자가 어느 주제에 대해, 어느 영역에 대해 어떠한 역기능적 믿음을 가지고 있고, 그것이 새로운 사건이나 상황을 만났을 때 어떠한 방식으로 해석하는 데 영향을 미치는지 생각해 보도록 한다. 내담자는 공통된 바로 그 주제에 대해 마음이 걸려 있는 것이고, 그 주제와 관련해서 부정적인 방향으로 해석할 가능성이 매우 높다.

[실습지 7.8] 역기능적 믿음에 반박하기

역기능적 믿음 대부분은 미성숙한 사고의 특징을 가지고 있다. 전반적이고 절대적이며, 불변적이고 불가역적이며, 성격적인 진단을 내린다. 한마디로 융통성이 없고 경직되어 있는 사고가 특징이다. 따라서 내담자가 가지고 있는 역기능적 믿음에 대해 내담자 스스로 도전하여 반박하도록 한다. 이 과정을 통해 자신이 가지고 있는 역기능적 믿음을 놓아버리거나 수정하여 좀 더 현실에 도움이 되는 핵심 믿음으로 바꾸는 기회를 갖는다.

역기능적 믿음	역기능적 믿음 반박하기
아무도 나를 이해하지 못할 거야.	어떤 사람은 나를 이해하고, 어떤 사람은 나를 이해하지 못할 수 있다. 그런데 아무도 나를 이해하지 못할 거라 생각하며, 다른 사람에게 마음을 열고 소통할 기회를 놓칠 수 있으며, 더욱 이해받지 못한다고 느끼며 외로울 수 있다.

2) 대안적인 사고로 대체하기

감정에 영향을 미치는 원인이 되는 자동적 사고를 찾았다면, 그 생각을 좀더 도움이 되는 대안적인 사고로 대체한다. 자극이나 상황을 어떻게 생각하느냐에 따라 감정이 달라지므로, 감정을 변화시키기 위해서는 사건이나 상황에 대한 내담자의 해석을 바꾸어야 한다.

대부분의 내담자들은 그 사건이나 상황에서 자신이 떠올린 대로 생각할 수밖에 없다고 주장한다. 그렇게밖에 해석할 수 없기에 지금의 자신처럼 화가 날 수밖에 없고, 슬프고 수치스럽고 억울하다고 말한다. 물론 정말로 자극이나 상황을 해석하는 과정에서 인지적 오류를 범하지 않았고, 그렇게밖에 생각될 수 없을 수도 있다. 그러나 자신을 위해서, 그리고 자신이 바라는 상태를 위해서 달리 생각해볼 수는 있다.

다음은 대안적인 사고를 찾아내는 데 효과가 있는 질문들이다. 내담자 자신의 생각에 다음과 같이 질문해보도록 한다.

(1) 친구가 그런 생각을 한다면, 당신은 어떻게 조언을 해줄 수 있을까?

내담자 대부분이 자신의 생각에 대해서는 결코 달리 생각할 수 없다고 항변하지만, 다른 사람의 생각에 대해서는 얼마든지 달리 생각해 볼 수 있다고 조언한다. 그렇다면, 자신의 생각에 대해 거리두기를 통해서 접근해 볼 수 있다. 즉 자신처럼 그렇게 생각하고 있는 친구가 있다고 가정하고, 그 친구에게 어떻게 조언해줄 수 있는지 생각해보도록 하는 것이다.

집단상담을 하다보면, 다른 집단원들의 부정적인 자동적 사고에 대해 다양한 창의적인 생각들을 통해 대안적 사고를 찾아주는 것을 본다. 내담자들은 다른 사람들이 제안한 생각들 가운데 자신의 마음에 좀 더 와닿는 대안적 사고를 선택한다. 그리고 선택한 대안적 사고를 적어놓고 반복적으로 되뇌는 연습을 한다. 그러면, 다음에 유사한 상황에 처했을 때 대안적인 사고로 자동적으로 반응함으로써 불쾌한 감정을 다시 느끼지 않을 수 있다.

(2) 과연 당신이 원하는 바를 이루는 데 어떤 생각을 하는 것이 도움이 될까?

불쾌한 감정을 유발시킨 부정적인 자동적 사고가 옳고 그른지를 판단할 필요는 없다. 합리적이고 타당한지를 살펴보기보다, 어떻게 생각하는 것이 삶을 살아가는데 도움이 되는지를 생각해보는 거다. 결국 사람들은 자신이 원하는 바를 위해서 행동한다. 내담자 자신이 관련해서 무엇을 원하는지 바람과 욕구를 살펴보도록 하고, 그 원하는 것을 얻는 데 어떻게 생각하는 것이 도움이 되는지 찾아보도록 한다.

[실습지 7.9] 대안적 사고 기록지

자동적 사고	감정	대안적 사고
나를 싫어하나? 일부러 인사를 안한 건가? 나를 무시한 거네.	불안, 화	다른 생각을 하고 있다가 미처 잘 보지 못했을 거야. 신경쓰이는 일이 있나 보다.

8 행동적 방법: 문제 해결

상담 장면에서 내담자가 호소하는 정서적 고통을 다루는 작업과 함께 정서적 고통을 유발하는 문제나 상황에 대해서는 해결하는 방법을 계획하고 행동을 실천하는 문제 해결 접근이 필요하다. 선 해소 후 해결의 원칙에 따라, 정서적 고통을 체험적으로 느끼고 표현하여 해소하는 작업을 하였다. 또한 정서 경험의 원인을 찾아 이해하고, 대안적으로 생각하는 인지적 작업을 통해 소화하였다.

정서적 고통을 정서 해소와 정서 이해를 통해 다루고 소화시키는 작업과 별개로, 정서적 고통을 유발하는 문제나 상황에 대해서는 문제 해결 방법을 통해 수정하고 변화시키는 개입이 필요하다. 그래야 문제나 상황으로 인해 다시 정서적 고통이 발생하지 않을 수 있다.

닥친 시험으로 불안 수준이 높다면, 주어진 시간 안에 효과적으로 시험 공부를 할 수 있는 계획을 세우고 실천하는 게 필요하다. 발표로 인해 불안이 높다면, 발표를 위한 준비를 계획하여 발표 내용과 발표 시연을 해보는 것이 문제 해결방법일 것이다. 동료의 부탁을 거절하기 어려워 힘들어 한다면, 동료에게 어떻게 거절할 것인지를 계획하여 거절하는 연습을 해보는 거다.

1) 문제 해결행동 취하는 방법

(1) 문제를 정의한다

내담자를 힘들게 하는 문제나 상황이 무엇인지 확인한다. 여러 가지 문제가 내담자를 고통스럽게 할 수 있다. 접근하는 방법은 구체적으로 한 가지씩 접근하는 것이다. 상담자는 내담자의 마음에 걸리는 문제들이 무엇이 있는지 구체적으로 하나씩 구분하여 적는다. 시각적으로 분명히 하기 위해 내담자가 잘 볼 수 있는 빈 종이에 문제를 하나씩 함께 적어 내려간다.

그리고 먼저 다루어야 할 문제가 무엇인지 타겟을 하나 정한다. 가장 급하고 중요한 문제부터 다루도록 한다. 문제를 선택하였다면, 그 문제가 구체적으로 무엇인지 살펴보고 정의해 간다. 이때 명확한 언어를 사용하여 분명하게 정의하도록 한다.

(2) 목표를 정한다

문제와 관련해서 내담자가 무엇을 바라는지 목표를 구체적으로 분명하게 정하는 것이 매우 중요하다. 내담자의 욕구, 목표, 바라는 바에 따라 문제가 달라지기 때문이다. 친구와 갈등이 있다고 했을 때, 친구와 헤어지길 원하는지 아니면 친구와 가까워지길 원하는지에 따라 문제는 다르게 정의될 수 있다.

목표를 잘 세우는 것이 실행하는 데 가장 중요하다. 내담자가 정말 그것을 하고 싶은지, 원하는 것인지 내담자 스스로에게 물어보도록 한다. 남들이 하니까, 부모가 원하니까, 주변에서 자신에게 바라니까가 아니라, 자신이 원하고 자신에게 의미가 있을 때 무엇인가를 하고자 하는 동기가 생긴다. 그 동기가 실행에 옮기도록 하는 추진력으로 작용한다.

목표를 확인하기 위한 질문으로 "원하는 것을 한 문장으로 정리하면?"이라고 묻는 것이 효과적이다. 또는 "그 목표를 이루면 어떤 것들이 좋아질까?", "무엇을 할 수 있을까?", "나에게 어떤 의미가 있을까?"를 질문한다. 특히, 내담자로 하여금 목표가 무슨 의미가 있는지 생각하게 한다. 그 목표를 이루는 것이 내담자에게 어떤 의미가 있는지 생각할 기회를 갖는다. 그리고 목표를 달성하였다고 가정한다면, 내담자는 어떤 상태에 있을지 상상해 본다. 이때 내담자로 하여금 미래를 떠올려 보도록 할 수 있다. 이런 과정은 목표를 달성하게 하기 위한 내담자의 의지를 높이고 힘을 동원하는 데 도움이 된다.

만약 목표를 설정하였다면, 이제는 구체적으로 목표를 세우도록 안내한다. 내담자가 처한 현실에서 실현가능한 목표를 세우도록 한다. 예를 들어, 운동을 하는 것을 목표로 삼았다면, 걷기나 뛰기 등 무엇을 할 것인지 정한다. 즉 구체적이고 세분화되고 측정가능한 목표를 설정한다. 현실적으로 달성 가능한 목표여야 한다. 친구와의 갈등 상황이 문제라면, 매우 가까운 관계가 다시 되기는 어려워 보이는데 이전의 절친 사이로 돌아가는 것을 목표로 삼는다면 실현하기 어려울 수 있다. 그러나 얼굴 붉히지 않고 인사 정도는 하는 사이를 목표로 삼는다면 현실적으로 달성 가능하다.

(3) 현재 상황을 진단한다

문제를 정의하고 그것과 관련해서 내담자가 진정으로 원하는 것이 무엇인지 구체적으로 확인하였다면, 그 목표를 달성하기 위해 현재 상황이 어떠한지를 진단한다. 즉 목표를 달성하기 위한 출발점을 진단하는 것이다. 목표를 이루는 것과 관련된 현실을 파악하기 위해, 현재 상황을 진단하는 작업이 필요하다. 문제와 관련해서 내담자가 처해 있는 상황이 어떠한지 구체적으로 이야기하게 한다. 그 상황에서 내담자는 목표에 대해 무엇을 하고 있는지 확인한다.

현재 하고 있는 행동이 목표를 이루는 데 도움이 되는지를 평가한다. 지금 하고 있는 것이 원하는 바를 달성하는데 도움이 되는지 묻는다. 도움이 되고 있지 않다면, 지금 하고 있는 행동들이 어떠한 측면에서 목표를 달성하기 어렵게 만드는지 숙고한다.

또한 현재의 상황에서 목표를 달성하는 것을 어렵게 하는 요인들이 무엇인지 점검한다. 어떤 요인들이 내남자가 바라는 바를 이루는 것을 어렵게 하는지 현실적인 어려움을 확인하는 것이다. 그것과 관련해서 무엇이 걱정되고 두려운지 정서적인 어려움 또한 확인한다.

(4) 이용가능한 자원을 확인한다

목표를 달성하기 위한 계획을 세우기 위해, 현재 상황에서 이용가능한 자원들이 무엇이 있는지 확인한다. 목표를 이루는 데 내담자 자신이 가지고 있는 장점들에 무엇이 있는지, 활용 가능한 자원들에 어떠한 것들이 있는지 살펴본다. 내담자의 성격적 특성들이 될 수도 있고, 인간관계 측면에서 도움을 줄 수 있는 관계들이 될 수도 있다. 또한 상황적인 측면이 될 수도 있고, 외부적인 지원이 될 수도 있다.

(5) 대안들을 모색하고 선택한다

목표를 달성할 수 있는 방법들을 구체적으로 찾아본다. 내담자가 원하는 바를 충족시킬 수 있는 행동들에 어떠한 것들이 있는지 가능한 모두 생각해본다. 대안들의 목록을 만든 다음, 각 대안들의 장점과 단점이 무엇이 있는지 검토하고 어떤 것이 최선의 결과를 얻게 할 것인지 선택한다. 반드시 원하는 것을 이루기 위해서 무엇을 시도해 볼 것인지 내담자로 하여금 결정하도록 한다.

(6) 실행 계획을 세운다

목표를 이루기 위해 무엇을 할 것인지 결정했다면, 그 행동을 언제 시작해서 언제 마무리할 것인지 시간을 계획한다. 가능한 구체적이고 정확하게 계획하도록 한다. 그리고 내담자로 하여금 이 행동을 실천할 의지가 어느 정도 되는지 확인한다. 10점 만점이나 100점 만점과 같이 구체적인 척도 질문으로 하는 것이 좋다. 필요하다면 내담자에게 이 행동을 실천하겠다는 서약서를 만들어 서명하고 상담자와 내담자가 각자 가지고 있는 것도 효과적이다. 내담자에게는 서약서를 눈에 보이는 곳에 두어, 의지를 계속 확인하도록 하는 것도 좋다.

목표를 달성하고 있는지 확인하기 위해 체크리스트를 만든다. 매일 특정 시간마다 목표를 달성하고 있는지 반복적으로 확인하는 모니터링 일지를 만들고 내담자로 하여금 반복적으로 측정 및 평가하도록 한다.

(7) 방해물을 제거한다

목표를 달성하는 행동을 실천하는 것을 방해하는 요인들을 확인하고 제거하는 작업이 추가적으로 필요하다. 예를 들어, 공부하는 것이 목표라면 방해요인이 무엇인지 파악하는 것이 중요하다. 유혹하는 환경을 변화시켜야 하기 때문이다. TV, 유튜브, 친구 등의 요인으로 인한 방해를 최소화하거나 방해를 막는 방법을 찾아봐야 한다. 이 작업이 실행력을 높일 수 있다.

그리고 내담자가 행동을 실천하는 것을 막는 심리적인 저항을 다루어야 한다. 행동을 하는데 내담자 내면에 저항이 있는지, 있다면 어떤 저항이 올라올 것인지 확인한다. 그 거부하는 마음이 무엇인지 들여다봐야 한다. 그 목소리를 들어보고, 거부하고 저항하는 감정을 표현하여 해소하고 다루는 작업이 필요하다. 이 또한 안전하게 해소할 수 있도록 돕는다. 그래야 다른 감정 즉 무엇인가를 하고자 하는 의지나 설렘 등 도움이 되는 감정들이 올라올 수 있다.

오랫동안 취직에 실패를 해온 내담자들은 대부분 무력감을 느낀다. "해보았자 또 떨어질 거야.", "난 해도 취직이 안 될거야"와 같은 패배적인 생각과 그로 인한 저항의 감정이 취직을 위한 새로운 시도를 막는다. 이때 이 저항하는 감정 즉 무력감을 만나고 느끼고 표현하여 해소하는 작업이 필요하다. 자신의 절망과 무력한 마음을 이해하고 다루는 작업이 필요하다. 그러면 놀랍게도 그 감정이 몸밖으로 해소되면서, 비어 있는 자리에 "그래. 또 해보자" 하는 기대와 설렘, 시작하고자 하는 의지와 동기가 생긴다.

상담자는 그 저항을 극복할 방법이 무엇인지 내담자와 미리 찾아본다. 또한 실천하면서 어려움이 생기면, 누구에게 어떤 지원을 받으면 좋을지 함께 예상하고 대비한다.

(8) 문제 해결행동의 실천을 격려한다

내담자로 하여금 문제 해결행동을 직접 실행하도록 하기 위해 다양한 격려의 방법을 사용한다. 지속적으로 지지하고 격려하는 말을 해줄 사람을 찾아 두고, 이러한 계획을 나누고 자신에게 실천하고 있는지 확인하도록 요청할 수 있다. 또한 그 사람에게 자신을 지지하고 격려해달라고 부탁한다. 그 사람과 계속 관련해서 연락을 주고 받도록 하는 것도 효과적이다. 멘토와 멘티처럼 함께 목표를 향해 가는 사람이 있다면 도움이 된다.

무엇보다 스스로를 인정하고 격려하는 것이 가장 효과적이고 중요하다. 실천에 옮기는 자신에게 즉각적이고 반응적으로 그리고 열성적으로 지지하고 격려하는 것이다. "잘하고 있어.", "괜찮아.", "잘했어.", "그냥 하는 거야."라고 말이다. 내가 스스로 되뇌는 말 중에 가장 좋아하는 것이 있다. "최선은 다하되, 결과는 판단하지 말자." 스스로에게 그저 지금 현재 최선을 다하고 있는지, 최선은 아니더라도 하기 만이라도 하고 있는지 격려하는 것이다. 무엇인가를 한다면, 변화는 이미 시작되는 것이다. 아무것도 하지 않은 채 생각만 하는 것은 결국 제자리에 머물러 있는 것이니 변화가 시작될 수 없다.

또한 목표를 달성한 자신에게 무슨 말을 스스로 해줄 것인지 직접 말해보도록 한다. 문제를 해결하기 위해 행동을 취하며 노력하고 있을 미래의 자신에게 스스로 격려하는 말을 해보도록 한다. 이와 함께 내담자가 그동안 해왔던 자기 자신을 비난하고 질책하는 말을 멈추도록 협의한다. 이는 결코 도움이 되지 않는다. 중요한 것은 언제나 지금 시작하는 것이다.

상담자가 내담자로 하여금 과거에 실행력을 발휘했던 경험을 떠올려 보도록 하는 것이 도움이 된다. 그 경험에서 긍정적인 측면을 떠올리고, 그 안에서 내담자의 자원을 발견하도록 한다. 과거의 성취했던 경험과 기분과 함께, 미래에 그 목표에 도달한다면, 어떤 마음이 들 것인지 상상하게 한다. 그때 기분이 어떨지, 무엇을 얻을지를 떠올려 보는 것이 실천하는 동력이 된다.

이와 같은 작업을 통해 계획을 세웠으면 생각은 멈추고, 그냥 행동에 옮겨 보는 거다. 내가 얼마만큼 했는지 돌아보지도 말고, 내가 얼마나 가야 하는지도 미리 확인하지 말고 그냥 지금 해보면 어떨까. 가다보면 조금씩 쌓여서 무언가 이루어지기 마련이기 때문이다.

제8장

정서중심적 치료의 원리와 실제

① 기본 가정

1) 인간관

정서중심적 치료(Emotion-Centered Therapy)는 체험적 심리치료의 주요 인간 관을 따른다. 첫째, 인간은 자율적이다. 자기 스스로 판단하고 선택하고 자신을 통제하고자 한다. 인간은 타고나길 자율성을 향해 나아가고자 하는 경향성을 가진다. 자율성은 인간이 충족해야 하는 가장 중요한 욕구 중 하나인 것이다.

인간은 결코 수동적이지 않으며, 자율적으로 움직이고자 한다. 그러나 삶의 과정에서 부모와 주변 사람들에게 판단당하고 타인의 욕구에 휘둘리며 자율성은 방해받고 억눌러진다. 자율성이 충족되지 못할 때, 인간은 고통스럽고 타고난 자신의 힘과 자원을 제대로 발휘하지 못하게 된다. 심리적 어려움을 겪고 부적응 상태에 놓이기도 한다.

따라서 상담 및 심리치료 장면에서 상담자는 내담자가 자신의 타고난 자율성을 발휘할 수 있는 안전한 환경을 조성해야 한다. 상담자는 가능한 내담자 자신이 스스로 판단하고 선택할 수 있는 기회를 마련하는 등 자율권을 주어야 한다.

둘째, 인간은 창의적이다. 내면에서 새로운 생각을 떠올리고 제안하는 등 상상력과 창의성을 지닌다. 정서중심적 치료는 매 순간 상담 장면에서 일어나는 내담자 및 상담자의 체험에 초점을 맞춘다. 미리 무엇을 정해 놓는 것이 아니라, 무엇이 새롭게 일어날지 모르는 체험에 의존하는 것이다. 매 순간 체험은 변화하고, 새롭게 변화하는 체험에 치료적 작업이 달려 있다.

상담자는 내담자의 상상력과 창의성이 상담 장면에서 발휘될 수 있도록 돕는다. 새롭게 제안되는 생각이나 아이디어는 내담자 내면의 의식 및 무의식의 영향을 받을 수 있고, 내면에 중요한 욕구가 표현된 것일 수 있다. 내담자의 창의성을 바탕으로 내면의 무의식이 드러나고, 내적인 욕구가 상담 장면에서 충족될 수 있는 방법을 찾아 구현된다. 소화되지 못한 경험을 소화하고 완결할 수 있는 방법 또한 내담자와 함께 창의적으로 탐색하고, 그 과정을 상상력을 바탕으로 이해하고 받아들일 수 있다.

셋째, 인간은 성장하는 방향으로 나아간다. 인간 본연의 상태에서는 자신에게 필요한 성장을 실현하고 문제를 해결하는 방향으로 움직인다. 그러나 환경의 개입과 방해로 인해, 수많은 잡념과 관념이 그러한 성장을 방해한다. 따라서 정서중심적 치료에서는 안전한 환경의 조성을 통해 내담자가 스스로 성장하고 나아갈 수 있도록 돕는다.

Rogers는 특히 세 번째 가정을 인간중심치료 이론의 기본 가정으로서 강조하였다. 인간은 자기 본연의 상태에 놓여 있을 때, 자기 성장과 문제를 해결하는 방향으로 나아간다. 내담자의 성장과 문제 해결이라는 상담목표를 달성하기 위해서는, 이러한 인간의 잠재력을 발휘할 수 있도록 도와야 한다. 그 치료적 조건으로 상담자가 진실하고 일치된 태도, 무조건적으로 긍정적인 존중, 공감적 반응을 보일 것을 제안하였다. 그래야 내담자가 자신을 있는 그대로 드러내고 바라볼 수 있게 되면서, 자신의 경험을 수용하고 통합할 뿐 아니라 자기 실현과 자기성장의 방향으로 나아갈 수 있다. 정서중심적 치료도 이러한 입장을 따른다.

정서중심적 치료에서 상담자 또한 내담자와의 관계에서 일치성, 무조건적 긍정적 존중, 공감적 태도를 통해 신뢰로운 상담관계를 형성한다. 안전한 상담 환경에서 내담자는 자기 본연의 모습을 솔직하게 드러내며 매 순간의 체험적 변화를 통해 자신을 탐색하고 이해하고 통합해 간다. 또한 소화하지 못한 경험을 만나고 꺼내어 그대로 들여다볼 수 있다.

내담자의 자율성, 창의성, 성장가능성 가정을 바탕으로, 지금 여기에서의 내담자의 체험을 따라가며 알아차리도록 돕는다. 이 과정을 통해 내담자는 소화하지 못한 감정 경험을 해소하고 이해하는 방향으로 나아간다. 그리고 문제를 해결하는 방법을 찾아 나아간다. 정서중심적 치료에서는 상담자가 신뢰롭고 안정된 치료적 관계를 통해 형성된 안전한 상담 장면에서 내담자의 체험적 변화 과정을 믿고 따라가는 것이 가장 중요하다.

2) 인간의 능력에 대한 관점

첫째, 인간은 매 순간 알아차리고 체험하는 유기체이다. 인간은 알아차림의 능력을 지니고 태어난다. 정서중심적 치료는 매 순간 일어나는 체험을 알아차리는 과정으로 진행된다. 따라서 내담자의 알아차림 능력은 정서중심적 치료의 가장 중요한 치료적 도구가 된다. 상담자는 매 순간 내담자로 하여금 자신의 내적 상태와 처한 현재 상황 등을 알아차리도록 안내한다.

둘째, 인간은 자신을 들여다보며 반성하는 존재이다. 알아차림에서 좀 더 나아가 알아차린 자신의 경험이 어떠한지, 무엇을 의미하는지 숙고하는 과정이 필요하다. 인간에게는 알아차릴 수 있는 능력과 알아차린 내용을 보다 깊이 그 원인과 의미를 이해하고 들여다볼 수 있는 반성 능력이 있다. 정서중심적 치료에서 알아차림과 반성 능력 두 가지는 매 순간 변화하는 내담자의 체험을 작업하는 중요한 치료적 도구가 된다.

셋째, 인간은 자신의 경험을 능동적으로 구성하고 조직화하는 존재이다. 자신의 경험 안에서 구조를 발견하고 정보를 조직화한다. 그렇게 형성한 자기, 타인, 세상에 대한 믿음의 틀에 일치하는 방향으로 자신의 경험을 적극적으로 조직화하려 한다. '봐. 그런 거지', '내 생각이 맞잖아'와 같이 이해하려 한다. 그러나 이러한 시도가 실패했을 때, 당황스러워하며 정서적 고통을 느끼고 다양한 방식으로 수습하고 처리하려 한다.

치료 목표 및 개입 절차

정서중심적 치료의 목표는 내담자의 정서적 고통을 감소시키는 것이다. 이를 위해 상담자는 정서적 고통을 유발하는 소화하지 못한 감정 경험을 소화하도록 도움으로써 내담자의 정서적 상태를 지속적으로 변화시킨다. 또한 상담자는 내담자에게 자신의 감정을 조절하는 정서조절방법을 교육하고 훈련함으로써, 자신의 정서적 고통을 스스로 다룰 수 있도록 한다. 따라서 상담자는 정서조절코칭 전문가이여야 한다.

감정 경험을 다루는 작업을 하기 위해서는 먼저 안전이라는 사전 조건을 확보

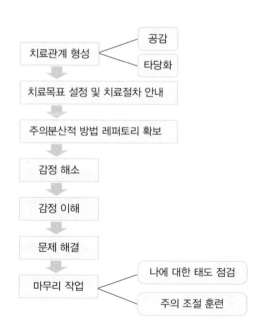

그림 8-1. 정서중심적 치료 절차

해야 한다. 상담자는 공감과 타당화를 통해 내담자와의 관계에서 신뢰를 구축하고 안전하고 안정된 치료 관계를 형성한다.

상담자는 내담자와 치료 목표를 설정하고, 치료목표를 달성하기 위해 어떻게 접근하는지 정서중심적 치료 절차를 설명하고 안내한다. 정서중심적 치료의 공통된 목표는 정서적 고통의 감소이지만, 내담자가 상담 장면에서 다루고자 하는 치료적 변화와 목표를 가능한 구체적으로 설정하도록 한다.

상담자는 상담 목표를 설정한 후, 다음과 같은 정서중심적 치료 절차를 설명함으로써 정서적 고통을 어떻게 변화시킬 수 있는지 이해시킨다. 감정 경험을 다루기 위해서 감정 해소와 감정 이해 두 가지 측면의 정서처리과정이 필요하고, 문제나 상황에 대한 해결적 접근은 별개로 해야 한다는 것을 이해시킨다. 이는 선해소 후해결의 원칙에 따라 먼저 정서경험을 다룬 후에, 문제나 상황에 대한 문제 해결 개입이 이루어지는 것이 바람직하다.

정서 경험을 다루기 위해서 정서적 고통을 유발하는 소화되지 못한 경험을 치료적 장면에서 소화시키는 작업을 해야 한다. 이는 선해소 후이해의 원칙에 따라 먼저 체험적 측면에서 감정을 느끼고 표현하는 감정 해소 작업을 한 후에, 인지적 측면에서 감정의 원인을 이해하고 대안적인 생각으로 대체하는 감정 이해 작업을 해야 한다.

본격적인 치료적 개입 절차의 첫 번째는 주의분산적 방법 레퍼토리를 확보하는 것이다. 필요할 때 내담자로 하여금 불쾌한 감정과 거리를 두고 안전을 확보할 수 있도록 주의분산적 방법을 교육하고, 직접 사용해 보는 훈련을 통해 내담자에게 맞는 주의분산적 방법 레퍼토리를 확보하는 것이다.

감정에 접근하기 어려운 상황에서는 감정으로부터 거리를 두어 안전을 확보할 수 있는 주의분산적 방법을 사용하는 것이 바람직하다는 것을 안내한다. 감정 경험에 안전하게 접근하기 위해, 먼저 불안이나 분노 등의 감정이 강렬한 상태에서 주의분산적 기법을 사용해 안전을 확보하는 훈련이 필요하다. 또한, 감정 해소 작업을 하기 어려운 상황에서는 주의분산적 기법을 사용해 일시적으로 불쾌한 감정을 완화하도록 개입한 후, 감정 이해 작업을 실행하는 것이 효과적이다. 따라서 상담자는 내담자에게 먼저 주의분산적 방법을 교육하고 평소에 주로 사용할 수 있는 주의분산적 방법 레퍼토리를 확보해야 한다.

두 번째 단계는 감정 해소이다. 안전을 확보하였다면 소화하지 못한 감정 경험을 느끼고 충분히 표현하여 해소하는 작업을 한다. 안전하게 감정을 해소하기 위해서는 안전이라는 사전 조건과 감정 해소의 필수조건 세 가지가 필요하다.

세 번째 단계는 감정 이해이다. 이해하지 못해 소화되지 않은 것이니, 정서적 고통을 유발한 감정 경험이 '왜' 그리고 '어떻게' 일어났는지 이해하는 작업이 필요하다. 감정 경험을 해소하고 이해하는 작업을 통해 비로소 떠나보낼 수 있다.

네 번째 단계는 문제 해결이다. 두 가지 접근적인 개입을 통해 소화하지 못한 감정 경험을 다루고 소화시켰다면, 이와 별개로 정서적 고통을 유발하는 문제나 상황을 변화시키는 문제 해결 작업이 필요하다. 정서적 고통을 유발시킨 상황과 문제를 변화시킬 수 있는 방법을 모색하고, 이를 직접 실행에 옮기는 문제 해결적 접근을 취한다. 문제나 상황에 대한 행동적 접근으로 문제를 해결하는 행동을 모색하고 구체적으로 취할 수 있도록 돕는다.

마무리 단계는 나에 대한 태도를 점검하고 변화시키는 작업이 필요하다. 똑같은 자극이나 상황에서 상처를 받느냐 마느냐의 여부는 내담자가 자신을 어떻게 바라보고 있는지 그 태도에 달려 있다. 자신에 대해 부정적인 태도를 가지고 있을 때, 외부의 자극이나 상황에 대해 자신과 관련짓게 되고 자신을 바라보는 부정적 태도를 입증하는 방식으로 해석함으로써 상처를 받는다. 또한 이미 받은 상처를 치유하느냐 마느냐의 여부 또한 내담자가 자기 자신을 바라보는 태도에 달려 있다. 따라서 상담자는 내담자가 자신을 어떻게 보고 있는지 확인할 필요가 있다. 내담자가 자신에 대해 어떻게 생각하고 바라보고 있는지 '나에 대한 태도'를 점검하고 진단하는 작업이 필요하다. 나아가 내담자가 자신을 좀 더 수용하고 긍정적이고 바람직한 방향으로 태도를 변화시키는 작업을 해야 한다.

마지막으로, 상담을 마무리하기 위해서는 내담자로 하여금 주의 조절 훈련을 할 필요가 있다. 상담 장면에서 정서적 고통을 유발한 감정 경험을 해소하고 이해하는 작업과 문제 해결 작업을 통해 치료적 목표를 달성하였다. 상담자는 내담자에게 감정을 다루는 '주의분산적 방법', '감정 해소', '감정 이해', '문제 해결' 등 정서조절방법을 교육하고 훈련하는 등 정서조절코칭을 하였다. 또한 내담자가 상처로부터 좀더 안전하게 대처하고 치유할 수 있도록 자신에 대한 태도를 변화시켰다. 이러한 과정을 통해 상담자는 내담자가 상담자의 도움 없이도 스스로 자신의 감정을 다루고 해결해갈 수 있도록 도왔다.

그러나 삶을 살아가다 보면, 불안, 분노, 슬픔, 좌절 등 정서적 고통을 유발할 수 있는 수많은 자극과 상황에 노출될 것이다. 또한 감정 경험을 소화하고 문제를 해결했음에도 불구하고, 자신도 모르게 관련한 장면이나 생각 등이 떠올라 주의를 빼앗길 수 있다. 따라서 감정을 조절하는 가장 중요한 열쇠는 주의 조절이다. 주의를 어디에 두느냐에 따라 우리의 경험과 감정은 달라진다. 평소에 내담자가 불필요한 정서적 고통에 휩싸이고 매몰되지 않을 수 있도록, 상담을 종결하기 전에 내담자로 하여금 주의를 조절하는 훈련을 하도록 돕는다.

 치료의 조건: 안전

치료적 작업을 하기 위해 필요한 안전이라는 사전 조건은 크게 두 가지 측면에서 확보한다. 치료적 관계와 주의분산적 정서조절 방법의 훈련을 통해서이다. 첫째, 상담자와 내담자 간의 신뢰로운 안정된 치료적 관계를 형성해야 한다. 내담자는 상담자가 자신을 위해 치료적으로 최선을 다할 것임을 믿고, 자신을 공격하거나 상처주지 않을 것임을 믿는다.

신뢰하는 것 즉, 누군가를 믿는다는 것은 그 사람이 자신을 위하고 돌보아줄 것이라는 믿음을 말한다. 내담자는 상담자에 대한 이러한 믿음을 통해, 상담관계를 안전하다고 느끼며 상담 장면에서 서서히 저항과 방어를 풀게 된다. 아프고 상처받을까 봐 두려워 세상을 향해 쌓아 올린 방어벽을 조금씩 내려놓게 된다. 그리고 경험적 회피를 통해 보려하지 않았던 불편한 자신, 타인 및 세상의 측면들을 꺼내어 보려는 의지와 용기를 갖는다. 그동안 외면했던 측면들에 주의를 줌으로써 드디어 체험이 이루어지고, 경험의 통합이 이루어진다.

특히, 정서중심적 치료에서 소화하지 못한 경험을 상담 장면에서 재경험하는 작업은 내담자에게는 불편하고 두려운 일이다. 마주하기 두렵고 불편해서 회피해왔던 경험을 다시 꺼내어 들여다보는 것은 여간 부담이 아니다. 이처럼 정서를 알아차리고 느끼고 표현하는 작업과 회피했던 경험을 마주하고 이해하는 작업은 내담자에게 여러 가지 부담과 위험을 불러일으키므로, 상담자의 치료적 개입을 믿고 따라갈 수 있는 안전한 관계가 본격적인 치료적 작업 이전에 형성되어야 한다.

신뢰 즉, 믿음은 어떻게 형성되는 것일까? 바로 공감적 이해를 통해 형성된다. 인간은 자기 자신이 있는 그대로 이해받는다고 느낄 때 서로가 연결되는 느낌을 갖고 믿음을 형성해 간다. 또한 내담자는 자신의 경험이 그럴만했음을 타당화 받을 때 상대에 대한 신뢰를 갖는다. 요컨대 신뢰로운 치료적 관계는 '공감'과 '타당화'라는 두 가지 치료적 기제에 의해 형성되는 것이다.

1) 공감과 타당화

공감은 상담 및 심리치료 장면에서 가장 빈번하게 강조되는 상담자의 태도이고 개입이다. 많은 사람들이 자신의 마음을 이해받기 원한다. 그러나 좀처럼 누군가에게 이해받고 공감 받는 경험을 하기는 쉽지 않다. 따라서 공감 받는 경험 자체가 내담자에게 치료적 효과를 발휘한다. 나아가 공감을 통해 내담자는 상담자와의 관계를 안전하게 지각하며, 본격적인 치료적 작업에 임할 수 있는 환경으로 나아간다.

상담자들에게 공감은 귀에 닳도록 들은 굉장히 흔한 치료적 개입일 수 있다. 그리고 누구나 할 수 있는 것처럼 지각된다. 그러나 상담 수퍼비전을 해보면 초보상담자 가운데 공감을 활발하게 하는 경우를 생각보다 쉽게 보지 못한다. 아마도 공감이 기본적인 치료적 개입이라는 인식이 있고, 초보상담자들에게 자신의 전문적 능력을 인정받고자 하는 욕구가 강한 면이 있기 때문일 것이다. 이에 흔하게 인식되는 공감보다는 좀 더 적극적인 치료적 개입을 해야 하지 않을까 하는 유혹을 받기 쉽다. 그러다보니 다른 기법과 개입을 사용하느라, 정작 가장 기본적이면서 중요한 치료적 개입인 공감을 하는 것을 소홀히 하는 경우가 많다. 그런 말이 있다. 공감만 잘해도 성공한 상담회기라고 말이다. 이 말 속에서 공감이 얼마나 파워풀한 상담 효과를 발휘하는지 짐작할 수 있다.

(1) 경청

공감을 하기 위해서는 경청이 필요하다. 먼저 들어야 한다. 그런데 우리는 경청 즉, '듣는 것'은 너무 기본적인 것 아닌가 하는 생각에 가볍게 무시하고 지나가는 경우가 많다. 특히 초보상담자들이 겪는 실수 중 하나가 경청을 제대로 하지 않는다는 점이다. 들으면 되는데 듣지 못할까? 내 안에 내 것이 너무 많기 때문이다. 처음 상담을 시작하는 상담자들은 특히 뭔가 자신을 보여주어야 할 것 같은 부담을 느낀다. 그러다보니 내담자 말에 대해 자꾸 섣부른 판단이나 평가를 하고 있다. 또한 내담자의 말에 대해 상담자 자신이 무슨 말을 해야 할지를 생각하느라 온전히 내담자에게 주의를 집중하기 어렵다. 상담은 내담자가 제공하는 세세한 모든 정보를 수집해서 상담자가 평가와 판단, 해결책을 제시하는 것이 결코 아니다.

상담자들이 자신을 증명해 보이려다 보니 필요 이상으로 많은 얘기를 하기도 한다. 보통 내담자가 상담시간의 60~70% 정도의 지분을 이야기한다. 그런데 상담자가 내담자를 성급하게 변화시켜야 한다는 부담감이 있으면, 듣기보다는 자신이 알고 있는 좋은 생각이나 방법을 알려주고 싶어 한다. 섣부른 충고를 하게 되는 것이다.

내담자들은 힘들고 고통스러워서 상담자를 찾아오고 도움을 받기 원한다. 내담자들은 언어적, 비언어적 메시지를 통해 끊임없이 '도와달라'고 말한다. 도와달라고 요청하는 메시지를 계속 듣는데, 어찌 도와주고 싶은 마음이 차오르지 않겠는가. 대부분의 상담자들은 다른 사람들의 어려움을 자신의 도움을 통해 나아지게 하기 원하는 사람들이다. 내담자가 어려워하는 호소 문제를 얘기할 때, 상담자는 그것을 듣고 해결책을 제시해야 하는 책임이 있다고 착각하기도 한다. 그러나 상담자는 내담자가 자신의 어려움을 스스로 다루고, 문제를 해결할 수 있는 방향으로 나아가도록 곁에서 함께 나아가는 사람일 뿐이다. 상담자가 내담자의 문제를 해결할 책임은 결코 없다.

침묵을 허용하지 않기도 한다. 무엇인가 이루어져야 하는 부담이 있기 때문에, 섣부르게 침묵을 파괴하기도 한다. 침묵을 깨고 이야기를 채우려다 보니, 이야기가 피상적으로 흐르게 된다. 먼저 상담자 자신이 침묵에 대한 불안이 있는지 살펴볼 필요가 있다. 있다면, 무엇에 대한 불안인지 스스로 이해하는 작업이 필요하다.

경청이란 '고르게 떠 있는 주의'를 유지하면서, 내담자의 말과 행동에 주목하는 것을 말한다. 내담자가 하는 말의 흐름을 잘 따라가며 듣는 것이다. 주목할 것은 내담자가 하는 말의 내용만이 아니라, 내담자의 표정이나 몸짓, 행동을 모두 포함한다. 의미가 있는 단서가 있는지 주의를 고르게 주어야 한다. 중요한 단서가 포착되면 거기에 좀 더 주의를 집중시키면서도, 다른 단서들도 살펴보면서 언제든 나타날 수 있는 의미 있는 단서들을 놓치지 않아야 한다.

경청이 제대로 이루어질 때, '상담자가 내 얘기를 정말 듣고 싶어 하는 구나' 하는 생각이 든다. 상담자가 내담자 자신에게 온전히 관심을 기울이고 있음을 전달받는다. 우리는 모두 어릴 때 세상의 중심인 줄 알았으나, 성장하는 과정 동안 자신이 결코 세상의 중심이 아님을 알게 된다. 그저 세상을 구성하는 수많은 사람들과 유기체들, 사물들 가운데 작은 하나일 뿐임을 안다. 자신이 그리 대단하지 않은 사람이고 특별하지도 않고 중요하지도 않은 사람임을 깨닫게 되고, 이것을 인정하는 것은 상처가 되기도 한다.

그러다가 점차 이를 받아들이며, 우리 모두 각자의 작은 세계 안에서 살아가는 법을 터득하게 되는 것이다. 그런데 상담 장면에서 상담자라는 한 사람이 50분이라는 시간 동안 온전히 내담자 자신만을 바라보고 있다는 것은 그것 자체만으로도 상처받은 자기애적 욕구를 치유하고 충족하는 효과가 있다. '나에게 이렇게 관심을 기울이다니. 지금껏 누구도 내게 이러한 관심을 주는 사람은 없었어' 라는 생각이 든다.

내담자는 점차 자신만을 바라보고 자신의 이야기에 온통 주의를 기울여 집중해 듣고 있는 상담자를 향해 믿음을 갖고 자신의 것을 솔직하게 내어놓기 시작한다. 내담자가 가지고 있는 생각과 감정에 대한 표현이 증가하고, 자기 방식으로 문제를 탐색하는 모습을 보인다. 타인이 기대하고 수용될만한 거짓자기의 모습이 아니라, 역할 연기를 하는 페르소나가 아니라 감추었던 있는 그대로의 자기 자신의 모습을 보이게 되는 것이다. 평소 어떻게 반응하고 문제를 바라보고 인식하고 해결해 가는지 내담자 자신의 솔직한 모습을 보인다.

잘 듣는다고만 해서 경청을 잘 하는 것은 아니다. 잘 듣고 있음을 내담자에게 인지시키고 전달하는 것이 경청이다. 그러기 위해서 시선이나 자세를 신경 쓸 필요가 있다. 가능한 내담자의 시선과 접촉을 하도록 노력한다. 보통 상담자는 내담자와의 전체 상호작용에서 눈맞춤의 시간이 전체 상담시간의 28~70% 정도가 된다고 한다. 눈맞춤의 시간이 너무 적은 것도, 너무 자주 눈을 맞추는 것도 내담자에게 좋지 않을 수 있다. 뚫어져라 눈을 쳐다보는 것이 자칫 내담자에게 부담을 줄 수 있으므로, 눈과 눈 사이, 눈 근처, 얼굴 주변에 시선을 머무르게 하는 것이 좋다. 몸의 자세는 뒤로 젖히는 것보다 내담자에게 관심이 있음을 표현하기 위해 이완된 자세로 약간 내담자 방향으로 몸을 기울이는 것이 효과적이다.

내담자의 말을 잘 듣고 있음을 전달하는 신체적 반응으로 고개를 끄덕이는 몸짓을 간헐적으로 하거나, 언어적 행동으로 '음', '어', '네', '그러네요' 등의 추임새를 넣는 것도 좋다. 단, 내담자가 자신이 하고자 하는 말의 흐름을 방해하지 않는 범위에서 선날하는 것이 바람직하다. 지나친 신체적 반응이나 언어적 추임새는 내담자 눈에 두드러지게 보이거나 거슬릴 수 있다. 내담자는 '저 상담자가 왜 자꾸 거슬리게 알았다고 하는 거야', '그냥 듣고 있다는 시늉으로 반복하는 것 아냐?'라는 생각이 들 수 있기 때문이다.

경청을 하면서 중요한 점은 상대적으로 더 비중을 두어야 할 내담자의 말과 행동에 주목하는 것이다. 수많은 단서와 정보 중에서 내담자가 정말 하고 싶은 말이 무엇인지, 내담자의 문제와 경험에 중요한 단서가 되는 것이 무엇인지 알아차리고 주목해야 한다. 그래서 의미 있는 치료적 작업으로 이끌어야 한다.

상담자가 경청하는 가운데 좀 더 의미 있게 작업할 단서를 찾았다면, 그 대상에게 주목하게 하는 방법을 취한다. 중요한 의미 있는 내용에 좀 더 추임새를 강하게 주는 것도 효과가 있다. 목소리를 좀 더 크게 하거나, 그 내용을 이야기할 때 상담자의 몸을 앞으로 숙여서 관심을 표현할 수 있다. '그 부분이 참 중요한 내용인 것 같아요', '아, 그래요?'와 같이 직접적으로 말을 해도 좋다.

(2) 질문

상담자는 내담자의 이야기를 경청하였으면, 내담자가 자신의 이야기를 보다 탐색하고 의미 있게 펼쳐놓을 수 있도록 질문을 잘 해야 한다. 내담자의 이야기 가운데 중요한 사항에 대한 적절한 질문은 상담자가 자신의 이야기를 제대로 경청하고 있음을 전달받을 뿐 아니라, 내담자가 자기 탐색을 할 수 있도록 촉진하는 효과가 있다.

내담자의 이야기를 잘 듣고 있다 보면, 좀 더 궁금한 것들이 떠오르기 마련이다. 물론 상담자의 개인적 성격이나 취향을 배제하고, 자신을 비우고 내담자의 이야기에 온전히 집중했을 때 내담자의 이야기 가운데 정말 필요로 한 사항이 궁금해진다.

상담자의 개인적 관심을 반영해서 질문을 하게 되면, 내담자는 속으로 '왜 이런 걸 묻지?', '이게 왜 궁금하지?'라는 생각이 들어 내키지 않은 마음이 들 것이다. 이야기를 하면서도 상담자가 질문하니까 답을 하는 식의 이야기가 될 수 있고, 시간이 아까운 느낌이 들 수 있다. 그러나 온전히 내담자의 이야기에 집중해서 하는 질문은 내담자로 하여금 더욱 이야기를 하게 만들고 신이 나게 만들고 시원하게 만든다.

물론 질문이 내담자가 필요하고 중요하지만 외면하고 있던 부분일 수 있다. 그런 경우라면, 상담자는 적절한 때를 기다리면서 내담자가 점진적으로 그 부분에 다가가 이야기를 꺼낼 수 있도록 격려해야 한다.

질문은 내담자 내면의 세계가 자유롭게 드러날 수 있도록 열린 질문의 형태를 취하도록 한다. 예를 들어, "그것에 대해 조금 더 설명해주시겠어요?", "그런 것이 **님에게 무엇을 의미하나요?", "그런 문제에 있어서 **님은 어떤 역할을 한 것 같나요?", "친구에게 하고 싶은 말이 무엇인지 조금 더 이야기해주시겠어요?", "**님은 그 밖에 무엇을 느끼나요?", "그것에 대한 **님의 마음을 조금 더 이야기해 주시겠어요?"와 같이 질문한다. 내담자는 열린 질문에 대해 그 순간 자신이 말하고 싶은 측면을 자신의 방식으로 꺼내어 놓을 것이다. 그것이 내담자의 마음이다. 그 순간에 맴돌고 있는 생각이고 감정이며 하고 싶은 행동이다.

질문을 할 때 주의할 점이 있다. 질문에 대해 설명하기 위한 부연설명을 많이 하는 것은 좋지 않다. 주의가 산만해지고, 내담자와의 대화 흐름이 깨질 수 있다. 가급적 짧고 간단하게 질문한다. 좋은 질문은 내담자가 하고자 하는 이야기에 자연스럽게 스며들고 이야기의 맥을 끊지 않고, 촉진적으로 작용한다.

또한 질문은 내담자를 위한 치료적 목적이 있어야 한다. 지금 하고 있는 질문이 내담자의 치료적 작업에 도움이 되는 질문인지, 아니면 상담자 자신의 호기심으로 인한 질문인지 판단하기 어려울 수 있다. 그럴 때는 질문하는 자신에게 먼저 질문해 보기 바란다. '내가 하려는 질문은 내담자에게 도움이 되는 것인가?'라고 짚어 보는 것도 좋다.

(3) 반영

내담자는 상담자가 자신의 이야기를 진심으로 이해하고 수용할 수 있는지 궁금하다. 상담자는 반영을 통해 이를 전달함으로써, 내담자의 이야기를 따라간다. 반영은 내담자의 말과 행동에서 표현된 감정, 생각, 태도를 다른 말로 부연해 돌려주는 것이다. 거울처럼 자신의 이야기를 돌려주는 상담자의 반영을 통해, 내담자는 자신의 이야기와 그 내면에 흐르는 마음을 보다 깊게 탐색하고 분명하게 파악할 수 있다. 또한 반영은 내담자로 하여금 상담자로부터 이해받는다는 느낌을 주어 신뢰로운 상담 관계를 촉진한다.

내담자의 내면적 감정에 대한 너무 깊은 반영은 내담자가 받아들이기에 부담스러워 뒤로 물러서게 만들 수 있다. 반면, 내담자의 말을 거의 그대로 돌려주는 너무 얕은 수준의 반영만을 반복할 때에는 내담자의 마음에 들어가지 못하고 부족하다는 느낌을 줄 수 있다.

또한 상담자는 내담자가 어느 정도 충분히 말을 한 다음에, 반영을 하는 것이 좋다. 그렇지 않으면 내담자의 이야기 흐름을 중간에 끊거나 놓칠 수 있다. 물론 의미 있는 내용이 나타났을 때는 그것에 초점을 맞추기 위해 내담자의 말을 중단시킬 수 있다.

반영을 하는 방법 가운데 내담자가 하는 말을 그대로 반복하는 것도 일종의 반영이다. 이때 상담자는 내담자의 이야기 전부를 다시 반복해서 이야기하는 것이 아니라, 내담자의 이야기 중 핵심이 될 만한 부분이나 끝부분을 가볍게 반복할 수 있다. 내담자가 "~~해서 연락을 하지 못했어요."라고 말을 한다면, "연락을 못했네요."라고 상담자가 반영할 수 있다.

여기서 조금 더 나아가 전달하고자 하는 요점을 분명히 하면서 다른 표현으로 바꾸어 반영할 수 있다. 내담자가 "엄마요? 글쎄요. 엄마는 어쩔 때는 되게 잘해주세요. 그런데 또 어쩔 때는 되게 무서워요."라고 말한다면, 상담자는 "엄마가 좀 일관성이 없나보네요."라고 반영할 수 있다. 그러면 내담자는 엄마에 대해 자신이 가지고 있던 모습을 다시 한번 상담자를 통해 비춰보면서 일관성이 없다고 어렴풋하게 해왔던 생각을 명료히 하고 받아들일 수 있게 된다.

반영의 표현 방법은 "~때문에 ~를 느끼는군요.", "~게 느끼시는 것 같네요.", "~게 들리는데요.", "달리 말하면 ~게 느끼고 계신다는 말씀인가요?", "~라고 이해가 되는데요.", "정말 ~한가 보네요." 등이 있다.

내담자가 말로 표현하는 것 뿐 아니라 내담자의 자세, 몸짓, 목소리의 어조, 눈빛 등의 비언어적 메시지에서 표현되고 있는 것도 함께 반영해준다. 상담자는 내담자의 거울이 되어 내담자의 지금 현재의 모습을 비춰준다. 특히 내담자가 말로 표현하는 것과 비언어적 메시지에서 나타나는 단서 간에 차이가 있거나 모순을 보일 때는 그것을 그대로 되돌려줌으로써 내담자가 자신이 그러하고 있음을 비추어 보도록 하는 것이 좋다. 예를 들어 "**님은 지금 괜찮다고 말하고 있는데 제게는 몹시 초조하게 보이네요.", "그 분에 대해 좋은 사람이라고 말하고 있지만, 왠지 목소리는 차갑고 냉정하게 느껴지네요."와 같이 전달할 수 있다.

(4) 공감

반영 가운데 내담자의 감정에 초점을 두고 내담자 내면의 마음을 알아주어 돌려줄 때 공감이라고 한다. 공감(Empathy)의 유래는 Einfuhlen으로 ein(안에)과 fuhlen(느낀다)이 결합한 단어이다. 즉 내담자의 마음 안으로 들어가 느끼는 것이다. 내담자의 경험과 그 경험 안에서 느끼는 감정을 내담자의 입장이 되어 이해하는 것이다. 상담자의 입장이 아니라, 내담자의 주관적 입장으로 느끼고 이해하는 것을 돌려주는 것이 공감이다. 이때 자신의 자세를 버리지 않고 전달한다.

'나는 나인데 너의 입장이 되어보니.'라고 쉽게 설명할 수 있다.

흔히 우리는 그 사람의 마음을 공감한다고 하지만, 자신의 입장에서 이해하고 느낄법한 감정으로 알아주는 경우가 많다. 가장 공감하기 힘든 경우들이 보편적이지 않은 경험들을 하는 사람일 것이다. 매번 전교 1등을 하는 친구의 마음을 우리가 공감하기는 쉽지 않다. 그 친구가 1문제 틀렸다고 속상해하는 것을 볼 때, 그 친구를 위로하기 위해서 "한 문제 틀린 건 진짜 잘한 거야. 난 진짜 그래 봤으면 좋겠다. 속상해하지 마. 진짜 잘했다니까."라고 한다면 그건 공감이 아니다. 재산이 너무 많아서 그 재산을 관리하는 게 귀찮고 골치가 아프다고 말하는 친구의 고민을 공감하는 것 또한 쉽지 않다. "야, 난 그 정도의 재산이면 춤을 추겠다. 귀찮고 골치아파봤으면 좋겠다. 기쁘게 생각해. 행복한 고민이야. 좋게 생각해."라고 한다면, 그것 또한 공감이 아니다.

공감은 동정(sympathy)과 다르다. 동정은 내 입장에서 그 사람이 표현한 고통의 정서에 반응하여 그 사람을 위하는 마음을 갖는 것이다. '내가 너에게'로 나타낼 수 있다. "정말 안 되었다. 어쩌니."와 같이 내 입장에서 느끼는 안타까움과 위로를 전달하는 것을 말한다. 물론 이러한 감정 전달이 그 사람에게 위로와 위안이 되고 긍정적인 효과를 발휘할 수 있다. 그러나 누군가에게는 자칫 동정에 대한 거부감으로 인해 치료적 관계를 손상시킬 수도 있다.

미연 씨는 조금씩 친해지고 있는 친구 현정 씨에게 어릴 적부터 겪었던 자신의 힘든 과거 이야기를 갑작스럽게 꺼내놓았다. 술 한잔이 힘이 되었을 수도 있고, 친해지고 있는 현정 씨가 자신을 있는 그대로 이해하고 공감해줄 수 있을지 모른다는 기대 때문이었는지 모른다. 미연 씨의 부모는 고등학교를 졸업하자마자 갑작스럽게 생긴 미연 씨로 인해 이른 결혼생활을 시작하였다. 부모 모두 대학 입학을 포기하였고 일찍 생업 전선에 뛰어들어야 했다. 너무 일찍 시작된 결혼과 직장생활로 스트레스가 심해지면서, 부모가 심각하게 싸우는 일이 반복되었고 결국 아버지가 집을 뛰쳐나가 버렸다. 이후 아버지의 소식을 들을 수 없었다. 몇 년 후 재혼한 양부는 알콜 문제가 있었고, 주사가 심해서 거의 매일 술을 마셨고 미연 씨와 미연 씨의 어머니를 심하게 폭행했다.

미연 씨는 현정 씨에게 자신의 아픈 이야기들을 아무런 감정 없이 담담하게 쏟아내었고, 현정 씨는 무척 당황스럽고 안타까운 마음에 뭐라고 이야기를 해야할 지 몰랐다. 자신의 마음은 아프고 슬픈데 아무런 감정도 없이 쿨하게 이야기하는 미연 씨가 당황스럽기도 하였다. 현정 씨는 미연 씨가 너무 가엽게 느껴졌고 그 어린 아이가 얼마나 무서웠을까 싶어서 눈물이 났다. 마음이 무겁고 슬퍼서 주체하기 어려웠다. 현정 씨는 미연 씨에게 너무 안타깝고 힘들었겠다며 마음을 전했다. 그런데 다음날 미연 씨는 현정 씨를 차갑게 대했고 그렇게 둘은 멀어졌다. 현정 씨는 미연 씨의 태도에 무척 당황하였고 상처를 크게 받았다.

미연 씨는 자신의 상처를 이야기하지만, 그것을 아파하고 느낄 마음의 준비가되어 있지 않았던 것이다. 아픈 감정을 느끼지 않으면서 차갑고 담담하게 바라보는 입장이었다. 현정 씨의 안타까운 마음과 슬픔이 미연 씨에게는 동정처럼 느껴졌다. 또한 아직 그 감정을 느낄 준비가 되어 있지 않은 자신에게 계속 전하는현정 씨의 감정이 미연 씨 자신을 위하고 있다기보다는 현정 씨 자신이 스스로감당하기 힘든 감정을 주체하지 못하고 표현하고 싶은 마음이 크다고 느껴졌다.

상담 장면에서 이와 유사한 경우들이 빈번하게 나타난다. 상담자 자신이 내담자의 충격적인 경험과 아픈 감정들에 압도되고, 자신이 느끼는 감정을 전달하는데 급급할 수 있다. 그러나 공감이란 상담자의 그러한 감정과 태도를 담아내면서, 내담자 자신이 지금 현재 느끼고 있는 감정과 마음을 이해하여 전달하는 것이다. 상담자는 내담자가 지금 무엇을 느끼고 있는지 그 마음 상태에 초점을 맞추도록 주의해야 한다. 상담자 자신이 느끼고 있는 아픈 감정이 누구의 감정인지 분명히 하고, 그 감정을 지금 내담자에게 전달하는 것이 내담자에게 도움이되는 것인지 판단해야 한다.

공감은 동일시(identification)가 아니다. 동일시는 내 경험과 감정을 그 사람의것인냥 생각하는 것이다. '너는 나야'와 같이 그 사람의 것은 나인냥 생각한다. 동일시는 상담자 본연의 입장이나 자세를 잃어버리고, 내담자 자신의 세계에 들어가 빠져나오지 못하는 것을 말한다. 나와 너가 하나처럼 같게 느끼는 것으로, 분리가 되지 않으니 정확하게 그 사람의 것을 느낄 수 없다. 내담자 입장에서 느끼는 감정과 마음에 너무 이입하여 그렇게밖에 느낄 수 없고 다른 여지가 없는것처럼 반응하게 된다. 예를 들어, 남자친구에게 심하게 배신당한 경험이 있는 상담자가 남자친구에게 배신감을 느끼는 내담자에게 흥분하며 "그 인간을 믿지 마세요. 당신을 배신하고 말거예요. 어떻게 그럴 수 있어요?"라고 말할 수 있다. 동일시는 내담자로 하여금 상담 장면에서 자신의 마음에 거리를 두고 좀 더 객관적이고 현실적으로 바라보는 기회를 잃게 만드는 것이다. 따라서 상담자는 동일시를 하지 않도록 주의해야 한다.

공감이 인정이나 동조는 아니다. "네 생각이 맞다.", "네 행동이 옳다."는 것이 공감은 아니라는 것이다. 감정을 느끼는 것과 느낀 감정을 어떻게 표현하고 행동하느냐는 별개이다. 인간이 느끼는 모든 감정은 그럴만하다. 상담자는 내담자에게 "그 상황에서 그런 생각이 들었다면, 그렇게 느낄 수 있겠다."고 전달할 수 있다. 따라서 모든 내담자의 경험에 공감이 가능하다.

상담자 자신의 위치를 견지하면서 내담자의 입장에 서서 주관적으로 그렇게 느끼고 생각할 수 있음을 전달하는 것이 중요하다. 내담자는 제대로 된 공감적 반응을 통해, 자신의 마음을 보다 객관적으로 바라보게 되고 다른 입장이 있을 수 있음을, 다른 여지가 있을 수 있음을 깨닫고 받아들이게 된다.

공감을 통해 상담자가 내담자의 감정을 공감하고 있음을 전달할 때, 내담자는 자신이 상담사에게 이해받고 있음을 느끼게 된다. 상담자에 대한 신뢰가 조금씩 증가하면서, 자신 또한 조금씩 드러내 보임으로써 치료적 목표를 향한 자기탐색과 자기이해로 나아가게 된다.

공감이 필요하지만, 공감에 부담감을 느끼는 경우도 있다. 사실 상대방 즉 내담자의 입장에 대해 정확히 공감한다는 것은 어쩌면 불가능한 일이다. 그저 그 사람의 주관적인 감정을 짐작하고, 그 사람의 입장을 이해하려 하고 있음을 전달할 수 있을 뿐이다. 이렇게 생각하면 공감이 그리 어려운 게 아닐 수 있다. 상담자로서 내담자의 감정과 입장을 이해하려 하고, 그 마음을 전달할 수 있으니까 말이다.

공감을 시도하는 첫 번째 단계는 "많이 속상하겠네요.", "마음이 불편하겠네요.", "마음이 안 좋으시겠네요."라고 전달하는 것이다. 불쾌한 감정을 느낄 때, 모두 이 말에 해당하기 때문이다. 속상한 거고 불편한 거고 안 좋은 거다. 정확히 공감하기 어려울 때 이렇게 전달하는 것은 상대방에게 어느 정도 자신의 속상하고 안 좋은 마음을 공감하려 하고 있음으로 전달된다.

두 번째 단계는 감정의 종류를 파악하고 감정 단어로 명명하여 전달하는 것이다. 속상함과 불편함, 답답함은 점차 화, 서운함, 슬픔, 불안, 수치심, 절망 등 구체적인 감정으로 정체가 드러난다. 감정의 정체가 드러나면 상담자는 "화가 났네요.", "서운했겠어요.", "슬프네요.", "불안하네요."라고 구체적인 감정 단어로 세분화하여 공감할 수 있다.

세 번째 단계는 그러면 왜 그러한 감정의 종류를 느끼게 되었는지 원인이 되는 판단 즉 사고를 파악하여 함께 전달하는 것이다. 대화를 통해 감정을 유발한 사고와 상황을 파악하고, 그 자극에 어떤 생각을 하게 되었는지 찾아내면 감정이 이해될 수 있다. "그런 상황에서 그런 생각이 들어 그런 감정을 느꼈겠다."라고 이해하여 공감할 수 있다. "그 사람의 행동이 자신을 무시한다고 생각되어 화가 났네요.", "그 분의 말에 배려 받지 못한다고 생각되어 서운했네요.", "그 일이 잘못될까봐 불안하네요."라고 감정을 이해하여 전달할 수 있다.

내담자에게 필요한 것은 어쩌면 자신의 이야기를 할 수 있는 기회이고, 자신의 이야기를 들으려하는 누군가의 마음일지 모른다. 자신을 이해하려고 노력하는 누군가의 태도일 수 있다. 상담자는 섣불리 내담자의 문제를 해결해 주려 하기 전에, 조언해주려 하기 전에, 판단하려 하기 전에 내담자의 마음을 먼저 들으려는 태도가 필요하다. 그리고 그 이야기를 펼칠 기회를 주어야 한다. 또한 그 이야기를 듣고 이해하려는 마음을 전달하는 것만으로도, 내담자에게는 오랫동안 기다리던 이해와 공감을 얻는 경험으로 다가올 수 있다.

상담자가 자칫 내담자 스스로 해결할 수 있는 힘이 없다고 무의식적으로 생각해, 성급하게 조언과 해결책을 안겨주어 도움을 주려다 보니 경청과 공감을 놓칠 수 있다. 그런데 모든 사람은 스스로 해결책을 찾아갈 힘이 있다. 그 잠재력과 힘을 믿어보았으면 한다. 인간은 기회를 주면 스스로 알아서 자신에게 필요한 길을 찾아가기 마련이기 때문이다. 그 기회를 만들기 위해 바로 상담자의 공감과 타당화의 접근이 필요한 것이다.

(5) 타당화

상담자가 내담자와 신뢰할 수 있는 상담관계를 형성하는 데 중요한 촉진적 역할을 하는 두 번째 개입이 타당화이다. 타당화(validation)는 내담자의 경험에 대해 그럴만하다고 알아주는 것을 말한다.

인간은 태어나 살아가며 수많은 경험을 하면서, 그 경험에 대해 두 가지를 바란다. 첫째, 인간은 자신의 경험이 이해받기를 원한다. 그 경험에서 자신이 느낄 법한 감정과 떠올린 생각을 포함한 자신의 마음을 누군가 이해하고 알아주길 바란다. 이는 타인의 공감을 통해 얻을 수 있다. 둘째, 인간은 자신의 경험이 그럴만한 것이었다고 타당화받기를 원한다. 누군가의 타당화 반응을 통해 인간은 자신의 경험을 받아들일 수 있게 된다.

아이는 환경 속에 새로운 자극과 상황에 처하면서 자신의 반응을 양육자나 주변의 어른들이 그럴만하다고 타당화해주길 바란다. "동생이 그렇게 말했으면 화가 날만하지. 그래서 동생에게 그렇게 행동했구나. 그럴 수 있지.", "그 상황에서는 놀라 아무런 말도 할 수 없었겠다. 도와주고 싶었어도 너무 놀라 얼어붙었구나. 그럴 수 있어."와 같은 자신의 경험이 그럴만한 것이었음을, 그럴 수 있음을 타당화하는 반응을 기대한다. 이를 통해 자신의 경험을 받아들일 수 있게 된다.

성장 과정에서 양육자를 비롯한 중요한 인물에게서 이러한 공감적 이해와 타당화 반응을 받으면서, 인간은 자신의 경험에 대해 스스로 이해하고 그럴만한 것이었음을 받아들일 수 있게 된다. 그리고 안정되고 단단한 자기를 형성하게 된다. 그러나 양육자나 주변 사람들에게서 공감적 이해와 타당화 반응을 받지 못하면 결핍이 발생한다. 자신의 경험에 대해 '나는 여기 있을 만하지 않아', '뭔가 잘못된 것 같아', '내 경험은 부끄러워', '뭔가 이상해', '그러면 안 되는 것 같아'와 같이 부적절감을 느낀다. 그래서 매 순간의 경험에 대해 잘 이해하고 받아들이지 못하니 긴장되고 불안하다. 안전하지 않게 느껴지고 지속적인 불안정감을 갖는다.

"왜 그렇게 했어? 그렇게 하지 말았어야지.", "이게 화낼 일이니? 왜 화를 내고 그래.", "놀라긴 왜 놀라. 놀라지 마. 그렇게 놀랄 일이 아냐.", "아니, 어떻게 엄마에게 그렇게 행동할 수가 있어?", "그 상황에서 그렇게 했어? 너 진짜 이상하다. 이상한 것 아냐?", "도대체가 이해할 수가 없다. 왜 그렇게 생각해?" 부모들도 아이를 양육하는 과정에서 바람직한 방향을 먼저 떠올리고, 아이를 교육하고 변화시켜야 한다는 생각에 타당화를 놓치는 경우가 많다. 자신이 원하는 기준이나 기대를 충족시키지 못한 것에 실망하고, 잘못되었다고 말하며 가급적 빠르게 변화하기를 요구한다. 이 과정에서 아이는 그 상황에서 자신이 한 생각과 느낀 감정, 행동 그리고 자신의 태도와 마음을 수용받지 못하였다고 느끼며 스스로도 자신의 경험을 받아들일 수 없게 된다.

그러면서도 인간은 끊임없이 이해받기 원하고 그럴만하다고 타당화 받기를 원한다. 이를 통해 자신과 자신의 경험이 수용되고, 스스로 수용할 수 있기를 바란다. 그런데 사실 그럴만하지 않은 경험은 그 어떤 것도 없다. 모두 그런 상황에서 그런 믿음을 갖고 그런 생각을 한다면, 그렇게 반응하고 경험할 수 있는 것이다. 그 사람의 세계를 들어가 알아보면, 그 사람의 반응과 행동을 이해할 수 있다. 그럴만한 것임을 인정하게 된다. 그러니 먼저 타당화부터 시작해야 한다. 타당화를 통해 내담자의 경험을 받아들이는 작업부터 시작해야, 그래서 어떻게 그 경험을 다룰 것인지 그리고 앞으로 어떻게 할 것인지에 대한 변화를 이야기할 수 있다.

타당화를 위해서는 충분한 탐색이 필요하다. 내담자가 처한 상황이 구체적으로 어떠했는지, 내담자가 그 경험과 관련해서 어떠한 믿음을 가지고 있는지, 무슨 자극이나 상황에 대해 반응하였는지 알아야 하고, 그 자극이나 대상에 대해 그 순간에 어떻게 생각하고 판단하였는지 알아야 한다. 충분한 탐색을 통해 내담자를 이해하게 되고, 내담자의 행동을 비롯한 경험이 그럴만한 것이었음을 깨닫게 된다. 그리고 내담자에게 이를 피드백 함으로써 전달할 수 있다. 내담자는 상담자라는 중요한 타인을 통해 자신의 경험이 타당화되고 받아들여지는 경험을 하게 되면서, 자기 자신도 비로소 자신의 경험을 인정하고 수용할 수 있게 된다.

상담자는 내담자가 느끼는 감정을 잡아내어 이를 언어적으로 되돌려 주는 공감 작업을 훈련할 필요가 있다. 공감을 잘하기 위해서는 상담자의 예민한 감수성이 필요하다. 그리고 감정에 대한 이해가 필요하다. 상담자는 감정이 어떠한지, 감정에 대한 충분한 이해를 할 필요가 있다. 내담자의 마음을 있는 그대로 이해하기 위해서는 상담자가 상담에 임할 때 자신의 것을 비우는 준비 작업이 필요하다. 백지 상태로 상담에 임해야, 그 백지 위에 내담자가 그려내는 이야기와 경험을 그대로 바라볼 수 있다. 또한 상담자는 머리가 아니라 가슴으로 듣도록 노력해야 한다. 상담을 하다보면 수많은 것들을 고려해야 하기 때문에 자칫 머리에 너무 지나친 주의가 쏠리는 경우들이 많다. 그러나 공감이 필요한 상황에서는 내담자의 이야기와 상담자 자신의 가슴과 마음에 주의를 온전히 기울일 필요가 있다.

치료자는 내담자의 상태에 공감적 조율(empathic attunement)을 하면서, 치료에 효과적이고 도움이 되는 방향으로 나아갈 수 있도록 방향성(directiveness)을 제시한다.

2) 치료목표 설정과 치료절차 안내

상담에서 다루고자 하는 것이 무엇인지 내담자의 호소문제를 탐색하면서 치료목표를 설정한다. 상담자는 내담자에게 상담에서 나루고사 하는 섯이 무엇인지 묻고, 내담자가 정서적 고통을 경험하고 있는 문제가 무엇인지 그리고 마음에 걸려 다루고자 하는 문제가 무엇인지 충분히 탐색하고 이야기할 수 있도록 돕는다. 내담자의 호소문제를 상담자가 명료히 하면서 상담목표를 하나씩 설정해 간다. "혹시 이러이러한 문제 이외에도 다루고 싶은 것이 있나요? 있다면 무엇인지 좀 더 살펴보시기 바랍니다."와 같은 안내를 통해 가능한 놓치지 않고 탐색한 다음, 어디까지 다룰 것인지 치료 목표를 협의하여 설정한다.

치료목표는 주어진 치료 회기 내에 달성 가능한 수준이어야 한다. 여러 가지 조건을 고려해서 상담자와 내담자는 적절한 상담목표를 함께 설정한다. 치료목표를 설정하였다면, 이것을 달성하기 위해 정서중심적 치료에서 어떠한 치료절차를 가지고 있는지 안내한다.

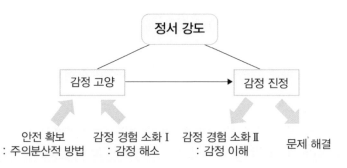

그림 8-2. 정서중심적 치료 절차(내담자용)

(1) 힘들다는 것은 감정

정서적 고통을 덜기 위해서는 정서적 고통을 유발한 소화하지 못한 정서 경험을 다루어야 한다는 것을 이해시킨다. 아프다는 것, 고통스럽다는 것, 힘들다는 것은 감정이다. 화가 나는데 그 화를 주체하기 어려워서 힘들고, 긴장되고 초조하고 불안해서 힘이 든다. 수치스러워 쥐구멍에라도 숨고 싶은데 그러지 못해서 힘들고, 가슴이 뻥 뚫린 것 같은 공허함에 힘들다. 힘들다는 것은 감정이므로, 정서를 어떻게 다루느냐에 따라 힘이 들 수도 있고 힘들지 않을 수도 있다. 또한 우리의 삶에서 원하는 것을 얻고 이루면서도 좀 덜 고통스럽고 마음 편하게 살아갈 수 있다. 따라서 정서중심적 치료에서는 정서적 고통을 유발하는 정서 경험을 함께 다룰 것이다. 또한 궁극적으로 내담자가 자신의 정서를 다룰 수 있는 정서조절방법을 익히고 훈련할 수 있는 기회를 가질 것이다.

(2) 감정 교육

상담자는 내담자가 감정을 다루는 데 필요한 두 가지 사항을 먼저 교육한다. 첫째, 감정은 정보이다. 감정은 어떤 자극이나 상황이 개인의 관심사나 목표와 관련된 것으로 평가될 때 발생한다. 자신이 원하는 것을 이루도록 돕는다고 판단하면 유쾌한 감정을 느끼고, 자신이 원하는 것을 방해한다고 판단하면 불쾌한 감정을 느낀다. 따라서 감정은 생존과 적응에 필요한 다양한 정보를 준다. 감정을 통해 우리는 정보를 얻고, 처한 상황에서 적절히 대처하며 살아간다.

둘째, 한번 발생한 감정은 느끼고 몸 밖으로 표현하여 해소되기를 원한다. 발생은 하였지만, 느끼고 표현되지 못한 감정은 미해결과제처럼 우리에게 계속 해소를 요구하며 신호를 보낸다. 즉 한 맺힌 귀신과 같이 발생은 하였으나 해소되지 못한 한을 풀기 위해, 신호를 보내면서 주의집중곤란, 기억력 감퇴, 지각의 왜곡, 충동적인 감정 반응, 다양한 신체 증상, 불면 등이 나타난다. 그래서 정서적 고통이 극심해진다.

(3) 정서경험의 소화

과거 경험했으나 소화하지 못한 경험이 가슴에 얹혀서 계속 소화를 요구하니 힘든 것이다. 따라서 정서적 고통을 덜어내기 위해서는, 내담자 안에 소화되지 못한 채 남아 있는 정서 경험을 안전한 상담 장면에서 꺼내어 다시 소화시키는 것이 필요하다.

감정경험을 소화하는 것은 두 가지 측면에서 이루어진다. 이해하지 못해서 소화되지 않은 깃이니 정서 이해가 필요하다. 또한 발생은 하였으나 표현되시 못한 것이니, 안전하게 해소하는 정서 해소가 필요하다. 이것은 선해소 후이해의 원칙에 따라야 한다고 설명한다. 감정이란 생존을 위해 만들어진 생물학적 장치이므로, 감정이 고양되어 있을 때는 사고를 담당하는 뇌의 전두엽 부분이 일시적으로 억제되기 때문에 먼저 감정을 가라앉히는 개입이 필요하다.

감정을 완화시키는 방법은 감정 해소와 주의분산적 방법 두 가지를 통해서 가능하다. 감정 해소를 통해 궁극적으로 불쾌한 감정 상태가 변화될 수 있고, 감정 해소 작업을 하기 위해서는 안전이라는 사전조건이 확보되어야 한다. 안전한 대상에게 하거나, 안전한 상황에서 하거나, 안전한 방식으로 해소해야 한다. 상담자는 안전한 대상이 되어줄 것이고, 상담 장면은 안전한 상황이어야 한다. 그러나 만일을 위해 주의를 일시적으로 다른 데로 돌림으로써 감정을 완화시키는 주의분산적 방법이 필요하다. 주의분산적 방법은 상담 장면 안에서 감정을 다루는 데 안전감을 줄 것이고, 상담 장면 밖에서 혼자 감정을 다룰 때 감정을 완화하거나 안전감을 확보하는 데 도움이 된다. 따라서 먼저 내담자의 주의분산적 방법 레퍼토리를 확보하는 작업을 할 것이다. 그러나 주의분산적 방법은 일시적인 효과를 가질 뿐, 궁극적으로 감정 해소 작업을 하지 않으면 감정은 귀신처럼 주의를 다시 끌며 정서적 고통을 유발할 것이다.

주의분산적 방법 레퍼토리를 확보하였다면, 정서적 고통을 유발하는 감정 경험을 감정 해소와 감정 이해 작업을 통해 소화하여 떠나보내는 작업을 할 것이다. 그리고 재발방지를 위해서 정서적 고통을 유발한 상황과 문제에 대한 해결 작업을 통해 환경을 변화시키는 작업을 할 것이다.

3) 주의분산적 방법 레퍼토리 확보

감정 경험을 직접적으로 다루기 전에 주의분산적 방법의 종류를 교육하고 내담자에게 맞는 방법의 레퍼토리를 확보하는 것이 필요하다. 감정 해소 작업을 하면서 내담자가 지나치게 압도되어 감당하기 어려운 상태에 있을 때, 사전에 훈련한 주의분산적 기법을 사용해서 안전함을 다시 확보할 수 있도록 한다. 상담자는 7장의 주의분산적 방법 내용을 활용해서 내담자에게 주의분산적 방법들을 교육하고 훈련한다. 그리고 내담자에게 안전감과 이완감을 용이하게 유도할 수 있는 주의분산적 방법 레퍼토리를 만든다. 또한 평소에 내담자 스스로 훈련할 수 있는 계획을 세우고, 훈련 일지를 작성하도록 한다.

 정서중심적 치료 원리

1) 지금 여기에서의 체험과 그 과정을 따라간다

정서중심적 치료는 지금 여기에서 이루어지는 내담자의 체험적 과정에 대한 믿음을 바탕으로 그 과정을 따라가는 것이 가장 기본적이고 중요한 치료 원리이다. 인간은 안전한 환경이 주어지면 자신을 스스로 성장시키고 문제를 해결하는 방향으로 움직인다. 따라서 상담자와 내담자 간의 신뢰할 수 있는 상담 관계를 바탕으로, 내담자의 지금 여기에서의 체험에 주의를 집중시키고 그 과정을 섬세하게 알아차리며 따라감으로써 내담자의 성장과 문제 해결을 도울 수 있다.

내담자에게서 일어나고 있는 체험적 과정 안에 해답이 있다. 내담자의 내면에서 일어나는 것과 몸의 신체 감각에서 느껴지는 것 안에 중요한 메시지가 있다. 즉, 내담자가 체험은 이미 알고 있다는 것이다. 상담자는 내담자로 하여금 자신의 체험에 열린 마음으로 대하고, 체험적 과정을 알아차리도록 돕는다. 내담자가 힘들어하고 있음을, 정서적으로 고통을 경험하고 있음을 알아차리도록 안내한다. 내담자 자신에게서 일어나는 신체적 감각을 알아차리고, 느껴지는 기분이나 감정, 떠오르는 생각, 하고자 하는 행동충동을 알아차리도록 돕는다. 이를 통해 내담자의 정서적 고통을 알아차리고 마음의 상태와 만난다.

또한 그 정서적 고통이 어디에서 오는지 찾아 들어간다. 내담자의 체험적 과정은 결코 정지되어 있지 않다. 매 순간 변화하고 살아 움직인다. 그 체험적 과정을 섬세하게 알아차리며 따라가면, 우리에게 무엇을 다루어야 할지를 알려준다. 어떠한 경험이 소화되지 못하고 있는지, 괜찮다고 생각했지만 괜찮지 않은 것이 무엇인지, 무엇이 마음에 걸려 있었는지, 계속 다루어주길 바라며 귀신처럼 주변을 맴돌고 있는 그 메시지를 알아차린다.

또한 그 문제를 어떻게 다루어야 할지 방법 또한 알려준다. 알려주는 방법은 신체적 감각, 느낌이나 감정, 떠오르는 이미지나 생각, 내적 충동 등 다양한 요소들로 메시지를 보낸다. 민성 씨는 이유도 모르는 불안으로 인해 매일 하루 종일 힘들다고 호소하였다. 상담자는 민성 씨의 그 불안에 주의를 맞추어 집중하며 따라갔다. 매 순간 일어나는 것을 알아차리도록 안내하고, 신체 감각, 기분이나 생각 등 내적 체험이 어떻게 변화되는지 섬세하게 따라갔다. 그 과정에서 민성 씨는 어느 순간 뜬금없이 아버지의 얼굴이 이미지로 떠오른다고 말했다. 바로 그 이유도 모르며 느끼는 불안이 아버지와 관련된 것임을 알려주고 짐작할 수 있는 대목이다. 아버지와 관련해서 무엇이 떠오르는지 물어보니, 어릴 적 아버지와의 경험이 떠오른다고 했다. 그 경험이 현재 이유 없이 느껴지는 불안에 결정적 원인이 되는 과거 경험일 가능성이 높다. 결과적으로 민성 씨가 호소하던 이유 없는 불안은 성장 과정에서 아버지와의 경험과 아버지의 양육 메시지의 영향을 받은 것임이 밝혀졌다.

개인 상담과 집단 상담 장면에서 지금 여기에서의 체험적 과정을 따라가면서 작업을 할 때마다 매번 신기하고 놀라운 경험을 한다. 그저 따라갈 뿐인데, 수많은 중요한 이야기를 우리의 체험적 과정이 알려주며 변화해간다. 마치 길을 잃은 내담자와 그 내담자 곁에서 길을 함께 찾아가기 위해 애쓰는 상담자에게 길을 알려주겠다고 신호를 보내는 말 못하는 동물처럼 말이다.

또한 그 길을 어떻게 가야 하는지 방법 또한 구체적으로 알려준다. 소화하지 못한 경험은 상담 장면에서 안전하게 느끼고 충분히 표현되기를 원하며 정서적 체험을 밟아간다. 느끼길 바라고 표현하길 원하며 몸 밖으로 해소하기를 바란다. 만약 이 과정이 충분하지 않으면, 지금 여기에서 그 느낌이 계속 맴돈다. 지금 여기에서 느끼는 감정을 그대로 알아차리고 그 만큼만 꺼내어 표현하다보면 감정이 변화되고 마음이 변화한다. 그러나 충분하지 않으면 변화되지 않고 계속 더 표현되기를 요구한다.

이때 체험적 과정에 주의를 그대로 집중하는 것이 매우 중요하다. 우리의 선입견이나 잡생각들이 간섭하여 체험적 과정에 집중하는 것을 방해하곤 한다. 그 주의의 변화에 반응하며 감정은 계속해서 수시로 변화하고, 생각이 변덕스럽게 바뀌고 또 바뀐다. 그래서 제대로 된 체험적 과정을 충분히 따라가기 어려워진다. 이런 경우 상담자는 내담자에게 현재의 체험에 주의를 계속 머물게 하고, 그 체험을 알아차리며 천천히 변화를 따라가도록 안내한다. 또한 지금의 변화가 감정에 충분히 머문 결과로서 일어나는 자연스러운 체험의 변화인지, 잡생각으로 인한 간섭과 저항, 방해로 인한 변화인지 묻고 알아차려야 한다.

이처럼 지금 여기의 과정에 대한 믿음을 가질 때 성장하는 방향으로, 문제를 해결하는 방향으로 나아갈 수 있다. 지금 여기에서 매 순간 일어나고 있는 현상들을 섬세하게 알아차리도록 도와야 한다. 상담자는 "지금 마음이 어떤가요?" "지금 어떤 기분이 드세요?", "지금 무슨 생각이 떠오르나요?", "지금 몸에서 무엇이 느껴지나요?"와 같은 질문을 사용해서 내담자가 지금 여기에서 이루어지고 있는 것에 주의를 계속 머물게 하고 알아차리도록 한다.

2) 감정을 알아차리고 명명한다

상담자는 내담자의 주된 정서적 고통 및 호소 문제와 관련한 소화하지 못한 감정 경험을 탐색한다. 구체적으로 어떤 상황이었는지, 주요 인물이 누구인지, 누구에게 상처를 받았는지, 그 상황에서 내담자 자신은 어떻게 대처하였는지 등 구체적인 탐색 작업을 통해 충분히 이야기를 듣는다. 다루어야 할 주된 감정 경험이 밝혀졌다면, 내담자와 함께 그 감정 경험을 다루는 작업에 들어간다.

먼저 감정 해소 작업부터 시작한다. 언제나 시작은 관련한 감정을 느끼고 알아차리는 데에서 출발한다. 상담자는 "어떤 감정인가요?", "지금 무엇이 느껴지나요?"라고 묻는다. 내담자가 "화나요.", "슬퍼요.", "불안해요.", "부끄러워요." 등의 감정 단어를 명명하도록 한다. 이를 위해 내담자가 표현하는 감정 경험에서 어떤 감정을 느끼고 있는지 파악하는 것이 필요하다. 감정 단어를 명명하는 순간 감정 경험이 상징화되고, 해소되는 변화 과정이 시작되며 치료적 변화가 일어날 수 있다.

3) 오리지널 감정(본래 감정)을 찾아 접근한다

감정을 단순히 느끼고 표현한다고 해서 감정이 해소되는 것은 아니다. 정서를 효과적으로 다루기 위해서는 지금 느끼고 있는 감정의 정체가 무엇인지 알아야한다. 감정은 원래 자극에 자연스럽게 반응하여 발생하고, 느끼고 표현하면 사라지는 것이다. 그런데 사람들이 느끼는 감정이 모두 그 대상에 대한 자연스러운 감정인 것은 아니다. 정서도 여러 가지 모습을 하고 있다. 다양한 과정을 통해 우리가 경험하고 있는 감정은 때로는 본래의 것이 아닌 다른 얼굴을 하고 있고 다른 옷을 입고 있기도 하다.

원래의 자극에 반응해 유발된 감정의 모습이 아니라 다른 얼굴을 하고 있는 경우를 알아보자. 사실은 화가 난 것인데 불안의 얼굴로 표현하기도 하고, 실은 슬픈 것인데 기쁜 얼굴을 하기도 한다. 미안해하고 있는데 화를 내기도 하고, 불안하고 두려운데 화를 내고 있기도 하다. 다른 얼굴을 한 감정의 표현을 본래의 것으로 생각하고 이를 계속 표현하게 한다면, 엉뚱한 감정의 표현이 될 것이다.

또는 자신의 정체를 가리기 위해 두꺼운 옷을 입고 있기도 하다. 실은 다른 자극으로 유발되어 오랫동안 감추고 있던 감정인데, 유사한 다른 자극 탓으로 돌리며 그 자극 때문이라고 우기기도 한다. 예를 들어, 화의 얼굴을 하고 있지만 두꺼운 외투를 꽁꽁 싸매고 있어 본래의 것을 표현하지 않기도 한다. 실은 성장 과정에서 자신에게 상처를 주었던 아버지에 대한 화인데, 두껍게 옷을 입어 감추고 남자친구에게 화의 얼굴로 표현하기도 한다. 동일한 화의 얼굴이더라고 그 감정의 질이 다른 것이다. 이럴 때는 자신의 실제 화의 정체를 감추고 있는 두꺼운 외투를 벗겨야 한다. 그래서 그 화의 본질이 무엇인지, 얼마나 강렬한지, 누구를 향한 화인지 있는 그대로 명료하게 드러내 보이도록 해야 감정이 제대로 해소될 수 있다.

어떤 정서는 자극에 반응해 자연스럽게 느껴진 감정이 아니라 억지로 만들어 낸 감정이기도 하고, 실제로 느낀 정도보다 과장되게 표현하여 드러내는 감정이기도 하다. 이러한 정서는 우리에게 잘못된 정보를 준다. 아무리 느끼고 표현해 보았자 사라지지 않는다. 본래 감정이 아니니 말이다. 따라서 감정의 본래 얼굴을 찾아야 하고, 정체를 감추기 위해 입고 있는 옷을 벗겨야 한다. 원래 자극에 반응해 유발된 감정이 무엇인지 그 정체를 밝혀, 당시에 제대로 느끼고 표현되지 못했던 것을 다시 시도해서 해소하도록 도와야 한다.

이처럼 감정을 제대로 해소하기 위해서는 반드시 감정의 정체를 정확히 확인하고 다루는 것이 필요하다. 지금 느끼고 있는 감정의 정체를 확인하고, 만약 자극에 반응해 자연스럽게 느끼는 감정이라면 그대로 느끼고 충분히 표현해서 해소하면 된다. 그러나 아니라면, 오리지널 정서를 찾아야 한다. 오리지널이란 '본래의, 원래의'의 뜻으로, '그것을 낳게 한 최초의 것'이라는 의미이다. 즉 지금의 정서를 처음 낳게 한 그 자극에 대한 자연스러운 감정을 느끼고 충분히 표현하여 해소하도록 한다. 경험하고 있는 감정이 다른 얼굴을 하고 있다면, 원래의 얼굴을 찾아야 한다. 두꺼운 옷을 입고 있는 감정이라면, 입고 있는 옷을 벗겨야 한다. 그래서 원래 자극에 반응해 유발된 감정이 무엇인지 그 정체를 밝히고, 과거 유발되었을 당시에 느끼고 표현되지 못했던 감정을 제대로 느끼고 표현하는 체험적 작업을 시도해야 한다.

자극에 반응해 자연스럽게 발생한 일차적 적응적 정서라면, 그대로 느끼고 충분히 표현하여 해소하면 된다. 그러나 현재의 자극에 반응해 발생한 감정이 아니라, 과거 경험 속에서 이미 발생하여 축적된 감정이 유사한 자극을 빌미로 덤탱이 씌우듯 삐져나온 감정이라면 그 본래의 감정을 찾아가야 한다. 즉 일차적 부적응적 정서라면 오리지널 정서 즉 원래 대상에 대한 감정을 느끼고 충분히 표현하며 정서 체험과 과정을 따라가야 한다. 어릴 때 약속을 지키지 않은 아버지에 대한 분노를 5분 정도 늦은 남자친구에게 화를 내는 방식을 통해 표출하고 있다면, 남자친구에게 화를 계속 표현하도록 해 보았자 소용이 없다. 원래의 대상에 대한 감정인 아버지에 대한 화를 느끼고 표현해야 해소될 수 있다. 화는 가라앉고 남자친구에 대한 화도 함께 사그라들 것이다.

이 또한 상담 장면에서의 체험적 과정을 믿고 변화를 따라가다 보면, 자연스럽게 원래 대상을 만난다. 상담자는 지금 남자친구에 대해 느끼는 화를 떠올리며 느끼고 표현하도록 한다. 그러다 보면, 어느 순간 원래 대상인 아버지가 이미지가 떠오른다. 아버지와의 과거 경험이 떠오르며, 오랫동안 눌러 왔던 억압된 분노가 느껴지고 표면으로 올라온다. 이런 경우 빈 의자 기법의 대상을 바꾸어야 한다. 앞에 아버지가 있다고 가정하고, 아버지를 향해 느끼는 분노에 주의를 집중하며 느끼고 표현하는 작업을 따라가야 한다.

원래 자극에 반응해 느낀 감정이 아니라 자신이 느껴도 괜찮은 허용 가능한 다른 감정으로 느끼는 이차적 정서의 경우, 오리지널 정서 즉 일차적 정서를 찾아 느끼고 충분히 표현하며 정서 체험과 과정을 따라간다. 남자친구가 떠나갈까봐 두려워하면서 화를 내는 내담자의 경우 남자친구에게 화를 내보았자 소용이 없다. 그 두려움에 접근해야 한다. 이 또한 남자친구에 대한 화에 주의를 집중해서 지금 느끼고 있는 만큼의 화를 표현하도록 안내하며 시작한다. 그러다 보면 원래의 감정인 두려움이 표면으로 떠오른다. 그것이 오리지널 정서인 것이다. 두려움에 주의를 집중시키며 불안과 두려움의 정체를 마주하고 느끼고 표현하는 체험적 작업을 거치면서 두려움은 사그라든다. 이와 함께 남자친구에 대한 화도 사라진다.

Greenberg의 정서초점치료에서는 일차적 부적응적 정서와 이차적 정서 모두 끝까지 느끼고 표현하도록 하지 않는다. 어느 정도 느끼고 표현하는 정서의 활성화 과정에서 대안이 될 만한 적응적 욕구와 적응적 정서가 출현하는 시점을 기다린다. 그리고 적응적 욕구와 적응적 정서에 주의를 주도록 안내하고 정서의 대체 작업을 시행한다.

그러나 정서중심적 치료에서는 이처럼 고통스런 정서를 충분히 해소하지 않은 상태에서 건강한 욕구와 정서로 주의를 섣불리 돌리는 것을 권하지 않는다. 그 과정에서 충분히 해소되지 않은 정서가 언제든 해소를 완결하기 위해 주의를 끌 것이고, 여전히 정서적 고통을 유발할 것이다. 따라서 해소하고자 하는 정서에 주의를 충분히 머무르게 하여, 느끼고 몸밖으로 표현하는 체험적 작업을 완결할 것을 강조한다. 정서중심적 치료 원리에 따라 체험적 작업을 하는 과정에서, 자연스럽게 대안이 될 만한 적응적 욕구와 적응적 정서가 출현하기 마련이다. 따라서 정서중심적 치료에서는 정서적 고통을 충분히 느끼고 몸 밖으로 표현하여 해소하는 과정을 끝까지 따라갈 것을 반복적으로 강조한다.

상담자는 내담자와 함께 지금 이 순간 감정의 상태를 섬세하게 알아차리고 확인한다. 그 정서가 충분히 느끼고 표현되었는지 그래서 해소되었는지를 확인한다. 만약 남아 있다면 보다 주의를 머물게 하여 느끼고 표현하는 작업을 계속 하도록 한다. 그러나 해소되어 가라앉았다면, 자연스럽게 대안적 욕구와 대안적 정서의 변화 과정이 이루어지고 이 또한 따라가며 알아차린다. 부적응적 정서를 대체할만한 건강한 정서와 욕구는 정서적 고통이 해소되면서 자연스럽게 나타나기 때문이다. 정서가 해소되면서 인지의 활성화가 이루어지고, 정서 경험의 원인을 이해하고 대안적으로 생각하는 정서 이해 작업 등 인지적 작업이 이루어진다. 이것이 정서적 체험 과정을 중심에 두는 정서중심적 치료 원리이다.

4) 감정을 느끼고 충분히 표현하여 해소한다

감정은 느끼고 충분히 표현되어야 해소되어 사라진다. 현재 느끼고 있는 감정을 그대로 따라가며 느끼고 몸 밖으로 표현하면 해소된다. 그 빈자리에 또 다른 감정이 올라온다. 감정은 한 가지 감정만 존재하지 않는다. 화에는 슬픔과 불안이 함께 있을 수 있고, 우울에는 분노와 절망이 공존할 수 있다. 또한 한 대상에 대해서도 한 가지 감정이 아닌 여러 감정이 느껴질 수 있고, 한 상황에서도 여러 감정이 발생했을 수 있다. 따라서 매 순간 현재의 감정을 따라가며, 관련해서 느끼는 감정을 섬세하게 살피며 하나씩 하나씩 충분히 표현하도록 돕는다.

이 측면은 포커싱 지향 심리치료의 느낌 전환과 정서초점치료의 정서로 정서를 대체하는 것과 비교된다. 포커싱 치료는 그 느낌에 초점을 맞추면 다른 전환이 일어난다고 보았다. 즉 포커싱 치료에서는 감정이 변화되는 것을 느낌이 전환되는 것으로 표현했고, 느낌에 초점을 맞추면 자연스럽게 전환이 된다고 보았다. 정서초점치료는 대안적인 정서를 불러일으켜서 거기에 주의의 초점을 두어 부적응적 정서를 대체해야 한다고 제안한다.

이러한 관점은 정서 경험을 다루는 데 한계가 있다. 포커싱 치료에서의 느낌 전환은 감정을 알아차리고 명명하는 작업을 통한 변화만을 다루고 있다. 어느 순간에는 쌓여 있는 감정과 만나지고 강한 충동이 함께 올라오기도 한다. 때로는 말과 몸으로 꺼이꺼이 울면서 감정을 밖으로 발산하는 작업이 필요하기도 하고, 강한 분노와 공격성이 올라와 다른 작업으로의 전환이 되지 않는 경우도 있다. 이럴 때는 강한 공격적 충동을 몸 밖으로 꺼내서 발산하고 해소하는 작업이 필요하다. 이런 작업 없이 감정에 거리를 두고 명명하고 알아차리는 수준에서만 체험적 작업이 이루어지면, 해소되지 못한 감정은 언제든 기회를 엿보며 주의를 빼앗고 영향을 미칠 것이다.

정서초점치료에서처럼 무기력한 내담자에게 느껴진 분노에 주의를 집중시켜 초점을 맞추어보라고 하는 것은, 분노를 표현하다가 다시 무기력이 올라올 수 있는 가능성을 고려하지 않은 것이다. 물론 대안이 되는 적응적 정서와 욕구를 통해 부적응적 정서를 유발시키는 역기능적 신념을 보다 건강하고 적응적인 민음으로 대체하는 것이 정서초점치료의 핵심이다. 생각이 변했으니 그로 인해 느껴지는 정서도 변화할 수 있다. 그러나 어디까지나 이는 미래에 유사한 자극이나 상황을 만났을 때 새롭게 발생하는 정서만을 겨냥한 것이다. 오랫동안 부적응적 정서를 유발시켰던 역기능적 믿음이 건강하게 대체되었으니, 새로운 유사한 상황에서 부적응적 정서 반응을 보이지 않고 보다 건강하게 반응할 수 있을 것이다.

그러나 이미 발생해버린 부적응적 정서를 느끼고 충분히 표현하여 몸 밖으로 발산하는 작업을 완결하지 않는다면, 계속 귀신처럼 내담자 주변을 맴돌며 기회를 엿보아 주의를 돌려 다시 느끼게 하거나 충동적으로 감정반응을 보일 수 있다. 바로 이 점을 간과한 것이다. 즉 무기력이 충분히 표현되지 않았다면, 다시 무기력을 느끼게 될 것이다. 분노를 충분히 해소하지 않았다면 다시 분노가 올라올 것이다.

정서중심적 치료에서는 인위적으로 다른 감정에 초점을 맞추려 하기 보다는, 현재 내담자가 느끼는 감정을 그대로 느끼고 표현하여 따라가면 포커싱 치료의 느낌의 전환 뿐 아니라 정서초점치료의 정서의 대체 또한 자연스럽게 일어난다고 본다. 그리고 소리를 내는 말, 글, 몸을 사용해서 체험적 작업을 할 때 그 과정이 보다 효과적이라고 보았다.

감정을 느끼는 것만으로, 그리고 감정에 초점을 맞추는 것만으로는 정서적 경험이 변화하는 데 한계가 있다. 변화가 일어날 수는 있지만, 충분하지 않을 수 있다. 따라서 목소리를 내어 표현될 때, 보다 정서적 해소 과정이 효과적으로 이루어진다. 그 감정 경험에 주의를 집중하며 심상(이미지)을 활용하여 느끼며 따라갈 경우, 진전이 생겨서 감정의 전환이 일어나기도 한다. 감정에 초점을 맞추어 따라가는 것만으로도 변화의 효과가 있고, 정말 제대로 집중해서 심상을 따라가면 해소의 효과 또한 얻을 수 있다. 그러나 소리를 내지 않고 느끼는 것은 그 느낌에 머무르고 맴돌 뿐 앞으로 나아가는 진전이 이루어지지 않을 가능성이 높다. 목소리를 활용한 말과 몸을 사용한 체험적 작업이 보다 효과적이라는 것이다. 글은 말의 체험적 효과의 대략 80% 가량의 성과를 얻을 수 있다. 감정을 소리 내서 표현하고 글로 표현할 때, 보다 적은 에너지와 시간을 들여서 해소가 효율적으로 이루어질 수 있다.

체험적 접근에 대한 오해가 있다. 감정에 대한 접근이라고 하면, 그 감정을 표출하는 접근이라고 생각하는 경우가 있다. "지금 슬프니까 울어 보세요.", "화가 나니까 쿠션을 때려 보세요. 소리 질러보세요."와 같이 감정을 단순히 발산하는 것이 체험적 접근은 아니다. 내담자가 지금 이 순간 느끼고 있는 딱 그 정도의 감정을 정확하게 공감하며 따라가야 한다. 그 이상도 그 이하도 아니다. 이것은 내담자의 체험이니 내담자만이 안다. 치료자가 그 강도를 정하는 것이 결코 아니다. 만약 이를 섬세하게 따라가지 않으면, 내담자가 분심이 생긴다. 따라서 인위적으로 상황을 만들거나 인위적으로 감정을 부풀리는 것은 바람직하지 않다. 인위적인 것은 반드시 부작용을 남긴다. "뭔가 조종당한 것 같아", "아직 해소되지 않은 것 같아", "오해 받은 것 같아"와 같은 불편한 마음이 들 수 있다.

감정 경험을 알아차리면서, 지금 이순간 느끼는 것만큼 정확히 표현해야 한다. 어떤 사람들은 감정의 체험적 작업을 한풀이나 굿이라고 표현하는 사람이 있는데, 그렇지 않다. 어릴 때 보았던 사이코드라마 공연이 굉장히 인상적이었다. 주인공으로 지원한 여성은 시어머니에 대한 갈등과 불편한 감정을 호소하였다. 치료사 즉, 디렉터는 주인공이 호소하는 시어머니에 대한 화난 감정을 주인공의 손에 방망이를 쥐어주고 의자에 때리며 표현하도록 하였다. 이 모든 과정은 디렉터에 의해서 계획되고 설정된 것이었다. 주인공은 시어머니로 인한 힘든 감정을 호소하였고, 화가 난다고 표현했을 뿐이다. 디렉터는 알겠다며 주인공의 손에 몽둥이를 쥐어주며, 앞에 때릴만한 것들을 주며 화를 표현하도록 상황을 설정하였다. 디렉터는 강력한 에너지를 뿜어내며 주인공으로 하여금 때리도록 종용하였다. 그 에너지가 너무나 파워풀해서 주인공은 무엇에 홀린 듯 분노를 폭발하기 시작하였다. 그렇게 휘몰아친 다음, 어느 정도의 시간이 지나자 주인공이 풀이 꺾인 듯했고 디렉터는 멈추도록 하였다. 그리고는 작업을 끝내고 그 작업을 지켜보고 있던 관객들에게 어떤 마음이었는지 이야기할 기회를 주었다. 모두 주인공의 화난 감정에 대해 공감적으로 반응하며 안타까움을 전달하였다. 그러나 그렇게 작업을 끝내고 들어가게 한 주인공에게는 한 마디도 이야기 할 기회를 주지 않았다.

그 작업을 지켜보고 있던 나는 당황스러웠다. 특히, 수십 명의 사람들 앞에서 감정을 과격하게 쏟아내고 사라진 주인공이 얼마나 당황스럽고 혼란스러울까 하는 생각이 들었다. 그리고 정신없이 휘몰아친 공격적 작업 뒤에 주인공에게서 느껴질 것만 같은 수치심과 죄책감, 불안감 등 수많은 감정들이 염려되었다. 과연 그 주인공은 이 치료적 작업이 만족스럽고 후련했을까? 난 장담하건대 결코 그렇지 않았을 거라고 생각한다.

감정은 결코 한 가지만 존재하는 것이 아니다. 대체로 화를 표현하고 나면 그 화에 대한 죄책감과 미안함, 또는 불안감을 느낀다. 그 감정 모두를 섬세하게 확인하고 다루어주어야 한다. 또한 자신이 한 작업이 무엇이었는지 스스로 체험적 변화 과정을 천천히 알아차리고 이해하고 정리할 기회를 주어야 한다. 무엇보다 내담자가 원하는 정서적 표현 계획이 아니라면, 내담자 스스로 자연스럽게 하고 싶은 표현의 방식이 아니라면, 동의하지 않은 타인의 표현 설정이라면, 내담자에게서 그것에 대한 불편한 감정이 느껴지기 마련이다. 내담자는 누군가에 의해 조종당한 느낌이 들 수 있다. 또한 지금 이 순간 느끼고 있는 감정의 정도가 아니라면, 그보다 강렬한 감정의 표현이라면 오해받는 느낌이 들어 불편해질 수 있다. "화가 나기는 하지만 그 정도는 아닌데"라는 마음에 불편해진다. 상담 장면에서 이렇게 내담자가 표현하는 경우들이 종종 있다. "불안하기는 한데, 그 정도는 아니에요.", "화가 나기는 한데, 그렇게 심하지는 않아요."와 같이 상담자가 지각한 내담자 자신의 감정의 강도를 정정하고자 한다.

따라서 강조하고 싶은 것은, 감정을 표현하려면 지금 이 순간 내담자가 느끼는 딱 그 정도만을 정확하게 표현해야 한다는 것이다. 또한 그 이후에 오는 다른 감정이나 마음을 추가적으로 물어서, 그 감정까지 정확히 표현하고 이해하는 작업을 해야 한다. 다른 불편한 마음이나 남은 감정이 들지 않을 때까지 체험적 작업을 하는 것이 바람직하다.

정서는 명명하고 느끼고 충분히 표현하면 자연스럽게 해소되어 사라지고, 그 비어 있는 자리에 다른 정서가 차례로 나타난다. "화를 내고 나니까, 미안해져요.", "제가 그 정도로 화가 나진 않았었는데 억지로 한 것 같아요." 따라서 매 순간 내담자의 감정 상태를 물으면서, 또 다른 감정이 있지는 않은지 확인하며 모든 감정들이 충분히 다루어지고 해소될 때까지 작업을 한다. 감정을 해소하고 다른 감정이 올라올 때 그 감정까지 작업을 해주어야 한다. 또 그 정서를 느끼고 충분히 표현하면 해소되어 사라진다. 빈자리를 채우는 정서에는 건강한 적응적 정서까지 포함한다. 미웠던 상대방을 용서하고자 하는 마음이 느껴지기도 하고, 증오하던 사람을 이해하고자 하는 여유가 생기기도 한다. 슬펐던 마음에 즐겁고 유쾌하고자 하는 동기가 생기기도 하고, 무기력하던 감정에 분노하며 지금의 상태를 바꾸고자 하는 의지가 따라오기도 한다.

[사례 8-1][1] "무기력한 내가 바보 같아."

내담자: 무기력해. 무기력해. 내가 바보 같아. 아무것도 할 수 없어. 아무도 도와주지 않아. 그런데 내가 왜 이러고 있어야 하지?
상담자: 지금 어떤 감정이 느껴지세요?
내담자: 화가 나요.
상담자: 그 화를 소리 내어 표현해 보세요.
내담자: 화가 나. 화가 나. 이러고 싶지 않아.

5) 감정 해소 작업 후 감정 이해 작업을 충분히 한다

감정을 해소하는 체험적 과정을 통해 적응적 정서와 욕구가 자연스럽게 올라오고 대체된다. 또한 정서가 해소되면서, 인지가 활성화되고 정서적 여유가 생겨 고통을 유발했던 감정 경험과 관련한 부정적인 사고를 깨닫게 된다. 그 사고에 영향을 미치는 역기능적 신념을 알아차릴 수 있고, 대안적인 건강한 사고가 떠오르고 활발해지면서 부정적 사고를 자연스럽게 대체하는 작업이 이루어진다.

감정 경험을 이해하고 감정 경험이 주는 정보를 파악하여 통합하는 과정이 중요하다. 내담자의 현재 감정에 초점을 두고 느껴지는 대로 따라가다 보면, 그 순

---

1) 사례들은 정서중심적 치료의 프로세스를 잘 보여줄 수 있도록, 저자의 오랜 상담 과정을 통해 축적된 경험을 바탕으로 가상의 사례를 구성한 것이다. 보편적인 감정의 변화 과정 작업을 바탕으로, 극적인 내용을 가미하였다.

간 의미 있는 생각이 떠오르고 자신의 감정과 과정을 이해하는 통찰이 뒤따른다. 감정 해소와 인지적 통찰의 작업은 함께 이루어진다. 감정 해소 작업이 이루어지면서, 감정이 완화되니 여유가 생기고 인지적 작업이 활발해지고 의미 있는 이해와 통찰이 이어진다.

상담자는 감정 해소 작업과 함께 감정 이해 작업에 충분히 시간을 할애해야 한다. 내담자로 하여금 자신이 어떠한 경험을 했는지, 어떤 과정을 통해 변화들이 일어났는지, 어떻게 해소 작업을 했는지 알아야 한다. 상담자는 내담자가 "아, 내가 이래서 이러했구나.", "상담 장면에서 이러한 경험이 일어났구나.", "내 마음이 이렇게 변화되었구나.", "내 안에 이런 마음이 있었구나."와 같이 알아차리고 이해하도록 돕는다. 어느 한순간에 우연히 일어난 변화로 이해하지 않도록 해야 한다. 그래야 상담자의 안내 없이 내담자가 스스로 정서적 체험 작업을 다시 시도하고, 체험적 변화 과정을 제대로 경험할 수 있다. "어쩌다가 그렇게 되었어"라는 방식은 도움이 되지 않는다. 감정을 느끼고 표현하고 해소한 후에는, 그 감정이 왜 발생했는지 그리고 어떠한 과정을 통해 감정의 변화와 해소 작업이 이루어졌는지 이해하는 작업을 반드시 거치도록 한다.

6) 감정 경험을 소화한 후, 문제 해결 개입을 진행한다

감정 경험을 소화하였더라도, 관련한 상황이나 문제를 변화시키고 해결하는 노력을 취하지 않는다면 다시 불쾌한 감정이 재발할 수 있다. 발생한 감정은 감정대로 다루고, 처한 문제나 상황에는 해결하는 개입을 함께 모색한다. 구체적으로 해결할 수 있는 방법을 계획하고 실천하는 행동을 취하도록 한다. 문제 해결 방법의 내용을 숙지하고 내담자와 함께 문제를 분명히 하고, 목표를 세우고 그 목표에 도달할 수 있는 방법을 찾아 직접 실천하는 개입 절차를 따르도록 한다.

⑤ 감정 해소

정서중심적 치료의 핵심 치료적 과정은 감정 해소이다. 여기에서는 정서적 고통을 유발하는 감정 경험을 해소하는 과정을 보다 자세하게 설명하였다. 감정을 해소하기 위해서는 사전 조건인 안전을 확보해야 한다. 안전한 대상 또는 안전한 상황 또는 안전한 방식 가운데 안전할 수 있는 한 가지 조건을 확보한다. 정서중심적 치료 장면에서 상담자는 신뢰를 형성한 치료관계를 통해 안전한 대상이 되어야 한다. 또한 상담 장면은 내담자의 날 것의 감정이 안전하게 해소될 수 있는 안전한 장소가 되어야 한다.

감정 해소의 사전 조건을 확보하기 위해 두 가지가 필요하다. 첫째, 상담자는 공감과 타당화 개입을 통해 신뢰로운 치료적 관계를 내담자와 형성한다. 둘째, 내담자가 정서적으로 안전함과 통제감을 느낄 수 있도록 주의분산적 방법을 훈련하고, 평소에 사용할 수 있는 내담자의 주의분산적 방법 레퍼토리를 확보한다.

안전이 확보되었다면, 감정을 해소하는 데 필요한 필수조건 세 가지를 충족시켜야 한다. 첫째, 감징 단어를 명명해야 한다. 둘째, 감성 단어를 말, 글, 몸을 통해 몸밖으로 꺼내어 표현해야 한다. 셋째, 감정에 주의를 집중해서 정서적 체험이 이루어지고 완결할 때까지 따라가야 한다.

여기에서는 감정을 해소하는 과정을 네 가지 단계로 나누어, 보다 자세히 안내하고자 한다.

1) 정서 해소의 4단계

(1) 알아차린다

감정을 다루는 작업의 시작은 알아차림에서부터 시작한다. 어떤 감정을 느끼고 있는지, 그 감정이 얼마나 강렬한지 알아차려야 한다. 감정을 바로 알아차리기 힘든 경우, 신체적 감각을 알아차리도록 안내함으로써 감정에 접근한다. 모든 감정은 독특한 신체적 변화를 동반하기 때문이다. 심장박동, 호흡, 땀, 근육긴장 등 신체적 감각의 변화를 확인하여 지금 느끼고 있는 감정이 무엇인지 찾아갈 수 있다.

우리가 감정을 느끼는 것은 내면에 원하는 바람 즉 욕구가 있기 때문이다. 자극이나 상황, 대상이 자신이 바라는 것 즉 욕구와 관련될 때 감정이 발생한다. 감정을 알아차림으로써 자신의 욕구를 알아차릴 수 있다. 욕구가 감정을 유발하고, 감정은 신체적 감각을 동반한다. 감정과 욕구를 바로 알아차리기는 어려워도 신체적 감각을 알아차리기는 용이하다. 이를 통해 어떤 감정인지 추측할 수 있다.

인간은 태어나면서 수많은 욕구를 가지고 태어나고, 삶 속에서 그 욕구를 충족시키며 살아간다. 우리는 자신의 욕구를 충족시키는 방향으로 행동하고 움직인다. 욕구를 충족시키면 만족감과 행복감을 느낄 수 있다. 건강한 삶은 욕구를 충족시키며 살아가는 삶인 것이다. 그러나 욕구를 충족시키지 못했을 때, 충족시키지 못한 욕구가 지나치게 쌓여 있을 때 인간은 고통스럽다. 욕구 불만 상태에 놓인다.

따라서 상담자는 내담자가 건강한 삶을 살도록 돕기 위해, 내담자의 욕구를 알아차리도록 돕고 그 욕구를 사회적으로 허용가능한 방식으로 충족시키도록 안내한다. 내담자에게서 느껴지는 신체 감각의 변화는 내담자의 감정을 알아차리도록 돕고, 감정을 알아차리는 것은 관련된 내담자의 욕구를 깨닫게 돕는다. 우리의 반응에 영향을 미친 욕구를 알아차리는 것이 중요하다. 상담자는 내담자로 하여금 자신이 느끼는 감정을 알아차림으로써, 그 경험과 관련해서 무엇을 바라고 원했는지 내면의 욕구를 알게 한다.

감정 해소 작업을 할 때, 주의할 점은 내담자가 상담자와 마주보고 있을 때 감정에 집중하기 어렵다는 것이다. 많은 상담자들이 빈 의자 기법 등을 사용해서 내담자로 하여금 감정을 표현하도록 안내했는데, 한 회기 동안 작업을 했어도 내담자가 충분히 감정을 해소하지 못했다고 어려움을 토로한다. 이는 크게 두 가지 측면을 놓쳤기 때문이다. 하나는 감정의 필수조건 세 가지에서 첫 번째 즉 감정을 명명하는 작업을 하지 않고 이야기를 하도록 내버려 두었기 때문이다. 이야기를 하는 것은 감정 자체가 해소되는 것은 아니다. 두 번째 이유는 감정 해소 작업을 할 때 내담자의 시선 처리의 문제이다. 대개 상담실은 상담자가 내담자와 마주보는 자리 배치로 이루어진다. 따라서 내담자에게 감정을 표현하라고 하는 상황은 내담자가 상담자를 정면에서 쳐다보고 있는 자세가 된다. 그런데 상담자를 바라보면서 다른 사람에 대한 감정에 집중해서 느끼고 표현하기는 쉽지 않다.

상담자는 내담자 자리 옆에 별도의 의자를 마련해 두는 것이 좋다. 상담자가 내담자 곁의 약간 뒤에 앉거나, 사선 방향을 바라보며 작업하게 하는 것이 효과적이다. 의자가 없더라도 내담자의 시선을 상담자로부터 다른 곳으로 돌려서 감정에 집중하도록 하면 된다. 화상 상담을 할 때도 마찬가지이다. 감정 해소 작업을 할 때는 상담자의 얼굴이 화면에서 벗어나 주는 것이 감정 해소 작업에 집중하는 데 효과적이다.

감정을 명명하는 것 자체가 어느 정도 감정이 해소되는 효과와 내담자에게 감정에 대한 통제감을 준다. 감정에 대한 명명을 통해서 그 감정이 화였는지 슬픔이었는지 명확해지는 것 자체가 내담자로 하여금 혼란스러움과 답답함에서 벗어나도록 한다. "너는 화구나.", "너는 슬픔이구나.", "너는 불안이구나.", "너는 수치심이구나." 그리고 감정이 무엇인지 밝혔으니, 그 감정을 어떻게 다루어야 할지 어느 정도 통제감을 가질 수 있다. 그래서 감정을 명명하는 것에서 시작해야 한다.

(2) 느끼고 표현한다

상담자는 내담자가 명명한 감정에 주의를 집중하며 그대로 느끼고 표현하도록 안내한다. 단, 감정을 말, 글, 몸을 통해 몸 밖으로 표현하도록 할 때 해소의 효과가 있다. 물론 이미지와 심상을 통해서 감정에 대한 집중을 유지하며 해소작업을 할 수도 있다. 그러나 심상을 통해 지속적으로 집중하는 치료적 작업을 하는 것은 보통 사람들에게는 그리 쉽지가 않다. 어느새 다른 이미지와 생각으로 간섭이 일어나고 방해를 받아 주의를 집중하는 작업이 멈춘다. 따라서 상담자는 내담자에게 말로 소리 내어 지금 느끼는 감정을 표현하도록 하는 것이 효과적이다. "화가 나. 화가 나.", "슬퍼. 슬퍼."와 같이 감정을 명명하여 입 밖으로 꺼내 표현한다.

스토리와 설명이 아니라, 빈 의자 기법을 활용해서 앞에 감정의 대상이 있다고 가정하고 그 감정을 불러일으켜 따라가는 것이 촉진적이다. 이때 "누구에 대한 감정인가요?"라고 지시하는 것이 도움이 된다. 이 순간 내담자는 지금 느끼는 감정의 대상을 구체적으로 떠올리고, 앞에 있는 것처럼 상상하면서 그 대상에 대한 감정 또한 선명하게 활성화된다. 이처럼 감정의 대상을 구체적으로 떠올리는 것이 감정을 효과적으로 활성화한다. "엄마요.", "아빠요.", "친구요."와 같이 대상을 떠올리니, 대상에 대한 감정이 자연스럽게 지금 여기에서 활성화된다.

이때 감정을 느끼는 대상의 상태를 내담자가 결정하도록 안내한다. 상대방이 내담자의 얘기를 들을 수 있는지 여부, 마주보고 있을지 여부를 결정하도록 한다. 상담자는 다음과 같이 묻는다. "지금 당신이 하는 얘기를 들을 수 있다고 가정할까요? 못 듣는다고 가정할까요?" 항상 내담자의 현재 마음의 상태와 욕구에 정확히 조율하며 따라가는 것이 가장 중요하다.

대부분의 경우는 실제로 앞에 상대방이 있는 것이 아님을 알기 때문에, 자신의 이야기를 들을 수 있기를 바란다. 모두 자신의 마음을 상대방에게 표현하고 싶고 이해시키고 싶기 때문이다. 그러나 상대방에 대한 불편한 감정이 굉장히 심한 경우에는, 가상의 상황임에도 불구하고 상대방이 자신의 이야기를 들을 수 없기를 바란다고 말하기도 한다. 그런 경우, 상담자는 "그럼 못 듣는다고 할게요."라고 가정하고, 내담자에게 감정을 표현하도록 안내한다.

그런데 거의 모든 경우에서 감정을 느끼고 표현하는 작업을 하다 보면, 감정이 덜어지면서 상대방을 마주할 힘을 느끼게 된다. 상담자는 내담자의 내적 상태의 변화를 잘 알아차리면서, 적절한 순간에 "지금 마음이 어떠세요?"라고 묻는다. 내담자의 매 순간 변화되는 마음의 상태와 감정의 상태를 확인한다. 그리고 필요한 순간에 "지금은 상대방이 **님의 이야기를 듣는다고 가정할까요? 아니면 못 듣는다고 가정할까요?"라고 다시 물어 확인한다. 내담자 대부분이 거의 이렇게 대답할 것이다. "네, 들었으면 좋겠어요. 듣는다고 할게요." 상담자는 "그럼 상대방이 듣는다고 가정할게요."라고 상대방의 상태에 대한 가정을 다시 수정할 수 있다.

상대방과 마주보고 있을지에 대한 가정에서도 대부분의 경우는 별 무리 없이 마주보고 있다고 가정하지만, 상대방에 대한 두려움이 지나치게 클 경우에는 가상의 상황인데도 불구하고 내담자는 상대방을 마주보고 있지 않는 상태로 가정하기도 한다. 상담자는 "그럼 돌아앉아 있다고 가정할께요."라고 상대방의 상태를 설정한다. 이때도 마찬가지로 작업을 하다 보면, 내담자에게 힘이 생기고 상담자가 이를 알아차리고 적절한 순간에 다시 마주보고 있는 상태로 재설정할 수 있다.

이 과정에서 내담자가 감정을 느끼고 표현하는 것을 버겁고 힘들어 할 수 있다. 불쾌한 감정을 마주하는 것이 불편하고 두려워서 그동안 회피해 왔다. 또한 상대방에게 그러한 감정을 표현하는 것이 많이 어려워서 눌러 놓았던 것이다. 따라서 가상의 상황이지만, 상대방에 대한 감정을 있는 그대로 느끼고 표현하는 것이 굉장히 어렵고 불편할 수 있다.

이때 필요하다면, 상담자가 내담자의 어깨나 등 위쪽에 손을 살짝 올려놓음으로써 감정 작업을 지지해주는 것도 효과적이다. 필요할 때는 작업에 방해가 되지 않는 선에서 가볍게 토닥토닥해줄 수 있다. 또한 상담자는 내담자가 감정에 대해 느끼고 표현하는 작업을 할 때 이중자아의 목소리 역할을 하면서 도울 수 있다. 내담자가 "화가 나는 것 같아요."라고 할 때 상담자가 "화가 나."라고 한다. 그 감정과 마음의 표현을 재표현하는 이중자아의 역할은 내담자로 하여금 상담자가 "내 감정을 지지하는 구나.", "그럴만하다고 타당화 하는구나."라고 느끼게 한다.

신체적 접촉에 오히려 불편함을 느낄 수 있는 상대인 경우에는, 어깨에 손을 올리기 전에 허락을 구하는 것이 바람직하다. "지금 **님 어깨에 살짝 손을 올리려 하는데 괜찮나요?", "**님의 등에 손을 잠깐 올려도 될까요?" 상담자가 손을 살짝 올리는 신체적 접촉을 통해, 내담자로 하여금 작업을 하는 동안 상담자가 자신과 함께 하고 있다고 느끼게 할 수 있다. 또한 자신의 감정과 마음의 상태에 공감하여 그럴만하다고 타당화해주고 있다고 느낀다.

실제로 감정에 대한 해소 작업이 다 끝난 다음에, 많은 사람들이 [사례 8-2]에서와 같이 상담자인 내가 내담자 자신의 등에 손을 살짝 올려놓은 것이 굉장히 힘이 되었다고 피드백했다. 작업을 하는 내내 "누군가 내 곁에 있구나.", "선생님이 저를 지지하고 있구나."라고 느끼며 외롭지 않았다고 말했다. 함께하고 있고 공감하며 지지하고 있다는 이러한 경험이 내담자에게 힘이 된다. 또한 내담자로 하여금 그동안 두려워서 피해왔던 자신의 감정과 마주하고 그대로 느끼고 표현하는 체험의 과정을 밟아갈 수 있도록 돕는다.

[사례 8-2] "토닥거려주시는 게 위로로 느껴졌어요."

내담자: 선생님이 계속 토닥거려주시는데, 엄마가 토닥거리는 것 같았어요. 마음이 진짜 너무 편안하게 느껴지고 위로로 느껴졌어요. 접촉하고 있는 것 같은 느낌이요. 제게 정말 필요했던 게 이거였다는 것을 알게 되었어요.

감정을 느끼고 표현하는 과정에서 가장 중요한 것은 내담자가 자신의 불쾌한 감정에 계속 주의를 집중하도록 하는 것이다. 주의가 머무르는 곳에 체험이 있고, 그 체험을 완결하도록 주의를 계속 주면서 따라가야 한다. 즉 현재 느끼는 감정에 주의를 계속해서 집중하는 것이 가장 중요하다. 또한, 체험적 과정에 대한 믿음으로, 내담자의 체험적 과정이 이끄는 대로 주의를 놓치지 않고 따라간다. 그 과정에서 정서적 고통을 유발하는 정서 경험과 그 경험에서 의미 있는 단서들이 나타난다. 그리고 처한 상황이나 문제의 핵심 요인이 무엇인지, 어떻게 해야 상황을 변화시키고 문제를 해결할 수 있는지 방법을 알려준다.

내담자가 "선생님, 저는 이유를 모르겠는데 시시때때로 불안해요."라고 호소한다면, 상담자 입장에서 당황스럽고 어떻게 작업해야 할지 막막할 수 있다. 그러나 지금 여기에서의 감정에 주의를 계속 기울이며 그 감정을 그대로 느끼고 표현하는 작업을 따라가면, 체험적 과정은 감정을 해소하는 방향으로 그리고 관련된 대상과 원인을 안내하는 방향으로 우리를 안내한다. 해결 방법이 무엇인지 또한 안내한다.

상담자는 내담자에게 그 불안한 감정에 집중해서 표현하라고 하였다. 내담자는 "불안해. 불안해."라고 감정 단어를 명명하면서, 지금 여기에서의 체험을 알아차리며 체험적 변화를 따라갔다. 계속 내담자가 알아차리도록 질문하면서, 어느 순간 상담자가 "지금 무엇이 떠오르나요?"라고 묻자, 내담자는 갑자기 엄마 얼굴이 떠오른다고 말했다. 그 이유 없이 엄습해 오는 불안이라는 감정을 해소하는 데 엄마가 중요하게 영향을 미치고 있었던 것이다.

상담자는 "그럼 앞에 엄마가 있다고 가정하고, 엄마에게 어떤 감정이 드나요?"라고 물었다. 엄마라는 대상에 대한 감정이 불안이라는 감정을 변화시킬 수 있는 치료적 단서가 되는 것이다.

이렇게 내담자로 하여금 현재 느끼고 있는 감정을 활성화시켜 느끼고 표현하도록 촉진시킨다. 그 감정을 그대로 따라가도록 한다. 어떤 내담자는 현재 감정을 해소하는 데 중요한 단서가 되는 사람이 떠올랐음에도 불구하고 감추기도 한다. 아직 상담자와 신뢰로운 관계가 형성되지 않았다거나, 이 상황이 안전하게 느껴지지 않았기 때문이다. 한 내담자는 이후 작업할 때 "사실은 그때 무엇이 떠올랐는데 마주하기 두려워서 말하지 않았어요."라고 고백하기도 했다.

이처럼 체험적 과정을 있는 그대로 펼쳐지게 내버려두고, 그 계속되는 감각과 이미지, 생각, 행동 등의 단서들을 알아차리면 내담자에게 영향을 미치고 있던 경험과 그 경험을 소화하고 관련된 문제를 해결할 수 있는 실마리를 안내한다는 것이다. 치료적 장면에서 감정을 해소하는 과정을 따라가다 보면, 내담자로 하여금 불쾌한 감정으로부터 벗어날 수 있는, 해결할 수 있는, 성장하게 하는 방법들을 안내받는다. 정서중심적 치료는 그 체험적 과정 즉 프로세스에 대한 믿음을 바탕으로 내담자로 하여금 체험적 과정을 계속 따라가도록 하고, 체험이 주는 안내를 받도록 한다. 내담자의 체험이 우리에게 무슨 메시지를 알려주고 있는지 파악하도록 한다.

감정은 느끼고 표현하여 해소하는 작업을 통해서, 또 다른 감정이 올라오고 사라진다. 분노라는 감정에 분노만 있는 것이 아니고, 불안이라는 감정에 불안만 있는 것이 아니다. 감정은 하나가 아니라, 관련해서 수많은 감정들이 공존한다. 그렇게 감정을 해소하는 프로세스를 따라가다 보면, 불쌍한 감정을 만날 때가 있다. 바로 그 순간이 내담자가 상대방에 대한 감정 즉 태도를 변화시킬 수 있는 중요한 계기가 된다. "불쌍해. 불쌍해. 불쌍해."라고 계속 불쌍한 감정을 따라가면 불쌍한 감정도 사라지면서 여러 가지 필요한 것들이 떠오르며 안내한다. 특히 불쌍한 감정은 상대방에 대한 연민을 올라오게 하면서, 이해하고자 하는 동기를 유발한다. 상대방을 보호하고 위해주고 싶은 마음이 든다.

내담자 자신에 대한 감정 작업을 할 때도 마찬가지이다. 자신에 대해 원망과 증오로 가득하던 내담자가 자신을 비난하고 화내는 데 급급하다가, 불쌍한 감정이 올라오는 순간이 있다. 바로 그 순간 자신에 대해 이해하고 위하고자 하는 동기가 생긴다. 그럴 수밖에 없었음을 이해하고, 안타깝고 연민의 마음이 올라온다. 궁극적으로 건강한 사람에게 필요한 자신에 대한 태도는 자기 지지와 자기 위로이다. 스스로가 자신을 이해하고 아끼며 돌보고자 하는 마음이 필요하다. 그래서 불쌍한 감정을 느끼는 순간, 충분히 그 감정에 머무르며 작업을 이어가기 바란다.

이렇듯 감정을 만나 느끼고 표현하게 되면 오리지널 정서가 찾아진다. 현재의 감정에 초점을 맞춰 계속 표현하다 보면 해소가 되면서 다른 감정이나 생각이 떠오른다. 그러면 또 그 감정을 따라가면서 말로 소리 내어 표현한다. 그러다 보면 핵심 감정과 만난다. 현재 느끼고 있는 감정이 어느 종류(적응적 일차적 정서, 부적응적 일차적 정서, 이차적 정서)에 해당하는지 확인하면서 오리지널 정서를 찾아갈 수 있다.

어떤 대상에 대한 감정을 작업할 때, 부모가 앞에 있다고 가정하고 작업을 하는 것을 불편해 할 수 있다. 내담자는 거부감을 느끼며 이렇게 표현하곤 한다. "지금은 안 그러시는데요.", "많이 달라지셨어요.", "지금은 저에게 잘해주세요." 라고 부모를 변호하기도 한다. 지금은 달라진 부모에 대해 과거에 가졌던 불쾌한 감정을 표현하는 것이 불편할 수 있다.

그럴 때 상담자는 "앞에 있다고 가정하는 상대방은 지금 현재의 아빠(엄마)가 아닙니다. 과거 **님에게 그런 말과 행동을 했던 당신 마음속에 있는 아빠(엄마)입니다."라고 안내하면 현재의 인물과 분리가 이루어지면서 감정 표현 작업을 하는 것에 안심을 하게 된다. 위험하지 않게 느껴지고 안전이 보장되는 것이다.

감정을 다 해소할 때까지 끝까지 따라가며 작업하는 것이 중요하다. "화나. 화나."라고 표현하다가, "선생님, 그런데 계속 화가 나는데요."라고 하소연할 수 있다. 감정이 해소되는 데 걸리는 시간은 정해져 있지 않다. 사람마다 다르고, 발생한 감정에 따라 다르며, 상황에 따라 다르다. 감정 해소 작업을 하다가 상담자가 먼저 지칠 수도 있다. '이 정도 표현했으면 해소될 만한데.'라고 의문을 품을 수 있다. 만날 때마다 또 그 감정을 꺼내고 표현하는 내담자가 이해되지 않고 답답하게 느껴질 수 있다. '아니, 왜 계속 또 엄마에 대한 화를 이야기하는 거야. 이렇게 오랫동안 작업을 했으면, 이제 좀 해소되어야 하는 것 아니야? 내담자가 이상한 것 아니야?'라는 생각이 들 수 있다. 그러나 결코 그렇지 않다. 감정은 정해져 있는 것이 아니다. 아무리 작업을 해도 감정이 다시 올라온다면, 그 감정을 해소하는 사전조건과 필수조건이 제대로 충족되지 않았거나, 아직 그 감정이 충분히 해소되지 않아서이다. 그 감정이 어떻게 만들어진 감정인지, 얼마나 된 감정인지, 그 사람이 어떠한 기질과 성격을 갖는지에 따라 감정을 해소하는 데 걸리는 시간이 다르다. 한 두번 표현하는 걸로 해소될 수도 있지만, 굉장한 시간이 필요로 하는 경우도 많다.

하다가 멈추는 작업 보다는 가능한 끝까지 따라 가는 것이 해소하는 데 효과적이다. 이를 위해 상담자는 내담자가 멈출 때 뿐 아니라, 그때그때마다 내담자의 현재 마음 상태를 계속 확인한다. "지금 어떤 마음이 드세요?", "지금 마음의 상태가 어떤가요?", "지금 무엇이 느껴지세요?", "지금 어떤 생각이 드세요?" 물론 상담 시간이 다 되어서, 또 다른 중요한 화제나 욕구가 올라와서 멈출 수 있다. 그런 경우 변을 보는 것과 같이, 다시 안전이라는 조건을 확보할 수 있을 때 남아 있는 그 감정에 주의를 기울여 감정의 해소 작업을 이어가면 된다.

(3) 감정을 만난다

감정을 말로 표현하다보면 그대로 해소될 때도 있지만, 더욱 강한 감정이나 충동이 올라올 때가 있다. 그럴 때는 그 감정과 충동을 몸과 행동으로 표현하는 것이 해소하는 데 효과적이다. 호영 씨는 자신의 오랫동안 묶어 있는 풀지 못한 감정이 외로움임을 자각하였다. 상담자는 호영 씨에게 감정 단어를 명명하도록 하였고, 호영 씨는 "외로워. 외로워."를 계속 반복해서 표현하였다. 얼마 되지 않아 오랫동안 가슴에 머물러 있었던 외로움이 해소되고, 더 이상 외롭지 않다는 것을 깨닫게 되었다. 다연 씨는 친구에 대한 미안함을 입 밖으로 꺼내며, "미안해. 미안해."라고 표현하였다. 어느 정도 표현하니 미안한 마음이 해소되면서 더 이상 그 친구에게 미안하지 않음을 알아차리게 되었다.

그러나 앞에서 언급한 사례에서처럼 엄마에 대한 미안함을 표현하다가 울컥하며 감정이 올라오기도 한다. 그럴 때는 감정과 만나야 한다. 몸 밖으로 표현해야 한다. 상담자는 "울고 싶다면 우세요."라고 말하며 충동을 몸 밖으로 표현하도록 안내한다. 꺼이꺼이 울고 싶을 때, 화가 치밀어 올라 소리 지르고 싶을 때, 때리고 싶은 충동이 올라올 때, 억누르지 말고 안전하게 몸으로 만나 표현하도록 한다.

화 같은 감정은 방석과 쿠션을 활용하여, 쿠션을 양손에 쥐고 방석을 때리도록 하면서 감정이나 욕구, 못 다한 말을 소리 내어 표현하도록 한다. 쿠션을 양손으로 잡고 방석에 때리도록 한다. 그냥 때리는 것보다 말로 소리 내어 표현하도록 하는 것이 더 효과적이다. 간혹 두려움 때문에 억압하는 경우가 있다.

만약 내담자가 소리를 내지 못하고 있을 때, 즉 억압하고 있을 때에는 쿠션을 방석에 일부러 몇 번 정도 치라고 하는 것이 효과적이다. 에너지를 밖으로 행동으로 표출하도록 함으로써 에너지의 분출을 돕는다. 격한 감정이 표현될 때 베개를 치거나 울다가 멈출 수 있는데 이때 그것이 무엇을 의미하는지 확인해야 한다. 감정이 해소가 되어 멈춘 것인지 아니면 내담자 자신이 때리는 행위로 힘들고 지쳐서 멈춘 것인지 확인한다. 후자라면 상담자가 내담자를 격려하고 지지해주면서, 멈추지 않고 감정에 계속 주의를 집중하며 해소 작업을 완결하도록 돕는다.

체험적 작업을 하는 과정에서 내담자가 자연스럽게 충족시키고자 하는 욕구가 알아차려질 때가 있다. 상담자는 내담자의 욕구를 상담 장면에서 내담자의 상상력과 창의성을 활용하여 체험적으로 구현하고 충족시키도록 한다. 즉 내담자가 원하는 것이 있다면 그것을 가능한 방식으로 충족하도록 돕는다. 체험적 작업 자체가 매 순간 상담자와 내담자 두 사람의 창의성이 발휘되는 과정이지만, 특히 욕구 충족의 작업은 더욱 기발한 상상력과 창의성이 빛나는 장면이다. 다음의 사례는 욕구 충족의 예이다.

[사례 8-3] "동생을 안아주고 싶어요."

내담자: 동생을 안아주고 싶어요.
상담자: 이 앞의 쿠션이 동생이라고 생각하고, 안아줘 보시겠어요?
내담자: (쿠션을 꼭 안으며 하고 싶은 말을 한다.) 미안해. 내가 많이 미안해. 그리고
　　　　사랑해.

(4) 감정을 수용한다

　감정 해소 작업을 통해 감정이 느끼고 표현되어 해소가 되면, 내담자는 자연스럽게 그 감정을 수용하는 단계에 이른다. 감정 수용의 단계는 인위적으로 접근하기 어렵다. 수용하자고 해서 수용되는 것이 아니기 때문이다. 인간은 바로 수용의 단계에 이르기 위해, 오랫동안 부대끼기도 하고 몸부림 치기도 하는 것이다. 날 것의 감정을 만나고 느끼고 표현하며 꺼내는 작업을 통해, 드디어 감정을 받아들일 수 있는 상태에 자연스럽게 도달하게 된다.

　감정은 이런 감정을 느끼라고 해서 느껴지는 것이 아니다. 감정은 표현하다 보면 자연스럽게 변화가 일어나고, 그 감정이 덜어지면서 편안해지는 상태에 이른다. 그럴 때 내담자들은 "시원해졌어요.", "마음이 차분해지네요.", "아무것도 있지 않아요.", "비어 있는 기분이에요.", "뻥 뚫린 느낌이에요."와 같이 표현한다.

　그리고 불쾌한 감정에 눌러져 있었던 유쾌한 감정이 자연스럽게 떠오른다. 증오에서 용서와 애정이 올라오기도 한다. 송주 씨는 친구에 대한 증오를 작업하면서, 친구를 미워하는 감정과 화나는 감정을 표현했다. 그러다 보니 미움과 화가 수그러들면서 자연스럽게 기저에 용서하고 싶은 마음과 그 친구를 좋아하는 애정의 마음이 올라와 느껴졌다. 작업을 모두 마친 송주 씨는 상담자에게 투정 아닌 투정을 부렸다. "선생님, 그 친구를 좋아하고 싶지 않았어요. 그런데 지금은 자꾸 그 친구가 보고 싶고 이전에 좋아했던 그 마음이 다시 느껴지네요. 그 친구가 얄밉네요. 아이 참."이라고 말했다.

　서로 다른 인간들이 부대끼며 살아가면서 갈등이 발생한다. 그 갈등으로 인한 골이 깊어지면서, 서로에 대한 화와 미움이 강해지곤 한다. 대표적으로 부모 자

식 간의 관계를 들 수 있다. 서로 가장 사랑하고 가까운 관계이면서도, 부모에 대해 미움과 분노의 감정을 갖기도 하고, 자녀만 보면 자꾸 화가 치밀어 올라 좋은 말이 표현되지 않는다. 부부 간에도 마찬가지이다. 함께 살아가며 서로의 다른 점으로 인해 시작된 다툼과 갈등은 사랑으로 시작한 관계를 미움과 분노의 감정 표현으로 채운다.

관계를 변화시키기 위해서, 그 사람에 대한 감정 즉 태도를 변화시키기 위해서는 그 감정을 만나서 해소하는 체험적 과정이 필요하다. 상대에 대해 미워하고 화나는 감정을 표현하다 보면, 감정이 해소되면서 자연스럽게 그 밑에 눌려져 있었던 아끼고 좋아하는 감정이 올라오기 마련이다. 특히, 가까운 사람에 대해 가엾고 안쓰러운 연민의 감정이 올라올 때가 관계가 변화하는 중요한 순간이다. 그리고 상대방에게 드디어 말할 수 있게 된다. "엄마(아빠), 나 엄마(아빠) 사랑해.", "여보, 사랑해요.", "아들아(딸아), 사랑한다."라고 표현할 수 있게 된다.

감정 경험을 해소하고 이해하는 작업을 통해 감정 경험을 소화하였다면, 마무리할 때 그 감정의 대상에게 하고 싶은 말을 세 가지 정도 표현하도록 하는 작업이 도움이 된다. 불쾌한 감정을 느끼는 대상에 대한 마음일 수도 있고, 그렇게 힘들어했던 자기 자신에 대한 마음일 수도 있다. 그 감정 경험을 떠나보낼 수 있는 시간과 기회를 주는 것이다.

그런데 상대방에 대한 마음을 표현해 보라고 하면, 대부분의 사람들은 그 대상에 대해 못 다한 수많은 이야기들을 두서없이 꺼낸다. 이는 상담자에게 상담시간이 한정되어 있음을 고려할 때, 효과적이지 못하다. 중요한 것은 그 이야기들 가운데 진정으로 무엇을 상대방에게 말하고자 하는지를 표현하는 거다. 이를 위해 상담자는 내담자에게 자신의 핵심적인 마음을 스스로 알아차리도록 돕는다. 상대방에게 세 가지에 한정해서 하고 싶은 말을 표현하도록 하는 것이 좋다. 그러면 내담자는 세 가지를 추리기 위해 상대방에 대한 자신의 마음에 집중하면서 무엇을 말하고자 하는지 집약적으로 정리하여, 정말 하고 싶은 이야기를 선택해 표현하게 된다. 예를 들면, 오랫동안 간섭과 통제를 일삼았던 엄마와의 작업을 마무리하면서, "엄마, 이제 저는 혼자 일어서고 싶어요.", "저를 더 이상 간섭하지 말아 주세요.", "엄마, 사랑해요."라고 말할 수 있다.

6 감정 이해

감정을 해소하는 작업 후에는 정서적 고통을 유발하는 감정 경험을 인지적으로 이해하는 작업이 따라야 한다. 또한 상담자와 함께 한 감정 해소 과정이 어떻게 이루어졌는지 이해하고 정리하는 시간이 필요하다. 이를 통해 '감정 해소'와 '감정 이해'를 통합하면서 감정 경험의 소화가 이루어진다. 그 감정이 왜 발생했는지 그리고 어떠한 과정을 통해 감정이 변화되고 해소가 이루어졌는지 이해하는 작업을 반드시 해야 한다. 일부러 작정하고 감정 이해 작업을 갖지 않더라도, 정서적 체험 과정을 통해 감정이 해소되면서 내담자의 사고가 활발해진다. 내담자는 자연스럽게 감정 경험을 이해하고, 달리 생각해보는 대안적이고 적응적인 사고를 떠올린다.

정서 경험의 소화가 감정 해소와 감정 이해 두 가지 측면에서 모두 이루어져야 하는 것처럼, 감정을 이해하고 감정이 주는 정보를 파악하고 통합하는 과정이 중요하다. 감정에 대한 인지매개모델에 따르면, 자극이나 상황에 대해 생각이 떠오르고, 그 생각이 감정을 유발한다. 감정은 외부 자극이나 상황 자체가 아니라, 그것을 해석하는 방식에 달려 있는 것이다. 생각을 하지 않으면 감정은 발생하지 않을 수 있다.

감정을 이해하는 작업을 좀 더 구체적으로 나누면 두 가지 단계로 구분해서 살펴볼 수 있다. 첫째, 감정의 원인을 이해한다. 감정을 유발한 원인은 생각 즉 판단이다. 우리는 자극이나 상황에 대해 평가와 판단을 하고, 그 판단이 감정을 유발하는 것이다. "그 사람은 나를 무시하는 거야.", "열심히 할 수 있었는데, 그렇게 하지 않은 거야.", "일부러 그런 행동을 한 거야.", "이렇게 했어야 하는데, 그렇게 하지 않았어.", "이건 별로야."와 같이 평가와 판단이 불쾌한 감정을 유발한다. 이 생각이 감정의 원인이 되는 것이다.

자극에 즉각적이고 자동적으로 반응해서 떠오르는 이 생각을 우리는 잘 알아차리지 못한다. 그저 화가 날 뿐, 불안할 뿐, 수치스러울 뿐이다. 이렇게 자극에 반응해서 자동적으로 떠오르는 생각을 자동적 사고라고 하는데, 자동적 사고가 감정의 원인이 된다. 그 원인이 되는 생각을 찾아내는 방법은 앞의 7장에서 자세히 설명한 바 있다. 느껴지는 감정을 먼저 알아차린 후, 그 감정을 느꼈을 때 "무슨 생각이 스쳐 지나갔지?"라고 되물어보는 거다. "나를 무시하는 거야.", "나에게 함부로 하네."와 같은 생각이 떠올랐음을 알아차릴 수 있다.

이렇게 찾은 생각이 감정의 원인이 맞는지 확인하는 방법은 거꾸로 그러한 생각을 했을 때 경험한 감정을 느끼는 것이 맞는지 다시 진술해 보는 것이다. "나를 무시한다고 생각하니 화가 났어."라는 문장은 충분히 그럴만하고 공감이 간다. 그렇다면 찾은 생각이 화라는 감정에 대한 원인이 되는 생각이 맞다.

그런데 많은 경우 감정의 변화 직후에 떠오를 수 있는 생각을 발견한다. "다음부터는 그러지 말아야지.", "다시는 보지 말아야겠어."와 같은 생각이 떠올랐다면 "'다음부터는 그러지 말아야지.'라고 생각하니 화가 났어.", "'다시는 보지 말아야겠다'고 생각하니 화가 났어."라고 문장을 완성해 본다면 말이 되지 않고 납득이 되지 않음을 쉽게 알 수 있다. 찾은 생각이 감정의 원인이 아니기 때문이다.

그러나 일부러 감정의 원인을 찾아 이해하는 작업을 하지 않더라고, 감정을 표현하고 해소하는 작업을 하는 과정에서 감정이 해소되면서 자연스럽게 감정에 대한 원인이 되는 생각이 떠올라 이해하는 인지적 작업이 함께 이루어진다. "아, 내가 이러이러해서 이러했구나.", "그 사람이 나를 무시한다고 생각해서 화가 났구나."와 같이 이해가 된다. 또한 그 감정 경험과 관련해서 자신이 무엇을 바랐는지 욕구를 깨닫게 된다. "내가 그 사람을 좋아했었구나.", "내가 존중받기를 원했구나.", "나에게 관심을 주기를 원했구나."와 같이 그 감정을 유발하게 한 욕구가 무엇이었는지 알게 된다.

둘째, 감정의 원인이 되는 생각을 찾았다면, 대안적인 생각을 통해 감정을 변화시키는 작업이 가능하다. 생각이 감정을 만든다. 부정적인 생각을 하면 불쾌한 감정이 느껴지고, 긍정적인 생각을 하면 유쾌한 감정이 느껴지기 마련이다. "나를 무시하는구나."와 같은 부정적인 생각을 하면 화가 나지만, "일부러 그런 건 아닐 거야.", "저 사람은 성격이 원래 무심해."와 같이 다르게 생각하면 화가 나지 않을 수 있다.

상담자는 내담자가 대안적인 생각을 찾을 수 있도록 다음의 질문을 활용할 수 있다.

　　"이 상황에서 어떤 생각이 가능할까?"
　　"다른 사람은 이 상황에서 어떻게 생각할까?"
　　"어떻게 생각하는 것이 나에게 이로울까?"

　　많은 내담자들이 자신의 부정적 생각에 대해서는 그렇게밖에 생각할 수 없다고 고집한다. 다른 대안적인 생각은 불가능하다고 말이다. 그렇게 생각할 수밖에 없고 자신은 불쾌한 감정을 느낄 수밖에 없다고 호소한다. 그런데 신기하게도 집단 상담과 같은 여러 사람이 함께 하는 작업을 해 보면, 다른 사람들의 부정적인 생각 즉 판단에 대해서는 굉장히 쉽게 대안적인 생각을 떠올린다. 따라서 내담자로 하여금 자신의 생각에 대해서 거리를 두고 다른 사람의 생각이라고 가정하고 물어보도록 한다. "친구가 그런 생각을 한다면, 당신은 어떻게 조언을 해 줄 수 있을까?"

　　또 다른 하나는 내담자가 자신이 원하는 것이 무엇인지에 접근하는 것이다. 인간은 목표와 욕구를 향해 행동하고 반응한다. 따라서 관련해서 원하는 것이 무엇인지 떠올려 보는 거다. 그 원하는 것을 이루는 데 지금 하고 있는 생각이 도움이 되는지, 그렇지 않다면 어떻게 생각하는 것이 도움이 되는지 생각해보도록 한다. "어떻게 생각하는 것이 자신의 목표를 이루는 데 도움이 될까?"라고 말이다.

　　이러한 질문 방법들로 대안적인 생각을 찾아볼 수도 있지만, 감정을 해소하는 작업을 통해 감정이 해소되면서 감정의 원인이 떠오르고 대안적인 생각도 자연스럽게 따라온다. 감정의 해소가 사고의 여유를 가져옴으로써, 대안적 사고가 활발해지는 것이다. "그럴 수도 있었을 것 같아요.", "그 친구가 일부러 그런 건 아닐 수 있을 것 같아요.", "너무 경황이 없어서 그랬던 것 같아.", "그 사람도 그 상황에서 굉장히 예민하고 힘들었을 것 같아요."라고 말이다.

[사례 8-4] 애도1 "할머니 임종을 보지 못했어요."

소미 씨는 외국계 회사에 취직한 이후 영국으로 발령이 나는 바람에, 어릴 때 자신을 키워 준 할머니의 임종을 보지 못한 것에 대해 가슴에 맺혀 있는 게 있다며 불편감을 호소하였다.

상담자: 지금 무엇이 느껴지나요?

내담자: 보고 싶어요.

상담자: 할머니에게 하고 싶은 얘기를 해보세요. 듣는다고 가정할까요? 못 듣는다고 가정할까요?

내담자: 들었으면 좋겠어요.

상담자: 할머니에게 하고 싶은 이야기 세 가지를 해보세요.

[내담자가 상대방에 대한 감정이 명료하게 느껴지지 않을 때, 대상에게 하고 싶은 이야기를 하도록 요청한다. 이야기를 하다 보면, 상대방에게 무엇을 느끼는지 그리고 무엇을 원하는지 분명해지곤 하기 때문이다. 이때도 무작정 하고 싶은 이야기를 하도록 하면, 의미 있는 내용이 빨리 꺼내어지지 않을 수 있다. 따라서 상담자는 내담자에게 세 가지로 압축해서 표현하도록 함으로써, 가급적 빨리 내담자가 자신의 마음에 집중해서 의미 있는 내용이나 핵심을 표현할 수 있도록 돕는다.]

내담자: 할머니, 나 보살펴 주어서 고마웠어. 그렇게 몸이 아프신데 그것도 잘 모르고 왜 자꾸 여기저기 아프다고 하냐며 듣기 싫어했어. 그렇게 힘들었을 텐데, 관심도 없고 알아주지도 않았어.

상담자: 미안하네요.

[내담자가 두드러지게 느끼고 있는 감정이 미안함이라는 것이 분명해졌다. 상담자는 이런 경우 선제적으로 감정을 명명하는 게 좋다.]

내담자: 네. 미안해요. 그렇게 아픈 것도 모르고, 나 멀리 갔다 오니까 다시 올 때까지 기다리라고만 했어요.

상담자: 지금 할머니에게 어떤 이야기를 하고 싶나요?

내담자: 할머니. 나 행복하게 살 테니까 지켜봐 줘. (흐느껴 운다.) 미안해.

상담자: 할머니가 앞에 있다고 가정하고 할머니에게 마음을 표현해 보세요. 할머니가 들었으면 좋겠나요? 못 들었으면 하나요?

내담자: 들으셨으면 좋겠어요.

상담자: 그래요. 할머니가 듣고 있어요. 할머니에게 미안하다고 말해 보세요.

내담자: 할머니. 미안해. 미안해. 미안해.

상담자: 무엇이 미안한가요?

[반복적으로 감정 명명을 통해 어느 정도 감정이 표현되어 해소되고 있다고 판단되었을 때, 상담자는 그 감정이 무엇에 대한 것인지 내담자가 알아차리도록 자연스럽게 질문한다. 이때 내담자가 감정에 주의를 집중하며 정서적 체험의 작업을 따라가는 것을 방해하지 않아야 한다.]

내담자: 더 잘 찾아뵙지 못해서 미안해. 아픈 것도 몰라서 미안해. (운다.) 할머니가 돌아가셨을 때 내가 무엇을 느껴야 하는지 몰랐어요. 다 우는데 저는 눈물이 나오지 않아 답답했어요.

상담자: 지금 여전히 미안하다 느낀다면, 계속 미안하다고 해보세요. 다른 감정이 나타날 때까지 그 감정을 계속 표현해 보세요.

[내담자는 할머니를 향한 감정을 표현하는 작업을 하는 과정에서, 상담자를 향해 자신의 마음을 표현한다. 상담자는 계속 할머니에 대한 정서적 체험 과정에 주의를 집중해서 따라가도록 안내한다.]

내담자: 미안해. 미안해. (우는 것이 잦아든다.)

[울음이 감소하는 변화가 일어나는 것과 같이 내담자의 체험에서 변화가 있을 때마다 상담자는 그 변화가 무엇을 의미하는지 질문을 통해 확인한다.]

상담자: 지금 어떤 감정을 느끼고 있나요?

내담자: 나아졌어요. 후련해요.

상담자: 지금 무엇을 느끼고 있는지 알아차려 보세요.

내담자: (잠시 침묵) 허무해요.

[많은 내담자들이 오랫동안 부대끼며 담고 있었던 감정들을 몸 밖으로 쏟아내고 해소하면, 계속 붙들고 있던 감정이 사라지면서 허무함을 느끼는 경우가 많다. 상담자는 내담자로 하여금 그 비워진 상태에 주의를 머물며 충분히 느끼도록 하는 것이 좋다.]

상담자: 허무하네요. 그 허무함에 머물러 보세요.

내담자: 허무해. 허무해. 할머니가 그때 내가 바로 돌아오지 못한 것 이해해주었으면 좋겠어요.

상담자: 앞에 계신 할머니에게 하고 싶은 그 이야기를 해보세요.

내담자: 할머니. 그때 나를 이해해주었으면 좋겠어. 마지막 할머니 가는 것 진짜 보고 싶었어. 그런데 회사랑 입국 관련해서 행정 일 처리가 늦어지는 바람에 바로 오지 못했어. 내 마음 다 알고 있지? 바로 못 와서 미안해.

[할머니에게 하고 싶은 이야기를 하는 작업을 통해, 내담자는 감정 경험을 이해하고 정리할 수 있다.]

상담자: 이제 할머니를 보내드려야 할 것 같은데, 마지막으로 하고 싶은 이야기 세 가지를 해 보세요.

[할머니에 대한 감정 경험을 소화하는 작업을 마무리하기 위해, 상대방에게 하고 싶은 이야기를 하도록 요청한다.]

내담자: 할머니를 잠시 안아드렸으면 좋겠어요.

[내담자가 의미 있는 욕구를 표현할 때는 상담자가 내담자와 함께 창의력을 동원해서 그 욕구를 가능한 방식으로 충족시키도록 한다.]

상담자: 여기 쿠션이 있어요. 이 쿠션을 할머니라고 생각하고 안아드려 보세요.
내담자: (쿠션을 안고 다시 크게 흐느낀다.) 할머니. 고마웠어. 나 잘 돌보아주고 키워주어서 고마워. 앞으로 잘 살게. 할머니 계신 곳에서 나를 지켜봐 줘.
상담자: 할머니를 보내드려야 하는데, 어떻게 해드리고 싶나요?

[상대방을 떠나보내는 의식이 필요하다고 생각될 때는 상담자가 추가적으로 내담자에게 보내는 방식을 생각해보도록 요청할 수 있다.]

내담자: 곁에 두면서 할머니 생각날 때마다 이야기 나누고 싶어요. 그렇게 할머니를 기억하면서 살고 싶어요.
상담자: 곁에 두고 싶네요. 좋아요. 그대로 곁에 두면서 마무리할게요.

[마무리를 하는 작업도 상담자가 정하는 것이 아니라, 내담자가 어떻게 마무리했으면 하는지 그 욕구를 알아차리도록 한다. 어떤 내담자들은 멀리 보내는 방식으로 마무리하기도 하고, 소미 씨와 같이 보내지 않고 함께 머무르게 하는 방식으로 마무리 짓고 싶어 하기도 한다.]

내담자: (쿠션을 곁에 둔다.)
상담자: 지금 마음이 어떤가요? 무엇이 알아차려 지나요?
내담자: 내 마음 안에 할머니가 참 소중한 존재였다는 것을 알았어요.

[감정 경험을 소화하면서, 여러 앎과 통찰이 내담자에게서 일어난다. 이를 알아차리고 말로 표현하도록 하는 것이 그 통찰을 자신의 것으로 만드는 데 도움이 된다.]

상담자: 지금 마음에 무엇이 더 있는지 들여다보세요. 마음이 어떠세요.

내담자: 후련해요.

[사례 8-5] 애도2 "남편이 죽은 후 혼자라는 게 너무 힘들어요."

　　40대 초반인 정연 씨는 1년 전에 갑작스러운 사고로 남편을 저세상으로 떠나보내야 했다. 이제는 괜찮아졌다고 생각을 하였지만, 여전이 가슴에 무엇인가 막혀 있는 듯한 느낌이 들었고 상담자에게 그 마음을 다루고 싶다고 호소하였다.

상담자: 누구에 대한 감정인가요?

내담자: 남편이요.

상담자: 앞에 남편이 있다고 생각하고, 듣는다고 가정할까요? 아니면 못 듣는다고 가정할까요?

내담자: 듣는다고요.

상담자: 앞에 있는 남편에게 무엇을 느끼고 있나요?

내담자: 저를 두고 갔다는 것에 대해서 얘기하고 싶어요.

상담자: 지금 현재 남편에 대해 느껴지는 감정이 무엇인가요?

[상담자는 남편에 대해 느끼는 감정을 명료화하도록 요청한다.]

내담자: 여보. 당신이 없으니까. 없으니까.

상담자: 그래서 어떤 감정을 느끼나요?

[내담자는 죽은 남편에 대한 감정을 차마 말로 표현하지 못한다.]

내담자: (잠시 침묵) 슬퍼요.

상담자: 슬프네요. 슬프다고 말해보세요.

내담자: 너무 슬퍼. 슬퍼.

상담자: 무엇이 슬퍼?

[반복적인 감정 명명과 함께 그 감정이 무엇에 대한 감정인지 알아차리도록 자연스럽게 질문을 삽입한다.]

내담자: 여보와 함께하지 못하니까 너무 슬퍼.

상담자: 계속 감정을 따라가세요. 이 감정이 다른 감정으로 변화할 때까지 계속 표현해 보세요.

내담자: 너무 슬퍼. 여보가 곁에 있을 때는 힘들다는 얘기도 할 수 있었는데, 이제 없으니까 아무에게도 힘들다고 말을 할 수가 없어서 너무 힘들어. 나 외로워.

[남편을 잃은 슬픔은 혼자라는 외로움으로 변화된다.]

상담자: 계속 외롭다고 해보세요.

내담자: 외로워. 외로워. 여보. 보고 싶어.

상담자: 그 감정을 계속 따라가 보세요.

내담자: 외로워. 외로워. 보고 싶어. 보고 싶어. 슬퍼. 슬퍼.

상담자: 무엇이 슬픈가요?

내담자: 내 마음을 함께 나누지 못하니까 슬퍼. 슬퍼.

상담자: 지금 어떤 마음이 드나요?

내담자: 원망스러워요.

상담자: 슬픈 감정이 원망스러운 감정으로 변했네요. 원망스럽다고 말해 보세요.

[애도 작업을 할 때, 많은 경우 슬픔과 함께 분노가 공존한다.]

내담자: 죽은 여보가 원망스러워. 앞으로 나 혼자 어떻게 살라고. 너무 막막해. 나 혼자 앞으로 살아갈 수 있을지 자신이 없어.

상담자: 자신이 없네요.

내담자: 나 자꾸만 상처를 받아. 힘들어. 그 상처들을 소화하기가 힘들어. (눈시울이 붉어진다.)

[상담자에게 혼자 된 것으로 인한 아픔과 고통에 대해 하소연한다.]

상담자: 지금 감정이 올라오네요. 무엇인가요?

[눈시울이 붉어진 내담자의 변화를 포착하고, 그것이 무엇인지 알아차리도록 질문한다.]

내담자: 힘들어요.

상담자: 힘드네요.

내담자: 서러워요.

상담자: 서러운 마음에 집중하며 계속 서럽다고 해보세요.

내담자: 서러워. 서러워. 서러워. 자꾸 사람들이 무심코 하는 말에 상처를 받으니까 서

러워.

상담자: 지금 어떤 마음인가요?

내담자: 지쳐요. 이 모든 것을 혼자 감당하는 게 너무 지쳐요.

상담자: 지치네요.

내담자: 지쳐. 내 마음에 구멍들이 자꾸만 생겨. 그게 너무 크게 느껴져.

상담자: 허하네요.

내담자: 네. 허해. 허해. 허해. 허해. 허해. (잠시 침묵)

상담자: 잠시 멈추었네요. 지금 무슨 생각이 든 건가요?

내담자: 최근에 그동안 하고 싶던 공부를 새로 시작했는데, 외로울 때 지금 하고 있는 공부를 열심히 해야겠다는 생각이 들어요. 그리고 부모님과 자매들, 친한 친구들도 떠올랐어요.

상담자: 그런 마음이 들었군요. 지금 마음에 집중해 보세요.

내담자: 뭔가 내 속에 있는 응어리가 쫙 펴지고 풀리는 느낌이 들어요. 실타레가 풀리는 느낌이에요. 아까 격하게 올라왔던 감정들이 평온해졌어요.

상담자: 지금 평온한가요?

내담자: 네. 평온해요. 앞으로 가야할 길이 뚜렷하게 보이고, 목표가 분명해졌어요. 이제는 그만 남편을 떠나보내고, 제 살 길을 찾아야할 것 같아요.

싱담자: 그러면 남편에 대한 마음을 마무리해도 괜찮을까요? 남편에게 하고 싶은 이야기 세 가지를 해 보세요.

내담자: 여보. 당신과 함께 했던 시간 너무 고마웠어. 우리 이쁜 아이들도 갖게 해줘서 고마워. 이제는 내 길을 찾아 갈게. 그리고 당신의 그 빈 자리가 그립긴 하지만, 외로울 때 가족과 친구들과 함께 해 볼게.

[사례 8-6] 애도3 "어린 동생이 죽었어요."

연두 씨는 어린 동생이 갑작스럽게 죽은 후, 너무 화가 나서 신이 원망스러웠다. 결국 오랫동안 가져왔던 신앙을 버리고 냉담을 하였다.

상담자: 지금 무엇이 느껴지나요?

내담자: 너무 원망스러워요.

상담자: 누구에 대한 감정인가요?

내담자: 신이요. 저의 신이었던 하느님이요.

상담자: 하느님에게 원망스러운 감정을 표현해보려 합니다. 앞에 하느님이 있다고 생각해보세요. 연두 씨의 이야기를 들었으면 좋겠어요? 못 들었으면 좋겠어요?

내담자: 들었으면 좋겠어요.

상담자: 신에게 지금 느끼는 원망스러움을 말로 표현해보세요.

내담자: 원망스러워요. 원망해요. 원망해요. (흐느껴 운다.)

상담자: 다른 감정이 나타날 때까지 계속 그 감정을 표현해보세요.

내담자: 원망해요.

상담자: 무엇을 원망하나요?

내담자: 왜 하필. 이건 아니잖아요. (손에 힘이 들어간다.)

상담자: 손에 힘이 들어가고 있네요. 여기 쿠션의 끝을 양 손으로 잡아서 내리쳐보세요. 내리치면서 무엇이 원망스러운지 말해보세요.

내담자: 왜 그 어린 아이를 데려갔어요? 왜. 왜.

상담자: 멈추지 말고 계속 치면서 말해보세요.

내담자: 그 착하고 예쁜 어린 애를 왜 데려갔냐고요? 왜. (잠시 멈춤)

상담자: 지금 멈추셨는데, 어떤 마음이 드시나요? 힘드셔서 멈추신 건가요? 아니면 다른 감정이 올라와서 멈춘 건가요?

내담자: 다 소용 없어요. 원망해보았자 무슨 소용이 있어요. 동생이 살아돌아올 수도 없는 거잖아요.

상담자: 좌절감이 드네요.

[하느님을 향해 시작된 원망스러움의 감정 표현은 아무것도 할 수 없는 좌절감과 무력감으로 이어진다. 상담자는 내담자가 자신의 감정에 집중하며 몸 밖으로 꺼내도록 한다.]

내담자: 좌절스러워. 좌절스러워. 아무것도 할 수 없는 게 좌절스러워. 내가 할 수 있는 게 없어. (다시 흐느껴 운다.)

상담자: 우세요. 괜찮아요. 멈추지 말고 울고 싶은 만큼 우세요.

내담자: (가슴을 손으로 치며 슬프게 운다.) 어떡해. 어떡해. 아무것도 해줄 수 있는 게
없어. 어떡해.

[온 몸으로 애도를 표현하면서, 떠나보낸 어린 동생에 대한 죄책감이 표면으로 올라온
다. 상담자는 자연스럽게 동생에 대한 죄책감에 머물며 표현하도록 안내한다.]

상담자: 죄책감이 올라오네요. 미안하다고 해 보세요.

내담자: 미안해. 미안해. 정말 미안해. 내가 해줄 수 있는 게 없어서 미안해. 얼마나 무
서웠니? 얼마나 놀랐니? 불쌍한 하람이를 어떡해.

상담자: 불쌍하네요. 불쌍하다고 말해 보세요.

내담자: 불쌍해. 불쌍해. 불쌍해. 얼마 살지도 못하고 정말 불쌍해.

[어린 동생에 대한 미안함과 불쌍함을 표현하다보니, 가라앉는 것을 상담자가 알아차리
고 다시 감정에 집중하도록 안내한다.]

상담자: 지금 어떤 마음이 드나요?

내담자: 하람이가 떠나갈 즈음에 뭔가 이상했던 게 떠올라요. 동생은 마치 자신의 운명
을 알고 있었던 것 같았어요.

상담자: 동생에게 하고 싶은 이야기를 해보세요.

내담자: 넌 알고 있었구나. 그래. 어쩌면 이게 운명인 건지도 모르겠구나.

[내담자는 동생의 죽음을 받아들일 마음의 준비를 해 간다.]

상담자: 혹시 동생을 떠나보낼 준비가 되었나요?

내담자: 네. 마음이 좀 편해진 것 같아요.

상담자: 그럼 동생에게 떠나보내며 하고 싶은 이야기를 해 보세요.

내담자: 하람아. 정말 사랑했어. 그리고 항상 너를 위해 기도할게. 엄마 아빠도 너가 떠
나서 많이 힘들어하지만, 내가 곁에서 함께 할게. 당장은 보지 못해도 서로를
위해 기도하자. 사랑해. 하람아. 잘 가.

[사례 8-7] 애도4 "돌아가신 엄마가 너무 불쌍해요."

상담자: 지금 무엇이 느껴지나요?

내담자: 엄마를 떠올리니까 갑자기 심장이 두근거려요.

상담자: 앞에 엄마가 있다고 생각하고, 듣는다고 할까요? 못 듣는다고 가정할까요?

내담자: 듣는다고요.

상담자: 엄마에게 무엇이 느껴지나요?

내담자: 너무 아플 것 같아요. (흐느껴 운다.)

[어머니가 지병으로 오랫동안 병원에 계시다가 돌아가셨다.]

상담자: 불쌍하네요.

내담자: (말을 하지 못한다.)

상담자: 입 밖으로 불쌍하다고 꺼내어 말해 보세요.

내담자: 불쌍해. 불쌍해. 불쌍해. 많이 아팠지? 엄마. 미안해.

상담자: 미안하네요.

내담자: 미안해. 미안해. (흐느껴 운다.)

상담자: 무엇이 미안한가요?

내담자: (말을 하지 못한다.)

상담자: 무엇이 계속 올라오네요.

내담자: 아무것도 못해줘서 미안해. 엄마가 아파서 그렇게 오랫동안 병원에 있을 때도 자주 찾아가지도 못하고 미안해.

상담자: 찾아가지 못해서 미안하네요.

내담자: 미안해. 미안해. (흐느껴 운다.) 엄마가 아파하는 것 보는 게 너무 힘들었어. 그래서 자꾸 엄마에게 가는 것을 피했어.

상담자: 지금 마음이 어떤가요?

내담자: 엄마가 기다렸을 텐데, 너무 외로웠을 것 같아요.

상담자: 그 마음을 표현해 보세요.

내담자: (격하게 흐느껴 운다.)

상담자: 지금 마음이 어떠세요?

내담자: 너무 미안해. 미안해. 아픈 엄마 혼자 두어서 미안해.

상담자: 지금 마음이 어떤가요?

내담자: 엄마가 안쓰러워요. (쿠션을 계속 쓰다듬고 있다.)

[상담자는 내담자의 행동에 주목하고, 그것을 알아차리도록 안내한다.]

상담자: 엄마를 쓰다듬고 있네요.

내담자: 엄마를 안아주지도 못했어요.

[상담자는 미처 이루지 못한 내담자의 욕구에 주목하고 상담 장면에서 가능한 방식으로 충족하도록 돕는다.]

상담자: 지금 안아줘 보세요.

내담자: (쿠션을 안는다.) 엄마. 너무 미안해. 너무 미안해. 미안해. 미안해. 미안해. (내담자는 흐느껴 울며 미안하다고 반복해서 얘기하다가 어느 지점에서 멈춘다.)

상담자: 지금 마음이 어떤가요?

내담자: 좀 후련해요.

상담자: 괜찮으면 앞에 있는 엄마에게 하고 싶은 얘기 세 가지를 해 보세요.

내담자: 엄마. 자주 찾아가고 싶었는데 그러지 못해서 미안해. 나도 엄마가 누워 아파하는 모습 보는 게 사실 너무 힘들었어. 엄마. 나 키워주고 돌봐주고 사랑해줘서 정말 고마워. 하늘나라에서는 아프지 말고 나 만날 때까지 건강해.

상담자: 지금 마음이 어떤가요?

내담자: 한결 가벼워진 것 같아요. (계속 쿠션을 만지작거린다.)

[상담자는 내담자가 쿠션을 계속 만지작거리는 것을 보고, 이 행동에 주목한다.]

상담자: 어머니를 어떻게 하고 싶으신가요? 계속 만지작거리고 있는데.

내담자: 엄마가 더 이상 아프지 않은 데로 갔으면 좋겠어요. 그런 곳으로 보내드리고 싶어요.

상담자: 그렇게 해 보세요.

내담자: (쿠션을 멀찍이 가져다 놓는다.)

상담자: 지금 마음이 어떠세요?

내담자: 한결 가벼워졌어요. 마음은 아파도 엄마를 좋은 곳으로 보내드리기를 잘 한 것 같아요.

[내담자는 상상력과 창의력을 통해 못 이룬 욕구를 충족시키며 만족감을 얻는다.]

[사례 8-8] "어릴 때 아버지가 너무 무서웠어요."

상담자: 지금 어떤 감정이 느껴지세요?

내담자: 무서움이요.

상담자: 누구에 대한 감정인가요?

내담자: 어렸을 때 아버지요. 아버지가 소리 지르실 때 무서웠어요.

상담자: 앞에 아버지가 있다고 생각할게요. 듣는다고 할까요? 못 듣는다고 할까요?

내담자: 듣지 못하셨으면 좋겠어요.

상담자: 네. 듣지 못합니다. 무섭다고 말해 보세요.

내담자: 아버지. 나 무서워요. 무서워요. (흐느껴 운다.)

상담자: 존댓말 하지 않으셔도 되어요.

[상대에 대한 두려움이나 거리감이 크면, 존칭으로 표현하는 경우가 많다. 존칭으로 감정을 표현할 경우 감정에 집중하기 어려울 수 있으므로, 가능한 존칭을 하지 않고 감정에만 집중해 표현하도록 안내한다.]

내담자: 무서워. 무서워. 무서워. 무서워.

상담자: 무엇이 무서워?

내담자: (침묵)

상담자: 모르겠으면 계속 무섭다고 하세요.

[말할 수 있을 때까지 타이밍을 기다린다.]

내담자: 무서워. 혼자 있는 게 무서워. 무서워. 무서워.

상담자: 지금 무엇이 느껴지세요?

내담자: 비어 있는 것 같아요.

상담자: 괜찮아요. 비어 있는 것 그대로 바라보세요. 거기에 머무르세요.

내담자: 내가 힘들 때 아무것도 몰랐잖아.

상담자: 화가 느껴지네요. 비난하고 싶네요. 지금 아버지가 들었으면 좋겠어요? 못 들었으면 좋겠어요?

[내담자가 어느 정도 힘이 생겼다고 판단이 들 때, 상대방이 내담자 자신의 이야기를 듣는지 여부와 마주보는지 여부를 다시 묻는다. 대개 분노와 같은 감정이 느껴질 때 힘이 올라오기 때문에 재설정하기 위해 질문할 좋은 타이밍이다.]

내담자: 들었으면 좋겠어요.

상담자: 아버지에게 화난다고 말해 보세요.

내담자: (침묵) 죽이고 싶도록 화가 나요.

상담자: 괜찮아요. 그렇게 말해 보세요.

내담자: 정말 죽이고 싶도록 화가 나. 정말 싫어.

상담자: 지금 무엇이 느껴지나요?

내담자: 불쌍해요.

[아버지에 대한 강한 분노를 표현하니, 그 이면에 있는 불쌍함과 연민이 표면으로 올라와 느껴진다. 이 순간이 대상에 대한 태도의 변화를 가져올 수 있는 기회이다.]

상담자: 불쌍하네요. 불쌍하다고 계속 말해 보세요.

내담자: 불쌍해. 불쌍해. 아버지도 힘들었을 것 같아. 힘들었죠.

상담자: 감정이 올라오네요.

내담자: (울컥 한다.)

상담자: 지금 어떤 감정인가요?

내담자: 미안해.

상담자: 미안해.

내담자: 미안해. 미안해. 미안해. (흐느껴 운다.)

[분노의 감정 이면에는 미워하는 것에 대한 미안함이 있기 마련이다.]

상담자: 지금 마음이 어떤가요?

내담자: 편해졌어요.

상담자: 앞에 있는 아버지에게 하고 싶은 이야기 세 가지를 해 보시겠어요?

내담자: (침묵하면서 눈물이 다시 흐른다.)

상담자: 편하다면서 눈물이 계속 나네요.

[아버지에 대한 긍정적인 감정이 올라오며 흐르는 눈물이다.]

내담자: 아버지. 고마워요.

상담자: 둘째.

내담자: 많이 외로우셨네요.

상담자: 셋째.

내담자: 사랑해요. 아버지.

상담자: 지금 어떤 마음이 드세요.?

내담자: 기뻐요.

상담자: 무엇이 기뻐요?

내담자: 아버지에게 말했다는 게 기뻐요.

[사례 8-9] "엄마를 미워해서 미안해."

상담자: 지금 마음에서 어떤 감정을 느끼나요?

내담자: 미안해요.

상담자: 누구에 대한 미안함인가요?

내담자: 엄마요.

상담자: 앞에 엄마가 있다고 생각해 보세요. 들을까요? 못 들을까요?

내담자: 들었으면 좋겠어요.

상담자: 엄마에게 미안하다고 말로 표현해 보세요.

내담자: 엄마. 미안해. 미안해. 미안해. 엄마를 힘들게 해서 미안해.

상담자: 그 감정 그대로 따라가세요.

내담자: 미안해. 미안해. (운다.) 엄마를 원망해서 미안해. 아프게 해서 미안해. 너무 미안해. 복수하고 싶어 해서 미안해. 엄마를 이해하지 못해서 미안해. 너무 미안해. 미안해.

상담자: 지금 마음이 어떠세요?

내담자: 엄마 아빠가 우리들에게 의사를 묻지도 않고 이혼해 버렸어요. 저는 아빠와 함께 컸어요. 엄마를 보고 싶었지만 마음껏 볼 수가 없었고, 엄마는 늘 제멋대로였어요.

상담자: 엄마에게 하소연하고 싶네요. 변명을 하고 싶네요.

내담자: 사실은 보고 싶었는데, 엄마 만날 때마다 외면해서 미안해.

상담자: 무엇이 느껴지세요?

내담자: 고마움이 느껴져요.

상담자: 고맙네요.

내담자: 고마워. 고마워. 엄마가 너무 힘들어서 어느 순간 죽을 생각도 한 것 나 알아. 그때 죽지 않아서 고마워.

상담자: 살아줘서 고마워.

내담자: 고마워. (운다.) 이렇게 살아서 엄마를 용서하고 이해할 수 있는 기회를 주어서

고마워. 지금도 때때로 엄마가 밉긴 해. 화도 나고. 제멋대로인 엄마가 정말 이해 안 될 때도 많지만 그래도 고마워.

상담자: 곁에 있어줘서 고마워.

내담자: 감사해. 나 보고 싶다고 매일 전화해줘서 고마워. 엄마. 보고 싶어.

상담자: 지금 마음이 어떤가요?

내담자: 좋아요.

상담자: 네. 그걸 느끼세요. 머물러 보세요.

내담자: 너무 좋아. 엄마에게 이렇게 얘기할 수 있어서 좋아.

상담자: 엄마에게 마지막으로 하고 싶은 얘기 세 가지를 해 보세요.

내담자: 엄마. 제발 철 좀 들어. 그리고 힘들게 좀 안했으면 좋겠어. 엄마. 사랑해.

[사례 8-10] "형이 미워요."

상담자: 누구에 대한 감정인가요?

내담자: 형이요.

상담자: 앞에 형이 있다고 생각하고 듣는다고 할까요? 못 듣는다고 할까요?

내담자: 들었으면 좋겠어요.

상담자: 네. 형에 대해서 무엇을 느끼나요?

내담자: 미워.

상담자: 형에게 밉다고 계속 말로 표현해 보세요.

내담자: 형. 미워. 미워. 어린 나를 두고 형은 늘 혼자 막 가버렸어. 내 손 좀 잡고 같이 가지. 미워. 미워. (운다.)

상담자: 지금 마음이 어떤가요?

내담자: 내가 너무 작게 느껴져요.

상담자: 초라하게 느껴지네요. 아무것도 아닌 것처럼 느껴지네요.

내담자: 그냥 공허한 것 같아요.

상담자: 공허해.

내담자: 나 공허해. 나 형 때문에 공허해. 공허해. 공허해.

상담자: 그래서 무엇이 느껴지세요?

내담자: 외로움인 것 같아요.

상담자: 외로워.

내담자: 외로워. 외로워. 외로워. 외로워. 외로워.

상담자: 외롭네요.

내담자: 외로워. 우리 둘 다 똑같이 어린 나이에 엄마를 잃었잖아. 우리 둘 다 어렸고 힘들었는데, 형은 왜 나를 자꾸 비난했어.

상담자: 엄마가 없어서 외로웠네요.

내담자: 엄마가 없어서 외로웠어요. 그 아이가 엄마에게 사랑도 받고 싶고, 아플 때 돌봄도 받고 싶은데, 형은 내가 아프거나 투정 부릴 때 화를 냈어요. 왜 자기한 테 그러냐고.

상담자: 화가 나네요. 여기 쿠션을 잡고 방석에 내리쳐 보세요.

내담자: (쿠션을 방석에 때리며) 화나. 화나. 화나. 나 화났어. 형 너무 미워. 미워. 미워.

상담자: 지금 어떤 마음이 드세요.

내담자: 조금 후련해요.

상담자: 그 마음을 그대로 느끼세요.

내담자: 불쌍해요.

상담자: 불쌍해.

내담자: (울면서) 불쌍해. 불쌍해. 불쌍해.

상담자: 무엇이 불쌍해.

내담자: 엄마가 돌아가셨다고 너무 속상한데도 말도 못하고. 형 너도 힘들었지? 우리 다 힘들었잖아.

상담자: 우리 다 같이 힘들었지.

내담자: 힘들었는데 아닌 척 했어. 표현 안했어. 아파하면 더 아플까봐 아프지 않은 척 했어. 씩씩한 척 했어. 우리 다 그랬어. (잠시 침묵) 그런데 다 아팠어. 되게 아팠어. 나도 아팠어. 아파하고 싶고, 울고 싶고 그랬어.

상담자: 지금 마음이 어떠세요?

내담자: 형의 마음이 이해가 되어요.

상담자: 그 마음을 형에게 표현해 보세요.

내담자: 형, 이해해. 이해해. 그리고 고마워. 형도 힘들고 아팠을 텐데, 어린 나를 돌봐주었어. 고마워. 고마워. 고마워.

상담자: 지금 어떤 마음이 드세요?

내담자: (잠시 침묵) 형이 고맙네요.

상담자: 형에게 마지막으로 하고 싶은 얘기 세 가지를 해 보세요.

내담자: 형. 내 걱정 하지 않아도 돼. 고마워. 그리고 지금보다 더 행복했으면 좋겠어.

상담자: 지금 마음이 어떠세요?

내담자: 기뻐요.

상담자: 그 기쁨에 머물러 보세요.

[형에 대한 미움을 거두어 내니, 그 밑에 깔려 있던 고마움이 표면으로 올라온다. 관계에 대한 태도가 변화한다.]

[사례 8-11] "잔소리하는 남편이 답답해요."

내담자: 남편이 저한테 잔소리하는 게 너무 힘들어요.

상담자: 앞에 남편이 있다고 생각해 볼게요. 지금 무엇이 느껴지나요?

내담자: 답답해요. 꽉 막힌 것 같아요.

상담자: 그 감정에 집중하며 말로 표현해 보세요.

내담자: 답답해. 답답해. 답답해. (감정이 올라오는 게 포착된다.)

상담자: 지금 무엇이 느껴지나요?

내담자: 자유롭고 싶어.

상담자: 그 감정을 계속 따라가며 말로 표현해 보세요.

내담자: 자유롭고 싶어. 벗어나고 싶어. 벗어나고 싶어. 벗어나고 싶어. 나는 더 이상 당신한테 맞출 수 없을 것 같아.

상담자: 더 이상 맞출 수 없어.

내담자: 더 이상 맞출 수 없어. 한계에 도달한 것 같아.

상담자: 나 한계에 도달했어.

내담자: 한계에 도달했어. (흐느껴 운다.)

상담자: 우세요. 한계에 도달하셨네요. 속상하네요.

내담자: 그런데 남편도 안 되었어요.

[남편에 대한 답답함을 제대로 표현하기도 전에 남편에 대한 안쓰러운 마음이 이를 방해한다. 이런 경우 상담자는 한 가지 감정에 계속 집중하도록 요청한다.]

상담자: 생각은 멈추고 한계에 도달한 그 마음에 먼저 집중해볼게요.

내담자: 나 지쳤어. 잔소리 좀 그만해. (감정이 올라온다.)

상담자: 지금 무엇이 느껴지나요?

내담자: 이런 이야기를 하면 안 될 것 같아요. 남편이 되게 안 되어 보여요.

[남편에 대해 분노를 포함한 불편한 감정을 느끼는 것에 대해 죄책감을 느낀다. 죄책감이 남편에 대한 분노 작업을 하는 것을 방해한다. 상담자는 이런 경우 일단 죄책감을 한쪽에 두고, 주되게 호소하는 불편한 감정에 집중하도록 선택할 수 있다.]

상담자: 불편한 생각들이 방해를 하네요. 자. 먼저 한계에 도달한 그 마음에 집중해서 작업을 해 볼게요.

내담자: 나 지쳤어. 지쳤어. 잔소리 좀 그만했으면 좋겠어. (잠시 침묵)

상담자: 지금 어떤 마음이 드세요?

내담자: 이렇게 말해도 계속 할 거란 생각이 들어요.

['해서 무엇 하겠어'와 같은 비관적 생각이 감정에 집중하는 작업을 방해한다.]

상담자: 머리 쓰지 마세요. 감정에만 집중해 보세요.

내담자: 답답해. 답답해. 답답해.

상담자: 뭐가 답답해.

내담자: 벽 같아서 답답해.

상담자: 대화가 통하지 않아서 답답해.

내담자: 답답해. 답답해.

상담자: 다른 감정이 들 때까지 계속 말해 보세요.

내담자: 나에게 그렇게 잔소리 하지 않았으면 좋겠어.

상담자: 지금 남편에게 하고 싶은 이야기가 많네요. 그럼 남편에게 하고 싶은 얘기 세 가지를 해 보세요.

[현재의 욕구가 정서적 체험 보다는 하고 싶은 이야기를 하고자 하는 욕구가 강할 때에는 그 욕구를 우선적으로 충족시키는 것이 좋다.]

내담자: 나한테 뭐라고 잔소리 좀 하지 마. 내 삶을 좀 존중해 주었으면 좋겠어. 난 당신과 전혀 다르다고.

상담자: 지금 마음이 어떠세요?

내담자: 조금 편안해졌어요.

상담자: 그 감정을 그대로 따라가 보세요.

내담자: 그런데 가라앉는 느낌이 있어요.

상담자: 많이 지쳤네요. 지쳤다고 얘기해 보세요.

내담자: 지쳤어. 지쳤어. 슬퍼요. 어떻게든 살아보려 하는데 잘 되지 않아서 슬퍼요. 제가 너무 안 되었어요.

[남편에 대한 감정 작업을 하고 나니, 내담자 자신에 대한 감정이 올라온다. 자연스럽게 내담자 자신에 대한 작업으로 이어진다.]

상담자: 앞에 송연님 자신이 있다고 생각하고 감정을 표현해 보세요.
내담자: 안쓰러워. 안쓰러워. 안쓰러워. (안쓰러움을 반복해서 말한다.)
상담자: 마음에서 무엇이 느껴지나요?
내담자: 그런데 남편 얼굴이 떠올라요. 얼굴을 주먹으로 날리고 싶어요.

[드디어 남편에 대한 분노 감정이 편안하게 수용되면서 표현되는 순간이다. 상담자는 그 순간을 반기며 충분히 감정을 표현하도록 안내한다.]

상담자: 네. 좋아요. 여기 쿠션을 남편의 얼굴이라고 생각하며 주먹으로 날려 보세요.
내담자: (쿠션을 주먹으로 때리며) 짜증나. 짜증나. 짜증나. 짜증나. (운다.)
상담자: 지금 마음이 어떤가요?
내담자: 남편도 불쌍해요. 남편도 불쌍해요.
상담자: 지금 마음은 어떤가요?
내담자: 시원해졌어요. 남편에 대한 감정은 이 정도로 괜찮아졌어요.
상담사: 그럼 다시 송연님 자신에게로 돌아올게요. 아까 송연님이 안쓰럽다고 했어요. 지금 마음은 어떠세요? 그 마음 그대로 표현해 보세요.
내담자: 힘들면서도 애쓰는 것 잘 알아. 지금까지 잘 해왔어. 필요하면 주변에 도움도 청하고 도움 받으면서 앞으로도 해나가자.
상담자: 마음이 어떠세요?
내담자: 아까는 울컥했는데 가라앉은 것 같아요.
상담자: 송연님 자신에게 무엇을 하고 싶으세요.
내담자: 안아주고 싶어요.
상담자: 여기 쿠션을 송연님 자신이라고 생각하고 안아줘 보세요.
내담자: (쿠션을 안고서 쓰다듬는다.)

[사례 8-12] "지도교수님의 부당한 평가가 억울해요."

상담자: 지금 어떤 마음이 드세요?

내담자: 억울해요.

상담자: 누구에 대한 억울함인가요?

내담자: 제 지도교수님이요.

상담자: 앞에 있다고 생각하고, 이야기를 듣는다고 가정할까요? 못 듣는다고 가정할까요?

내담자: 듣는다고요.

상담자: 그 감정에 집중하면서 억울하다고 얘기해보세요.

내담자: 억울해. 억울해.

상담자: 지금 감정이 올라오고 계세요. 여기 쿠션을 양손으로 잡고 방석에 내리치면서 얘기해보세요.

내담자: (방석에 쿠션을 내리 치면서) 억울해. 억울해. 억울해.

상담자: 멈추지 마시고 그 감정을 계속 따라가 보세요.

내담자: 억울해. 억울해. 억울해.

상담자: 지금 마음이 어떠세요?

내담자: 조금 덜어졌는데 억울해요.

상담자: 억울함이 0에서 100으로 보았을 때 어느 정도로 떨어졌나요?

내담자: 40 정도요.

[변화의 정도를 판단하기 위해, 100점이나 10점 기준으로 주관적 평정치를 활용하는 것이 효과적이다.]

상담자: 그래도 억울하네요. 남아 있는 억울함에 집중하면서 몸 밖으로 계속 표현해 보세요.

내담자: 억울해. 억울해.

상담자: 무엇이 억울한가요?

내담자: 저를 제대로 알지도 않고서 저를 평가한 게 억울해. 내게는 직접 묻지도 않고 다른 사람들 얘기만을 듣고 나를 판단한 게 억울해.

상담자: 억울해.

내담자: 억울해. 억울해.

상담자: 지금 억울함이 잦아들고 있는데, 마음이 어떤가요?

내담자: 모르겠어요.

상담자: 괜찮아요. 마음에 무엇이 명료해지는지 기다리면서 알아차려 보세요.

[내담자가 현재 마음의 상태를 알아차리지 못할 때는 기다리는 것이 좋다. 무엇인가 명료해질 때까지 기다리도록 안심시킨다. 정말 비워 있는 상태일 수도 있는데, 그럴 때는 비워진 마음 안에 의미 있는 것이 나타나기 마련이니 괜찮다고 안심시키며 기다린다. 또는 무엇인가 있는데 잘 알아차리지 못할 때도, 마음 안에 안개가 걷히도록 어느 정도 기다리는 것이 바람직하다.]

내담자: (잠시 침묵) 분한 것 같아요. 분해. 분해. 분해. 화나. 화나.

상담자: 화가 올라오네요. 화가 난다고 말해 보세요.

내담자: 화나. 화나. 화나. 화나. 화나.

상담자: 지금 마음이 어떤가요? 혹시 때리고 싶은 충동이 있나요?

내담자: 그렇게까지는 아니에요. 화난다고 하니까 지금은 괜찮아졌어요.

상담자: 다시 마음에 집중하면서, 무엇인가 명료해질 때까지 따라가 보세요. (잠시 침묵) 마음이 어떤가요?

내담자: 어떤 감정도 느껴지지 않아요.

상담자: 지도교수님을 떠올리며 그 분에 대해 어떤 마음이 드나요?

[대상에 대한 감정이 해소된 것인지, 단순히 주의가 전환된 결과인지 확인할 필요가 있다. 다시 그 대상을 떠올리게 하면, 대상에 대해 남은 감정을 알아차릴 수 있다.]

내담자: 어떤 감정도 지금은 느껴지지 않아요.

[지도교수에 대한 감정이 해소된 것으로 확인된다.]

상담자: 지도교수에게 하고 싶은 이야기 세 가지를 해 보시겠어요?

[대상에 대한 감정 작업을 마무리 하기 위해, 하고 싶은 이야기 세 가지 정도를 하게 함으로써 마음을 정리하도록 돕는다.]

내담자: 당신이 나를 알아주었으면 좋겠어. 나는 최선을 다해 하고 있어. (울컥한다.)

상담자: 감정이 올라오네요. 어떤 감정인가요?

내담자: 섭섭함이요. 나를 알아주지 않은 것에 대한 섭섭함이요.

[정리하는 과정에서 중요한 감정이 올라올 수 있다. 그 경우 다시 그 감정에 주의를 맞추어 표현하도록 해서 해소를 돕는다.]

상담자: 섭섭하네요. 섭섭하다고 말해 보세요.

내담자: 섭섭해요. 섭섭해요. 섭섭해요. 섭섭해요. 섭섭해요. 섭섭해요. 섭섭해요. 섭섭해요. 섭섭해요.

상담자: 지금 어떤 마음이 드세요?

내담자: 이제 손에 힘이 빠졌어요.

[쿠션을 꽉 잡고 있던 손에서 힘이 빠지는 것을 알아차린다. 감정이 감소되었음을 알수 있다.]

상담자: 지금은 어떤 마음이 드세요?

내담자: 용서할 수 있을 거라 생각 못했는데, 할 수 있을 것 같아요.

상담자: 지도교수에게 용서한다고 말로 표현할 수 있겠어요?

내담자: 네. 당신이 나에 대해 잘 알지도 못하면서 그렇게 한 것에 대해 용서할게. 용서해.

상담자: 충분하다 느껴질 때까지 용서한다고 반복해서 말해 보세요.

[중요한 감정이나 태도, 생각에 초점을 맞추어 반복하는 것이 그 생각을 받아들이는 데도움이 된다.]

내담자: 용서한다. 용서한다. 용서한다. 용서한다. 용서한다. 용서한다.

상담자: 지금 마음이 어떠세요?

내담자: 미소가 지어지네요.

상담자: 그 미소를 좀 더 느껴 보세요.

내담자: (잠시 침묵)

상담자: 정희님 자신이 앞에 있다고 생각하고 하고 싶은 말을 해 보세요.

[상대에 대한 감정 경험을 소화하고 받아들이는 작업을 마무리하면서, 자연스럽게 내담자 자신에 대한 작업으로 이어진다.]

내담자: (갑자기 울컥하며 눈물을 흘린다.) 정희야. 정말 애쓰고 있다는 것 알아. 수고했어. 다른 사람이 그것을 알아주지 않아도 앞으로도 최선을 다해 살아가자. 너 자신을 스스로 인정하면서 힘이 되어주면 되지. 대단해. 정말 대단해. 난 네가 자랑스러워.

상담자: 지금 어떤 마음이 드세요?

내담자: 제 자신이 고마워요.

[정서적 고통으로 힘들어한 자신을 위로하고 지지하는 태도를 강화하며 마무리한다.]

대상에 대해 원망과 분노의 감정을 충분히 해소하고 나면, 자연스럽게 수용하고 용서하는 마음이 올라오는 경우가 많다. 정희 씨는 이 작업에 대해 그 사람에 대한 원망하는 마음이 굉장히 컸기 때문에 용서할 수 있을지는 생각도 못했다. 또한 자기 자신을 가상으로 앞에 두었을 때, 자신에 대해 고마움이 올라올지도 몰랐다. 자신에게 고마움을 느낄 수 있었던 것이 정말 소중하게 생각되었다. 대부분의 내담자들이 그 고통과 힘든 시간들을 버티어 낸 자기 자신에 대해 기저에 안쓰러움과 고마움을 보편적으로 느낀다. 그 감정을 충분히 표면으로 명료하게 느낄 수 있는 기회를 갖도록 하는 것이 내담자에게 치유적으로 작용한다. 힘들어도 죽지 않고 살아 버티어 준 자기 자신에게 고마움을 느끼고 표현할 수 있도록 한다.

[사례 8-13] "혼자 될까 봐 두려워요."

상담자: 누구에 대한 감정인가요?
내담자: 같은 연구실에 있는 사람들이요.
상담자: 몇 명인가요?
내담자: 음. 두 명이요.
상담자: 그 두 사람이 앞에 있다고 생각하고 무엇이 느껴지세요?
내담자: 화가 나요.
상담자: 화난다고 말로 표현해 보세요.
내담자: 화나. 화나.
상담자: 무엇이 화가 나나요?
내담자: 내가 잘못한 게 아닌데 잘못한 것처럼 말하는 게 화가 나요. 그런데 두려워요.
상담자: 무엇이 두렵나요?
내담자: 혼자 될까 봐 두려워요.

[내담자는 다른 사람에 대한 분노가 있지만, 그와 관련해 두려움이 공존하고 있다. 이처럼 한 가지 감정에 집중하기 어려울 때는 내담자가 더 우선하고 있는 한 가지 감정에 집중하게 한다. 내담자로 하여금 선택하도록 하여 집중을 시키거나, 자연스럽게 더 우선적으로 나타나는 감정에 상담자가 주의를 집중시킬 수 있다. 이 경우는 화보다 두려움이 더 크게 표면에 올라오고 있다.]

상담자: 자꾸 두렵네요. 그 두려움에 집중해서 그대로 따라가며 말로 표현해 보세요.

내담자: 두려워. 두려워.

상담자: 혼자가 될까 봐 두려워.

[무엇에 대한 두려움인지 알아차리는 게 중요하다고 판단하여, 앞서 확인한 두려움을 상담자가 명료하게 반복하여 언급한다.]

내담자: 혼자가 되지 않을까 두려워.

상담자: 두렵다고 계속 말로 표현해 보세요.

내담자: 두려워. 두려워. 혼자가 될까봐 두려워. 두려워. (혼자가 될까봐 두렵다는 말을 계속 반복하면서 눈물을 흘린다.)

상담자: 그 감정 그대로 느껴 보세요. 머물러 보세요. 어떤 마음이 드나요?

내담자: 마음이 뭔지 모르겠어요. 그런데 (가슴을 가리키며) 여기가 울렁거리는 느낌이 있어요.

[정체가 알아차려 지지는 않으나, 신체 감각으로 나타나고 있다. 이런 경우 신체 감각에 초점을 맞추어서 그것이 어떤 감정이고 경험인지 찾아간다.]

상담자: 그 울렁거리는 곳에 주의를 머물러 보세요. 생각하지 말고 느껴 보세요.

[생각이 자꾸 떠오르며 작업을 방해할 때는 생각을 멈추고, 신체 감각이나 감정에 주의의 초점을 맞추도록 안내하는 것이 정서적 체험을 이어가는데 도움이 된다.]

내담자: (잠시 침묵하더니 울먹인다.) 나를 버리지 마. 이게 맞는지 모르겠는데, 그냥 그런 생각이 들어요.

[떠오르는 생각과 이미지는 의미가 있다. 그것을 믿고 판단하지 말고 그대로 따라가도록 안내한다.]

상담자: 괜찮아요. 나 혼자 될까봐 두려우니까 나를 버리지 마.

[앞서 현재 느끼는 두려움과 이어지고 있음을 짐작하고 연결시켜 표현한다. 맞다면 내담자는 그대로 이야기할 것이고, 틀리다면 수정할 것이다.]

내담자: 나 혼자될까봐 두려우니까 나를 버리지 마. (흐느껴 운다.)

상담자: 계속 버리지 말라고 이야기 해 보세요.

['나를 버리지 마'가 핵심 말임을 알 수 있다. 정서적 체험을 보다 촉진시키고 깊이 있게 하기 위해 그 어구를 반복하도록 요청한다.]

내담자: 나를 버리지 마. 나를 버리지 마. 나를 버리지 마.

상담자: 누구에 대한 감정인가요?

[감정 경험의 정체를 분명하게 하기 위해 대상을 묻는다.]

내담자: 모르겠어요.

상담자: 괜찮아요. 어떤 이미지가 떠오를 때까지 기다려 보세요.

[정체를 알 수 없을 때, 그 정체를 알려주는 단서가 나타난다는 믿음으로 기다리도록 안내한다.]

내담자: 그런데 "제발 나를 버리지 마. 엄마"라는 말이 떠올랐어요.

상담자: 엄마가 떠올랐네요.

[상담자는 내담자가 느끼는 감정의 대상이 엄마라는 것을 분명히 한다.]

내담자: 엄마. 제발 나를 버리지 마. (흐느껴 운다.)

상담자: 계속 말로 얘기해 보세요.

내담자: 나를 버리지 마. 버리지 마. 엄마. 나 무서워.

상담자: 나 무서워.

내담자: 무서워. 무서워. 엄마. 나 무서워. 엄마. 나 무서워. (흐느껴 울고 나서 울음이 잦아든다.)

상담자: 지금 마음이 어때요?

내담자: (잠시 침묵) 외로워요.

상담자: 외롭네요. 외롭다고 계속 말해 보세요.

내담자: 외로워. 외로워. 외로워. 엄마. 나 외로워.

상담자: 엄마. 나 외로워.

내담자: 나 외롭고 허전해.

상담자: 허전해.

내담자: 허전해. 허전해. 허전해. 그리고 엄마에게 화가 나.

[버려져서 혼자되는 것에 대한 두려움을 표현하니 두려움이 해소되면서, 혼자인 것에 대한 외로움과 허전함을 느낀다. 두려워하던 외로움과 허전함을 마주하고 받아들이게 된 것이다. 그런 후 정당하고 건강한 감정인 엄마를 향한 분노가 올라온다.]

상담자: 화나.

내담자: 화나. 화나.

상담자: 무엇이 화나.

내담자: 엄마가 나를 보호해주어야 하잖아. 그런데 왜 나를 혼자 두었어? 화나. 화나.

상담자: 여기 쿠션을 양 손으로 잡고 내리치세요. 화가 충분히 풀릴 때까지 하세요.

내담자: (분노를 충분히 표현하는 작업을 한다. 무엇이 잘못되었고 부당하고 나빴는지
　　　를 표현한다.)

상담자: 지금 어떤 마음이 드세요?

내담자: 근데 좀 불쌍한 마음이 들어요.

[분노를 해소하니, 그 이면에 숨어 있던 연민이 올라온다. 불쌍하다는 감정이 드는 순
간이 변화하는 시점이다. 대상에 대한 감정, 즉 태도와 관계가 변화할 수 있다. 불쌍하
다는 감정을 충분히 느끼고 표현하도록 하는 것이 변화를 위해 효과적이다.]

상담자: 불쌍해.

내담자: 불쌍해. 불쌍해. 불쌍해. 불쌍해. 불쌍해. (표현이 잦아든다.)

상담자: 지금 어떤 마음이 드세요?

내담자: 후련한 마음이 들어요. 화가 어느 정도 있지만 감당할 수 있는 정도에요.

상담자: 앞에 엄마가 있다고 생각하고, 하고 싶은 얘기 세 가지를 해 보세요.

내담자: 나한테 관심을 가져주었으면 좋겠어.

상담자: 다른 이야기는 없나요?

내담자: 네. 그거면 되었어요.

상담자: 지금 마음이 어떤가요?

내담자: 안정감이 들어요.

현재 갈등의 대상인 주변 사람들에게 느끼는 화와 두려움의 오리지널 감정은
엄마에 대한 감정이었다. 현재 느끼는 감정에 초점을 맞추어 체험적 작업을 해
가면서, 그 오리지널 감정의 대상인 엄마의 이미지가 떠올랐고 필요한 감정 작
업을 할 수 있었다.

[사례 8-14] "친구에게 서운해요."

상담자: 지금 어떤 감정인가요?

내담자: 서운해요.

상담자: 누구에게 느끼나요?

내담자: 친구요.

상담자: 앞에 친구가 있다고 가정하고 서운하다고 얘기해 보세요.

내담자: 서운해. 서운해. 서운해. 서운해. 서운해. 서운해. 서운해.

상담자: 어떤 게 서운한지 얘기해 보실래요?

내담자: 나를 못 믿고 거짓말을 한 것이 서운해.

상담자: 지금 어떤 마음이 드나요?

내담자: 계속 서운해.

상담자: 이 쿠션을 잡아보세요. 방석에 내리치면서 서운하다고 말해 보세요.

[서운함은 분노 감정의 일종으로, 공격적 충동을 수반한다. 따라서 몸을 통해 충동을 밖으로 빼 줌으로써 감정을 증폭시키고 해소를 도울 수 있다.]

내담자: (방석에 쿠션을 내리 치면서) 서운해. 서운해. (서운하다고 한참을 얘기하더니 멈춘다.)

상담자: 멈추셨어요 지금 어떤 감정이 드세요?

내담자: 서운하다고 말하지 못하겠어요. (울컥한다.)

상담자: 감정이 올라오네요. 어떤 마음인가요?

내담자: 미안해요.

[화와 공격적 충동을 표현한 것에 대한 미안함이 수반되어 느끼는 경우가 많다.]

상담자: 미안하다고 얘기해 보세요.

내담자: 미안해. 미안해. 미안해.

상담자: 무엇이 미안해?

내담자: 나도 너를 못 믿고 이런 마음을 얘기하지 못하고 있는 게 미안해.

상담자: 나도 그러고 있네요. 솔직하게 얘기하지 못하고 있네요.

내담자: 나도 너 못 믿어.

[내면의 중요한 생각을 입 밖으로 계속 표현하도록 함으로써, 내면의 갈등을 명료화한다.]

상담자: 나도 너 못 믿어.

내담자: 나도 못 믿어.

상담자: 나도 네가 나를 수용할 거라고 생각 안 해.

[믿지 못한다는 것이 구체적으로 무엇인지 보다 명료화하는 것이 좋다.]

내담자: 나도 네가 나를 수용할 거라 생각 안 해. (눈물을 흘린다.)

상담자: 지금 무엇을 느끼나요?

내담자: 슬퍼요. 그런데 왜 그러지?

상담자: 생각하지 말고 그대로 느끼며 따라가 보세요.

내담자: 슬퍼. 속상해. 속상해. 속상해. 속상해. 속상해.

상담자: 지금 무엇을 느끼나요?

내담자: 외로워요. (외로워) 외로워. 외로워. 외로워. 외로워.

상담자: 무엇이 느껴지나요? 무엇이 떠오르나요?

내담자: 문득 나만 외로운 건 아니라는 생각이 들었어요. 그래서 이제 괜찮아요. 다 외
로워하고 사니까요.

상담자: 그런 생각이 들었네요.

[내담자는 감정을 느끼고 표현하는 과정에서 계속 빠르게 통찰이 이어진다. 이러한 통
찰을 말로 명료하게 표현하도록 하는 것이 감정 경험에 대한 통합을 촉진시킨다.]

내담자: 네. 사람들이 다 외로우니까 나만 외롭다고 생각하지는 않아도 될 것 같아요.

상담자: 그럼 이 앞에 채원님이 있다고 생각하고 얘기해 보세요.

[친구에 대한 감정이 해소되고 정리되면서, 내담자 자신에게 자기 지지의 생각과 태도
를 강화하기 위한 작업을 한다.]

내담자: 우리 모두 혼자 될까봐 불안해. 그리고 외로워하고. 그런데 나만 그런 게 아니
야. 채원아. 괜찮아. 괜찮아. (괜찮아.) 괜찮아. 괜찮아.

상담자: 지금 마음이 어떠세요?

내담자: 괜찮아요.

[내담자 내면에 '괜찮아'와 같은 자기 지지의 목소리를 키운다.]

[사례 8-15] "곁에 사람들이 있어도 저는 늘 외로워요."

준수 씨는 가족이 있고 친구가 있어도 늘 외로움을 강하게 느낀다고 호소한다. 그 외로움을 다루며 오리지널 감정과 만난다.

상담자: 그럼 그 외로움에 집중해 보세요. 그리고 외롭다고 말로 표현해 보세요.
내담자: 외로워. 외로워.
상담자: 다른 감정이 느껴질 때까지 그 감정을 계속 따라가 보세요.
내담자: 외로워. 외로워. (흐느껴 울기 시작한다.)
상담자: 울어도 괜찮아요. 느껴지는 대로 그대로 느껴 보세요. 지금 무엇이 느껴지나요?
내담자: 제가 불쌍해요.
상담자: 불쌍하네요. 불쌍하다고 말해보세요.
내담자: (울면서 말한다.) 불쌍해. 불쌍해. 불쌍해. 나는 항상 혼자야. 혼자야. 불쌍해.
상담자: 지금 무엇이 떠오르나요? 마음이 어떤가요?
내담자: 어릴 때 기억이 떠올라요. 빈 집에 혼자 있어요.

[외로움의 유래가 되는 어릴 때 기억이 떠오른다.]

상담자: 그 빈 집에 혼자 있는 준수님의 모습을 떠올려 보세요.
내담자: (눈을 감으며) 나만 집에 혼자 두고 가버렸어요.
상담자: 그래서 어떤 감정이 느껴지나요?
내담자: 외로워. 나도 데려가지. 왜 혼자 두고 가.
상담자: 화가 날 것 같은데요. 외로움만 느껴지나요?

[상담자에게서 느껴지고 짐작이 되지만 내담자가 알아차리지 못하고 있는 감정이 있다면, 그것을 상담자가 표현하여 내담자가 알아차릴 수 있는 기회를 갖도록 하는 것도 좋다.]

내담자: 네. 맞아요. 원망스러워요.
상담자: 원망스럽네요.
내담자: 엄마가 나는 데리고 가지 않았어요. 혼자 두고 갔어요.
상담자: 엄마에 대해 원망스러운 마음이 드네요. 앞에 엄마가 있다고 가정하고 준수님의 이야기를 들었으면 좋겠어요? 못 들었으면 해요?
내담자: 들어야 해요.

[상대가 자신의 감정과 마음을 알았으면 하는 강한 의지를 표현한다.]

상담자: 그래요. 듣는다고 가정하고, 엄마에게 그 감정을 표현해 보세요.

내담자: 원망스러워. 원망스러워. 나도 함께 데려가지. 원망스러워. 원망스러워. 내가 얼마나 무서웠는데.

상담자: 무서웠네요. 무서웠다고 얘기해 보세요.

내담자: 나 무서웠어. 아무도 없어서 무서웠어. 나한테 왜 그랬어? (흐느껴 운다.)

상담자: 엄마에게 하고 싶은 말이 많은 것 같네요. 하고 싶은 말을 해 보세요.

['나한테 왜 그랬어?'라는 말에서 준수 씨가 상대에게 하고 싶은 중요한 이야기가 많음을 짐작한다.]

내담자: 엄마. 나한테 왜 그렇게 무섭게 했어? 나도 좀 봐주지. 나도 사랑받고 싶었어. 나도 사랑해줘.

상담자: '나도 사랑해 줘.'라고 다섯 번 얘기해 보세요.

[준수 씨에게 '사랑해 줘'는 중요한 핵심 어구이다. 상담자는 내담자에게 핵심 어구를 반복적으로 되뇌도록 함으로써 중요한 정서적 체험에 집중하도록 촉진시킬 수 있다.]

내담자: 엄마. 사랑해줘. 사랑해줘. 사랑해줘. 나 좀 사랑해줘. 사랑해줘.

상담자: 지금 어떤 마음이 드세요?

내담자: 힘들었다고 말하고 싶어요.

상담자: 엄마에게 힘들었다고 말해 보세요.

내담자: 엄마. 나 힘들었어. 나도 정말 힘들었어.

상담자: 나 힘들었어. 지금 어떤 마음이 드나요?

내담자: 마음이 아파요. (말을 하지 못하고 울기만 한다.)

상담자: 지금 어떤 마음이 드나요?

내담자: 그런데 엄마에게 화가 나요.

상담자: 화나네요. 화난다고 말해 보세요.

내담자: 화나. 화나. (흐느껴 울면서) 화나.

상담자: 여기 쿠션을 잡아 보세요. 양쪽을 잡고 방석에 내리쳐 보세요.

내담자: (쿠션을 방석에 때린다.) 화나. 화나. 화나. 화나.

[준수 씨가 가슴에 쌓여 있는 감정은 많은데 몸 밖으로 표현하는 것을 힘들어 한다. 상담자는 내담자의 감정 해소를 돕기 위해, 쿠션을 10번 방석에 내리쳐 보라고 요청한다.]

상담자: 열 번 내리쳐 보실래요?

내담자: 화나. 화나. (쿠션을 잡고 방석에 내리치면서 화난다고 말한다.)

상담자: 멈추지 말고 계속 하세요.

내담자: 화나. 화나. (열 번을 마무리한다.)

상담자: 지금 마음이 어떤가요?

내담자: 괜찮아졌어요.

상담자: 지금 엄마에게 어떤 감정이 드나요? 남아 있는 감정이 무엇인가요?

[감정을 계속 따라가도록 하기 위해, 감정에 주의를 집중시킨다.]

내담자: 아무 감정도 안 들어요. 그냥 내가 힘들었겠다.

[엄마에 대한 감정 작업이 해소되면서, 자연스럽게 자기 자신에 대한 감정이 올라왔다.]

상담자: 그럼 이 앞에 준수님이 있다고 생각하고 말해 보세요.

내담자: 너 참 힘들었겠다.

상담자: 계속 느껴지는 대로 준수님 자신에게 이야기 해 보세요.

내담자: 잘 견딘 것 같아요.

상담자: 대견하네요.

내담자: 정말 외로웠는데, 잘 견딘 것 같아요.

상담자: 그 얘기를 준수님 자신에게 해 보세요.

내담자: 너 참 잘 견디었어.

상담자: 잘했어.

내담자: 잘했어.

상담자: 충분히 잘했다고 계속 이야기 해 보세요.

[내담자에게 필요한 의미 있는 말이라고 판단하여, 반복하게 한다.]

내담자: 잘했어. 잘했어. 잘했어. (멈춤)

상담자: 지금 어떤 마음이 드세요?

내담자: 엄마도 많이 힘들어서 그렇게밖에 할 수 없었을 거라는 생각이 들어요.

[감정들이 해소되면서, 자연스럽게 엄마를 이해하는 생각이 떠오른다. 대안적인 사고가 활발해진다.]

상담자: 그 생각을 앞에 엄마가 있다고 생각하고 이야기 해 보세요.

내담자: 엄마도 많이 힘들었던 것 알아. 아빠 없이 사내 아이를 혼자 키우느라 얼마나

힘들었어. 엄마도 잘 견디어 주어서 정말 고마워.

상담자: 고마워.

내담자: 고마워. 고마워. 고마워.

상담자: 지금 마음이 어떤가요?

내담자: 가벼워졌어요.

상담자: 이제 이 작업을 마무리하려고 합니다. 어떻게 했으면 하나요?

내담자: 저를 안아주고 싶어요.

상담자: 여기 쿠션을 준수님 자신이라고 생각하고, 꼭 안아주어 보세요. 한번 쓰다듬어
보세요.

내담자: (조용히 눈을 감고 쿠션을 꼭 안으며 쓰다듬는다.)

[사례 8-16] "인정받고 싶어요."

많은 내담자들이 사랑받고 싶은 욕구와 인정받고 싶은 욕구의 결핍으로 인해, 성인이
되어서도 힘들어하는 경우가 많다. 모두 그 결핍을 채우고자 하는 마음을 가지고 있다.

상담자: 지금 어떤 감정이 드시나요?

내담자: 속상해요.

상담자: 누구에 대한 감정인가요?

내담자: 엄마요.

상담자: 그 감정을 엄마에게 말로 표현해 보세요.

내담자: 속상해. 속상해.

상담자: 무엇이 속상한가요?

내담자: 나를 인정해주지 않는 것 같아서 속상해. 속상해. 속상해. (운다.)

상담자: 지금 어떤 마음이 드세요?

내담자: 슬퍼요.

상담자: 슬퍼. 다른 감정이 느껴질 때까지 말로 표현하며 따라가 보세요.

내담자: 슬퍼. 슬퍼. 슬퍼.

상담자: 마음 깊숙이에서 슬픔이 올라오네요.

내담자: 슬퍼. 슬퍼. 슬퍼. 슬퍼. 슬퍼. 슬퍼.

상담자: 무엇이 슬픈가요?

내담자: 내가 아무 존재도 아닌 것 같아서 슬퍼. 엄마가 알아주지 않아서 슬퍼. 슬퍼.
서글퍼.

[부모에게 인정받지 못한 결핍으로 인해 자신에 대해 무가치감을 느끼는 내담자들이 많다.]

상담자: 서글프네요.
내담자: 서글퍼. 서글퍼. 서글퍼. 내가 불쌍해.
상담자: 내가 불쌍하네요.
내담자: 내가 불쌍해.
상담자: 지금 어떤 마음이 드나요?
내담자: 엄마를 사랑하는데 슬퍼요. 나도 좀 봐줘.
상담자: 나도 봐주라고 크게 얘기해 보세요.
내담자: 엄마. 나 좀 봐줘. 나 좀 봐줘. 엄마. 나 좀 봐줘. 엄마. 나 좀 봐줘. 언니랑 남
동생만 보지 말고 나도 좀 봐줘. 나도 인정해줘.

[형제들이 많고 중간 서열에 위치한 경우, 관심과 인정을 충분히 받지 못했다고 지각하
며 성장하는 경우가 많다.]

상담자: 나 좀 봐 달라고, 인정해 달라고 10번씩 반복해서 말해 보세요.

[상담자는 내담자에게 의미 있는 말을 반복해서 되뇌도록 안내한다.]

상담자: 지금 어떤 마음이 드세요?
내담자: 슬픔은 사라졌는데, 무엇이 있는지 모르겠어요.
상담자: 괜찮아요. 무엇이 알아차려질 때까지 기다리세요.
내담자: 미안해요. 엄마에게. 미안해. 미안해. 미안해.

[상대에 대한 불만 등의 감정이 해소되면서, 미안함이 올라온다.]

상담자: 무엇이 미안해.
내담자: 내가 엄마에게 못되게 해서 미안해.
상담자: 지금 어떤 마음이 드세요.
내담자: 시원해요.
상담자: 시원하다고 느끼면서 말로 표현해 보세요. 머물러 보세요.
내담자: 시원해. 시원해. 시원해.
상담자: 엄마에게 하고 싶은 말을 해 보세요.

[상대에 대한 감정이 해소되면서, 작업을 정리하기 위해 상대에게 하고 싶은 말을 표현하도록 요청한다.]

내담자: 엄마도 나에게 관심이 있었지?

상담자: 엄마가 뭐라고 할 것 같은지 엄마 목소리로 얘기해 보세요.

[결핍이 중요한 핵심 갈등이라면, 상담 장면에서 가능한 방식으로 결핍을 채우는 욕구 충족의 기회를 갖는 것이 치료적이다. 내담자가 듣고 싶은 말이 있다면, 역할 바꾸기 기법을 사용해서 내담자로 하여금 직접 자기 자신에게 그 사람이 하는 것처럼 말하도록 요청할 수 있다.]

내담자: 그럼. 당연하지. 엄마가 네 언니랑 남동생 때문에 힘들어서 말하지 못했을 뿐이야. 당연히 연우 너에게 관심을 가지고 늘 보고 있었지.

상담자: 또 무엇을 묻고 싶나요?

내담자: 나 잘하고 있어?

상담자: 거기에 뭐라고 했으면 좋은지 직접 말해 보세요.

내담자: 그럼. 잘하고 있지. 우리 둘째 딸은 항상 잘해 왔어. 엄마는 네가 너무 자랑스러워.

상담자: 지금 마음이 어떠세요?

내담자: 마음이 편안해졌어요.

상담자: 엄마에게 마지막으로 무슨 얘기를 하고 싶나요?

내담자: 엄마. 사랑해.

상담자: 엄마도 사랑해. 늘 보고 있으니 걱정 마렴.

[상담자가 내담자에게 필요한 상대방의 말을 표현할 수 있다.]

내담자: (침묵)

상담자: 지금 마음에 무엇이 있나요?

내담자: 아무것도 안 보여요. 차분해요.

7 문제 해결

　상담 장면에서 감정 경험을 다루는 작업과 함께, 문제를 해결하는 방법을 모색하고 직접 취할 수 있도록 돕는 개입이 필요하다. 이는 내담자의 환경을 적극적으로 변화시키는 것이고, 상담 밖의 삶의 현장에서 내담자가 자극이나 상황에 보다 적응적으로 대처할 수 있도록 돕는다. 경험을 어떻게 소화하느냐를 넘어서, 미래의 내담자를 위해 환경과 내담자 자신의 대처 방식을 변화시키는 것이 필요하다.

　감정의 변화는 정서적 체험의 과정에 주의를 집중하고 따라가면서 이루어진다는 것을 알았다. 감정에 머무르게 하면, 정서적 체험이 자연스럽게 이루어지면서 변하지 말라고 해도 감정은 변한다. 정서적 체험 과정을 한 다음 어느 내담자가 말했다. 그 친구를 오랫동안 미워했는데, 지금은 그러고 싶지 않은데도 좋아하고 보고 싶은 마음이 든다고 말이다. 그렇게 느끼고 싶지 않지만, 좋아하는 감정을 느낀다며 투정하였다.

　그렇다면 행동의 변화는 어떻게 가져올 수 있을까? 많은 사람들이 행동을 취해야 한다는 것을 안다. 그런데 잘 되지 않는다고 호소한다. 시험을 잘 보기 위해서는 시험공부를 해야 하는데, 공부를 하게 되지 않는다고. 취직을 하기 위해서는 지원서를 쓰고 지원하여 면접 등을 보아야 하는데 그 행동이 잘 되지 않는다고 말한다. 행동은 어떻게 하면 변화할 수 있냐고 묻는다.

　우리의 몸과 뇌는 지금까지 해왔던 방식을 계속 유지하려는 경향이 있다. 그래서 변화를 위해 행동을 취하는 것이 쉽지 않다. 우리에게 필요한 것은 지금까지 해왔던 방식을 멈추는 것이고, 새로운 행동을 시도하는 것인데 말이다. 몸과 뇌는 새로운 것을 하는 것에 대해 거부하고 저항한다.

　그 저항을 밀고 나아가야 하는 의지 즉 에너지가 필요하다. 에너지가 부족하니 쉽게 지치고, 지치면 부정적인 생각들이 올라온다. "해도 안 될 텐데.", "해서 무엇 하나?", "그런다고 달라지지 않아.", "한다고 한들 무엇이 되겠는가?"와 같은 비관적이고 부정적인 생각들이 자꾸만 떠오르니 행동을 취하는 것 즉 변화를 시도하는 것을 망설이게 된다. 또 이러한 비관적이고 부정적인 생각들이 그나마 가지고 있는 얼마 안 되는 에너지를 빼앗고 아무것도 하지 못하게 만든다. 멈추어 있게 만들고, 포기하게 만든다.

하고 싶으나 하고 싶지 않게 만드는 요인들이 몇 가지 있다. 그것을 내담자와 함께 살펴보는 작업이 필요하다. 가장 중요한 것은 내담자가 무엇을 원하는가이다. 무엇을 진정으로 바라고 원하는지를 확인해야 한다. 남들이 그렇게 하라고 해서 하는 것인지, 내담자 자신이 진심으로 원하는 것인지를 들여다보는 시간이 필요하다.

그렇게 원하는 욕구를 확인하고, 목표를 정하는 과정에서 목표의 실천가능성을 따져보아야 한다. 목표 수준이 너무 높고 달성하기 어려운 목표라면, 시작도 하기 전에 지치게 만들 것이다. 예를 들어, 건강을 위해 운동을 해야겠다는 생각을 하는 내담자가 매일 아침에 한강을 뛰겠다는 목표를 잡는다거나, 매일 책 한 권씩 읽겠다는 목표를 잡는다면, 매일 이것을 실천해야 하는 부담감으로 시작도 하기 전에 지칠 것이다.

둘째, 목표가 구체적이어야 한다. 목표가 추상적이거나 모호하면, 달성 가능 여부도 멀게 느껴진다. 목표를 달성하는 방법 또한 구체적인지 확인한다. 목표만 세우고, 무엇을 어떻게 달성할 것인지 생각하지 않는다면 그 목표에 도달하는 과정이 어렵게 느껴질 수 있다. 그런데 사실 짧은 상담시간에 목표와 구체적인 방법을 모색하고 계획하는 작업을 하기가 쉽지만은 않다. 이 작업을 하는데도 시간이 꽤 들어가고, 내담자와 자칫 깊이 있는 내면의 작업 보다는 현실적인 실천을 위한 대화가 될 수 있기 때문이다. 그래도 필요하다면, 집요하게 작업하는 것이 도움이 된다.

셋째, 불안과 두려움을 다루어야 한다. "과연 내가 현실적으로 그 목표를 달성할 수 있을까?"와 같은 현실적 어려움을 인식하면서 달성하지 못할까봐 두려워진다. 목표를 달성하는 것과 관련된 걱정과 두려움 그리고 막막함의 감정이 실천하는 것을 방해한다. 그 감정을 먼저 다룰 필요가 있다. 시작을 하면서 머릿속에서 불안과 두려움은 스스로에게 자꾸 묻는다. "지금 얼마만큼 했어?", "과연 언제 즈음 목표를 달성하지?"라고 확인한다. 그러면 불안은 더욱 커지고 목표 달성에 대한 부담감과 막막함으로 인해 생산적인 에너지가 뺏긴다. 달성하는 것에 대한 부담감, 실패에 대한 부담감, 에너지 들이는 것에 대한 부담감이 실천을 막는 것이다. 그래서 행동을 멈추게 만든다.

넷째, 그러한 부정적인 생각들 즉 반추와 과도한 걱정 및 파국적 사고가 실천을 어렵게 하는 것이다. 반추와 과도한 걱정 및 파국화를 시작하게 되는 이유는, 일단 해결을 위해 원인을 분석해보자는 생각에서 출발한다. 그러나 많은 경우 부정적인 측면들에 초점이 맞추어지고, 그것이 불안을 증폭시켜서 그 측면에 맞춰진 주의의 초점을 바꾸지를 못하게 만든다. 매어버리는 것이다. "왜 노력하지 않니?", "그렇게 하지 말았어야 했는데.", "그랬어야 했는데.", "잘 안되면 어떡하지?", "실패하면 어쩌지?", "이러다가 결국 실패할 거야."와 같은 생각이 반복된다. 이러한 생각은 사람들을 지치게 만든다. 즉 생각이 '행동하는 것'을 막고, 아무것도 하지 않게 만드는 것이다.

실천하는 데 가장 중요한 것은 일단 실천하기로 결정했다면, 불필요한 생각을 멈추고 단지 행동을 취하는 데에만 집중하도록 하는 주의조절이 필요하다. "Just Do!"인 것이다. 그렇다. 어떻게 하면 변화를 위한 행동을 실천할 수 있냐고? 생각하시 말고 행동하는 것이다. 그냥 하는 것이다. 그것이 가장 효과적인 방법이다. 가능한 주의를 생각에 두지 말고, 얼마만큼 했는지 또는 얼마나 남았는지 등을 생각하지 말고 그저 목표 달성을 위해 취하기로 한 행동을 실천하는 데에만 집중하도록 하는 것이다.

이를 도와주는 내 삶의 모토가 있다. "최선을 다해 노력하되, 그 결과를 판단하지 말라."는 것이다. 혹자들은 결과가 중요하다고 말하기도 한다. 그런데 결과가 무엇이 중요한가? 결과가 좋으면 좋겠지만, 결과가 기대한 것에 미치지 못했다면 실망하게 된다. 판단하는 순간 불쾌한 감정이 발생하고, 그 불쾌한 감정이 나의 노력을 잊게 만든다. 실망이라는 감정은 에너지를 빼앗고 부정적인 생각을 키우며, 이후 삶에 필요한 부분에 에너지를 할당하지 못하게 만든다. 또한 부정적인 생각과 불쾌한 감정은 무엇인가를 할 의욕을 잃게 만든다.

아직 결과가 나오지 않은 상태라고 하면 어떨까? 미리 결과를 예상한다면 불안해진다. '그 결과에 도달하지 못하면 어떡하지?'라는 생각으로 불안해지고, 불안은 주의를 빼앗고 에너지를 쓰게 만든다. 정작 필요한 것은 목표를 향해 행동을 하는 것인데, 하는 행위에 집중하고 사용할 주의 및 에너지가 빼앗긴다. 결국 결과를 생각하지 않고 최선을 다해 가는 것 보다, 좋지 않은 결과에 이르게 될 것이다.

따라서 결과를 생각하지 않고, 지금 해야 할 것에 최선을 다해 노력하는 것에만 주의를 집중하는 게 필요하다. 그리고 맞이하게 되는 결과는 그것이 무엇이든 최선의 결과인 것이다. 있는 그대로 인정하라. 잘했다고 칭찬해 주어라. 최선을 다해 얻은 결과라면, 그것이 무엇이 되었든 좋은 것이다.

물론 최선을 다하지 못했어도 괜찮다. 무엇이 부족했는지 분석하고 앞으로 필요한 것이 무엇인지 판단해서 다시 또 나아가면 되는 것이다. 자책하고 비난하는 것은 세상으로 나아가는 데 필요한 자존감이라는 힘을 잃게 만들 뿐이다. 결코 도움이 되지 않는다. 그저 우리에게 필요한 것은 지금의 나를 받아들이고, 더 나은 미래를 위해 필요한 것을 취하며 나아가는 것뿐이다. 상담자는 내담자로 하여금 이와 같은 접근을 통해 자신이 원하는 것을 얻으면서, 만족하고 행복할 수 있는 방법을 익히도록 도울 수 있다.

 ## 8 나에 대한 태도 점검

사람들은 힘든 경험을 했을 때, 그 힘든 경험을 하게 된 자기자신이나 힘든 경험을 해 온 자신에 대해 여러 가지 복잡한 마음을 갖는다. 자신에 대한 내적 갈등을 함께 겪는다. 따라서 내담자의 정서적 고통을 유발한 또는 관련된 감정 경험을 작업하고 마무리할 때, 가장 중요한 것은 그런 경험을 한 자신에 대한 갈등을 작업하는 것이다.

상담자는 내담자에게 자신에 대한 태도를 점검하고 내적 갈등을 다루도록 할 필요가 있다. 수많은 스트레스 자극에 노출하여 살아가는 우리가 그 자극들에 어떻게 반응하느냐는 사실 자기 자신에게 달려 있다. 상처를 받느냐 마느냐를 좌우하는 것도 나 자신이고, 상처를 치유하는 핵심 열쇠를 쥐고 있는 것도 나 자신이다.

따라서 치료적 작업에서 내담자 자신에 대한 감정 작업이 핵심 작업으로 들어 갔을 때, 내담자에게서 궁극적인 변화가 일어난다. 정서적 고통을 유발시켰던 원인이 되는 자극이나 상황을 바라보는 시각이 달라지고, 유사한 자극이나 상황에 노출되었을 때 대처하는 방식이 달라진다.

힘들어하는 사람들의 공통점 중에 하나가 자기를 비난하는 사고를 한다는 점이다. '내가 잘못해서 그런 일이 일어났을 거야', '내가 부족해서 제대로 대처를 못한 거야', '내가 별로여서 그 사람이 나에게 그렇게 대한 거야', '내게 그런 일이 일어난 것은 나 때문이야'와 같은 자신을 비난하고 자책하는 생각을 많이 한다. 급기야 자신을 미워하고 원망하고 비난하며 증오하기까지 한다. 자기비난의 사고는 반복적으로 불쾌한 감정을 유발시키고, 자극이나 대상에 대해 상처가 되는 경험을 유발한다.

평소에 자신을 부정적으로 생각하는 사람은 누군가의 말과 행동, 처한 상황에 대해 자신을 바라보고 있는 믿음의 틀에 부합하는 쪽으로 해석해버리는 경향이 있다. 아니기를 바라는 마음에 다른 사람들의 애정과 인정을 받으려 노력하지만, 조금이라도 부정적으로 해석 가능한 자극이나 상황을 만나면 자신도 모르게 스스로에 대해 부정적인 방향으로 해석해 버리는 것이다. 예를 들어, 스스로를 무시하고 별 볼일 없는 사람으로 생각하는 사람은 누군가의 무심코 한 말과 행동에 대해 '나를 무시하네'라고 해석하기 쉽다. 자신이 사랑받을만하지 않고 싫어할 거라 믿는 사람은 누군가의 행동과 태도에 대해 '나를 싫어해서 일부러 저렇게 하는 거야'라고 생각이 든다. 그렇게 자신과 관련지어 해석해버리고, 다시 또 상처받고 정서적 고통으로 힘들어 한다.

부적응적 행동과 정신병리의 원인의 핵심으로 '자기비난'이 주목받아왔다. 자기비난은 스스로에 대한 무가치감이 들게 만들고 우울하게 만든다. 그 정서적 고통이 너무나 커서 급기야 생명을 멈추고자 하는 자해와 자살 행동으로까지 이어지기도 한다. 또한 스스로에 대한 자기비난의 생각을 증폭시키게 될까봐 주변의 자극이나 상황을 회피한다. 누군가의 말과 행동에 반응해서, 또는 마주한 상황에 반응해서 자기비난의 사고가 증폭되어 정서적 고통으로 힘들어할까 봐 불안한 것이다. 잘못될까 봐, 실수할까 봐, 또 그런 일이 일어날까 봐 불안하고 무섭다. 자기비난의 고통에서 벗어나는 방법을 모르니, 일시적으로 쾌감을 주는 술이나 담배, 게임 등 중독 가능한 대상이나 활동에 빠지기 쉽다.

따라서 궁극적으로 그 불쾌한 감정으로부터 벗어나기 위해서, 다시 유사한 자극이나 상황에 놓였을 때 그러한 감정 경험을 하지 않기 위해서는 자기 자신을 향한 태도를 점검하는 것이 필요하다. 상담자는 내담자가 스스로에 대해 어떠한 생각을 가지고 있는지 확인해야 한다. 평생 동안 자신을 지키고 보호해주어야 할 내담자 자신이 스스로를 비난하고 고통스럽게 만들고 죽이고 있지는 않는지 진단해야 한다.

자기비난을 자주 하는 사람들은 자신이 기여한 바가 객관적으로 전혀 없는 상황에서도 자신에게 탓을 돌려 비난하는 경향이 있다. 예를 들어, 대학원의 동기와 선배가 싸운 일에 대해서도 "내가 좀 더 잘했더라면"이라고 자책하며 죄책감을 느끼고 힘들어한다. 그런데 자기비난의 성향은 잘 들어가 보면, '이것도 내 탓, 저것도 내 탓'이라는 말이고 '모든 것이 다 때문이다'라는 말로 귀결될 수 있다.

자기비난은 지극히 자기중심적인 사고방식이다. '모든 것이 다 나에게 달려 있다'라는 말이 될 수 있기 때문이다. 세상에 일어난 일에 대한 자신의 기여도를 지나치게 과장하여 지각하는 것이다. 즉 지나친 자기애의 동전의 뒷면이라고 볼 수 있다.

상담자는 내담자로 하여금 자기비난의 자기중심성을 설명하여 스스로 자기 비난을 할 것인지 그렇지 않을 것인지 선택할 기회를 주어야 한다. 이러한 자기비난의 태도를 갖는 것이 도움이 되지 않는다는 것을 납득시키고, 스스로 놓아버릴 수 있도록 도와야 한다. 즉 자기비난을 멈추도록 해야 한다. 건강하고 성숙한 사람은 그 무엇에도 비난하지 않는다. 물론 일시적으로 비난하는 마음을 가질 수는 있다. 그러나 자신에 대해서 그리고 타인에 대해서 비난하지 않는다. 다만, 원인이 어디에 있는지 발견하고, 자신이든 타인이든 그것을 변화시키고 해결할 방안을 찾을 뿐이다.

상담자는 내담자가 자신에 대한 태도를 바꾸도록 도와야 한다. 그러기 위해서 자신을 원망하고 비난하는 마음을 안전하게 표현하고 해소하는 기회를 마련해야 한다.

1) 분노, 원망, 미움

나 자신에 대한 감정을 물어보면 대부분의 내담자들이 화가 난다고 말한다. 즉 자신에 대한 미움과 분노가 있다. 앞서 감정 해소 작업을 했을 때와 마찬가지로, 빈 의자 기법을 활용해서 앞에 나 자신이 있다고 가정하고 감정을 느끼고 표현하도록 요청한다. "너에게 정말 화가 나.", "그렇게밖에 못하는 너에게 화가 나.", "네가 정말 미워. 그것밖에 안 되는 네가 정말 미워."라고 말한다. 마찬가지로 그 감정에 집중하면서 감정을 명명하며 계속 표현해 간다. 그러다 보면 화가 나는 감정이 올라와 몸 밖으로 발산하고자 하는 충동이 일어날 수 있다. 이때는 쿠션 이나 방석을 활용해서 자신에 대한 공격적 충동을 밖으로 해소하도록 돕는다.

2) 불쌍함, 안타까움

놀랍게도 거의 대부분 자기 자신에 대한 분노의 감정을 해소하게 되면 자신에 대한 연민이 올라온다. 화로 인해 내면에 눌려져 있었던 자신에 대한 연민이 올라오는 것이다. 바로 이 순간이 내담자가 지니고 있는 자신에 대한 태도가 변하는 기점이다. 표면에 맴돌던 분노와 원망의 감정이 해소되면서, 그 아래에 있던 자신에 대한 불쌍함과 안타까움 등의 연민의 감정이 올라올 때 이를 충분히 느끼고 표현하도록 안내한다. "불쌍해. 불쌍해. 불쌍해."라고 계속 표현하도록 한다.

불쌍한 감정을 표현하다 보면, "그렇게밖에 할 수 없었던 네가 너무 가여워." 와 같은 자신에 대해 이해하고자 하는 마음이 올라온다. 불쌍한 감정은 자기 연민과 지지를 위한 힘을 야기하기 때문이다. 우리는 누군가 불쌍하면 그 사람을 위하고 도와주고 싶은 마음이 든다. 이처럼 자기 위안과 자기 지지의 태도가 건강한 사람이 가져야 할 태도인 것이다. 이 험난한 세상을 살아가는 데 필요한 것은 바로 나 자신이 스스로를 이해하고 위하고 지켜주는 것이기 때문이다.

3) 자기 위안(자기지지): 자기 수용

그리고 자신을 위하는 마음이 올라오면서 스스로를 받아들이게 된다. 예를 들면, "괜찮아. 이 모습 그대로 괜찮아.", "너 정말 애썼어. 그 동안 정말 열심히 살았어.", "이제 위축되지 마. 기죽지 마. 내가 지켜줄게."와 같이 말한다. 자신에 대한 작업을 하면서 마무리할 때, 마찬가지로 자기 자신에게 하고 싶은 말을 3가지 정도 하도록 하는 것이 효과적이다. 예를 들면, "더 이상 너를 비난하지 마", "네가 일부러 그런 건 아니잖아. 너의 잘못이 아니야.", "앞으론 내가 네 곁에 있을 테니, 자신 있게 목소리를 내어 보자."와 같이 말할 수 있다. 이 과정을 통해 내담자가 궁극적으로 필요로 한 자기긍정, 자기돌봄, 자기통제감을 갖도록 하는 데 도움이 된다.

내담자 내면에 궁극적으로 키워야 하는 것은 자기자비와 자기수용의 마음이다. 자신을 비난하지 말고, 있는 그대로 수용하는 태도가 필요하다. "괜찮아", "네 잘못이 아니야"와 같은 생각이 나타났을 때, 여기에 주목하고 반복해서 되뇌는 방법을 통해 자기자비의 마음을 키울 수 있다. 내담자에게는 자기자비 즉 자신을 불쌍히 여기고 돌보는 마음이 필요하다. 누가 나를 지켜주고 돌보아 주겠는가? 결국 자기 자신이 스스로를 위하고 돌보는 마음을 갖고, 그 역할을 제대로 할 수 있도록 도와야 한다. 상담의 마무리는 내담자 안에서 자기자비의 마음을 길러주고 그 역할을 연습하도록 돕는 작업을 포함해야 한다.

[사례 8-17] "혼자라서 외로워요."

현대를 살아가는 사람들에게 외로움은 보편적으로 느끼는, 안고 살아가야 하는 감정이다. 실제로 상담 장면에서 외로움을 호소하는 경우들이 많다. 외로움 또한 충분히 느끼고 표현하는 과정으로 다루어질 수 있다.

상담자: 지금 어떤 감정이 드나요?
내담자: 외로워요.

상담자: 그 감정을 그대로 느끼며 반복해서 말로 표현해 보세요.

내담자: 외로워. 외로워. 외로워. (눈물이 올라온다.)

상담자: 외롭네요. 외로움이 다른 것으로 변할 때까지 외로움을 말로 표현해 보세요.

내담자: 힘들어. 힘들어. 힘들어. 힘들어. 힘들어. (눈물을 흘린다.)

상담자: 지금 마음이 어떤가요?

내담자: 막막해요.

상담자: 무엇이 막막한가요?

내담자: 혼자 해야 한다는 게 막막해요. 그래서 무서워요.

상담자: 무섭네요.

내담자: 물어보고 기댈 사람도 없고, 저를 도와줄 사람도 없다는 게 무서워요. 잘못될 까봐 무서워. 무서워. 무서워. 무서워. 무서워. 무서워. 무서워. 무서워.

상담자: 지금 마음은 어떤가요?

내담자: 계속 막막해요. (막막해.) 막막해. 막막해. 막막해. 막막해. 막막해.

상담자: 지금 마음이 어떤가요?

내담자: (잠시 침묵) 포기하고 싶어요.

상담자: 포기하고 싶네요.

내담자: 잘하고 싶지만 힘들어요.

상담자: 힘들어.

내담자: 힘들어. 힘들어. 힘들어. 힘들어. 힘들어. 힘들어. 힘들어. 힘들어. 잘하고 싶은 데 그게 잘 안되니까 짜증이 나.

상담자: 잘하고 싶다고 얘기해 보세요.

[상담자는 내담자의 건강한 욕구에 초점을 맞추어 반복하여 되뇌도록 함으로써 욕구를 증폭시킨다.]

내담자: 잘하고 싶어. 잘하고 싶어. 잘하고 싶어. (잠시 침묵) 그런데 잘 안되어서 짜증 나. 짜증나. 짜증나. 짜증나. (울컥 한다.)

상담자: 이 쿠션을 주먹으로 쳐 보세요.

[내담자에게서 충동이 올라오는 것을 짐작하고, 몸으로 충동을 표현하도록 함으로써 감정을 증폭시킨다.]

내담자: 짜증나. 짜증나. 짜증나. 짜증나. 짜증나. (멈춘다.)

상담자: 지금 무엇이 느껴지세요?

내담자: 가슴이 뻥 뚫린 것 같은 느낌이에요.

상담자: 그대로 느껴 보세요.

내담자: 뻥 뚫린 것 같아.

[성인이 되어 사회생활을 해 가면서 느낄 수 있는 혼자 해야 한다는 부담감과 막막함, 잘하고 싶은데 잘 되지 않는 것에 대한 짜증 등이 몸 밖으로 표출되면서 해소되는 상태에 이른다.]

상담자: 여기 승현님이 앞에 있어요. 하고 싶은 말 세 가지를 해 보세요.

[감정이 해소된 상태에서 내담자 자신에 대한 태도를 진단하고 작업할 수 있도록 내담자를 앞에 소환한다.]

내담자: 잘할 수 있어.

상담자: 또.

내담자: 그래도 누군가 도와줄 사람이 옆에 있었으면 좋겠어요. (울컥한다.)

상담자: 지금 감정이 올라오는데 무엇을 느끼나요?

내담자: 외로움인 것 같아요. (외로워) 외로워. 외로워. 외로워.

상담자: 지금 마음이 어떤가요?

내담자: 슬퍼요. (웃는다.)

상담자: 웃지 말고 슬프다고 말해 보세요.

[불편한 감정을 표현할 때 웃는 경우가 종종 있다. 웃음은 내면의 감정과 만나지 않기 위한 방어와 저항일 수 있다. 그럴 때는 상담자가 내담자에게 웃지 말고 표현해 보도록 요청함으로써, 내담자가 감정에 집중하도록 돕는다.]

내담자: 슬퍼. 슬퍼. 슬퍼. 슬퍼. 슬퍼. 슬퍼. (잠시 침묵)

상담자: 지금 멈추셨어요. 마음이 어떤가요?

내담자: (잠시 침묵) 허해요.

상담자: 괜찮아요. 계속 허하다고 해보세요.

[마음에 담아두던 불편한 감정을 해소하고 나면 허무함과 공허함이 느껴질 수 있다. 그때의 감정은 비워지는 긍정적인 상태로, 충분히 비워지도록 내담자로 하여금 그 상태에 머무르도록 요청한다. 그래야 그 자리에 새로운 감정과 욕구를 채울 수 있다.]

내담자: 허해. 허해. (허무해.) 허무해. 허무해. 허무해. (잠시 침묵)

상담자: 지금 마음은 어떤가요?

내담자: 아무 생각이 안 들어요.

상담자: 괜찮아요. 그대로 머물러 보세요.

내담자: (잠시 침묵)

상담자: 그럼 다시 승현님에게 하고 싶은 얘기 세 가지를 해볼까요?

내담자: 잘할 수 있을 거야. 그동안 힘들었지. 그래. 같이 잘해보자.

상담자: 지금 마음이 어떤가요?

내담자: 뭔가 의지가 생기는 것 같아요.

[마음의 비어 있는 자리에 무엇인가 하고자 하는 의지와 같은 건강한 욕구와 태도가 생긴다.]

[사례 8-18] "내 자신이 답답해요."

감정 작업을 하면서, 자연스럽게 내담자 자신에 대한 작업이 시작된다.

내담자: 제가 너무 답답해요. 왜 그 모양으로 사는지.

상담자: 여기 자신이 있다고 가정하고, 그 감정을 말로 표현해 보세요.

내담자: 답답해. 답답해. 답답해.

상담자: 무엇이 답답한가요?

내담자: 너는 왜 말을 못하니? 정말 답답해. 아휴 답답해.

상담자: 답답하다는 감정에 집중하고 계속 표현해 보세요. 다른 것이 올라올 때까지 계속 해 보세요.

내담자: 불쌍해. 불쌍해. 그냥 말하면 되는데. 불쌍해. 뭐가 그렇게 무서워서 말을 못하니? 정말 불쌍하다.

상담자: 지금 마음이 어떤가요?

내담자: 내 자신에게 답답하고 불쌍하다고 말할 수 있어서 다행이라는 생각이 들어요. '그건 말할 수 있네' 싶어요. 그런 제가 기특해요.

상담자: 기특하다고 말해 보세요.

내담자: 기특해. 기특해. 기특해.

상담자: 지금 마음이 어떠세요?

내담자: 그래도 지금까지 잘 버티어 온 것 같아서 기특해. 대견하고 자랑스러워. 무너지지 않고 잘 살아와줘서 고마워. 앞으로도 넌 잘 할 수 있을 거야.

상담자: 지금 어떤 마음이 드나요?

내담자: 힘이 생긴 것 같아요. 전 보다 제 안에 힘이 있다는 것을 느껴요.

상담자: 내 안에 힘이 있네요.

내담자: 내 안에 할 수 있는 게 많다는 걸 알겠어요. 슬픔과 불안, 고통을 견딜 수 있다는 것도요.

상담자: 지금 마음이 어떤가요?

내담자: 편안해요.

[사례 8-19] "그동안 상처로 제가 너무 힘들었어요."

오랫동안 상처로 부대끼며 소화하지 못하고 힘들어한 내담자 대부분이 자기 자신에 대한 여러 가지 감정과 생각을 가지고 있다. 따라서 소화하지 못한 경험을 다룬 후에는 자연스럽게 자기 자신에게 초점이 돌아가는데, 이때 상담자는 내담자 자신에 대한 작업에 주의를 맞추는 것이 필요하다. 또한 앞으로 비슷한 상황을 마주하더라도 상처받지 않고 또 그 아픔을 잘 다루고 극복하며 살아갈 수 있도록 스스로에게 위로와 격려를 해 주는 말을 되뇌며 스며들도록 하는 작업이 도움이 된다.

내담자: 저도 너무 힘들었어요. 너무 아팠어요.

상담자: 서윤님 자신도 많이 힘들었네요.

내담자: 힘든데 괜찮은 척 하느라 너무 애썼어요. (흐느껴 운다.)

상담자: 이 앞에 서윤님 자신이 있다고 생각하고 힘들었다고 말로 표현해 보세요.

내담자: 힘들었어. 힘들었어. 힘들었어. 정말 힘들었어. (반복해서 말하다가 멈춘다.)

상담자: 지금 마음이 어떠세요?

내담자: 한결 편안해요.

상담자: 서윤님 자신에게 하고 싶은 말을 마지막으로 해 보세요.

내담자: 서윤아. 너 잘할 거야. 잘할 수 있을 거야. (운다.)

상담자: 또 하고 싶은 말이 있나요?

내담자: 지금까지도 정말 잘했어. 괜찮아.

상담자: 괜찮아. 괜찮다고 계속 말해 보세요.

내담자: 괜찮아. 괜찮아. 괜찮아. 괜찮아. 괜찮아. 괜찮아.

상담자: 지금 마음이 어떤가요?

내담자: 좀 맑아진 느낌이에요.

[사례 8-20] "저는 무거움에 눌려 있어요."

연아 씨는 지금 다니는 직장의 부서에서 많은 일을 떠안고 도맡아 하며, 일에 대한 부담감과 책임감으로 힘들어하고 있다. 힘들다는 내색도 잘 하지 못하고, 불편한 감정을 표현하지 못하며 억누르다 보니 답답하고 무거움이 가중되어 고통스럽다.

상담자: 지금 마음에 무엇이 맴도나요?
내담자: 무거워요.
상담자: 무거움을 따라가 봅시다. 무겁다고 이야기 해 보세요.
내담자: 무거워. 무거워.
상담자: 그 감정 그대로 따라가 말로 표현해 보세요.
내담자: 무거워. 무거워. 무거워. 무거워. 무거워.
상담자: 무엇이 무겁나요?
내담자: 책임져야 하는 것이 무거워.
상담자: 무거워.
내담자: 무거워. (소리가 너무 작다.)
상담자: 소리를 좀 더 크게 내 보세요.

[감정을 표현할 때 소리가 너무 작고 힘이 없으면, 감정이 표면으로 올라오지 못한다. 상담자는 그럴 때 소리를 보다 크게 하는 방법을 사용해서 감정이 올라와 정서적 체험이 이루어질 수 있도록 촉진할 수 있다.]

내담자: 무거워.
상담자: 좀더 크게.
내담자: 무거워. 무거워. 무거워.
상담자: 지금 어떤 마음이 드세요?
내담자: 슬퍼요.
상담자: 슬프네요. 슬프다고 말해 보세요.
내담자: 슬퍼. 슬퍼. 슬퍼. 슬퍼.
상담자: 지금 어떤 마음이 드세요?

내담자: 안되었어요.

상담자: 안되었네요. 불쌍하네요.

[내담자가 자신의 감정을 분명하게 표현하지 않지만, 드러내는 말에서 감정이 짐작이 될 때는 상담자가 보다 분명한 감정 단어로 되돌려준다.]

내담자: 네. 불쌍해요.

상담자: 누가 불쌍한가요?

[감정을 느끼는 대상을 분명히 할 때, 내담자가 보다 감정을 생생하게 느낄 수 있다. 따라서 상담자는 감정을 느끼는 대상을 분명하게 알아차릴 수 있도록 내담자에게 대상이 누군지 묻는 것이 체험적 작업에 효과적이다.]

내담자: 제가 불쌍해요.

상담자: 불쌍하다고 이야기 해 보세요.

내담자: 불쌍해. 불쌍해. 정말 불쌍해.

상담자: 다른 감정이 느껴질 때까지 계속 불쌍하다고 말해 보세요.

내담자: 안쓰러워요. 안쓰러워. 안쓰러워. 안쓰러워.

상담자: 무엇이 안쓰러워?

[내담자가 자신의 감정 표현 작업에 집중하면서 자연스럽게 탐색과 통찰이 이루어지도록 상담자는 조용히 '무엇이'라는 단어를 추가한다.]

내담자: 자꾸 짐을 계속 짊어지려 하는 게 안쓰러워. 안쓰러워. 안쓰러워.

상담자: 지금 마음이 어떤가요?

내담자: 안쓰러움이 사그라 들었어요.

상담자: 그래요. 그 자리에 무엇이 올라오나요?

내담자: 슬픈 것 같아요.

상담자: 슬프다고 말해 보세요.

내담자: 슬퍼. 슬퍼. 슬퍼. 슬퍼. 슬퍼. 슬퍼.

상담자: 무엇이 슬퍼?

내담자: 열심히 하려고 애쓰는 내가 슬퍼. (감정이 올라오는 것을 누르고 있다.)

상담자: 안에서 뭔가 올라오고 있네요. 안에 있는 것을 밖으로 꺼내놓는다 생각하고 이 쿠션을 양쪽으로 잡고 내리쳐 보세요. 슬퍼.

[연아 씨는 감정을 안으로 삭이는 경향이 있다. 이에 상담자는 감정을 몸 밖으로 발산

할 수 있도록 쿠션을 내리치는 행동을 반복하도록 요청한다.]

상담자: 안에 있는 감정을 끌어 올리고 좀 더 크게 얘기해 보세요.

내담자: 슬퍼. 슬퍼.

상담자: 올라오네요.

내담자: 아. 아. (감정을 표현하는 것을 힘들어 한다.)

[상담자는 쿠션을 함께 잡고 밑에서 끌어올려 아래로 내리치는 행동을 돕는다.]

상담자: 감정을 입 밖으로 뱉으세요.

내담자: 슬퍼. 슬퍼. 슬퍼. 슬퍼. (멈춘다.)

상담자: 지금 멈추셨는데 마음이 어떠세요?

내담자: 이제 슬프지 않은 것 같아요.

상담자: 네. 숨을 크게 들이쉬고 내쉬어 보세요.

[감정에 계속 주의를 집중시키기 위해서 호흡법을 사용하는 것도 효과적이다.]

내담자: (호흡을 천천히 몇 차례 쉰다.)

상담자: 다시 마음에 집중해보세요. 지금 마음이 어떤가요? 무엇이 느껴지나요?

내담자: (잠시 침묵) 희망이 조금 보이는 것 같아요.

상담자: 그 희망을 느껴 보세요. 그리고 말로 표현해 보세요.

내담자: 내 자신이 너무 무거웠는데, 덜어진 것 같아요.

상담자: 앞에 연아님이 있다고 가정하고, 연아님에게 하고 싶은 얘기 세 가지를 해보시
겠어요?

내담자: 네 책임이 아니야.

상담자: 둘째.

내담자: 그동안 충분히 잘했어.

상담자: 셋째.

내담자: 너 하고 싶은 대로 해.

상담자: 마지막 말을 다섯 번 크게 연아님 자신에게 얘기해 보세요.

[내담자에게 필요한 중요한 말을 반복해서 되뇌게 함으로써, 내담자에게 내재화되도록
돕는다.]

내담자: (다섯번 한다.)

상담자: 지금 마음이 어떤가요?

내담자: 위로가 되어요.

상담자: 이 쿠션을 연아님 자신이라고 생각하고 위로해 보세요. 몸으로 표현해 보세요.

내담자: (쿠션을 안고 있다.)

상담자: 지금 마음이 어떠세요?

내담자: 편안해요.

[사례 8-21] "내 감정도 돌보고 싶어요."

수미 씨는 공무원 시험을 위해서 대학 때부터 쉬지 않고 공부에 전념하였다. 그리고 학비를 벌기 위해 시간을 내어서 아르바이트를 해야만 했다. 대학 졸업 후에도 수년 동안 공무원 시험 준비를 하다가, 드디어 공무원 시험을 합격하고 얼마간의 시간을 갖게 되었다. 그러나 그동안 한 켠에 억눌러 놓았던 고통스럽고 힘들었던 감정들이 올라오면서 힘든 시간을 보내게 되었다.

상담을 통해 감정 경험을 충분히 작업한 후에 대부분의 내담자들이 자신을 돌아보게 된다. 그동안 힘들었던 자신에 대해 여러 가지 감정이 든다. 이때 상담자는 자연스럽게 자기 자신에 대한 작업으로 이어간다.

상담자: 어떤 감정을 느끼고 계세요?

내담자: 저도 좀 쉬고 싶어요. 제 감정도 좀 돌보고 싶어요.

상담자: 지금 어떤 감정이 드나요?

내담자: 화나요.

상담자: 화난다고 말해보세요.

내담자: 화나. 나도 힘들어. 진짜. (손에 힘들어가는 것이 보인다.)

상담자: 앞의 쿠션을 양 손으로 잡아 보세요. 그리고 이 방석 위에 내리쳐 보세요.

내담자: (쿠션을 방석에 내리치며) 화나. 화나. 화나. (울기 시작한다.)

상담자: 멈추지 마세요.

내담자: 화나. 화나. 화나. 화가 나. 나는 화가 나. (쿠션을 내리치면서 흐느끼며 멈춘다.)

상담자: 지금 어떤 마음이 드나요?

내담자: 슬퍼요.

상담자: 슬프다고 말해 보세요. 마음 그대로 따라가 보세요.

내담자: 슬퍼. 슬퍼. 슬퍼. 쉬고 싶어. 쉬고 싶어. 아무것도 하지 않고 좀 쉬고 싶어.

상담자: 자신이 가엾네요.

[내담자의 말에 짐작되는 감정을 명료화한다. 내담자는 상담자의 말이 맞다면 반복하고, 틀리다면 수정할 것이다.]

내담자: 네. 가여워요.

상담자: 가엾다고 얘기해 보세요. 가여워.

내담자: 가여워. 가여워. 좀 쉬라니까. 가여워.

[자신에 대해 불쌍하다고 느끼는 순간, 자신에 대한 태도가 변화될 수 있는 지점이다.]

상담자: 앞에 수미 씨가 있어요. 자신에게 하고 싶은 말 세 가지를 해 보세요.

[이는 자신에 대한 핵심 태도와 마음을 정리하는 기회가 된다. 또한 대상에 대한 체험적 작업을 보다 풍부하게 하면서 촉진하는 효과도 있다.]

내담자: 잠 좀 더 잤으면 좋겠어.

상담자: 두 번째

내담자: 대충 좀 하고 살아.

상담자: 세 번째

내담자: 좀 놀아. 이제 좀 놀아.

상담자: 지금 마음이 어떠세요?

내담자: 좀 짠해요.

상담자: 짠하다고 얘기해 보세요.

[내담자에게서 남아 있는 감정들을 가능한 입 밖으로 표현해서 해소하도록 하기 위해, 감정이 있다면 표현하게 하는 것이 좋다. 이런 경우 잔 감정들로서 몇 번의 표현만으로도 쉽게 해소될 수 있다.]

내담자: 짠해. 짠해. 짠하기도 하고 대견하기도 해요. 기특해요.

상담자: 그 이야기를 직접 자신에게 얘기해 보세요.

내담자: 너 참 기특해. 그리고 참 고생했어.

상담자: 앞의 쿠션을 자신이라고 생각하고 어루만지며 얘기해 보세요.

[안거나 어루만지는 것과 같은 스킨십이 몸 밖으로 나올 필요가 있을 때, 쿠션을 활용하면 효과적이다.]

내담자: (쿠션을 쓰다듬는다.) 고생했어. 고생했어. 고생했어. 그리고 잘했어. 잘했어.

잘했어. 수고했어. 수고했어. 이제 그만 하고 놀아.

상담자: 다시 마음에 집중해 보세요. 마음에 무엇이 있나요?

[상담자는 내담자 내면에 작업할 필요가 있는 남아 있는 감정이 있는지 확인한다.]

내담자: 이제 다 끝났어요. 후련해요.

상담자: 지금 마음에서 무엇이 느껴지나요?

내담자: 정말 놀아야겠어요. 영화도 보고 쇼핑하러 갈 거예요.

많은 경우, 작업을 통해 불편한 감정들을 모두 해소한 후에, 그 빈자리에 유쾌한 감정이나 무엇인가를 해보고자 하는 의지가 나타난다.

9 주의 조절

오랫동안 인간의 정서적 고통과 그 고통을 다루는 방법을 연구하면서, 깨닫게 된 것은 정서조절에 있어서 가장 핵심은 주의 조절에 있다는 점이다. 주의가 머무는 곳에 체험이 있기에, 주의를 어디에 두느냐에 따라 우리가 느끼는 감정과 경험이 달라진다. 따라서 상담자는 내담자와 상담을 종결하기 전에 주의조절 훈련을 통해서 주의가 현재에 머무르되 불필요한 판단을 하지 않고 바라보도록 도와야 한다.

상담자는 내담자와의 상담 및 심리치료 과정을 마무리할 때, 무엇보다 내담자가 상담 없이도 스트레스를 스스로 관리하고 그로 인해 발생하는 다양한 감정 경험을 다룰 수 있는 능력을 함양시켜야 한다. 상담자는 상담 과정에서 내담자의 정서적 고통을 유발한 감정 경험을 다루고 소화하도록 도왔고, 정서적 고통을 유발한 요인을 확인하고 문제를 해결하는 개입을 통해 상황 및 환경을 수정 및 변화시켰다. 그렇다고 하더라도, 다양한 요소가 내담자의 주의를 다시 불쾌한 사고와 불쾌한 경험으로 돌릴 수 있다.

상처와 그 상처를 치유하는 과정을 연구하면서, 상처를 털어버리는 것 그리고 상처의 영향에서 벗어나는 것이 생각보다 쉽지 않다는 것을 실감한다. 정서적 고통, 아픔, 그리고 상처와 트라우마 모두 정서중심적 치료에서 제안한 정서조절 방법과 치료 절차를 통해 소화하고 받아들이며 떠나보냈다 하더라도, 갑작스럽게 주의가 다시 상처 관련 자극에 돌아갈 수 있다.

불쾌한 장면이나 생각으로 주의가 가면 다시 불쾌해질 수 있다. 따라서 내담자 자신의 주의와 에너지를 과거로 뺏기지 말고, 현재에 있도록 하는 노력이 필요하다. 과거에 매여 빼앗긴 주의와 에너지를 치료 작업을 통해 찾았다면 이제 지켜야 한다. 지금 현재에 머무르도록 주의를 기울이고 깨어 있도록 노력해야 한다. 지금 이 순간에 집중하는 습관을 가져야 한다. 지금 일어나고 있는 현상과 함께 하고 있는 사람들을 바라보는 것이다. 삶에서 발생하는 대부분의 문제는 지금 이 순간을 바라보지 않는 데에 있다.

주의는 매 순간 다양한 요소가 영향을 미친다. 문득 관련한 생각이 들기도 하고, 유사한 상황에 노출되기도 한다. 자신의 경험과 흡사한 사람의 이야기를 듣거나, 영화나 드라마를 통해 마주하기도 한다. 우리의 체험은 주의가 머무르는 곳에 있기 때문에, 그렇게 빼앗긴 주의는 예전 만큼은 아니겠지만 다소 불쾌한 감정과 생각을 유발할 수 있다.

개인 성격이나 기질이 영향을 미치기도 한다. 끝냈는데도 끝났음을 인정하고 싶지 않은 마음, 즉 미련이 많은 사람일수록 이런 경험들이 자주 발생한다. 융통성이 부족하고 완벽주의적 성향이 있는 경우도 그러하다. 그런 경험이 없었던 상태로 돌리고 싶고, 이미 한 경험이 자신의 완벽한 삶의 오점처럼 느껴질 수 있다. 자신에게 부정적인 경험이 있었음을 받아들이기 어려운 것이다.

또한 자기정체감이 분명하지 않고, 자기 개념이 명확하지 않을 때 더욱 경험을 떠나보내지 못하고 미련을 갖는다. 그 경험을 자신의 존재감과 관련되게 의미부여를 했을수록 더욱 그러하다. "내가 별 볼일 없는 사람인 것을 의미해.", "난 사랑받을만한 사람이 아닌가 봐."와 같이 자기 개념과 크게 결부지어 반응했던 경험일수록 소화시켜 떠나보내는 게 쉽지 않다. 어떤 내담자들은 불안함을 느끼는 상태와 같이 정서적 고통을 느끼는 것이 살아있는 것이라고 생각하고, 정서적 고통이 사라졌을 때 '내가 아무것도 아닌 것 같아'와 같은 허무함을 맞이하게 될까 봐 두려워하기도 한다. 그 허무함이야말로 정서적 고통으로 채워져 있는 자리가 비어지면서 새로운 희망과 의지 등의 적응적인 요소들이 생길 수 있는 기회인데도 말이다.

따라서 상담을 마무리할 때 자기정체감과 자기 개념을 분명히 하는 작업이 필요하다. 스스로를 진정성 있게 바라보는 기회를 통해, 내가 어떤 사람인지 그리고 어디로 가야 하는지 제대로 알아야 한다. 내면의 대화를 통해 내가 어떤 사람인지 자신의 정체감을 찾아가야 한다. 자신이 어떤 기질을 가졌는지, 무엇이 편하고 무엇이 불편한지, 어떤 성격의 소유자인지, 무엇을 좋아하고 무엇을 싫어하는지 알아가야 한다. 나아가 진정으로 가치 있게 생각하는 인생 가치가 무엇인지, 무엇에 의미를 두는지 내면과 대화해 보도록 한다. 이는 내담자로 하여금 안정감을 느끼게 돕는다. 높은 자존감이란 어떤 일을 경험하든 하지 않든, 달라지지 않는다. 다음을 스스로에게 되뇌어 보라. "그 어떤 일도 내 자존감에 영향을 미칠 수 없어. 나는 여전히 소중하고 괜찮은 사람이야."라고 말이다.

주의 조절 훈련은 '마음 챙김'과 '명상'을 통해 기를 수 있다. 평소에 시간을 갖고 '호흡 명상', '건포도 명상', '걷기 명상', '바디 스캔 명상'을 함으로써, 자신에게 어느 정도 거리를 두고 잔잔히 바라보는 습관을 기르도록 한다. 마음챙김은 고통스런 생각이나 감정들을 억제하거나 과장하지 않고 비판단적으로 관찰하는 것을 말한다. 현재의 순간에 머무르며 의도적으로 판단하지 않고 바라보는 것이다. 감정 즉 고통은 "생각"이 만드는 것이다. 판단하는 순간 감정과 고통이 만들어지는 거다. "잘못될 거야.", "넌 부족해.", "이러면 안되는데."와 같은 판단을 멈추고, 있는 그대로 자신의 신체 감각, 생각, 감정을 바라보는 훈련이 필요하다. 그러다보면, 감정과 생각이라는 것이 "밖에 존재하는 사실"이 아님을 알게 된다. 그렇게밖에 느낄 수 없고, 생각할 수 밖에 없는 객관적인 것이 아님을 깨닫게 된다. 내가 어디에 주의를 주느냐에 따라 그리고 내가 어떻게 생각하느냐에 따라 감정 즉 고통이 얼마든지 달라질 수 있다는 것을 깨달아야 한다.

명상과 마음챙김의 이러한 거리두기의 태도는 자기자비의 태도를 함양하도록 돕는다. 자애명상은 나와 다른 사람의 행복과 평안, 그리고 건강을 바라는 문구를 써서 반복해 되뇌이며 할 수 있다. 명상을 하면서 "나는 내가 행복했으면 좋겠어.", "나는 내가 평안했으면 좋겠어.", "내가 건강하기를 바래."와 같이 되뇌인다. 자비명상은 자신과 타인이 고통에서 벗어나기를 바라는 문구를 써서 되뇌는 명상이다. "내가 고통에서 벗어나기를 바래.", "내가 다른 사람의 사랑을 허용할 수 있기를 바래."와 같은 문구를 사용하도록 안내한다. 또는 자비의 마음을 편지쓰기로 표현하는 작업을 하는 것도 도움이 된다.

대부분의 내담자들이 "나만 힘들다.", "나는 문제다."라는 관점을 가지고 있기 때문에 더욱 고통을 느낀다. 이러한 관점에서 벗어나게 하는 효과적인 방법은 "나만 힘든 것이 아니다"는 인간보편성의 인식을 증진시키는 것이다. "나와 남이 다르지 않다"를 깨달을 때 정서적 고통이 경감된다. 부정적 경험을 할 때 나만의 부족함 때문이라는 생각으로 인해, 외로움, 단절감, 고립감을 느낀다. 그 대신에 인간의 보편적인 취약성, 즉 고통을 인간 경험의 일부로 받아들임으로써, 나만이 겪는 어려움이 아니라 타인들도 유사한 취약성을 공유하고 있음을 깨달으면 자신의 경험을 객관화하고 탈개인화할 수 있다. 이는 나만 부적절하고 부족하다는 자기중심적 태도와 자기비난의 태도로부터 벗어나도록 돕는다. 과도한 자기비난의 사고를 멈추고, 친절하고 온화한 마음을 일으킬 수 있다.

고립과 고독으로 힘겨웠던 내담자는 다른 사람과 연결감을 느낄 수 있다. 나아가 어느 정도 신뢰가 있는 사람들과 내담자 자신의 힘든 감정과 생각, 그리고 경험을 나누어 보도록 안내한다. 이 세상에 고통스런 경험이 없는 사람은 없다. 우리 모두가 상처와 고통을 느끼며 보듬고 살아간다. 곁에서 웃고 있는 사람도, 잘나가는 것처럼 보이는 사람도, 모든 것을 다 가진 듯한 사람도, 더 이상 부족한 게 없어 보이는 사람도 모두 상처와 고통이 있다. 살아가는 것이 힘들 때가 있다. 이러한 태도가 내담자로 하여금 자신을 자책하고 힘들어하는 것을 멈추고, 고통을 보다 받아들일 수 있도록 돕는다. 인간보편성의 인식을 증진시키는 방법으로 내담자 자신과 유사한 고통을 경험한 사람들을 떠올리며, 주변 사람들이 어떤 고통을 겪으며 살고 있는지 기술해보는 것도 도움이 된다.

주의조절훈련을 돕는 방법 가운데 평소 어렵지 않게 할 수 있는 걷기 명상, 호흡 명상, 바디 스캔 명상 등 세 가지 훈련을 여기에 소개한다.

[실습 8-1] 걷기 명상[2]

1. 사람들이 볼까 봐 염려할 필요가 없는 걷기에 좋은 장소를 찾으세요. 실내도 괜찮고 실외도 좋습니다.

2. 두 발을 평소 걷는 자신의 보폭만큼 벌려 걷되, 천천히 다리를 구부릴 수 있도록 무릎을 벌리세요. 팔은 양쪽에 편하게 늘어뜨리세요. 시선은 부드럽게 장면을 향하도록 하세요.

3. 발이 땅과 접촉하는 부위의 감각과 땅으로부터 다리와 발을 통해 전해지는 신체의 무게를 유념하면서 발바닥에 의식의 초점을 맞추세요. 발과 다리에 느껴지는 감각을 보다 선명하게 느끼기 위해서 무릎을 약간 구부리는 것이 도움이 됩니다.

4. 준비가 되었다면 먼저 왼쪽 다리는 '아무런 힘도 주지 않고' 오른쪽 다리로 신체의 나머지 부분을 지탱하면서, 다리와 발에 느껴지는 신체 감각의 변화 패턴에 주목하면서 신체의 무게를 오른쪽 다리에 옮기세요.

5. '힘을 주지 않은' 왼쪽 다리와 종아리 근육의 감각에 주목하면서 왼쪽 발꿈치를 바닥으로부터 천천히 들어 올리고, 왼쪽 다리 전체를 왼쪽 발 앞꿈치만이 바닥에 닿을 때까지 천천히 들어 올리세요.

   발과 다리가 마치 공기 속을 움직이는 것처럼 느끼면서, 왼쪽 다리를 천천히 들어 올리고 조심스럽게 앞으로 내딛으면서 발과 다리의 감각을 자각하고 발꿈치를 바닥에 놓으세요.

   신체의 무게를 왼쪽 발과 다리로 옮김에 따라 왼쪽 발바닥의 나머지 부분을 바닥에 닿도록 하고, 왼쪽 다리와 발에 증가하는 신체 감각을 자각하세요. 오른쪽 다리에 '힘을 주지 않은 것'과 오른쪽 발꿈치가 바닥에서 떨어지는 것을 자각하세요.

6. 왼쪽 발에 몸무게를 모두 싣고, 오른발의 나머지 부분을 들어 올리고 천천히 앞으로 내딛고 그렇게 하면서 발과 다리의 신체 감각이 변화하는 패턴을 자각하세요. 오른쪽 발꿈치가 땅에 닿는 것에 주의를 집중하고 부드럽게 땅에 놓으면서 몸무게를 오른쪽 발에 옮기고 두 다리와 발의 신체 감각이 변화하는 패턴을 자각하세요.

---

2) 걷기 명상, 호흡 명상, 바디 스캔 명상 세 가지 훈련은 Segal, Williams과 Teasdale (2002)이 쓴 「Mindfulness—Based Cognitive Therapy for Depression: A New Approach to Preventing Relapse」을 이우경, 조선미, 황태연(2006)이 번역한 「마음챙김 명상에 기초한 인지치료: 우울증 재발 방지를 위한 새로운 치료법」에서 발췌하고 수정 및 보완하였다.

7. 이런 방식으로 발바닥과 발꿈치가 땅바닥에 닿으면서 생기는 느낌과 발을 앞으로 옮길 때 발에 느껴지는 감각에 특별히 주목하면서 천천히 움직이세요.

8. 처음에는 보통 때보다 느리게 걸으면서 걸을 때의 느낌을 충분히 자각하는 기회를 가지세요. 이것이 익숙해지면 보통 속도나 그 이상 빠른 속도를 시도해 볼 수 있습니다. 만약 심적 동요가 느껴진다면, 그런 느낌에 주목하고 알아차리면서 빠르게 걷는 것으로 시작하는 것도 도움이 됩니다. 점차 안정이 되면서 속도를 줄이면 됩니다.

9. 매일 10분에서 15분 정도 하는 걷기 명상을 하는 것이 좋습니다.

[실습 8-2] 보디 스캔 명상

1. 바닥에 있는 매트나 천 또는 침대와 같이 따뜻하고 방해받지 않을 만한 곳에 등을 대고 편안하게 누우세요. 그리고 눈을 감으세요.

2. 잠깐 동안 호흡의 움직임과 신체 감각을 느끼는 시간을 가지세요. 준비가 되었으면 몸에 느껴지는 신체 감각을 자각하도록 하고, 특히 몸이 바닥이나 침대와 닿을 때 느껴지는 감각과 압력을 느껴 보세요. 숨을 내쉴 때마다 자신을 내려놓고 매트나 침대에 좀 더 깊숙이 가라앉도록 하세요.

3. 보디 스캔의 목적은 신체의 각 부분에 번갈아가며 주의를 집중시키면서, 최대한 당신이 감지하는 어떤 감각을 자각하기 위함입니다.

4. 이제 아랫배의 신체 감각에 주의를 가져오세요. 숨을 들이쉬고 내쉴 때 아랫배에 느껴지는 감각의 변화를 알아차려 보세요. 몇 분 동안 숨을 들이쉬고 내쉴 때의 감각을 느껴 보세요.

5. 배에서 느껴지는 감각과 연결되었으면, 주의의 초점을 왼쪽 다리에서 왼발로, 그리고 왼쪽 발가락으로 옮겨가세요. 왼쪽 발가락에 차례로 주의를 집중하고 부드러운 호기심으로 발가락 사이에 맞닿은 느낌, 따끔거리는 느낌, 따뜻함 혹은 아무런 감각을 느끼지 못하는 것을 알아차리면서 감각을 자각하세요.

6. 숨을 들이쉴 때 호흡이 폐로 들어가서 배를 지나 왼쪽 다리, 왼발 그리고 왼쪽 발가락으로 지나가는 것을 느끼거나 상상해 보세요. 그리고 나서 숨을 내쉴 때 발에서 다리로, 배로, 가슴으로 그리고 코를 통해 호흡이 나가는 것을 느껴 보세요. 발가락으로 내려갔다가 발가락으로부터 되돌아오는 호흡을 몇 번 계속하며 알아차려 보세요.

7. 이제 숨을 내쉴 때 발가락에 대한 의식을 내려놓고 왼쪽 발바닥에 주의의 초점을 두세요. 부드럽게 발바닥, 발등, 발뒤꿈치 등으로 주의를 탐색하면서 자각하세요. 호흡

을 계속 하면서, 발 아래쪽의 감각을 알아차려 보세요.

8. 이번에는 주의의 초점을 발의 나머지 부분인 발목, 발등 그리고 뼈와 관절로 확대하세요. 그리고 나서 약간 더 깊은 숨을 쉬면서 왼발 전체로 직접적으로 내려가 숨을 내쉬면서 왼발을 완전히 내려놓고 주의의 초점을 왼쪽 다리 아래 부분인 종아리, 정강이, 무릎 등으로 차례로 옮기세요.

9. 그리고 몸의 나머지 부분인 왼쪽 다리 윗부분, 오른쪽 발가락, 오른발, 오른쪽 다리, 골반 부위, 등, 복부, 가슴, 손가락, 손, 팔, 어깨, 목, 머리 그리고 얼굴로 천천히 주의를 옮겨 가세요. 각 부위에 느껴지는 신체 감각을 가능한 똑같이 세세하게 자각하고 가벼운 호기심을 갖고 느껴 보도록 하세요. 주요 신체 부위의 감각을 호흡을 들이쉬면서 살펴본 후, 숨을 내쉬면서 조용히 내려놓고 다른 부위로 주의의 초점을 옮기세요.

10. 특정 신체 부위에 긴장감이나 다른 강렬한 감각을 자각하면, 숨을 부드럽게 들이쉬면서 그 감각에 주의의 초점을 가져오고 가능한 숨을 내쉬면서 그것을 내려놓으세요.

11. 마음은 때때로 호흡과 신체로부터 벗어나 방황하기 마련입니다. 이는 자연스럽고 정상적인 것입니다. 이러한 마음의 특성을 알아차리고 부드럽게 그것을 받아들이세요. 그리고 주의를 천천히 집중하려고 했던 신체 부위로 다시 되돌리세요.

12. 이런 방법으로 전체 몸을 훑어 본 후, 잠시 신체를 하나로 느껴 본 다음 호흡이 신체의 안과 밖을 자유롭게 흐르는 것을 느껴 보세요.

[실습 8-3] 호흡 명상

1. 등이 곧은 의자나 부드러운 마룻바닥에서 엉덩이 밑에 쿠션이나 낮은 의자를 대고 편안한 자세로 앉으세요. 의자를 사용할 때는 척추가 자력으로 지탱할 수 있도록 등을 기대지 않는 것이 도움이 됩니다. 마룻바닥에 앉는다면 무릎을 바닥에 대는 것이 좋습니다. 쿠션이나 의자의 높이를 편안하고 잘 고정되도록 조정하세요.

2. 등을 똑바로 세우고 위엄 있고 편안한 자세를 취하세요. 의자에 앉았다면 발을 바닥에 대고 다리는 교차하지 않습니다. 눈을 부드럽게 감으세요.

3. 바닥이나 앉아 있는 곳과 접촉하는 신체에 닿는 촉감이나 압력에 주의를 집중시키면서 신체 감각을 자각하세요. 보디 스캔에서 하듯이 1-2분 정도 이 감각을 탐색하세요.

4. 호흡을 들이쉬고 내쉬면서 아랫배에 느껴지는 신체 감각의 변화 패턴에 주의를 기울이세요.

5. 숨을 들이쉴 때 배가 약간 부풀어 오르고 숨을 내쉴 때 배가 부드럽게 줄어드는 감각에 주의의 초점을 맞추세요. 가능한 아랫배에서 숨을 들이쉬는 과정과 내쉬는 과정, 그리고 한 번 들이쉬고 내쉬는 사이의 잠깐 멈추는 순간과 내쉬고 들이쉬는 사이에 호흡이 멈추는 순간의 신체 감각의 변화를 자각하세요.

6. 어떤 방식으로든 호흡을 통제할 필요는 없습니다. 단지 숨 쉬는 대로 호흡을 그냥 두세요. 다른 경험에 대해서도 그대로 두세요. 바꾸거나 특별히 도달해야 하는 상태는 없습니다. 경험한 것을 바꾸려 하지 말고 그대로 두세요.

7. 이를 반복하다 보면 아랫배의 호흡에서 벗어나 생각이나 계획, 백일몽 같은 것에 마음이 떠돌아다닐 것입니다. 이런 것도 모두 다 괜찮습니다. 그것은 단지 마음이 그렇게 하는 것이며 실수나 실패한 것이 아닙니다. 주의가 더 이상 호흡에 있지 않다는 것을 알게 되었을 때, 자신에게 조용히 축하를 보내세요. 당신은 이제 돌아왔고 경험을 다시 한번 자각하게 된 것입니다. 그리고 아랫배의 신체 감각이 변화하는 패턴을 부드럽게 자각하고 계속되는 들숨과 날숨에 주의를 다시 새롭게 기울이세요.

8. 그러나 당신은 자주 마음이 돌아다니는 것을 알게 될 것입니다. 가능한 매 순간 주의를 부드럽게 호흡으로 되돌리면서, 순간의 경험과 다시 연결될 때마다 자축하세요. 다시 또 들숨과 날숨 때 변화하는 신체 감각의 패턴을 자각하려 하면 됩니다.

9. 매 순간을 새롭게 자각하려 하세요. 주의가 그리고 마음이 더 이상 배나 호흡에 머물지 않고 돌아다니고 있는 것을 알아차리는 순간마다 호흡을 지금 여기에 연결시키는 닻으로 사용하면서 다시 돌아오면 됩니다. 이와 같은 호흡명상은 15분 남짓 계속 하는 것이 좋습니다.

찾아보기

참고문헌

강지희, 서동욱, 서은국, 이지영 (2023). 특별좌담: 타인은 누구인가? 철학과 현실, 139, 12 – 63.

권정혜 (2017). 심상을 이용한 인지행동치료: 심상재구성법을 중심으로. 2018년 한국인지행동치료학회 동계보수교육 자료집, 39 – 46.

금명자, 이장호 (1994). 상담단계와 내담자의 체험수준에 따른 상담자 개입패턴의 즉시적 성과. 한국심리학회지: 상담 및 심리치료, 6(1), 48 – 98.

김영주, 김정규, Greenberg (2003). 정서중심치료 워크샵(비디오 녹화자료). 학지사.

김정규 (1995). 게슈탈트 심리치료. 서울: 학지사.

김정규 (2015). 게슈탈트 심리치료 2판. 서울: 학지사.

문영춘 (1993). 초기상담에서 내담자의 주관적 반응에 따른 상담자 반응양식의 연계단위와 즉시적 성과와의 관계. 서울대학교 석사학위논문.

문현미 (2005). 인지행동치료의 제 3 동향. 한국심리학회지: 상담 및 심리치료, 17(1), 15 – 33.

박혜미 (2014). 포커싱 체험 심리치료가 청소년의 복합 PTSD 증상 감소에 미치는 효과. 덕성여자대학교 석사학위논문.

이지영 (2004). 게슈탈트 심리치료와 위빠사나 명상의 통합적 접근. 학생연구(서울대학교), 38(1), 45 – 57.

이지영 (2011). 정서조절코칭북: 내 감정의 주인이 되어라. 서울: 시그마프레스.

이지영 (2014). 체험적 심리치료의 최신 동향. 한국임상심리학회' 2014년도 춘계학술대회 발표 자료집, 37 – 55.

이지영 (2015, 2020). 체험적 심리치료. 서울디지털대학교.

이지영 (2017), 정서조절코칭북: 내 감정의 주인이 되어라 개정판. 서울: 박영사.

이지영 (2018). 체험적 심리치료에 대한 체계적 고찰: 효과 연구를 중심으로. 한국심리학회지: 상담 및 심리치료, 30(3), 601 – 633.

이지영 (2019). 정서중심적 개입과 인지행동치료. 한국인지행동치료학회 추계학술대회 자료집.

이지영 (2019). 트라우마 정서치료의 핵심과 기법. 한국트라우마스트레스학회 춘계학술대회 자료집.

이지영 (2020). 나를 잃어가면서 지켜야 할 관계는 없다. 서울: 스몰빅라이프.

이지영 (2021). 정서에 초점을 둔 심리치료에 관한 고찰: 정서중심적 치료 모델을 위한 제언. 인문사회21, 387 – 407.

이지영, 권석만 (2005). 자기초점적 주의 성향 척도의 개발: 사회적 상황을 중심으로. 한국심리학회지: 임상, 24(2), 451 – 464.

이지영, 권석만 (2006). 정서조절과 정신병리의 관계: 연구 현황과 과제. 한국심리학회지: 상담 및 심리치료, 18(3), 461 – 493.

이지영, 권석만 (2007). 정서조절방략 질문지의 개발: 대학생 집단을 대상으로. 한국심리학회지: 임상, 26(4), 963 – 976.

이지영, 권석만 (2009). 사회불안과 자기초점적 주의 성향의 관계. 인지행동치료, 9(1), 39 – 55.

이지영, 권석만 (2009). 성별과 성격유형에 따른 정서조절방략 사용의 차이. 한국심리학회지: 일반, 28(3), 507 – 524.

이지영, 권석만 (2009). 정서장애와 정서조절방략의 관계. 한국심리학회지: 임상, 28(1), 245 – 261.

이지영, 권석만 (2009). 정서조절방략 질문지(ERSQ)의 16개 방략의 경험적 구분. 한국임상심리학회' 2009년도 동계 연수회 포스터 발표 초록집, 31 – 32.

이지영, 권석만 (2010). 체험적 정서조절방략의 효과. 한국심리학회지: 상담 및 심리치료, 22(1), 95 – 116.

주은선 (2002). 포커싱 체험상담의 이해와 적용. 상담학연구, 3(2), 517 – 527.

주은선 (2002). 포커싱 체험상담의 이해와 적용. 상담학연구, 3(2), 517 – 527.

주은선 (2011). 포커싱 체험 심리치료. 서울: 학지사.

주은선, 신설애, 김병선, 김주영 (2011). 한국판 포커싱적 태도 척도의 수정개발 및 타당화 연구. 한국심리학회지: 일반, 30(4), 1111 – 1128.

주은선, 장세은 (2012). 포커싱 활용집단상담이 여대생의 사회불안에 미치는 효과. 인간이해: 33(2), 139 – 157.

Atkinson, B. J. (1998). Pragmatic/experiential therapy for couples. Journal of Systematic Therapies, 17(2), 18 – 35.

Baranowsky, A. B., Gentry, J. E., & Schultz, D. F. (2019). 트라우마 치료의 실제: 안정화와 회복을 중심으로. (안명희, 안미라 역). 서울: 박영사. (원전은 2011년에 출판)

Barrett – Lennard, G. T. (1981). The empathy cycle: Refinement of a nuclear concept. Journal of Counselling Psychology, 28, 91 – 100.

Beutel, M. E., Greenberg, L., Lane, R. D., & Subic – Wrana, C. (2019). Treating anxiety disorders by emotion – focused psychodynamic psychotherapy(EFPP) – An integrative, transdiagnostic approach. Clinical Psychology & Psychotherapy, 26(1), 1 – 13.

Brodley, B. T. (1990). Client – centered and experiential: Two different therapies. In G. Lietaer, J. Rombauts, & R. Van Balen (Eds.), Client – centered and experiential psychotherapy in the nineties (pp. 87 – 107). Leuven University Press.

Burgoon, J. K., Le Poire, B. A., Beutler, L. E., & Engle, D. (1993). Nonverbal indices of arousal in group psychotherapy. Psychotherapy: Thoery, Research, Practive,

Training, 30, 635−645.

Choi, B. H., Pos, A. E., & Magnusson, M. S. (2016). Emotional change process in resolving self−criticism during experiential treatment of depression. Psychotherapy Research, 26(4), 484−499.

Choi, Y. H., Vincelli, F., Riva, G., Wiederhold, B. K., Lee, J. H., & Park, K. H. (2005). Effects of group experiential cognitive therapy for the treatment of panic disorder with agoraphobia. Cyberpsychology & Behavior, 8(4), 387−393.

Cohen, J. (1988). Statistical power analysis for the behavioral sciences. Hillsdale, NJ: Lawrence Erlbaum.

Cooper, M. (2003). Between freedom and despair: Existential challenges and contributions to person−centered and experiential therapy. Person−centered and Experiential Psychotherapies, 2(1), 43−56.

Cornell, A. W. (1996). The power of focusing: A practical guide to emotional self healing. Oakland, CA: New Harbinger Publications.

Cucu−Ciuhan, G., & Vasile, A. S. (2010). Efficiency of experiential psychotherapy in the treatment of children with attention deficit hyperactivity disorder. Procedia Social and Behavioral Sciences, 5, 920−925.

Ehrenreich, J. T., Fairholme, C. P., Buzzella, B. A., Ellard, K. K., & Barlow, D. H. (2007). The role of emotion in Psychological therapy. Clinical Psychology: Science and Practice, 14(4): 422−428.

Elliott, R., & Freire, E. (2007). Classical person−contered and experiential perspectives on Rogers (1957). Psychotherapy: Theory, Research, Practice, Training, 44(3), 285−288.

Elliott, R., & Greenberg, L. S. (1995). Experiential therapy in practice: The process−experiential approach. In B. M. Bongar & L. E. Beutler (Eds.), Comprehensive textbook of psychotherapy: Theory and practice (pp. 123−139). New York, NY, US: Oxford University Press.

Elliott, R., & Greenberg, L. S. (2007). The essence of process−experiential/emotion −focused therapy. American Journal of Psychotherapy, 61(3), 242−254.

Elliott, R., & Greenberg, L. S. (2016). Humanistic−experiential psychotherapy in practice: Emotion−focused therapy. In A. J. Consoli, L. E. Beutler, & B. Bonger (Eds.), Comprehensive textbook of psychotherapy: Theory and practice (2nd ed.). New York: Oxford Univ. Press.

Elliott, R., & Wexler, M. M. (1994). Measuring the impact of sessions in process−experiential therapy of depression: The session and impacts scale. Journal of Counseling Psychology, 41(2), 166−174.

Elliott, R., Greenberg, L. S., & Lietaer, G. (2004). Research on experiential psychotherapies. In M. J. Lambert (Ed.), Bergin and Garfield's Handbook of psychotherapy and behavior change (5th ed.) (pp. 493−539). New York: John Wiley & Sons.

Elliott, R., Partyka, R., Alperin, R., Dobrenski, R., Wagner, J., Messer, S. B., Watson, J. C., & Castonguay, L. G. (2009). An adjudicated hermeneutic single‒case efficacy design study of experiential therapy for panic/phobia. Psychotherapy Research, 19(4‒5), 543‒557.

Elliott, R., Watson, J. C., Goldman, R. N., & Greenberg, L. S. (2004). Learning Emotion‒Focused Therapy. Washington, DC: American Psychological Association.

Elliott, R., Watson, J. C., Goldman, R. N., & Greenberg, L. S. (2013). 정서중심치료의 이해‒변화를 위한 과정경험적 접근. (신성만, 전명희, 황혜리, 김혜정, 김현정, 이은경 역). 서울: 학지사. (원전은 2004에 출판)

Foroughe, M. (2018). Emotion focused family therapy with children and caregivers. New York: Talyor & Francis.

Friedman, N. (1976). From the experiential in therapy to experiential psychotherapy: A history. Psychotherapy: Theory, Research & Practice, 13(3), 236‒243.

Gendlin, E. T. (1964). A theory of personality change. In P. Worchel & D. Byrne (Eds.), Personality change. New York: Wiley.

Gendlin, E. T. (1978). Focusing. New York: Bantam Books.

Gleiser, K., Ford, J., & Fosha, D. (2008). Contrasting exposure and experiential therapies for complex posttraumatic stress disorder. Psychotherapy: Training, Research, Theory, Practice, 45(3), 340‒360.

Goldman, R. N., & Greenberg, L. S. (2001). Change in thematic depth of experience and outcome in experiential psychotherapy. Unpublished manuscript.

Goldman, R. N., Greenberg, L. S., & Angus, L. (2006). The effects of adding emotion‒focused interventions to the client‒centered relationship conditions in the treatment of depression. Psychotherapy Research, 16(5), 537‒549.

Goleman, D. (1995). Emotional intelligence. U.S.A; Bantom Books.

Greenberg L. S., & Malcolm, W. (2002). Resolving unfinished business: Relating process to outcome. Journal of Consulting and Clinical Psychology, 70.

Greenberg, L. S. (2002a). Emotion‒focused therapy. Coaching clients to work through their feelings. Washington, DC: American Psychological Association.

Greenberg, L. S. (2002b). Termination of experiential therapy. Journal of Psychotherapy Integration, 12(3), 358‒363.

Greenberg, L. S. (2004). Emotion‒focused therapy. Clinical Psychology and Psychotherapy, 11, 3‒16.

Greenberg, L. S. (2007). The relationship among emotional productivity, emotional arousal and outcome in experiential therapy of depression. Psychotherapy Research, 17(4), 482‒493.

Greenberg, L. S. (2017). Emotion‒focused therapy of depression. Person‒centered and Experiential Psychotherapies, 16(2), 106‒117.

Greenberg, L. S. (2020). Emotion‒focused therapy: The transforming power of emotion. 2020년 EFT 국제워크숍 자료집.

Greenberg, L. S. (2021). 정서중심치료 — 내담자가 자신의 감정을 다루도록 코칭하기 —. (윤명희, 정은미, 천성문 역). 서울: 학지사. (원전은 2015년에 출판)

Greenberg, L. S., & Herrmann, I. (2013). Client emotional productivity — optimal client in — session emotional processing in experiential therapy. Psychotherapy Research, 23(6), 732 — 746.

Greenberg, L. S., & Johnson, S. (1988). Emotionally focused therapy for couples. New York: Guilford Press.

Greenberg, L. S., & van Balen, R. (1998). The theory of experience — centered therapies. In L. S. Greenberg, J. C. Watson & G. Lietaer (Eds.), Handbook of experiential psychotherapy (pp. 227 — 248), New York: Guilford.

Greenberg, L. S., & Watson, J. (1998). Experiential therapy of depression: Differential effects of client — centered relationship conditions and process experiential interventions. Psychotherapy Research, 8, 210 — 224.

Greenberg, L. S., Elliott, R., & Lietaer, G. (1994). Research on humanistic and experiential psychotherapies. In A. E. Bergin & S. L. Garfield (Eds.), Handbook of psychotherapy and behavior change (4th ed.)(pp. 509 — 539). New York: Wiley.

Greenberg, L. S., Ford, C. L., Alden, L. S., & Johnson, S. M. (1993). In — session change in emotionally focused therapy. Journal of Consulting and Clinical Psychology, 61, 78 — 84.

Greenberg, L. S., Rice, L. N., & Elliot, R. (1993). Facilitating emotional change: The moment — by — moment process. New York: The Guilford Press.

Greenberg, L. S., Watson, J. C., & Goldman, R. (1998). Process — experiential therapy of depression. In L. S. Greenberg, J. C. Watson & G. Lietaer (Eds.), Handbook of experiential psychotherapy (pp. 227 — 248), New York: Guilford.

Gross, J. J. (2015). Emotion regulation: Current status and future prospects. Psychological Inquiry, 26, 1 — 26.

Hayes, S. C., Strosahl, K. D., & Wilson, K. G. (1999). Acceptance and commitment therapy: An experiential approach to behavior change. New York: Guilford Press.

Hendricks, M. N. (2002). Focusing — oriented/experiential psychotherapy. In D. Cain & J. Seeman (Eds.), Humanistic psychotherapies: Handbook of research and practice (pp. 221 — 252). Washington, D. C.: APA.

Honos — Webb, L., Stiles, W. B., Greenberg, L. S., & Goldman, R. (1998). Assimilation analysis of process — experiential psychotherapy: A comparison of two cases. Psychotherapy Research, 8(3), 264 — 286.

Iwakabe, S., Rogan, K., Stalikas, A. (2000). The relationship between client emotional expressions, therapist interventions, and the working alliance: An exploration of eight emotional expression events. Journal of Psychotherapy Integration, 10, 375 — 401.

Johnson, S. M. (2002). Emotionally — focused couples therapy with trauma survivors. New York: Guilford Press.

Johnson, S. M. (2004). The practice of emotionally focused marital therapy: Creating connection (2nd ed.) Philadelphia, PA: Brunner−Mazel.

Johnson, S. M., & Greenberg, L. S. (1985). Differential effects of experiential and problem−solving interventions in resolving marital conflict. Journal of Consulting and Clinical Psychology, 53(2), 175−184.

Johnson, W. R., & Smith, E. W. L. (1997). Gestalt empty−chair dialogue versus systematic desensitization in the treatment of a phobia. Gestalt Review, 1, 150−162.

Klein, M. H., Mathieu, P. L., Gendlin, E. T., & Kiesler, D. J. (1969). The experiencing scale: A research and training manual (Vol 1.). Madison, WI: Wisconsin Psychiatric Institute.

Klein, M. H., Mathieu−Coughlan, P., & Kiesler, D. J. (1986). The experiencing scales. In L. Greenberg & W. Pinsof (Eds.), The psychotherapeutic process (pp. 21−71). New York: Guilford.

Klontz, B. T. (2004). Ethical practice of group experiential psychotherapy. Psychotherapy: Theory, Research, Practice, Training, 41(2), 172−179.

Klontz, B. T., Garos, S., & Klontz, P. T. (2005). The effectiveness of brief multimodal experiential therapy in the treatment of sexual addiction. The Journal of Treatment and Prevention, 12(4), 275−294.

Kring, A. M., & Bachorowski, J. (1999), Emotions and psychopathology. Cognition and Emotion, 13(5), 575−599.

Lappaport, L. (2012). 포커싱미술치료. (오연주 역). 서울: Project 409. (원전은 2009년에 출판)

Leijssen, M. (1998). Focusing microprocesses. In L. S. Greenberg, J. C. Watson & G. Lietaer (Eds.), Handbook of experiential psychotherapy (pp. 121−153), New York: Guilford.

Lietaer, G. (1992). Helping and hindering processes in client−centered/experiential psychotherapy: A content analysis of client and therapist postsession percentions. In S. G. Toukmanian & D. L. Rennie (Eds.), Psychotherapy process research: Paradigmatic and narrative approaches (pp. 134−162). Thousand Oaks, CA, US: Sage Publications.

Linton, S. J., & Fruzzetti, A. E. (2014), A hybrid emotion−focused exposure treatment for chronic pain: A feasibility study. Scandinavian Journal of Pain, 5(3), 151−158.

Luborsky, L., Diguer, L., Seligman, D. A., Rosenthal, R., Krause, E. D., Johnson, S., Halperin, G., Bishop, M., Berman, J. S., & Schweizer, E. (1999). The researcher's own therapy allegiance: A "wild card" in camparisons of treatment efficacy. Clinical Psychology: Science and practice, 6, 95−106.

Mahrer, A. R. (2004). The complete guide to experiential psychotherapy. Bull Publishing Company.

Mennin, D. S. (2006). Emotion regulation therapy: An interative approach to treatment-resistant anxiety disorders. Journal of Contemporary Psychotherapy, 36, 95-105.

Newman, M. G., & Zainal, N. H. (2020). Interpersonal and emotion-focused therapy(I/EP) for generalized anxiety disorder. In A. Gerlach & A. Gloster (Eds.), Generalized anxiety disorder and worrying: A comprehensive handbook for clinicians and researchers. Hoboken: John Wiley & Sons.

Nezu, A. M., Nezu, C. M., D'Zurilla, T. J. (2016). 문제해결치료 매뉴얼. (이혜선 역). 서울: 학지사. (원전은 2013년에 출판)

Paivio, S. C., & Greenberg, L. S. (1995). Resolving "unfinished business": Efficacy of experiential therapy using empty-chair dialogue. Journal of Consulting and Clinical Psychology, 63(3), 419-425.

Paivio, S. C., & Nieuwenhuis, J. A. (2001). Efficacy of emotion focused therapy for adult survivors of child abuse: A preliminary study. Journal of Traumatic Stress, 14(1), 115-133.

Pascual-Leone, A. (2009). Dynamic emotional processing in experiential therapy: Two steps forward, one step back. Journal of Consulting and Clinical Psychology, 77(1), 113-126.

Pascual-Leone, A., & Greenberg, L. S. (2007). Emotional processing in experiential therapy: Why "the only way out is through". Journal of Consulting and Clinical Psychology, 75(6), 875-887.

Perls, F. S., Hefferline, R. E., & Goodman, P. (1951). Gestalt Therapy. Excitement and Growth in the Human Personality. New York: Delta.

Pos, A. E. (1999). Depth of experiencing during emotion episodes and its relationship to core themes and outcome. Unpublished Masters thesis, York University, Toronto.

Pos, A. E., Greenberg, L. S., & Elliot, R. (2008). Experiential therapy. In J. L. Lebow (Eds.), Twenty-first century psychotherapies: Contemporary approaches to theory and practice (pp. 80-121). Hoboken, New Jersey: John Wiley & Sons.

Pos, A. E., Greenberg, L. S., & Warner, S. H. (2009). Testing a model of change in the experiential treatment of depression. Journal of Consulting and Clinical Psychology, 77(6), 1055-1066.

Pos, A. E., Greenberg, L. S., Goldman, R. N., & Korman, L. M. (2003). Emotional processing during experiential treatment of depression. Journal of Consulting and Clinical Psychology, 71(6), 1007-1016.

Raphael, B., Middleton, W., Martinek, N., & Misso, V. (1993). Counseling and therapy of the bereaved. In M. S. Stroebe & W. Stroebe (Eds.), Handbook of bereavement: Theory, research, and intervention (pp. 427-453). New York: Cambridge University Press.

Rice L. N., & Greenberg, L. S. (1990). Fundamental dimensions in experiential therapy: New directions in research. In G. Lietaer, J. Rombauts, & R. Van Balen (Eds.), Client−centered and experiential psychotherapy in the nineties (pp. 397−414). Leuven University Press.

Rice, L. N. (1974). The evocative function of the therapist. In D. Wexler & L. N. Rice (Eds.), Innovations in clients−centered therapy. New York: Wiley.

Rogers, C. R. (1970). Carl Rogers on encounter groups. New York: Harper and Row.

Rosner, R., Beutler, L. E., Daldrup, R. (2000). Vicarious emotional experience and emotional expression in group psychotherapy. Journal of Clinical Psychology, 56, 1−10.

Russell, K. C., & Gillis, H. L. (2017). Experiential therapy in the mental health treatment of adolescents. Journal of Therapeutic Schools and Programs, 47−79.

Salovey, P., & Mayer, J. D. (1990). Emotional intelligence. Imagination, Cognition and Personality, 9, 185−211.

Samoilov, A., & Goldfried, M. R. (2000). Role of emotion in cognitive−behavior therapy. Clinical Psychology: Science and Practice, 7(4), 373−385.

Scarantino, A., & De Sousa, R. (2018), Emotion. Stanford Encyclopedia of Philosophy, https://plato.stanford.edu/entries/emotion.

Segal, Z. V., Williams, J. M. C., & Teasdale, J. D. (2006). 마음챙김 명상에 기초한 인지 치료: 우울증 재발 방지를 위한 새로운 치료법. (이우경, 조선미, 황태연 역). 서울: 학지사. (원전은 2002년에 출판)

Southam−Gerow, M. A., & Kendall, P. (2002). Emotion regulation and understanding implications for child psychopathology and therapy. Clinical Psychology Review, 22(2), 189−222.

Stanton, A., Danoff−Burg, S., Twillman, R., Cameron, C., Bishop, M., & Collins, S. (2000). Emotionally expressive coping predicts psychological and physical adjustment to breast cancer. Journal of Consulting and Clinical Psychology, 68(5), 875−882.

Stapert, M., & Verliefde, E. (2012). 어린이와 함께 하는 포커싱 심리치료. (이수경 역). 서울: 학지사. (원전은 2003년에 출판)

Suveg, C., Southam−Gerow, M. A., Goodman, K. L., & Kendall, P. C. (2007), The role of emotion theory and research in child therapy development. Clinical Psychology: Science and Practice, 14, 358−371.

Teasdale, J. D. (1999). Metacognition, mindfulness and the modification of mood disorders. Clinical Psychology and psychotherapy, 6, 146−155.

van Kessel, W., & Lietaer, G. (1998). Interpersonal processes. In L. S. Greenberg, J. C. Watson, & G. Lietaer (Eds.), Handbook of experiential psychotherapy (pp. 155−177). New York: Guilford Press.

Vincelli, F., Anolli, L., Bouchard, S., Wiederhold, B. K., Zurloni, V., Riva, G. (2003). Experiential cognitive therapy in the treatment of panic disorders with agoraphobia: A controlled study. CyberPsychology and Behavior, 6(3), 321−328.

Wagner-Moore, L. E. (2004). Gestalt therapy: Past, present, theory, and research. Psychotherapy: Theory, Research, Practice, Training, 14(2), 180-189.

Watson, J. C., & Bedard, D. L. (2006). Clients' emotional processing in psychotherapy: A comparison between cognitive-behavioral and process-experiential therapies. Journal of Consulting and Clinical Psychology, 74(1), 152-159.

Watson, J. C., & Greenberg, L. S. (1996). Emotion and cognition in experiential therapy: A dialectical constructivist perspective. In H. Rosen & K. T. Kuehlwein (Eds.), Constructing realities: Meaning-making perspectives for psychotherapists (pp. 253-274). San Francisco, CA, US: Jossey-Bass.

Watson, J. C., & McMullen, E. J. (2005). An examination of therapist and client behavior in high and low alliance sessions in cognitive behavioral therapy and process experiential therapy. Psychotherapy: Theory, Research, Practice, Training, 42(3), 297-310.

Watson, J. C., Gordon, L. B., Stermac, L., Kalogerakos, F., & Sterkley, P. (2003). Comparing the effectiveness of process-experiential with cognitive-behavioral psychotherpay in the treatment of depression. Journal of Consulting and Clinical Psychology, 71(4), 773-781.

Watson, J. C., Greenberg, L. S., & Lietaer, G. (1998). The experiential paradigm unfolding: Relationship and experiencing in therapy. In L. S. Greenberg, J. C. Watson, & G. Lietaer (Eds.), Handbook of experiential psychotherapy (pp. 3-27). New York: Guilford Press.

Weerasekera, P., Linder, B., Greenberg, L., & Watson, J. (2001). The working alliance in client-centered and process-experiential therapy of depression. Psychotherapy Research, 11(2), 221-233.

Whelton, W. J. (2004). Emotional processes in psychotherapy: Evidence across therapeutic modalities. Clinical Psychology and Psychotherapy, 11, 58-71.

Wong, K., & Pos, A. E. (2014). Interpersonal processes affecting early alliance formation in experiential therapy for depression. Psychotherapy Research, 24(1), 1-11.

Yontef, G. (1998). Dialogic gestalt therapy. In L. S. Greenberg, J. C. Watson, & G. Lietaer (Eds.), Handbook of experiential psychotherapy (pp. 82-102). New York: Guilford Press.

Yontef, G. (2008). 알아차림, 대화, 그리고 과정. (김정규, 김영주, 심정아 역). 서울: 학지사. (원전은 1993에 출판)

Young, J. E., Klosko, J. S., & Weishaar, M. E. (2003). Schema therapy: A practitioner's guide. New York: The Guilford Press.

저자 소개

이지영

서울대학교 심리학과를 졸업하고 동 대학원에서 상담·임상심리학을 전공하여 석사와 박사 학위를 받았다. 서울대학교 대학생활문화원에서 전임 상담원 및 특별 상담원으로 근무하였고, 서울대병원에서 임상심리 수련 과정을 이수하였다. 한국심리학회가 공인하는 상담심리사 1급이자 임상심리전문가이고, 정신보건임상심리사, 게슈탈트치료전문가이다. 또한 국제코칭연맹(ICF)이 공인하는 국제전문코치이다. 현재 서울디지털대학교 상담심리학부 정교수로 재직하고 있으며, 군경소방상담 전공주임교수를 맡고 있다. 한국상담심리학회 학술이사 및 홍보이사를 비롯해서 한국임상심리학회 학술이사 및 편집이사 등 다수를 역임했고, 보건복지부 입원적합성 심사위원과 국사편찬위원회 고충심사위원회 위원 등을 역임하였다. KBS1 라디오 [뉴스브런치 부설 심리연구소]에 2년 가까이 고정출연하였다. 네이버 프리미엄콘텐츠 <이지영 교수의 감정코칭> 채널과 정서조절코칭전문가로서 정서조절코칭센터와 정서조절코칭연구소를 운영하고 있다. 저서로는 『정서조절코칭북−내 감정의 주인이 되어라』, 『나를 잃어가면서 지켜야 할 관계는 없다』, 『나는 왜 감정에 서툴까』, 『생각이 크는 인문학7: 감정』, 『어린이 심리스쿨』, 『최신 임상심리학』, 『특정공포증』 등 다수의 대중서 및 전공서가 있다.

정서중심적 치료(Emotion-Centered Therapy): 변화를 위한 체험적 심리치료

초판발행   2024년 5월 31일

지은이   이지영
펴낸이   노 현

편 집   조영은
기획/마케팅   노 현
표지디자인   권아린
제 작   고철민·조영환

펴낸곳   ㈜ 피와이메이트
            서울특별시 금천구 가산디지털2로 53, 210호(가산동, 한라시그마밸리)
            등록 2014. 2. 12. 제2018-000080호
전 화   02)733-6771
f a x   02)736-4818
e-mail   pys@pybook.co.kr
homepage   www.pybook.co.kr
I S B N   979-11-6519-965-4   93180

정 가   24,000원

박영스토리는 박영사와 함께하는 브랜드입니다.